本书由浙江省哲学社会科学重点研究基地
“浙江大学中华译学馆”资助

中華譯學館

真言題

中华译学馆立馆宗旨

以中华为根 译与学并重

弘扬优秀文化 促进中外交流

拓展精神疆域 驱动思想创新

丁酉年冬月 许钧撰 羅衛東書

中華譯學館·中华翻译家代表性译文库

许 钧 郭国良 / 总主编

高 健 卷

赵 莹 郭国良 / 编

ZHEJIANG UNIVERSITY PRESS
浙江大学出版社
·杭州·

总　序

考察中华文化发展与演变的历史，我们会清楚地看到翻译所起到的特殊作用。梁启超在谈及佛经翻译时曾有过一段很深刻的论述："凡一民族之文化，其容纳性愈富者，其增展力愈强，此定理也。我民族对于外来文化之容纳性，惟佛学输入时代最能发挥。故不惟思想界生莫大之变化，即文学界亦然。"①

今年是五四运动一百周年，以梁启超的这一观点去审视五四运动前后的翻译，我们会有更多的发现。五四运动前后，通过翻译这条开放之路，中国的有识之士得以了解域外的新思潮、新观念，使走出封闭的自我有了可能。在中国，无论是在五四运动这一思想运动中，还是自1978年改革开放以来，翻译活动都显示出了独特的活力。其最重要的意义之一，就在于通过敞开自身，以他者为明镜，进一步解放自己，认识自己，改造自己，丰富自己，恰如周桂笙所言，经由翻译，取人之长，补己之短，收"相互发明之效"②。如果打开视野，以历史发展的眼光，

① 梁启超．翻译文学与佛典//罗新璋．翻译论集．北京：商务印书馆，1984：63．

② 陈福康．中国译学理论史稿．上海：上海外语教育出版社，1992：162．

从精神深处去探寻五四运动前后的翻译，我们会看到，翻译不是盲目的，而是在自觉地、不断地拓展思想的疆界。根据目前所掌握的资料，我们发现，在 20 世纪初，中国对社会主义思潮有着持续不断的译介，而这种译介活动，对社会主义学说、马克思主义思想在中国的传播及其与中国实践的结合具有重要的意义。在我看来，从社会主义思想的翻译，到马克思主义的译介，再到结合中国的社会和革命实践之后中国共产党的诞生，这是一条思想疆域的拓展之路，更是一条马克思主义与中国革命相结合的创造之路。

开放的精神与创造的力量，构成了我们认识翻译、理解翻译的两个基点。在这个意义上，我们可以说，中国的翻译史，就是一部中外文化交流、互学互鉴的历史，也是一部中外思想不断拓展、不断创新、不断丰富的历史。而在这一历史进程中，一位位伟大的翻译家，不仅仅以他们精心阐释、用心传译的文本为国人打开异域的世界，引入新思想、新观念，更以他们的开放性与先锋性，在中外思想、文化、文学交流史上立下了一个个具有引领价值的精神坐标。

对于翻译之功，我们都知道季羡林先生有过精辟的论述。确实如他所言，中华文化之所以能永葆青春，“翻译之为用大矣哉”。中国历史上的每一次翻译高潮，都会生发社会、文化、思想之变。佛经翻译，深刻影响了国人的精神生活，丰富了中国的语言，也拓宽了中国的文学创作之路，在这方面，鸠摩罗什、玄奘功不可没。西学东渐，开辟了新的思想之路；五四运动前后的翻译，更是在思想、语言、文学、文化各个层面产生了革命性的影响。严复的翻译之于思想、林纾的翻译之于文学的作用无须赘言,而鲁迅作为新文化运动的旗手,其翻译动机、翻译立场、翻译选择和翻译方法,与其文学主张、文化革新思想别无二致,其翻译起着先锋性的作用,引导着广大民众掌握新语言、接受新思想、表达自己的精神诉求。这条道路,是通向民主的道路,也是人民大众借助掌握的新语言创造新文化、新思想的道路。

回望中国的翻译历史,陈望道的《共产党宣言》的翻译,傅雷的文学翻译,朱生豪的莎士比亚戏剧翻译……一位位伟大的翻译家创造了经典,更创造了永恒的精神价值。基于这样的认识,浙江大学中华译学馆为弘扬翻译精神,促进中外文明互学互鉴,郑重推出"中华译学馆·中华翻译家代表性译文库"。以我之见,向伟大的翻译家致敬的最好方式莫过于(重)读他们的经典译文,而弘扬翻译家精神的最好方式也莫过于对其进行研究,通过他们的代表性译文进入其精神世界。鉴于此,"中华译学馆·中华翻译家代表性译文库"有着明确的追求:展现中华翻译家的经典译文,塑造中华翻译家的精神形象,深化翻译之本质的认识。该文库为开放性文库,入选对象系为中外文化交流做出了杰出贡献的翻译家,每位翻译家独立成卷。每卷的内容主要分三大部分:一为学术性导言,梳理翻译家的翻译历程,聚焦其翻译思想、译事特点与翻译贡献,并扼要说明译文遴选的原则;二为代表性译文选编,篇幅较长的摘选其中的部分译文;三为翻译家的译事年表。

需要说明的是,为了更加真实地再现翻译家的翻译历程和语言的发展轨迹，我们选编代表性译文时会尽可能保持其历史风貌，原本译文中有些字词的书写、词语的搭配、语句的表达，也许与今日的要求不尽相同，但保留原貌更有助于读者了解彼时的文化，对于历史文献的存留也有特殊的意义。相信读者朋友能理解我们的用心，乐于读到兼具历史价值与新时代意义的翻译珍本。

许 钧

2019 年夏于浙江大学紫金港校区

目　录

第二编 诗 歌

第三编 小 说

导　言

高健(1929—2013)是文学翻译特别是英美散文汉译领域一位实至名归的大师。作为一位卓越的文学翻译家,高健以隽雅圆熟的译笔呈现了大量英美诗文名篇,尤其善译风格。其译作笔法精湛,质量上乘,文学艺术效果极佳。同时,他也是一位优秀的翻译理论家,在丰富的翻译实践经验的基础上,提出了以语性论和协调论为代表的“翻译五论”,引发了国内译坛的广泛关注。高健译作丰赡,译风独到;译论别具新意,见解深刻。他以一位“阵地翻译家”[①]孜孜不倦、至臻至善的勤勉专恒之姿,为中国翻译事业的发展做出了杰出贡献。

一、高健的翻译生涯

高健,山西大学外国语学院教授,1929 年 8 月出生,天津静海人。他家学深厚,世代书香,祖父与外祖都曾是清朝翰林,父亲是留美归国的物理学博士、教授,母亲亦通诗书;亲友之列,知识分子与高校教师更不在少数。在这样的家庭文化氛围熏陶下,高健自幼就接触了大量诗文典籍,积累了扎实的中文功底和深厚的国学底蕴。此外,少时的他便广泛阅读了不少英、法、德、俄及北欧国家的文学作品,很早就培养起对外国文学的爱

① 杨自俭,刘学云. 翻译新论(1983—1992). 武汉:湖北教育出版社,1994:120.

好，正如高健自己所言，“爱读书的兴趣一直不断……见书就念，念了许多”①。

高健在北京成长就学，后于 1947 年考入北京辅仁大学(今合并至北京师范大学)外语系进行专业系统的外文研习。在学期间，高健不仅连上了三年的翻译课程，还得到了著名作家张秀亚、译家张万里与张谷若等三位名师的亲自指导，由此与翻译结下一生的不解之缘。他的求知欲和学习能力极强，课下大部分时间都用来阅读，尤其喜读英国诗集。事实上，高健本人也是一位优秀的格律诗人，早在青年时代就已撰诗达四百余首。对诗歌的钻研使他熟知各类诗人诗作，精通不同体例风格，为日后英诗选译的工作奠定了坚实的基础。高健不仅广读文学佳作，也博览各类哲学社科书籍，不断提升人文修养，他的博识洽闻从后来译作的序跋注解、赏析的字里行间可见一斑。音乐是高健的另一项主要爱好。他自小喜爱中国戏剧，尤好昆曲与京剧，后来又热衷西洋音乐，钟爱贝多芬、莫扎特、舒伯特与施特劳斯等人的作品。据高健自述，对音乐的痴迷对翻译多有助益，使他对中英文节奏音韵的把握更加敏锐，笔下的语言文字也更“和谐、优美和流畅”②。

1951 年大学毕业后，高健在组织安排下进入中央人民政府情报总署担任翻译工作，后改任军委联络部协理员。1956 年夏，他又西调至山西大学，开始了在外语系(今外国语学院)英语组的教学事业，从此投身于外语高教一线近 40 余年。高健治学严谨，对自己要求极高，他一丝不苟、精益求精的风格在这一时期就清晰得见。在教学中，高健发觉自己在语法方面略有欠缺，于是当即开始潜心钻研，尤其专攻那些大部头的西方语法专著，包括奥托·叶斯柏森(Otto Jespersen)、乔治·欧·寇姆(George O. Curme)、埃茨科·克鲁辛加(Etsko Kruisinga)、亨德里克·波茨马

① 秦建华. 文学翻译工作者的知识修养//秦建华. 语性理论与文学翻译——高健翻译理论与实践研究. 上海:上海外语教育出版社,2011:201.

② 秦建华. 文学翻译工作者的知识修养//秦建华. 语性理论与文学翻译——高健翻译理论与实践研究. 上海:上海外语教育出版社,2011:206.

(Hendrik Poutsma)和亨利·斯威特(Henry Sweet)等人的著作。他涉猎广泛,几乎将当时能找到的语言大家的作品都从头到尾读了个遍,最终反而变成了外语系公认的“语法专家”。在词汇与语法学习等方面的锤炼为他此后的翻译活动增益良多。在专注外语教育的同时,高健在翻译实践和研究活动中也倾注了大量心血。改革开放之前,高健虽然无书作问世,但对外国文学的热爱始终如一,即使在条件艰苦的“十年动乱”时期,他仍然韧劲十足,一边劳动,一边挑灯夜读,“一宿一宿就读英文的莎士比亚,读哈代的小说,读别的小说,读了一大批书”①。20 世纪 70 年代末 80 年代初,他因偶然的契机应邀作译,从此崭露头角,厚积薄发,正式开启了自己的文学翻译生涯,从此在译界活跃长达近 40 载。

1981 年春,山西人民出版社请托高健编译了一部名为《英美散文六十家》的散文选集。这部作品约 50 万字,收录了自 17 世纪以来的英美名家散文 120 余篇,分上、下两卷于 1983 年、1984 年出版,甫一问世便得到香港译界的认可,获誉当年“晋版最佳图书”,随后更是广受内地读者和专家学者的好评,成为他的成名之作。1985 年,高健在《翻译通讯》上发表了文章《浅谈风格的可译性及其他——翻译英美散文的一点体会》(后被收录至《翻译与鉴赏》),提出做翻译要注重译出,要译好风格,做到“情词相称,不失原旨”②,这八个字几乎可以看作对高健毕生译事追求的总结。1986 年,他出版了《英美近代散文选读》(商务印书馆)。1988 年,他选译的诗集《圣安妮斯之夜》(北岳文艺出版社)刊行,其中收录了九位作家的诗歌作品,高健还在译后记中初步讨论了对于诗歌语言和译诗风格处理方法的看法,这基本上是他诗歌翻译的肇始。1989 年,他又在原《英美散文六十家》的基础上增补并出版了《美国散文选》(北岳文艺出版社)。这些书在很大程度上填补了当时译界在英语散文选编与译述等方面的不足。

---

① 秦建华. 文学翻译工作者的知识修养//秦建华. 语性理论与文学翻译——高健翻译理论与翻译实践. 上海:上海外语教育出版社,2011:201.

② 高健. 浅谈风格的可译性及其他——翻译英美散文的一点体会//高健. 翻译与鉴赏. 北京:外语教学与研究出版社,2006:2.

1990 年，应《世界文学》编辑部之邀，高健撰写了文章《译诗札记》，系统地论述了他的译诗主张与追求，这篇文章受到了许国璋教授的高度肯定，因而又以《高健谈译诗》之名在 1991 年重刊于《外语教学与研究》。1992 年是高健诗歌翻译理论研究与实践成果"两开花"的一年，他一边提纲挈领谈译法，一边实实在在译诗，在《山西大学学报》和《外国语》等重要期刊上发表了《译诗八弊》和《再评李白〈送友人〉的几种英译——兼谈评论译诗的标准问题》二文，同时又出版了代表性译诗选集《英诗揽胜》(北岳文艺出版社)。《英诗揽胜》选译英诗 94 首，还另附有译者对诗作的赏析评介 94 篇，凝结了高健英诗教学与翻译的多年心血，成为他译诗主张身体力行的最佳示例之一。1993 年和 1994 年，高健继续着他对诗歌翻译的研究，并进一步着眼于整体的翻译理论建设，先后在《外国语》上发表了《论朱湘的译诗成就及其启示——为纪念诗人逝世六十周年而作》《论翻译中一些因素的相对性》《我们在翻译上的分歧何在?》等文章。

1995 年末，高健正式从山西大学外国语学院退休。他笔耕不辍，将所有的时间和精力都投入翻译实践与译论研究中。1995 年，他在《外国语》上发表了《翻译中的风格问题》一文。1996 年，他翻译出版了华盛顿 · 欧文(Washington Irving)的代表作《见闻札记》(花山文艺出版社)，这部作品虽非全译本，但精心挑选了欧文最具代表性的小说、游记与杂谈，译文深度贴合原作明丽晓畅的神韵，将这位美国文学宗师的富赡才藻、绝佳诗情尽现纸上。同年 8 月，《英国散文精选》(北岳文艺出版社)问世。1997 年，高健全身心投入查尔斯 · 兰姆作品的翻译工作，其译著《伊利亚随笔》(花城出版社)于 1999 年问世，将兰姆的幽默机智和古雅笔调译得形神俱佳。对于原作妙趣横生的文字游戏与节奏谐美的音响效果，高健的把握与再现更是无不达之处。1999 年秋，高健在《外国语》上刊发了《语言个性与翻译》一文，正式提出了"语言个性"的概念，为他的"语性论"奠定了基础。

2001 年，高健的译著《英文散文一百篇》(中国对外翻译出版公司)、《培根论说文集》(百花文艺出版社)出版，后者成为国内培根散文选译最完整的译本之一。此后十余年,他又相继出版了《利考克幽默精华录》(中国社会出版社,2004)、《英美散文名篇精华》(华东师范大学出版社,2008)、《美国散文精选》(上海译文出版社,2010)、《英国散文精选》(上海译文出版社,2010)、《枕边书与床头灯:英美随笔译粹》(上海译文出版社,2012)等译著。2013年11月,北岳文艺出版社修订再版了《英诗揽胜》一书,增补了《圣安妮斯前夜》等11首长诗。同年12月,高健译毛姆作品《英国特工》(上海译文出版社)面世,这部译作原于1989年就已完成,但因出版方原因一直未能印行,直到20余年后才又重译付梓。高健的另一部毛姆译著《笔花钗影录》曾于1991年在《名作欣赏》连载,并于2016年由上海译文出版社重新整理出版。2016年,他的译著《圣诞老人的失误:利考克幽默精华录》由北岳文艺出版社出版。此外,2006年出版的翻译文集《翻译与鉴赏》(外语教学与研究出版社)收录了他多年来的翻译研究著述与代表性赏评文章,后世的读者不难从中得窥这位造诣深厚的老翻译家独树一帜的翻译原则和翻译思想。

2013年11月6日,高健因病逝世,享年84岁。终其一生,他不改初心,将自己的生命全心全意地奉献给外语教学与翻译事业,且乐在其中,建树颇丰,尤其为散文的译介做出了卓越的贡献,收获了译界和广大读者的肯定与赞誉。1988年,高健被列入《中国翻译家辞典》,1991年,他又被评为“山西省优秀专家”,并于1992年获得国务院政府特殊津贴,2005年被中国翻译协会授予“资深翻译家”称号。

二、高健的翻译艺术

高健一生淡泊名利,志于译事,其中文学翻译是他翻译事业的核心。他的译作涉及散文、诗歌与小说等多种文学体裁,著名学者杨自俭就曾赞许高健是一位“刻苦、严谨的翻译家,在翻译散文和诗歌方面获得了很高的成就”[1]。他在散文译介方面的成就最是卓著，广受译界推崇，曾与著名翻译家刘炳善一同被誉为“国内对英国散文汉译贡献最大的两位译者”[2]。在《英诗揽胜》的前言中，高健专门用了一段文字来概括自己翻译中始终关注的三项重点，即所译篇章的代表性、对原作风格文韵的忠实性，以及译入语的可读性。这三项重点在他的散文与小说翻译中多有体现，在此可以用以概括高健文学翻译的主要艺术特色。

总体来说，高健的文学翻译选篇严谨，力求还原作品风格，又偏重译入语的语性特色。他的译作数量十分可观，衡文独具慧眼，体现出译者深厚的文学造诣、开阔的人文视野和犀利的艺术眼光。高健的译著多以选本的形式出版，内容横跨古今，涉及的时间范围很广，比如《英美散文六十家》和《英诗揽胜》等作品中收录的诗文时间跨度都达到了 300 余年，涉及的作家体量庞大。当时，国内英美散文汉译事业刚刚兴起，相关著作十分稀缺，散文选本几无成熟完备的先例可考。高健在如此年代久远、卷帙浩繁的英美文学史中精挑细选，形成了明确而独到的选材观：除了体察原文的艺术效果之外，他还有意识地将本国国情、时代环境、读者趣味等方面考虑在内，并细致地考察了选篇的立意旨趣，希望文章内容能够尽量健康有益，具有一定启迪意义。在这种审慎的选篇原则下，最后的成书不仅收录了名家精品，且每一篇都极具代表性，能够很好地呈现作家的典型写作风格。高健对“风格译”的追求从选篇起就得以彰显。这些作品体裁不同，文风迥异，笔调上从轻快活泼到典重雅致，文体上从长篇的叙事文到短小的抒情诗，情感上从热情奔放到哀切黯然，等等，涵盖广泛，对译者的语言功底和人文素养都提出了极高的要求。

高健的译文典雅灵动、从容自然，既能得原作之神韵，又不失汉语之亲切。他还特别提倡妥帖地传译作品风格，希望在传达作家、作品整体的风格特点的同时，也能关注到文本内部细节性的风格因素，达到萧伯纳所

---

① 杨自俭，刘学云．翻译新论(1983—1992)．武汉：湖北教育出版社，1994：120．

② 胡显耀，李力．高级文学翻译．北京：外语教学与研究出版社，2009：181．

说的“意之所到，风格随之”的境界。作为译者，高健在翻译中不仅追求译文的准确和晓畅，更重视对不同作家文风格调的体察，力求切中其文脉，厘清其笔法，并进一步把握原作的时代特征与民族风貌。仅在《浅谈散文风格的可译性及其他——翻译英美散文的一点体会》一文中，高健就简明扼要地点明了“18 个散文家的不同风格和 8 段不同风格的译文”，这足以“看出他的真功夫：原文钻得透，译文写得俏”①。在《英美散文六十家》《英国散文精选》《美国散文精选》和《英诗揽胜》等代表性译著中，高健更是给每一位作家的选文都专门附上了文风评介，可见他对风格传译的重视和决心。在具体实践中，高健十分注重对原作内容的深入发掘和对原文意蕴的细致钻研，同时关注作品语言形式与字句结构中的风格表达。他指出，“认识到风格的可译性会促使我们更密切地注意内容所赖以表达、赖以存在的风格形式——语句的衔接、长短的搭配、停顿的间隔、节奏的变换、形象的使用，乃至标点系统的繁简，等等；这一切，都是我们在翻译风格时绝不可忽略的。忽略了这些也就取消了风格……只有我们注意了这一切，我们才有可能将内容译透，风格译好”②。

事实上，高健的译文并非简单地追求外在的形似，而是主张协调好形式与内容的关系，以求达到译作与原文形与神的结合。他“崇尚形式而不惟形式，不搞形式主义”③，他所说的是忠于原文风格之“信”，且“信”而不泥，作译行文毫不拘束僵硬，非常注重译法的灵活变通。为了更好地再现作品的神韵、风貌，传递原作的思想意旨与文学魅力，他合理协调信、达、雅等标准，灵活转换直译与意译的译法，做到“一切符合实际，各适其度，各得其宜”④。尤其值得一提的是高健对诗歌翻译中内容与形式协调的探

---

① 杨自俭，刘学云. 翻译新论(1983—1992). 武汉：湖北教育出版社，1994：120.

② 高健. 浅谈风格的可译性及其他——翻译英美散文的一点体会//高健. 翻译与鉴赏. 北京：外语教学与研究出版社，2006：6-7.

③ 秦建华. 语性理论与文学翻译——高健翻译理论与实践研究. 上海：上海外语教育出版社，2011：6.

④ 高健. 论翻译中一些因素的相对性//高健. 翻译与鉴赏. 北京：外语教学与研究出版社，2006：69.

索。他在《译诗札记》中明确指出,想要译好诗,特别重要的一点在于"选择恰当的形式去传达相应的内容"①。凭借大量的实践经验,高健发现,西方诗句接近自然语言,具有口语化和散文化的特征,因此,高度凝练庄重的文言文并不适合翻译西方诗歌。他研究了前人常用的五七言古诗、歌行体、楚骚体等译法形式,认为旧体诗乃至新式的五七言句在语法结构、搭配方式与风格要求上都与西方诗歌大相径庭,难以有效包容英文繁密细琐的内容,甚至可能造成粗鄙流俗的诗风。高健的选择是以现代口语体译诗,但为了保证诗味,他主张要根据原诗内容来确定相适应的句式与字句长短。这些并非舍本逐末的表面功夫,高健本人颇具诗才,译诗更是看重格律韵式,追求一种形意俱佳的效果。他认为,要想更好地呈现原文的风貌与意境,势必要注意它们所依存的外部形式与字里行间的具体细节。考虑到现代汉语词汇的双音特征,高健在诗行字数的选择上遵循三项原则,即字数贵双不贵单;诗行长度尽量模仿原文;同类诗句字数力求齐整甚至相等。正是因为这种细腻至臻的艺术追求,高健的诗歌翻译往往情词协调,观之形美,读之铿锵,不仅文字上流畅和谐,而且诗意浓郁,传神达韵,可见高健能够自如驾驭各类体例和风格。高健既能够考虑到诗歌意旨的传达,又能够兼顾诗味声韵的表现,为英诗汉译的理论与实践提供了宝贵的参考。

此外,高健的译文充分体现了汉语之美,具有很强的可读性和艺术表现力。为了尽可能地译好原作风格,高健不仅重视对原文的揣摩,更关注译入语的语言文化习惯。他的翻译重心在于最终译出文字的表达效果,在于原文"在我们的译入语中最终能落实成什么样的一种结果"②。高健始终主张译语表达应当地道自然,而在内容、形式与内在精神风貌上则应还原异国特色,强调外文汉译的译语倾向。他深谙中文表达习惯与审美

---

① 高健. 译诗札记//高健.翻译与鉴赏. 北京:外语教学与研究出版社,2006:9.

② 高健. 语性理论研究//高健.翻译与鉴赏. 北京:外语教学与研究出版社,2006:116.

特征，能够在符合原文内容的基础上灵活有度地调整选词用语，强化本国风味。他的译文“是充分利用、调动、挖掘与发挥译语的语性特点，尽显汉语的形式美与视觉效果，同时又不十分伤害原文意思的充分表达”①，读起来轻快顺畅，既不会生硬乏力，也不至于晦涩刻意。

在文学翻译中，高健提倡应以白话为主，但又不能矫枉过正，落入对白话文的片面求纯，以至于将许多古典汉语中的精髓、具有民族特色的表达形式排除在外。他的翻译语言因而呈现出文白结合的基本特征，译文繁简得当，词汇十分丰富。他对语言的处理和发挥张弛有度，非常注意时机与分寸，笔下的文字既干净练达，又鲜活灵动，富有文学魅力。高健将“求雅”视为汉语语性的第一特征，在行文表达中高度遵循汉语中固有的求雅意识，非常注重措辞与句式的凝练雅致。在他看来，“凡自英语译入汉语者，其语句必然要美化、浓化、具体化与形象化；反之，凡自汉语译入英语者，其语句亦必然要浅化、淡化、一般化与抽象化”②。在求雅意识的基础上，高健在译文中进一步关注汉语语言的对称性结构，善于在恰当的时机巧用排比的句式与对仗的表达来翻译一些连续的长句。这样的形式充分发挥了汉语对称美，不仅看起来匀称整洁，而且能够使文章语气更加连贯，节奏更为鲜明，气势也更为酣畅。对于汉语独一无二的四字结构，高健也多次加以说明，认为这样的表达虽然在西方语言文化中并不存在，但对汉语机制来说却是不可或缺的组成部分。他在翻译中充分尊重汉语的这一构词特性，对四字习语的巧妙运用极大地增强了文章的语言表现力和艺术感染力，同时使译文更为凝练，读起来朗朗上口，长短相宜，音响效果更佳。这些都体现出高健的文学翻译重音韵、崇气势的艺术追求。

高健翻译中对本国风味的处理虽然鲜明，但不可忽略的是，他一直以来都深度考量原文的风格和作者的创作习惯，能够犀利地捕捉到不同作

---

① 秦建华．语性理论与文学翻译——高健翻译理论与实践研究．上海：上海外语教育出版社，2011：144．

② 秦建华．语性理论与文学翻译——高健翻译理论与实践研究．上海：上海外语教育出版社，2011：138．

者遣词造句的细微异同，所选用的每一个字词都力求紧扣原意，经过了仔细的推敲和琢磨。阅读高健的散文译作，我们有时甚至可以从语言中大致读出原作的时代风貌和民族特色。正是因为高健对风格传译的不懈坚持、对译语表达的匠心打磨，我们才能够清晰畅快地体味培根的简古质朴、兰姆的天真明快、弥尔顿的雄浑磅礴、潘恩的激越奔放、欧文的华美典雅……感受多种多样、兼容并包、绚烂散漫的散文之美，回味文学语言的妙绝震撼。

三、高健的译学思想

在近 40 载的文学翻译生涯中，高健对译法译论的思考从未停止，并在丰富的翻译实践经验的基础上，形成了具有明确的和谐意识、以贵和持中为重要目标的翻译原则。他的译学思考丰富且深刻，部分刊表于《翻译通讯》《外语教学与研究》和《外国语》等知名刊物，部分散落于译著的序言后记、会议讨论以及他本人的一些零散文章中，大多由他的文集《翻译与鉴赏》收录，并在译界学者的整理研究中进一步彰显理论风采与学术价值。下面即从高健的协调论、相对论、复式语言论、停顿论和语性论等“翻译五论”来具体说明。

高健将协调论视为自己翻译实践的译论核心。[①] 他在 1998 年《伊利亚随笔》的译后语中首次提出“调和说”，指出翻译即调和，其中包含着“一切诸如调协、调配、调整、调节、调解、调处”[②]等活动，并进一步强调译者在翻译调和过程中的主动性与自觉意识，进而将“调和说”深化发展成为协调论。比起传统的归化与异化，协调论更像是一种求同存异的动态翻译观，它以“调”为中心，力求达到一种相对“和”而不同的艺术境界，要求译

---

① 张慧琴. 高健翻译协调理论研究. 上海外国语大学硕士学位论文，2009:201.

② 高健.《伊利亚随笔》译后记//高健. 翻译与鉴赏. 北京：外语教学与研究出版社，2006:324.

者通过能动的协力调和，在一定的限度内实现对原文的再创造，达到更好的表意能力与审美效果。高健认为，协调“实际上即是一种让步、妥协、迁就、牺牲、凑合、两全、折衷，甚至是……和稀泥”[①]，是对译语与原语、译作与原作、译者与作者，乃至译者与读者等关系中语言、思维与文化等方面矛盾与差异的调和。高健明确总结了协调的对象，从具体单词、句子的翻译，到翻译的标准、方法、语言、风格等，都可以以和谐统一为目标而采取协调的策略。就译事标准而言，当“信达雅”或“等同说”中的值、价、效、美等方面发生冲突时，就需要译者有意识地做好调和工作。要追求意义的等值，须得兼顾与之相互作用、联系的等价、等效、等美等要求。就翻译的方法而言，对直译与意译的选择不可两极分化，而是需要根据可译的程度加以协调，变通灵活，从而使二者相得益彰。从翻译的语言来说，译语语言既需合理保留原语的表达，又要适度表现本国风味，“译入语的标准化、时代化、本土化、雅驯化、书面语化和口语化、语层的一致化、文语与白语的结合化、普通话与方言的结合化等等方面，可说也无一不存在着一个、一系列的调和问题”[②]。此外，翻译的风格也同样需要协调。在对风格翻译长期不懈的追求中，高健深刻地认识到，对原作、原作者风格绝对纯粹的忠实显然难以实现，最终的译文势必要寄托于译语所属的国别、地域、时代等风格来完成，其风格本质上是一种大量调和后的混合风格。在高健看来，一个译者翻译水平的关键就在于其协调能力，他甚至将协调看作“翻译家的第一美德”[③]。

翻译中相对性的存在是协调论成立的必然前提。作为一种不断寻求平衡与稳定的动态性过程，“协调”二字自然而然地包含着对绝对性或唯

---

① 高健.《伊利亚随笔》译后记//高健.翻译与鉴赏.北京:外语教学与研究出版社,2006:326.

② 高健.《伊利亚随笔》译后记//高健.翻译与鉴赏.北京:外语教学与研究出版社,2006:325.

③ 高健.《伊利亚随笔》译后记//高健.翻译与鉴赏.北京:外语教学与研究出版社,2006:326.

一性的消解。高健认为，翻译本身就具有高度复杂性，其中的各方面又广泛存在着相互依存或制约的动态关联，这意味着翻译中各项因素的价值和意义不会孤立地内在于其自身之中，而是会受到邻近成分和整体语言文化环境内部的影响和制约，因此往往具有一定相对性。对此，他在《论翻译中一些因素的相对性》一文中做出了清晰的阐释："翻译中的几乎任何一种因素，它的合理性和适用性等，都是有条件的，都不能不受到其他方面与场合的影响与限制，因而其发挥作用的程度、范围及其充分性也都是有局限性的，这便是翻译中的相对性。"①高健将译文看作与原作相对接近的产物，将译本看作一种相对的成果。无论对翻译实践还是批评鉴赏来说，对相对性的充分认识都有助于避开机械僵化、片面极端的偏狭之见。可以说，相对与协调二论相辅相成，互为表里，其中蕴含着高健本人深刻且独到的翻译哲学。

在协调与相对等基本翻译观念的观照下，高健多次针对翻译中的语言问题进行讨论，并提出了"复式语言"的概念。这一语言观在语言文字的层面延续了高健对翻译中片面性或绝对化认知的否定，它反对译语的单一刻板，强调译语应是"多类型、多层次、多语域、多品种、多等级、多体式、多风格、多用途、多功能，及其使用中时空领域的更大涵盖面"的语言，能够具有"极强的表达修辞能力和精妙的区分性与高度灵活性、适应性、伸缩性，以及相当的民族性、社会性与特殊而具体的个性"。② 相比于一些片面求纯的语言观，如拘泥于单一的口语或普通话，拒绝一切文白结合、方言俚语或本国表达等，这显然是一种更为兼容并蓄、融会贯通的多元化语言追求，希望以丰富多彩、自然灵活的语言形式增强译语的包容力、表现力和生命力，一方面避免翻译的一般化、中性化、贫乏化、平庸化，另一方面也防止译语缺乏民族特性与本国风味，或翻译腔过重等问题。

---

① 高健，论翻译中一些因素的相对性//高健．翻译与鉴赏．北京：外语教学与研究出版社，2006：62．

② 张慧琴．高健翻译协调理论研究．上海外国语大学硕士学位论文，2009：204．

在长期的翻译工作中，节奏韵律的协调是高健关注的又一重点。他的许多文章都涉及了对译文音响效果的探讨，并在此基础上形成了停顿论。相比于人们一直以来对诗歌格律音韵的强调，高健谈及的主要是散文翻译中的节奏问题。除了对意义、内容与文风的传递，他还十分注重散文翻译中的声韵和谐，讲求散文语言的节奏感和音乐美。对高健来说，散文与话语和诗歌的节奏不同，可利用的手段比较有限，在散文翻译中，停顿及其分布是散文节奏建构最关键的部分，也是节奏感呈现最便捷，也最具适用性的途径。单个的停顿虽然短小，其不同组合形式却蕴涵着广泛的可能性。除了基本的排布方式，一篇散文中停顿的具体间隔、排序、变化情况和交替循环等都可能对句式的长短交错、语气的轻重缓急和情感的微妙表达等方面产生影响，使译文拥有多种多样的风格表现和审美效果。就其效用和实用性而言，停顿及其组合形式不仅是散文中“节奏的诸因素之冠”，甚至于“散文的美和魅力在相当高的程度上即来源于停顿”。[①]

最后，除了作为核心的协调论，高健晚年提出的语性论构成了他翻译理论的另一重思想精髓。事实上，“语性”一词早在高健 20 世纪 80 年代前期的文章中就曾出现。1999 年，他在《语言个性与翻译》（后被收录至《翻译与鉴赏》）一文中明确提出了“语言个性”的概念，又在次年 4 月山西省高教外语协会年会的学术报告中系统梳理总结了这一理论。高健所指的语言个性是由“语音、语法、词汇、连缀搭配方式、表现手法、修辞、风格等等”[②]语言要素所组成的多面综合体。他同时指出，这种个性并非限于以上各类因素的简单罗列与叠加，每种语言都有其独具的，且更具典型意义的、更为本质性的“性格、习性、脾气、癖好、气质，都有它自己所独具的倾向、性能、潜力、可能性、局限性以及优势与不足等等，也即是说有它自己的语言个性。由于每种语言都有上述各不相同的个性，它们在各自的

---

① 秦建华. 语性理论与文学翻译——高健翻译理论与实践研究. 上海：上海外语教育出版社，2011：78，80.

② 高健. 语性研究理论//高健. 翻译与鉴赏. 北京：外语教学与研究出版社，2006：110.

运用与发展过程中于是逐渐物化为多种多样纷繁不一的具体语言特征”①。他对语言个性的独到见解不仅强调了不同语言文字本身具有的风格特质,也关注到语言所依存的时代、社会、历史与文化等背景因素。从语性的原则来看,在翻译中,译者首先要充分认识到原语与译语的必然差异,深入理解并高度尊重英汉语各自的语言个性及其表现形式,尽力寻求二者和谐相融的平衡点,不能顾此失彼,简单地“用一种语言来写另一种语言”②。此外,在尽可能重视原文内容、形式与风格的基础上,译者更需要注重译文的流畅自然与文风表达,以译入语为中心来开展转换与协调工作,结合语言文字与社会文化等多重维度,充分挖掘和掌握译入语的语言个性,并以译文最终的表达效果为核心考量对象,避免对原文雅俗、深浅、文体与口气等方面“一切如之”③,以及全盘照搬的机械模仿。正如秦建华教授的总结,“承认差异和对差异的正确把握与妥善处理,这便是语性理论的基本精神”④。而以承认翻译中的差异,承认“等同”与“信达雅”的相对性为前提,以对双语之间的对话与矛盾合理有度的协调为策略,以译语高度的和谐自然与可读性为追求,可能正是高健翻译思想的基本脉络。

四、本书编选说明

本书选取了高健的部分重要译作,涉及英国、美国和加拿大等多个国家的作家作品,涵盖了自17世纪至20世纪跨越300余年的经典篇章。高

---

① 高健.语言个性与翻译//高健.翻译与鉴赏.北京:外语教学与研究出版社,2006:100.

② 王正仁,马海良.一个勤于翻译的“老人”——记翻译家高健先生及其语言个性理论.中国翻译,2004(3):65.

③ 高健.语性研究理论//高健.翻译与鉴赏.北京:外语教学与研究出版社.2006:111.

④ 秦建华.语性理论与文学翻译——高健翻译理论与实践研究.上海:上海外语教育出版社,2011:23.

健的译作数量十分可观，且本身就经过了审慎的编选，因此本书在有限的篇幅内，以“两个代表性”为主要标准进行选编，即参考高健本人对作品文风和影响的评价，尽可能地选取更能表现作家文风格调的代表性篇章、更能展示高健“风格译”特色的代表性译作，并尽量保证选文在年代、风格、体例、主题、情感等方面的多样性，以期方便读者全方位感受高健的翻译艺术，同时也能更直观地领略他重“和”善“调”的翻译策略。

高健的译著中常常附有译者本人的评介性文字。他对作家风格的点评敏锐犀利，对作品内容的赏析鞭辟入里，行文旁征博引，涉笔成趣。这些文段不仅能够反映高健深厚的文史素养，也有助于揭示他衡文作译的考量与用意，是高健翻译研究重要的文字材料。因此，我们结合译文的选目，选取了其中相关的篇章、段落，希望能更加全面地展现高健作为译者匠心独运的艺术追求、作为学者学贯中西的思想魅力。此外，高健译文的一大特点在于随文附注的大量注释。其中一些是对原作的背景介绍，一些是对译语表达的解释说明，还有许多注释是对历史典故、人文知识等信息的增补。读者不仅可以从这些注释中体察高健的翻译思想，也能一窥他作为译者的严谨细致与博学洽闻。对于这部分内容，本书仅酌情修订了少量内容，调整了部分注释的序号与格式，基本保留了其原貌。

按照文类，本书所收录译文分为散文、诗歌和小说等三编。第一编依据国别分为英、美散文两节，收录了高健的代表性译文共 30 篇，并按照原文作者年代的先后顺序编排。英国散文部分一共选取了 15 篇英国美文，意在展现英国散文在多个重要历史时期的不同风貌，其中包含了早期风格简古的培根、促使英国散文“从此面貌一新”①的戴登、“无愧为英国散文冠冕”②的兰姆、近代广为人知的赫胥黎等知名作家风格各异的名篇佳作。美国散文部分同样选取了从独立战争时期到 20 世纪前期的 15 篇经典散文，涵盖了富兰克林、欧文、霍桑、梭罗、艾略特等 10 多位美国名家的作

① 高健. 序//高健. 英国散文精选. 上海：上海译文出版社，2010：5.

② 高健. 序//高健. 英国散文精选. 上海：上海译文出版社，2010：7.

品。第一编的内容主要选自上海译文出版社 2010 年出版的《英国散文精选》和《美国散文精选》，同时也参考了山西人民出版社 1983 年、1984 年出版的《英美散文六十家》(上、下)；每篇译文前附有高健本人所作的“作者与风格”评介。

第二编选录高健的诗歌译作。正如前文所言，高健十分喜爱英国诗歌，自年轻时就广读英国诗集，他的诗歌翻译实践也以英诗为主，本编选取的诗作均选自他的译诗合集《英诗揽胜》(北岳文艺出版社 2013 版)，不再有国别之分，从文艺复兴时期著名诗人斯宾塞的名篇《每当我凝想着她的完美无瑕》，到 20 世纪前期桂冠诗人梅斯菲尔德的代表作《海的渴望》，共收录了英文诗歌 28 首，并于译文末附有译者所作的“赏析”。第二编不再选录文前对作者的介绍性段落。此外，译者常常将同一诗人的数首诗歌合并作评，因此我们根据选篇对“赏析”段落进行了适当节选。

第三编为小说译作。比起散文与诗歌译作，高健的小说译作数量不多。第一部分“短篇小说”选取了美国著名作家欧文的《见闻札记》中的小说代表作《瑞波 · 凡 · 温克尔》和《睡谷美人》，这两篇文章遵循原著形式，文前均附有高健的评介文字；此外，本部分还收录了加拿大幽默文学家利考克的 5 篇幽默故事，包括《我们是怎么过母亲节的》等中国读者较为熟知的篇目，以期能将高健亦庄亦谐的精湛译笔再多展现几分。第二部分“长篇小说”选自高健译毛姆《笔花钗影录》(即《寻欢作乐》)。《笔花钗影录》共 26 章，由于篇幅所限，本书仅节选了原作的后半部分，即从第 11 章至第 26 章小说结尾，主要选取阿显顿与德律菲尔夫妇伦敦重逢后的故事。在这一部分中，小说节奏渐入佳境，最后一章骤然揭开的真相更是使读者久久回味，足以体现毛姆在行文遣词、情节架构、人物刻画、讽刺幽默等方面的写作特色，彰显他晓畅的文风气韵。高健对《笔花钗影录》研究颇深，他曾专门撰文探讨小说的妙处所在，认为这部作品“是一本萃尽一位才能相当卓越的作者的多半生文化修养与写作经验，方才在他的垂暮之年辛苦掏出的作品……同时也是这位作者在一次灵感沛降之际几乎一气呵成的天才之笔"①，基于此，我们选择了《笔花钗影录》作为高健长篇小说译作的代表。

随着社会的发展变迁，语言文字也在不断演进变化。原译文中某些字词的选用与当今的常见用法不尽相同，如"藉"和"借"、"惟"和"唯"、"彩"和"采"、"须"和"需"、"其它"和"其他"、"调唆"和"挑唆"、"决不"和"绝不"、"年青"和"年轻"、"玩意"和"玩艺"、"糟踏"和"糟蹋"等；一些标点符号的用法也发生了变化。此外，高健译文中一些人名、地名、作品名称等也与现今的通行译法有所差异，如"夏芝"与"叶芝"、《迦利佛游记》与《格列佛游记》、《商地传》与《项狄传》等。这些大多不会影响对原文的理解，因此我们基本保留了译文原貌，以方便读者感受特定时期的语言特色和文化风貌。最后，对于原译中偶尔出现的同一篇中译法不统一的情况，如《英语大词典》与《英国大辞典》、《戴罗威夫人》与《黛洛维夫人》等，为了便于阅读，我们做了酌情修订。

本书在编选过程中主要参阅了《英美散文六十家》（山西人民出版社，1983—1984）、《翻译与鉴赏》（外语教学与研究出版社，2006）、《英美散文名篇精华》（华东师范大学出版社，2008）、《英国散文精选》（上海译文出版社，2010）、《美国散文精选》（上海译文出版社，2010）、《见闻札记》（上海译文出版社，2011）、《英诗揽胜》（北岳文艺出版社，2013）、《圣诞老人的失误——利考克幽默精华录》（北岳文艺出版社，2016）以及《笔花钗影录》（上海译文出版社，2016）等著作，特此致以诚挚的感谢！

---

① 高健. 毛姆的《笔花钗影录》的佳胜处何在？——兼及文学欣赏中的风格因素//高健. 翻译与鉴赏. 北京：外语教学与研究出版社，2006：138.

第一编

散　文

一

英国散文[①]

1　说　学[②]

弗朗西斯·培根(1561—1626)

【作者与风格】下面所选译的散文七篇[③]均出自培根的《随笔》(1625年出齐),他的这许多散文自1597年最先出版的十篇起至1625年五十八篇全部出齐止,共历时二十八年。

培根,英国政治家、哲学家、散文大师,是十足的英国文艺复兴的产儿,近代经验主义哲学的始祖。"知识就是力量"是他的名言。他一生重

---

① 如无特殊说明,代表性译文的注释均为译者原注。本节内容主要编选自上海译文出版社2010年出版的《英国散文精选》,对于正文或注释部分有疑问的字词、标点等,编者参考山西人民出版社1983年、1984年出版的《英美散文六十家》(上、下)做了酌情修订。——编者注

② 《说学》为培根随笔中最为人传诵的名篇,一般被视为他这部文集中的压卷作。首先,按这篇文字,虽属其最早发表的散文之一,1625年完整本问世时却特置于卷末,实未尝不暗寓此意。其次,培根的文字各句具有较大的独立性,以及句间少用连词与转折语等在《说学》中表现得最为明显,故这里译文有意采取分段排列法,以突出这一特点。最后,在词语上这篇文字也显然更为简古,且带有较强的札记体式,因而在迻译上译者乃大胆采用了前人的"语录体",未知当否。

③ 即《英国散文精选》中的培根的《说逆境》《说自谋》《说办事迅速》《说言谈》《说老少》《说商议》《说学》等七篇文章。篇幅所限,本书仅选取《说学》一篇为代表。——编者注

事实，重分类，重实验，崇尚真理，提倡科学，这一切都表明，他与一般中世纪的经院派学者在思想上大有异趣，完全是另一个时代的人。但在文字上他却未免守旧，过于迷信拉丁文的威力，因而不很愿意用英文写作。这部《随笔》是他用英文写成的不多著作之一，但恰恰是他的这部著作迄今流传最广。

培根的这些短文可能是在法人蒙田的影响下著成的，但是按其形式与写法，却与蒙田的文字很少有关，而似乎更多地与拉罗什富科（1613—1680）的作品相近似。他的文章属于简约体，要言不烦、紧凑坚致，往往质胜乎文，而立论处处以实地观察为依据，重客观而不专务玄想。他早期散文的风格尤其具有简古的特点，除句子一般都较短小质朴外，句间很少使用连词或转折副词（例如《说学》便是适例）；另外每个句子都几乎表达着一定的明确思想，可以单独成立。但是像《说逆境》这些晚出的文字，无论在结构上与词语上都显然较其前期作品更加复杂和更多富于藻饰。

此外文中充满警句隽语也是培根随笔的一大特色，在这点上，他可以说开英国散文中“格言体”的先河。

学之为用有三：充娱乐、供装饰、长才干也。

充娱乐主要见之于退居独处之时，供装饰于谈吐之顷，而长才干则于事务之判断处理。

练达之人于具体事实类能逐一行之识之；至若贯通之识见，遇事多谋善理之长才，则又淹贯之士之所独擅。

以过多之时日耽溺于学便是怠惰；以其所学悉供装饰便成虚矫；断事但以书中之规律绳之，便又是文人学士难改之积习。

学以补天生之不足，然学问又必受经验之补益；天生之才干犹之天生之植物，其成长或赖学问之剪裁；然学问所能提供之指导恒过宽，不能不更受经验之约束，方不致漫无指归。

学问之事,巧黠者①卑夷之,愚昧者惊叹之,惟有识之士能利用之:其所习者初非学问自身之用途;此种智慧恒不待于学问或高于学问,得诸观察者也。

读书之目的非为辩驳与争议也;非为尽信书言,视为当然也;非为交谈吐属而读,藉资谈助也;读书之目的在审度与寻绎。

书有供人尝之者,有供人吞食者,亦有不多之书为供人咀嚼与消化者;易言之,书有仅须部分读之者,有仅须涉猎然无须细玩之者,少数书亦有须全读者,而其读则必勤必细,必全神贯注。书甚至可由人代读,读后令做撮要,然此必限于书中之非重要内容,且亦必非重要之书;诚以过滤之书亦犹过滤之水,甚乏味也。

读书使人充实,谈话使人敏捷,动笔使人精确。

是故,疏于握管者,其记忆须强;交谈不足者,其才智须捷;腹中乏书之人,其狡黠也亦须大,有不知而实似知之之能②。

史益人智;诗令人慧;数学教人缜密;自然哲学③进人于深邃;伦理学启人之庄严;而逻辑修辞诸学则在授人以辩术,Abeunt studia in mores④[学入人性格也]。

实则心智之各类窒碍固无不可藉适当之学习以匡正之,犹之躯体之疾病之可藉运动而祛除。诸如滚球健肾,射箭健肺,散步健胃,骑乘健脑等均属之。

是故人之心智有不专者,宜令其习数学,盖于证题之际,苟心智稍有游移,势不能不废而重演;其有不善指陈细节剖析入微者,宜令以经院学

---

① 巧黠者,按此词原文为"Crafty men"。另有解释为"有一技之长者",亦通。然按之篇中上下文及其对比用法,似以巧黠者更贴切。

② 这一段文字,尖锐辛辣之至,即所谓"诛心之论"。

③ 即今之科学或自然科学。

④ 拉丁语,引自古罗马诗人奥维德之《女英雄书信集》。

者[1]为师,以此类学者均为细入毫芒之大家;其有不能审察明辨以此证彼者,则令习律师之办案。故曰心智之疾病固各有其良方也。

2 琼生与莎士比亚优劣论[2]

约翰·戴登(1631—1700)

【作者与风格】英国十七世纪后半期最著名的诗人、剧作家与文坛领袖,同时兼长文学批评与散文写作。他出身于北安普敦郡清教望族,自幼受过良好的古典文学教育。剑桥大学毕业后开始试作诗歌,发挥其清教思想与共和主张。1663年起从事剧作,曾写过风习喜剧与悲剧多种,逐渐蜚声剧坛,其中《一切为爱》为其代表作。王政复辟后他皈依旧教,在政治上也成了王政的拥护者,颇得查理二世宠信。1670年被举为桂冠诗人与王室史官,并领有年俸。自此声华更著,被尊为一代文宗,对当日文坛与文风影响很大。1688年革命使他失去一切职务,不得不以卖文为生,至死。他在文学上的最高成就为后期(1681年)所作长篇政治讽刺诗《押沙龙与亚希多弗》,是英国文学中的不朽杰作。

戴登是十七世纪后半期英国文坛上最有代表性的人物与擅长各类文学形式的全面手,同时也是在语言的应用与诗体的改进上最有建树和特

---

① 经院学者,中世纪神学家,以真集会于经院研究基督教理,故世人称之为经院学者,并名其学说为经院哲学。其特点为注重形式逻辑,推论精密,但以其每每迂腐烦琐过甚,故世人又称之为烦琐哲学。阿奎那为这派学说的最大代表。

② 这节文字选自戴登的名文《论诗剧》的靠后部分,其中充满着对几位先贤的热情赞颂,尤其是对莎士比亚的评价一段,非常全面准确而深刻,更是历来为人传诵的名篇。按戴登这篇文章系用对话体所著成,以极具艺术技巧的笔致全面探讨了戏剧写作上的规律、原则、语言格律与风格等各个方面的问题,另外对今古诗人的优劣以及外国影响与民族特色等也都做了广泛的涉及,是一篇带总结性的系统文学批评论文,同时也是一部体大思精的优美散文作品。

别能与时代俱进的革新者与顺应者。仅以散文而论，他便是这方面一种新文体的倡导者。当时政治商业与科学的发展都迫切要求一种更能表达和适应多方面需要的新的文体形式的出现；要求行文更多地注意明白、醒目、易懂以及句法衔接、篇章结构等语法修辞问题；要求文章更适于表达逻辑与思想和具有更大的实用性与通俗性。这个总的趋向在戴登身上得到了最集中的体现。戴登的散文便是这个时代的最好典范。他的文字除了具有魄力雄伟、简洁遒劲、句法活泼、清新自然等多方面的优点外，突出的长处是把英语锻炼成为表现力极强的有力工具，使之适合于各类用途与广泛需要。英国批评家阿诺德曾说，英国到了戴登才有了真正的散文，这话并非过誉。

尼安德[1]刚准备开口谈谈《沉默的女人》[2]这个剧本，这时尤廑尼亚斯[3]便一副关注的神情向他讲道：我请求你，尼安德，为了在座几位，特别是为了我自己，在你开始评论这部作品之前，先对这位作者的特点作点介绍，并对下面一节，开诚布公地谈谈你的看法，即你是否认为，所有的作家，包括法国的和英国的在内，都应在他的面前甘居下位？

于是尼安德回答他说：只怕遵嘱来做，不免要招惹别人对我不满[4]。另外，即使这样来做，恐怕也得对莎士比亚以及弗莱彻等先交代几句，因这些人都是他在写诗上的对手；而且其中一位[5]依我看来，至少也和他工力悉敌，甚至还在他之上。

---

① 这篇对话的参加者之一。按这篇对话不只是由通常的两人组成，而是有四人之多。尼安德在这里是戴登的化名。

② 《沉默的女人》，本·琼生的一部风习喜剧(1609)。

③ 尤廑尼亚斯这里代表诗人撒克维尔(1536—1608)，按撒克维尔后被封为道塞伯爵，为戴登的友人与赞助者。

④ 尼安德(实即戴登)所以要这样说，因为在《论剧诗》的著作时期(1665)，当时宫廷中所盛行的戏剧是法国的与西班牙的；英国诗人的戏曲并不受人重视。这种情形直到1688年后才有所改变。

⑤ 指莎士比亚。

现在便先谈谈莎士比亚。论到莎士比亚,那便不仅当今的一切诗人,甚至包括古代的诗人在内,都很少有谁具有像他那么广阔无边、无所不包的博大精神。自然的森罗万象和他可以说是息息相通,而他从那里面摄取东西从不辛苦费力,而是轻捷顺利:他所描写的事物,你不但能够用眼见到,而且能够用手触到。那些骂他没有学问的人反而对他作了更大的恭维:他的学问乃是天生成的;他并不须要凭借书本的帮助来了解自然;他只须要反求诸己,便已一切了然。我不敢说他处处都能做到这点;果真这样,那便把他与天下最伟大的人物放到一起也还不免委屈了他。事实上他也往往难免平庸乏味;他的调侃戏谑有时成了文字游戏,他的谠言伟论有时成了虚矫浮夸。但这却无伤于他的真正伟大。只要重大时节一旦能够让他施展鸿才,而且只要遇到题材适合情与境会,谁又敢说他不能冲天飞举,远远高翔在其他众多诗人之上?

Quantum lenta solent inter viburna cupressi①

〔正像孤高的丝柏矗立于灌丛浅草。〕

正是出于这种认识,才使伊顿的赫理斯先生②发过如下议论,即是,对于出自其他诗人笔下的任何东西,他都不难举出例证说明,这些在莎士比亚那里便曾经处理得更为出色;另外尽管今天其他诗人往往比他更加受人喜爱,但是他所生存于其间的那个时代却从未曾把他的一些同时代人如弗莱彻与琼生等抬高到与他比并的荣耀地位:甚至即使在前朝③的宫廷之内琼生的声誉已达到鼎盛的时期,约翰·塞克灵爵士④乃至他周围的多数廷臣也总是好把我们的莎士比亚高置于琼生之上。

其次说说波芒与弗莱彻;他们两人既具有着莎士比亚式的才智,又能以他为榜样,都是天分极高学问又好的人才;其中波芒尤其是评剧的妙

---

① 见维吉尔《牧歌》。

② 赫里斯(1584—1656),牛津大学希腊文教授与伊顿公学研究员。

③ 指查理一世时期。

④ 约翰·塞克灵(1609—1642),英国诗人。

手，所以当年本·琼生在其生时总是把他自己的剧作交由他去审阅，而且可以想见，总是根据波芒的意见加以修改，即使不是按照这些编造剧情。波芒在这方面对琼生所起的重要作用，从琼生写给波茫的诗中便可明显看出，故这里即无须赘述。第一部使弗莱彻与波芒受到推崇的剧作便是他们那部《菲拉斯特》①；在这之前他们已经写过两三种剧作，但都不很成功：据说本·琼生在他著成《每人合乎气质》②之前，也曾有过类似情形。他们的剧情结构一般比莎士比亚的更为严整，尤其是波芒的那些晚年之作；另外他们对上流人士的谈吐辞令也了解和模拟得更加细腻宛肖；这般人物，其生活上的放浪淫佚，其应对上的便捷警策，过去的诗人谁也不如他们写得那么绘声绘色。本·琼生从每个角色所追摹得来的那种“气质”③，不是他们的主要目标；他们的擅场是表现各类激情，尤其爱情，而且写得生动。我常常觉得，英国语言在他们的手中确已达到了尽美尽善的地步；那许多后来纳入的词语并没有给它添彩增华，而只成了赘疣冗物。他们的戏曲属于今天舞台上最令人喜爱和最能叫座的一批节目；在每年能够长期搬演不衰的戏目当中，他们的戏比莎士比亚的或本·琼生的还多着一倍：而理由不外，他们的喜剧里面的确有着相当的欢乐气氛，他们的较严肃的戏曲里也有着相当的感人力量；这些喜剧悲剧一般都能适合各类人的口味。另外相比之下，莎士比亚的语言不免有些偏旧，而本·琼生的才智又稍形逊色。

至于琼生——我现在就来谈他的特点，如果我们只就最能代表他的那部分作品来做评论（因为他的晚年之作早已才思衰竭），那么我认为他乃是历来所有剧坛之上最为淹博和最有识见的一位作家。他不论对他人

① 二人合著之悲喜剧（1611），写被篡夺王位的王子菲拉斯特以仁爱感化僭主的故事。

② 琼生初期的喜剧之一，著于1598年，是他“气质论”作品的较早的一部。

③ “气质”，根据本·琼生的喜剧理论，剧中每个角色应具有主导的情欲或“气质”，而这种气质将决定着一个人物的行为、思想与语言等等，例如贪婪、吹嘘、骄矜、嫉妒等皆属此类。例如他的著名喜剧《伏尔蓬涅》（1606）就是写狡猾与贪婪的气质。

对自己都要求极严。我们不能说他便缺乏才智,而只是不够丰盛。他的作品当中须要删削改动的地方往往不多。机智与文采,以及一定程度的幽默等等,在他的前人那里也都不乏先例;但是戏剧方面的真正艺术在他的到来之前却是一向比较贫乏。在善能发挥自己特长一点上,他确实超轶他的许多前人。他很少在剧中谈情说爱,也很少描写动人心魄的强烈感情;他的性情便属于悒郁沉重一类,因而不善于把这类题材写得出色,特别他深知这两种题材在他前人的手里已经被推到很大的高度。"气质"是他的专门领域;而在这方面他最爱描写的是工匠艺人。他对古代无论希腊或罗马的作家都非常谙熟,而且毫不隐讳地从他们那里搬来使用:大概没有哪个罗马诗人或史家的东西在他的《塞兼那斯》[①]与《嘉特林》[②]中寻不出它们的底细端倪。他的剽窃行径竟然达到了如此公行无忌的程度,因而我们只能料想,他大概从来不曾有过会受法律追究的顾虑。他向着作家的书中进行掳掠的情形,简直如帝王的攻城略地一般;如其说这类行为在别的诗人便是为盗做贼,在他的身上却只是奏凯告捷。带了从那些作家那儿夺得的大批战利品回来,他于是把个古罗马一一按它的典章制度、风俗习惯描绘得分毫不差,这样即使是当日某个诗人也写了那同一题材,恐怕也还不及琼生的笔下来得真切。如果说他在语言方面也有什么缺点的话,那便是他往往线缝过密和显得吃力,特别是他的那些喜剧;再有即他在我国语言的拉丁化方面也许做得稍稍过度,在移译拉丁词语上有食而不化的毛病;在这点上,他的模拟虽然皆有所本,但却未必处处切合我国的用字习惯。现在如果把他与莎士比亚进行比较,那么我得承认他是更为雅正的诗人,但莎士比亚却是更为颖慧的智者。莎士比亚乃是我国诗中的荷马,或者我国戏剧诗人之父;而琼生则是维吉尔,是精雕细刻之作的典范;我敬佩他,但却喜爱莎士比亚。最后再讲一句;正如他

① 《塞兼那斯》系本·琼生所写的第一部悲剧(1603),写西亚努斯篡权祸国最后自遭殒灭事,题材取自罗马历史。

② 《嘉特林》,本·琼生所著第二部悲剧(1611),在这部戏中琼生塑造了一个敢与专制暴政斗争的崇高人物形象。

在戏剧上给我们留下了最堪称雅正的作品，同样，在《偶得》[1]所作的许多隽语之中，我们也找到了不少足资改善我国戏剧的有益规则，而其数量之多，也绝不亚于法国人所提供给我们的[2]。

3　罗吉爵士论才俊

理查·斯梯尔(1672—1729)

【作者与风格】英国十八世纪初期期刊文学与小品文作家。斯梯尔与艾狄生[3]同庚，中学、大学时又同学，但未卒业即入军队谋生，授上尉衔。起初试作喜剧数种，小有成功；1709年受惠格党政府委托办《新闻报》。两年后只手创建《闲话报》，每周出三期，不久得艾狄生合作，实力增强，对英国期刊文字的发展起过有力的推动甚至奠基作用。年余，改以《旁观者》的报名出刊，每周增至六期，销路也更加扩大。两年以后继续与艾狄生合办过《卫报》一个时期，后因政见不合而分手。1714年乔治一世登基后，斯梯尔曾短期擢任政府中要职，并做过议员，后退职病死于威尔士。

斯梯尔与艾狄生虽共同办报多年，但两人在性格与文风上都颇有差异。艾狄生的性情比较谨愿冷静，深沉不露，斯梯尔则热烈急躁，浑朴真率，因而表现在写作上，艾狄生的文章修练整饬，稳健含蓄，而斯梯尔则比较自由任意，激烈豪放，情溢乎词；好处是行文不拘束，也更加亲切和富于个人情调，但在文笔的完美上则不及艾狄生。另外在表达的技巧与用语

---

① 见前本·琼生篇。(原作《英美散文六十家》中收录了本·琼生杂文集《偶得》中的《论行文》篇，译者在这里即以此作例参考。——编者注)

② 当时英国文坛受法国批评家赖·鲍胥、拉辛以及布瓦罗等人的影响极大，其他英国作家据云更甚于戴登。

③ 即约瑟夫·艾狄生(Joseph Addison，1672—1719)，十七至十八世纪英国散文家、诗人。——编者注

的透辟与显豁上也都显有逊色。斯梯尔的文字似乎未能尽脱当日的刻板写法与陈旧语套，故他与艾狄生虽经常同时著文，但斯梯尔的文字则不仅稍输清新，而且似乎属于较旧一点的文风。

据我看来，天下一切坏事当中，再没有比滥用聪明更为可恶，同时也更为普遍的了。目前这种恶习已侵入到男女两性双方，甚至侵入到人类的各种品性之中；因而那种将诚实与道德看得较机敏与聪明更重的人在今天已很罕见。但是这种只重聪明不重诚实和只重机敏不重善良的矫情不实之风，却成了生活当中的众恶之源。而这些虚妄观念的造成则是来自一些才俊之士的有害作品，另外也与一般人们的胡乱模仿不无关系。

正是由于这种原因，罗吉爵士昨晚才说了下面不免过激的话，即是在他看来，首先应该除掉的便是那些才俊之士。这类人于一切与其有关的事件当中，其丑恶言行竟是如此狡黠难辨，因而对待方法已不应是一般的羞辱处分；他们久已将自己的天良泯尽，将心灵变得麻痹不仁，结果任凭什么邪恶顽愚，在他们都漠然无动于衷，还不如一些能力低下的人。所以，世间的穷凶极恶再无过于那种才能出众的坏人。这种人仿佛得了严重瘫痪，半身不遂。他或许仍能恣纵其骄奢淫逸荣华富贵之乐，但早已丧失其忠诚宽厚天真纯良之心。林肯法学院院郊①一带有一名绰号“茅草人”②的穷丐，跛一足，终日乞讨，以图一饱，但即使这叫化子也还不及上述的那种聪明人的丑陋可憎。这叫化子所懂得的只是口腹之欲与怠惰轻闲；只要晚上能有火烤，哪还想得到会挨打吃鞭。而一个以为全部幸福愉快不过在于餍饱私利填满欲壑的人，照罗吉爵士的说法，与那个“茅草人”恐怕也相去几希。“但是，”他接着讲，“目前这种公私道德沦丧殆尽的情形，却不能不说多赖你们有才之士的大力扶植；在这些人的眼中，重要的仿佛不是办什么事，而是如何办得具有‘风度’。但是对于

① 伦敦地名，十八世纪时为林肯法学院附近的旷地，十九世纪时已辟为整洁广场。
② 即田边用以吓鸟雀的假人。

一个居处于当今这种浊世而遇事还要讲点天理人情的迂夫子来说，那种人纵然位居显要，舆从甚盛，但实际上比那上述乞丐却也未见高明许多，甚至可说还更为可鄙，以其贪贿无艺，奉过其位。因此我从中得出一条规律，一个身心健全者的行动必应是调协一致的，即其任何重要行动都必须以公众的福利为其目标，另外人们各类行动的总趋向都必力求其合于理性、宗教以及良好教养的规定；离开了这点，正如上面我已隐含提到的那样，一个人便只算是单脚跳踊而不是双脚行走，因而必然是一种偏颇不全的行动。”

正当这位好心的爵士谈兴大起，但一时想不好下面该如何说的时候，我不免深深地向他望了一望；这一望，在我看来，仿佛对他起了些镇静作用。“我的意思无非是要说，”他接着道，“只知提倡——我确是这么认识，只知增进人们的聪明，而不顾规矩礼貌，实在是一桩非常不可原谅的事。理智本应支配感情，但现在不是这样，理智却往往要向感情屈服；而且尽管这事似乎无法解释，但实际情形却是，一个聪明的人便常常不是一个善良的人。”真的这种堕落现已不限于个别人们，有时竟是整个人群；而且如果细加调查，更难保不是，一些最称文明有礼的时代实亦即最为鲜廉寡耻的时代。而造成的原因则可能在错将聪明知识自身视作长处优点，而不问其如何应用。由于这种认识作怪，社会上遂形成一种风气，凡事不去注意所做的内容，而只去讲求做的方式。但这种华而不实的作风却为一切思想诚实情趣高尚的人所不取。理查·布拉克摩尔爵士①便说过一些不仅有益世道而且极具见地的话。“天下的最大耻辱再无过于糜费人的无限聪明才智去讨好奉承种种丧心病狂愚人蠢事。人类社会中的这类公敌，不管其才智如何卓越独特超凡入圣，总不免是万物之中最可嫌憎的丑类。”他接着以他那种充满着高尚情操的语调提到，他现在写诗的目的即在“把缪斯从其亵渎者的手中拯救出来，使之安居于幽美雅洁之乡，以致力于无愧其尊严的崇高事业”。这一点确应成为每一位社会贤达名士的

① 理查·布拉克摩尔爵士（约 1650—1729），英王威廉三世御医。在当日有诗名。

共同抱负,而不从这个基础出发,则一个人业精学萃之日,也即是国家遭损受害之时。如果端庄淑静不再是女性的主要装饰,道德操守也不再是男子的主要美德,那么这个社会便是危及根本,而人们从此对于何为妥当何为雅观等等,也必将进退失据。自然与理性为一标准,而欲念与怪癖又为另一标准。如其遵循后一标准,我们的道路势将漫长修远和分歧莫辨;但如奉行前一标准,我们的前进则必日臻胜境,而我们所预期的目的也将有望达到。

我并不怀疑,英国在当今各国之中尚不失为一个礼仪之邦;但是稍有头脑的人都不难看到,那种耽溺浮华趋骛时尚的虚矫风气已几将我们的正确认识与宗教信仰吞噬殆尽。难道还有什么比将我们的逐新入时豪侠风流用之于对维护我们的正义虔诚等事业有所助益的事情更为正确的吗?难道也还有什么比我们这种一切反是而为倒行逆施的做法更为常见的吗?这一切无它,还是那种行事但求所谓风度的思想在作怪而已。

一切值得赞美值得遵奉的事物只应是依照自然的要求理当如此的事物。例如尊敬长辈这事,在我看来,即是以人的天性为其依据;然而年龄在今天却成了非常可笑的事。我这里笔锋一转,专提此事,目的在借此机会讲个故事,因这故事正是说明一个号称最为文明礼貌的时代往往最易于流入邪恶之绝好例证。

某次全希腊大庆期间,特于雅典公开演剧。一老者来迟,致不得进入他应享的座席。一群青年士绅瞥见他的窘状,便招手欢迎他前来与他们一道观看。于是老者遂穿经人群,径向他们走来;但待他来至他们的座位时;他们却故意一个个挤得紧紧,不腾地方,把个老人僵在那里,坐立不得。这个玩笑一时在雅典席间弄得哄堂。这里附带一句,每逢这类演戏时期,场上照例有为外邦人设置的专席。但当老者挨行至莱西底蒙人①的座次时,那些不以礼闻但以德胜的老实人却马上一致起身,毕恭毕敬地将老人让进他们的座席。一时斯巴达人之有德与他们自己之无德顿使雅典

① 古希腊斯巴达人之别名。

人感喟莫名，竟不由自主地对此举动报以一片掌声；这时老人高声喊道："雅典人是懂得道理的，但莱西底蒙人却能躬行实践。"

4 论古典文学的翻译[①]

亚历山大·蒲柏(1688—1744)

【作者与风格】十八世纪前半期英国著名诗人，英雄排偶体[②]的集大成者，同时兼长散文。他出生于伦敦一天主教家庭，自幼身体孱弱，并有残疾，兼之他的信仰关系，使他不得不绝意于仕途，较早即过起他的闲居生活，但他的诗歌写作与文学生涯却始终不曾间断。他的早期成名之作为《批评论》(1711)，是用诗体著成的文学批评文字。此后《夺发记》(1712—1714)的出版进一步奠定他在诗坛的地位，使他有条件利用较长时间安心从事荷马史诗的翻译；1720 年与 1725 年先后译成的《伊利亚特》与《奥德赛》是迄他为止荷马史诗的最佳英语译本。但 1725 年出版的《莎士比亚全集》的编订则因错误较多，并不成功，甚至遭到当时人的议论。这引起了他写作《群愚史诗》以进行反击，诗中充满着刻毒语言与恶意讽刺，但以技巧与艺术而论，这部诗歌仍应列为蒲柏的优秀作品。

蒲柏主要以诗名世，是新古典主义的重要代表作家之一。他的特长在于，他能把所处时代的思想精神以最完美凝练的形式与最纯净优雅的

① 本篇出自作者的《伊利亚特序》，这里所译仅其中一小部分。这部译著完成于 1715—1720 年间，是译者文学生涯中的一件大事，书出版时特为写了重要序言，这篇序连同他编订莎士比亚全集后所作的另一序言，都是英国文学批评中的有名文献，也是优秀的散文作品。而这段文字写得尤其别具精彩，其中对古典名著的翻译提出了一系列的看法与问题，今天仍有参考价值。

② 即英雄双韵体。——编者注

语言，一一曲为达出，读来给人以浑似仿佛的感觉。另外他也是善著讽刺诗歌的罕见妙手，辛辣俏皮，精警绝伦。但是由于他所嘲讽揶揄的许多对象久已湮没无闻，而且其中出于意气私愤挟嫌报复的情形也较多，这一部分诗作今日读来已大大失掉其原有趣味。

蒲柏的散文著作不多，但写起文章来重法度，善节制，工稳细腻，文雅秀气；虽然往往意境不深，气势也常不够开阔与雄浑，但在意思的表述上却非常妥帖惬当，完美动人，是精雕细刻的典型。他的散文的另一特点是排比对偶式的句子出现的比重较大，这同时也是他的讽刺诗艺术中一种最常用的技巧。

论古典文学的翻译

固然，逐字的直译对于一部以高贵语言①著成的优秀原作很难做到公允；但是那种以为（有这种看法的并不乏人）只消采用粗率的释义法便足以补救这个流弊的认识，也是一种绝大的错误；随处滥用今语表达，同样会使古代的精神丧失无遗。古代固有黑暗，古代亦有光明②，这种地方在相当接近于直译的译文中反易得到保存。我以为，文字上的灵活自由主要取决于这样来做对原作精神的传达与译品诗风的保持，是否有其必要：我甚至认为，陷入字面追逐、刻板拘泥、亦步亦趋的迷途的舌人，这在过去固然不少，抱有提高与增进原作之狂妄不实的错误愿望的译家，这在我们中间也实繁有徒。应当相信，译家对于一篇诗作之最须着意处，恰是其中的灵火一点③，稍稍处理不当，便有熄灭之虞：然而最稳妥的作法仍在译者能满足于把这种特质尽量保持于整个篇章，而不应费力于增益原作所无的东西，不过求正确于个别细节。文章的三味主要在于懂得如何使平淡

---

① 这里指希腊与拉丁等古典语言。

② 这句话可释义为：如果说古代（作品）中有时难免有愚昧无知之处，那么其中同样也常常有聪明智慧。

③ 即灵感的火焰。

与秾丽各适其时；这点荷马是我们最好的老师，只要我们肯虚心追随，是一定会受益的。遇荷马高雅勇猛处，我们也应尽量轩轩高举，遇其平淡谦逊处，我们也应学其平淡谦逊，决不可因遽畏吾国之一二批评家言，遂致不敢如此。荷马诗中之最遭一般人误解处，实莫过于其风格之恰当高度：一些译家一味迷信荷马处处无不崇高，于是肆意铺陈，涉入浮夸；另一些译家又以为其佳处唯在简朴，因而过事拘谨，流于板滞。荷马的这些追随者们的确很不相同：有的汗流奋力，飞步追奔（这岂非迹近蛮勇！），有的则曳裙其后，拖沓在地，而诗人自己则始终庄严前行，步履从容。然而两个极端之中，与其失之僵冷，宁可失之狂热：著作家有因前一种风格而博来之赞许，恐怕未必值得深羡，其友人尽不妨许之为简朴，他人便会要直称之为枯燥了。甚即简朴，也非一格；有优雅与庄严之简朴，亦有秃兀与龌龊之简朴，此其间之不同，亦犹如朴素者之外观与邋遢人之外观之不同：装饰打扮与不着衣冠[①]究竟是两回事。而简朴乃是介乎炫饰与粗鄙之间的一种品性。

① 不着衣冠这里当然不作“一丝不挂”解，而是接近我国“不衫不履”之意。

5 致柴斯特菲尔德勋爵书[①]

塞缪尔·约翰逊(1709—1784)

【作者与风格】约翰逊是英国十八世纪后半期重要的散文作家与文坛上最著声誉的领袖人物,也是新古典主义的最后一个杰出代表。他的大半生涯主要消磨在为报刊撰写短文与《英语大词典》[②]的编纂工作上,在文学方面几乎没有留下特别值得称道的作品。他起初为《卫报》与《士绅杂志》撰文,1750—1760 年间又先后自编艾斯式的文报《漫谈者》与《游闲者》,但由于文字沉闷笨重、古板乏趣,始终不甚成功。1747 年起,他于编报的同时又开始了他的巨作《英语大词典》的编著,凡历七年而书成,是他对英国辞典编纂事业的重大贡献。书出后为他赢得极大名声,并因此获得政府年金,稍稍解除了他长期经济紧迫的状况,也扩大了他的文学影响与社交活动。他开始出面组织文学俱乐部,集一时名流才俊于自己周围,隐然为英国文坛主盟。他素长谈吐,这时乃更有机会逞其才智,锋发韵流,语妙天下,这些谈吐远较他的任何作品为优。1765 年他出版的《莎士比亚戏剧集》集中了他研究这位剧作家的多年心得,是他对莎学的一大贡献。晚年写成的《诗人传》公认是他作品中最好的一种,文字上也轻快自如,尽脱前此的沉重习气。

在风格上他的特点是庄严整饬,典质精练,浑厚凝重,词汇的拉丁化

---

① 这是约翰逊最为人传诵的一篇名作,以讽刺的尖锐辛辣著称于世。1747 年约翰逊曾将他动手编著《英语大词典》的计划上书给当时喜与文人往来之内阁大臣柴斯特菲尔德伯爵,请其赞助。书上无反响。七年后约翰逊之词典编纂垂成,伯爵突于报端连署二文,盛赞此词典,誉为英国文学界空前之胜业。约翰逊得知后,愤而书此。

② 原译文中为“英国大辞典”,与注释①中《英语大词典》不统一,为便于阅读,正文中统一改为《英语大词典》。——编者注

倾向极强，以及好用重叠排比的句法，等等。这后两点在整个英文散文中都是非常突出的。

勋爵阁下：

顷据《世界报》主人[①]通知，该报近所载有关拙著词典之推荐文章二篇，均系出自勋爵阁下手笔。承蒙如此重视，自是荣耀非常，以平日未习惯于贵人之垂青，故余真不知将以何心情领受，并不知以何言辞申谢也。

犹忆当年小蒙鼓励，因有幸初次踵门拜谒之际，余之为阁下之辞令心醉，亦犹人也；因不禁私心庆幸，自谓将能以“世上征服者之征服者”[②]而自豪，即世人所求而弗得之眷顾，余能得也；然继而发现，余之一番追随趋奉既悉数落空，乃至无论出于自尊自卑，似已皆不许可此种往来之继续。再如某次当众向大人致词之时，则于取悦一端，实已罄尽一介寒士之能事，固可谓已尽其在我；即或犹有未足，似亦未容如此忽视。

自曩昔候教于大人正厅外室，乃至见逐门外，于今已七年矣；在此七年间，余已将拙作之编著[③]，于种种困难之中，向前多所推进（按此节固亦无须抱怨），时至于今，业已出版有日，然于此期间，固绝不闻有一事之援助，一言之鼓励，一笑之赞许。此种厚待我固亦不曾指望，余实不曾有过赞助之人[④]。

维吉尔诗中之牧童[⑤]据云亦曾求爱而得爱，然殊不料爱竟与石同宗。

---

① 指爱德华·摩尔，约翰逊之友人，所办之《世界报》为当日销路较广的一份报纸。

② 这段话出自十七世纪法国古典主义批评家布瓦罗的《诗的艺术》第三章。约翰逊曾将伯爵比作“世界的征服者”，而自譬为“征服者的征服者”，一以赞誉伯爵，一以自鸣得意。

③ 即其大词典之编著。

④ 著书而必延请权贵为赞助人，亦为十七、十八世纪时期文坛的陋俗之一。

⑤ 典出古罗马诗人维吉尔的《牧歌》，诗中的牧童曾与爱神相恋，后遭弃，因有爱神与石头同宗的抱怨，亦即言此爱神为铁石心肠。约翰逊信中引用这个文学典故，讽刺之意不言而喻。

然则所谓赞助者即彼见人溺水呼救而无动于衷及其抵岸又重以援助相絮聒之人乎？阁下于我辛劳之枉顾[①]，如其到来稍早，亦必曾令人感戴，然而延稽至今，我已麻木不仁，而不知感受矣；我已孑然一身，而无人得与分享矣[②]；我已功成名就，而无此必要矣[③]。然不得恩遇则难言领情。命运既以此书期委我于独成，我亦不应使世人误认我尚有赞助之人，此话谅亦不致视为苛刻。

既然此书之编纂迄今从未得彼学术赞助者之一顾，故值其告竣之际，实亦无虑其廑注之更少(如其尚可云少)，如今大梦既醒，余已不复为昔日颇曾以此为得意之

阁下之

至谦卑至恭顺之

牛马走

塞·约翰逊[④]

一七五五年二月七日

① 当然指伯爵的撰文推荐大词典一事。

② 约翰逊于三年前丧妻，故有是语。

③ 这是约翰逊文章喜用排偶句的一个例子。前面“一事之援助”等也属此类。

④ 约翰逊这里故意将信末的套语部分与信文部分巧妙地联成一气，直贯而下，更增添了信文的讥讽意味，属于这封信中的谑笔之一。

6 古　瓷[①]

查理·兰姆(1775—1834)

【作者与风格】英国最伟大的小品文作家,出身于下层职员家庭,少年时进基督学校读书,为诗人柯勒律治、作家李杭特的同学。毕业后无力升学,从十七岁起开始在南洋所任职员,不久又去东印度公司,直至退休为止,前后共在那里工作达三十三年之久(1792—1825)。长年的案牍俗务,加上他个人与家中的种种灾祸不幸(他的姐姐玛丽长年患有精神病,曾在一次病发间手刃其母致死;他为照料姐姐因而终身未娶;另外他自己也曾短期患过精神错乱症),严重地影响了他的才华的充分发挥。他真正的文学生涯开始较晚。1820年他第一次以"伊里亚"的笔名为《伦敦杂志》撰写文学小品,这时他已四十五岁;在此后的二三年中他连续为上述杂志写下了一批风格独特,堪称为英文散文冠冕的不朽作品,这些已收入进他的《伊里亚文集》及其续集中。此后他的文章便较少了,几乎搁笔不作。

但是这批文字却是英国散文的一次罕有的丰收;它们的优点是突出的和多方面的,代表着他的时代甚至整个英文散文的最完美的成就。他的许多题材原也是平常的,不出谈书论艺杂感回忆等范围,另外写作的笔路也是多从艾狄生与斯梯尔那里继承而来,但是经过他想象的点染与匠心的熔铸,一切看来琐细之极的事物却到处孳生出无穷的意义与韵味;平

---

① 本文著于1823年3月,后收入作者的《伊里亚续集》,是一篇基本上以对话体写成的小品文字。全篇记载翔实,文情优美,对于了解兰姆姐弟的生平,特别是他们后期的生活极有帮助。在这里玛丽的憨直浪漫与不达时务和她弟弟查理的善良浑厚与智慧幽默都被描写得生动逼真,历历如绘。尤其是文中购买古籍、修补散叶一节,充分反映了他们姐弟对艺术文物的一片深厚热爱,最能使人感动,可与我国大词人李清照的《金石录后序》并读。

淡无奇的素底与背景上面簇集攒聚着一幅幅惹人梦思的动人画面。他的许多小品可以说都是用幻想与智慧的金线巧妙编织成的。他的散文的迷人处还来源于他性格的可爱,来源于散放于篇篇叶叶之间的那种真纯气息,而这一切又是通过他那深博的学力与圆熟的文笔而曲曲达出的,因而弥觉其韵味的醇厚。当然在风格与用字上他有时也难免偏旧,这与他在文学趣味上的素来好古有关,但即在这类地方他的词汇也常常是别具妙用,各适其宜的,无害其为当日最纯正地道的英语。小品文字而外,他还兼长文学批评,以持论公允惬当见称于世。

在散文的风格上,他又是以古典主义的笔法与浪漫主义的精神与气息结合一处,将两者的长处冶于一炉的一个优秀范例。他对日后英国小品文字的影响是异常深广的。

我对古瓷几乎具有一种女性般的偏爱。每逢进入豪门巨室,我总是要首先索看它的瓷橱,然后才去观赏它的画室。为什么会是这样先此后彼,我讲不出,但是我们身上的某种癖嗜爱好却往往不是来自一朝一夕,这样年长日久,我们自己便也追忆不起某种癖好是何时养成。我至今仍能记起我所观看过的第一出戏和第一次画展;但是至于瓷瓶与瓷碟是何时唤起我的美好想象,我已经无从追忆。

我自过去——更遑论现在?① ——便对那些小巧玲珑、无章可循但面敷天青色泽的奇形异状的什物,那些上有男女人物、凌空飘浮,全然不受任何自然的限制而且也全然不解透视学为何物的东西——例如一件细瓷杯盏,我从来便对此不无酷爱。

我喜爱看到我的那些老友②——按在这里距离并不曾使他们变小③——飘逸于半空之中(至少对我们的视觉来说是如此)而同时却又仿

① 现在的年岁更大,艺术的鉴赏力也自然更高。
② 老友指兰姆所酷爱的那些瓷器上的人物。
③ 指这类瓷器上的透视感不强。他们当然指瓷器上的人物。

佛是脚踏实地——因为我们对此必须善为解释，才说得通为什么那里凭空出现一抹深蓝；我们体会，那位谨严的画师为了在这里不留漏洞，故让那片颜色飞升在他们的脚下。

我喜爱见到这里的男人具有女性般的面容，我甚至愿意这里的女子带有更多的女性的表情。

这里便是一幅仕女图，一位年青恭谨的官吏正托着杯盏向一贵妇献茶——而两人站得有二里地远！请注意这里距离即暗寓礼貌！而此处这同一位妇人，也或许另一位——在茶具上容貌往往是颇有雷同的——正在款移莲步，拟欲踏入一只画舫，画舫即停泊在这座寂静园中溪流的岸旁，而照她举步的正确角度推测(依照我们西方的角度原理)，必然只能使她进入到一片鲜花烂漫的草地中去①——进入到这条怪河②对岸的老远以外。

再向远处些——如果在这个世界③当中尚有远近距离可言——我们还可以见到马匹、树木、高塔等物，以及舞蹈着的人们。

另外在这里还可以看到牛与兔昂首蹲踞，而且广延相同④——可能在那古老天国的清明的⑤眼光当中，事物便应是这等画法。

昨天傍晚，一杯熙春⑥在手(这里附带一句，我们的喝茶仍是那老式饮法，不加糖奶)，我还对我们最近新购得的一套非常古老的烧青茶具上的种种 speciosa miracula⑦ 和我的姐姐品评了一番，因为这些杯盏我们还是

---

① 意即画中人举步(入船)的角度或方向与船的方向不够一致。

② 这里所以说“怪河”，还是因为本文注①中的缘故。

③ 世界指瓷器画面中的世界。

④ 这段话可以粗略解释为，大小与远近不同的物体(例如这里的牛与兔)在画面上的延伸性与给人的立体感的程度相同。反过来说，也即是这些物体没有严格按照透视学的原理去进行绘画，因而它们的立体感不强。

⑤ 这里“清明的”可理解为无意于依赖透视科学的原理或技巧以制造画面上的立体感觉甚至幻觉。因为清明或清醒即是对幻觉而言的。

⑥ 我国的一种绿茶名。

⑦ 拉丁语，意为怪奇伟丽；瑰丽神奇。这个词组是罗马诗人贺拉西对荷马史诗《伊里亚特》中人物故事的赞美语。

第一次拿出来享用；这时我不免说道，近些年我们的家境确实颇有好转，所以我们才有可能摩挲一下这类玩物——听了这话，我的这位好友不禁翠黛微颦，悄然凝思起来。我立刻窥见一团乌云正迅速掠过她的眉头。

“我真盼望过去那好时光能再回来，”她愀然道，“那时我们还不太富。当然我不是说我愿意穷；但事情总有一个中间阶段。”——如今话头一开，她便滔滔不绝地讲了下去，——“在那种情形下，我们一向还是要比现在愉快得多。今天因为钱已经多得化不完了[①]，添置点什么往往显得非常平淡，但要在过去，那简直是件了不得的大喜事。那时如果我们看上了一件平常的奢侈品(真的那时候要想争得你的同意我得费多大事！)，那么前两三天我们就认真讨论起来，权衡一下买与不买的好坏利弊，考虑一下能节省出多少钱来，以及这笔钱怎么省法，才能勉强凑够数目。像这样的买法才值得一买，因为这时我们掏出的每文钱的分量都在手里好好掂过。

“你还记得你的那身棕色外衣吗？那衣服早已穿到了让人笑话的程度，确实太破烂不堪了，而这还不是因为布芒与弗莱契[②]的那本集子吗？——那个你一天晚上从柯文花园[③]巴克书店拖回家来的对开本？你记得我们对那本东西不是早已垂涎很久，这才准备购买，而且一直到那个星期六的晚间十点才算下了最后决心，接着你便从伊斯灵顿[④]出发，一心还只怕晚了——接着是那个书商怨气十足地把店门打开，然后凭着微弱的烛光(那蜡烛放得靠床)从那尘封很厚的旧书当中照见了这个宝物——接着是你把它拖了回来，真是再重也在所不辞——接着是你把书向我捧上——接着是我们共同翻阅披览，并深感这书之佳(你指的它的校勘)——接着又是我动手粘贴书的散叶，而你更是急不可待，非得连夜赶完不可——可见贫穷人家不也是乐在其中吗？再比如，你今天身上穿的这套笔挺黑色服装，尽管你自有钱和讲究起来以后经常勤加拂拭，试问它

① 这话当然是兰姆姐姐玛丽(亦即文中的布里吉特)的夸张，详见该文结束部分。

② 见戴登的《琼生与莎士比亚优劣论》篇中注。

③ 地名，为伦敦的大菜市，原为一修道院的花园，故名。

④ 伦敦一教区名，在圣保罗大教堂北二英里左右。

便能使你感到比过去更加得意吗？而你过去穿着那身破烂外衣——那个旧卡薄[①]时不也是摇来摆去非常神气吗？而且一穿便要一个多月，以便安慰一下自己的良心，因为你在那本古书上面曾经花费了十五个先令——记得是十六个先令吧？——这样一宗巨款——这在当年确实是件了不得的大事。今天在图书上你是什么也购置得起，但是我却反而没有再见你购回什么古本秘籍、佳椠名钞。

“有一次，你在外面买了一帧里昂那朵[②]的摹本，那个我们管它叫‘布朗琪[③]妇人’的画，其实所化的钱比前面的那次更加有限，但是，为了这个，你跑回家来还是连连道歉不已；你一边看着所买的画，一边心疼着所花的钱——一边心疼，又一边看画——这时一介贫士不是也乐在其中吗？而今天，你只须到柯尔耐依[④]跑上一趟，便不愁把成堆的里昂那朵购买回来。但是你是否便——？[⑤]

“再有，你还记得我们为了欢度假日到恩菲尔德[⑥]、波特斯巴[⑦]或惠尔赞姆[⑧]等地的那些愉快的远足吗？但是今天我们阔了起来，什么假日以及种种欢乐却是一去不复返了——你还记得我过去经常用来储放我们一日粮(一点可口的冷羊肉和色拉[⑨])的小手提篮——而中午一到，你总是要四下张望，以便找寻个体面的地方进去就餐，然后便是摆出我们那点存货——至于其他费用，则只付啤酒一项，这是你必须叫的——其次便是要

① 卡薄，法语译音，意为大衣。

② 即里昂那朵·达·芬奇(1452—1519)，意大利文艺复兴时代伟大的画家、建筑家、雕刻家、音乐家与科学家。

③ 女人姓氏名。

④ 伦敦书店名。

⑤ 这里的破折号表示要说的意思对方早已明确，因无说完的必要。显然这里要说的意思与文中前一段最后一句相同。

⑥ 恩菲尔德，中塞克斯郡的城镇，地离伦敦北部千英里。

⑦ 波特斯巴，不详。(此处或指哈福德郡的城镇波特斯巴，位于伦敦北部约 13 英里处。——编者注)

⑧ 惠尔赞姆，汉浦郡地名。

⑨ 凉拌菜。

研究女店主的脸色，看看是否也能从她那里享用一块台布——而且盼望能不断遇上这类女店主，就像艾萨克·华尔顿[①]描写他平日去里亚河[②]畔钓鱼时所经常遇到的那些——当然一般她们也都非常殷勤客气，但也有时候她们对我们面带愠色——但是我们还是面带笑容，兴致不减，把我们一点简陋东西吃得津津有味，这时即使皮斯卡图[③]的鲟鱼旅店[④]似乎也不值深羡。但是今天，每逢我们再外出做一日之游时(其实这种时候现在反而少了)，我们却成了出必有车——用饭必进上等旅店，而叫菜又必名贵馔肴，至于所费则在所不计——但是尽管如此，那风味却远不如一些农村的小吃，却远不如那不知会遭到何种摆布或何种接待的时候。

“再说听戏。今天如果再去观剧，那便非坐到正厅后排面子拉不下来。但是你还记得我们过去坐的是哪种座位吗？——不论是去看《海克汗之役》[⑤]、《喀莱城之降》[⑥]，还是《林中的孩子》[⑦]中的班尼斯特先生[⑧]或布兰德夫人[⑨]——那时我们是怎样掏空口袋才能在演出季节去一先令的顶楼楼座[⑩]一起看上三四次戏——这时你的心中还可能一直在抱歉竟把我带进这路座位，而我自己也正为这点而对你加倍感激——甚至正为我们的座位微欠体面而看戏的兴致更浓——更何况一到幕启之后，哪里还顾得上计较我们在剧院中处于何等地位或坐的地方如何？我们的神魂早

---

① 艾萨克·华尔顿(1593—1683)，英国商人、传记作家与钓鱼专家。他的名著《钓鱼大全》除了对垂钓技术作了极为精彩的记叙外，更以对英国南部乡间景物与河上风光的欢快描写而著称于世。

② 泰晤士河的一个支流。

③④ 皮斯卡图，《钓鱼大全》中的主要人物之一，职业渔民。他与另一友人经常在里亚河畔的一家客店——鲟鱼旅店中会面。

⑤⑥ 两剧均为英国剧作家乔治·柯尔曼(1762—1836)所著的喜剧。

⑦ 英国剧作家托玛斯·莫尔顿于 1815 年所著喜剧名，与《梦中的孩子》中所提到的《林中的孩子》不是同一部戏。

⑧ 约翰·班尼斯特(1760—1836)，英国著名喜剧演员。

⑨ 布兰德夫人，英国十九世纪初期名演员。

⑩ 剧院楼厅的最高层廉价座位。

已伴随着罗瑟琳[①]而飞到了亚登森林[②]或紧跟着薇奥拉[③]而趋入了伊利瑞亚宫[④]。过去你常好讲，顶楼楼座是和观众一道看戏的最好地方——而兴味的浓烈程度又与不能常来成反比例——再有，那顶楼的观众尽是一些没读过剧本的人，因而听起戏来不能不格外聚精会神；事实上，他们对台上的一言一动都不敢轻易放过，唯恐漏掉只言片语而追踪不上剧情发展。的确，当时每当我们想到这些，也就感到一切释然[⑤]——不过现在我倒想要问你，就拿一个女人来说，当年我虽不像今天这样在剧院中坐着昂贵的席位，难道那时我所受到的对待就更差许多吗？的确，进门与上那些蹩脚的楼梯是件极不痛快的事——但是一般来说人们对妇女还是懂得遵守礼貌，并不比在其他处差——而当这点细小的困难克服之后，不是座位显得更加舒适，戏也看得更加惬意吗？但是今天我们只须付出了钱便能自由进入[⑥]。你说过，我们今天已经不能在楼座来看戏了。我敢肯定我们当年在那里也完全能够观看得相当清楚——但是那美好的情景，以及其他种种，却已随着贫穷而一去不复返了。

"在草莓还没有大量上市之前吃点草莓——在豌豆还比较贵时吃盘豌豆——这样稍稍尝点新鲜，受用一下，自然是件乐事。但是现在我们又再有什么乐事可享？如果我们今天还要追求享受——也就是说，如果我们硬要不顾经济条件，过多贪图口福，那就未免太不成话。我们所以说是

---

①② 事见莎士比亚的喜剧《皆大欢喜》，内容说一法国古时公爵为其弟所篡，失国后隐遁公国边境的亚登森林。但其弟最后良心发现，遂又有归还其公国的事。罗瑟琳为老公爵之女，公爵被逐后，曾一度被留其叔父之宫中，意在为其女作伴，旋亦因故被逐，但两姊妹感情极笃，竟结伴一起去了亚登森林来找老公爵。

③④ 事见莎氏喜剧《第十二夜》。薇奥拉与她哥哥西巴辛斯是一对面貌酷似的孪生子。一次海行遇风暴，舟沉于伊利瑞亚海外(即今亚得里亚海东岸，当时为罗马的一个行省)。兄妹两人均获得搭救，但却被暂时分开。这期间各自发生了一些奇遇。后薇奥拉终与其热恋的伊利瑞亚公爵结婚；她的哥哥也与当地一名美丽的伯爵女儿成为眷属。文中所说去伊利瑞亚宫一句，当指薇奥拉被搭救上岸后，初次乔装为青年男子去公爵的宫中当僮仆事。

⑤ 即不复以仅能在顶楼楼座看戏为意。

⑥ 正厅前后排与包厢等昂贵席位的进入则无拥挤之事。

‘受用’，正为这点口腹之养稍稍高过一般——比如我们两人在生活当中，偶尔例外地优越一下，而说来这也是两人的共同意思；但是两个人却总是要争着抱歉，仿佛这点都是由于他一人所引起。但我以为，人们如果稍稍这么‘看重’他们自己一点，原也算不得什么不是，这会使他们懂得如何也去看重他人。但是现在我们却无法再这么看重自己——如果我仍就这个意义来使用这个词。能够这样做的唯有穷人。当然我不是指那一贫如洗的人，而是指的像我们过去那样，也就是稍稍高于赤贫的人。

“我完全记得你平时最爱说的一句话，就是，年终收支相抵，天大愉快——所以过去每逢除夕夜晚，我们为了弄清亏空总是忙个不了。你板着脸孔在查点账目，竭力弄清我们所以花费那么大或没有花费那么大的原因——甚至下一年开支便可望有所减少的理由——但是尽管这样，我们还是发现，我们的那点可怜家当却在逐年枯竭——于是我们便在绞尽脑汁、费煞筹措、频频许愿，商量明年减缩这项、节约那项，另外靠着青春的希望与欢欣的精神(在这点上你过去一向还真不错)的支持等等这一切之后，终于合上账簿，甘认损失，而临了，欣然以所谓的‘几杯浓酒’①(这是你最好从你所称之为快活的柯登② 那里引用的话)迎入了这‘新到的客人’③。但是现在到了年底，我们却再没有了这类计算——另外也失去了来年的一切又将如何如何的种种可喜盼头。”

布里吉特平时一般本是不多言语的，因而遇到她忽然滔滔不绝、慷慨激昂起来，我倒要当心别把她轻易打断。但是我对她这种忽而心血来潮便把一位穷醋大的一点有限进项——无非每年百镑之谱——夸大成为神奇般的巨富，实在不免感到好笑。“不错，我们当年贫穷时也许更为快乐，但是不应忘记，姐姐，那时我们也更为年青。在我看来，这点盈余我们也不应视作累赘，因为即使我们把它倒进海里，对我们来说仍将于事无补。

①②③ 查理·柯登(1630—1687)，诗人，钓鱼家，艾萨克·华尔顿之友。他曾将法人蒙田的散文译成英语。所作《新年诗》曾为兰姆引用于其名文《除夕》的结尾部分。“几杯浓酒”与“新到的客人”均为《新年诗》中语。

我们在过去的共同生涯中颇曾经历过一番奋斗这点，确实值得我们深为庆幸。这增强和加深了我们之间的共同情谊。假若我们当年便有了今天你所埋怨的这点积蓄，我们在彼此的对待上也早就会更好得多。奋发图强——那种蓬勃健旺、任何艰难逆境也摧折不了的青春活力——这在我们的身上久已成为过去。要知道，老而富裕即是重获青春；当然这种‘青春’是极有限的，但是我们也只能以此为满足。今天我们如果外出，便不能不是乘车，而过去我们便完全可以徒步：另外还要过得更优越些和睡得更舒泰些，而这样做也是很有必要的，而这些在你所说的那种黄金时代便完全无力达到。反过来说，即使时光倒流、韶华可再——即使你和我能够一天再步行上过去的那三十多英里——即使那班尼斯特先生与布兰德夫人能够再返青春，而你和我也能够再去观看他们的戏——即使那一先令楼座的美好时光能够重回——姐姐啊，这些不早已是一场梦幻吗？——但即使是你我两人此时此际不是安憩在这个舒适的沙发之上与铺设华丽的炉火之侧，从容不迫地进行着这场辩论——而是挣扎在那些十分拥挤的楼梯中间，正被一大帮拼命争座的粗鲁的楼座人群推推搡搡，挤得个东倒西歪——即使我仍能听到你那焦躁的尖声喊叫——即使楼梯顶端的最后一磴终于被我们夺得，于是整个辉煌敞阔的剧院大厅登时粲然脚下，因而爆发出‘谢天谢地，我们总算得救了’——即使是这一切，我仍将发愁何处去购得一副其长无比的穿地测锤，以便觅得个万丈深渊，好把比克里萨斯①乃至当今的第一巨富犹太人罗——②所拥有的（或据称拥有的）更多得多的财富全部都埋藏进去。所以现在这一切何不暂搁一边，且来欣赏一下这个——你看，那小巧玲珑的侍女的手中不是正轩轩高擎着一张床帷般大的巨伞，给那蓝色凉亭下一位表情呆痴的圣母娘娘般的美人遮荫凉吗？”

① 公元前六世纪小亚细亚西部利地亚王国的最后一代国王，以财富著闻。

② 即十八世纪末、十九世纪初闻名全欧的财阀罗斯契尔德家族，其家人在英法德等国各地拥有众多的银行与企业。

7 流 沙[①]

托马斯·德昆西(1785—1850)

【作者与风格】英国十九世纪前期著名的浪漫主义散文作家。他生于曼彻斯特,幼颖慧,十三四岁时已精熟希腊、拉丁等语言,但纪律管束极差,经常逃学与流浪街头,致养成种种放荡不检的恶习气,这对他日后天才的发挥颇有不利影响。十七岁时离开家乡去牛津读书,但因不注意课业,离校时并未取得学位。旅行威尔士期间,从一同游者那里学得德文,从此即潜心德国哲学与文学的介绍与研究,兼擅文学批评,曾写过大量的散文作品;但终因生活缺乏检束,旁骛过多,致使他未能善用其才,更加严肃认真地进行写作。他的作品从一开始起便有脱离现实的倾向,中年以后,更是梦呓谵语多于事实,所作往往缺乏社会意义与思想内容,因而他的作品在今天也只具有风格或文体上的意义。作为一个散文家,他是德莱蒙得、布朗等十七世纪"诗散文"的重要继承者,在英国文学史上自成一个传统,也取得了较可观的成绩。他的早期散文已经显示了这个特点,但还比较轻快简洁(例如他的名文《鸦片吸食者的自白》,1812 年作),以后便逐渐彩绘藻饰加重,过于追求色泽形象与音响节奏效果,文胜乎质的特点十分明显。但是在他最好的章节中,他的那种音韵悠扬、恍若落霰虹霓般的美丽语句,变幻明灭,起伏不绝,也自有一种动人心目的艺术魅力,对后日罗斯金、佩特等人曾有强烈的影响。

---

① 本篇出自作者的散文集《英国邮车》中的《梦的赋格》,是一段优美的记梦文字,这里译出,作为他所擅长的"诗散文"的一个例子。类似这种以音韵节奏胜的文章,单纯的"目治"是完全不够的;要想充分领会它的妙处,必须兼用耳朵来听,也即必须放声吟诵。

幽美的丧钟，那来自迢递的远方，悲泣着清晓之前逝去者的钟声，把我从傍岸的舟中惊醒起来。这时，冥冥的曙天刚才破晓，朦胧昏暗之中，我瞥见一个少女，头上盛饰着节日的白玫瑰花冠，正沿着孤寂的海滩跑去，神情异常紧张。她简直是在狂奔，不时地又回眸顾盼一下，仿佛身后有恶人追踪。但是当我跃上海岸，赶了上去，想警告她前面危险，但是天啊！她却将我甩掉，好像避去一桩新的祸害，因此我虽高声嘶叫前有流沙，也终归无效。她越跑越快；绕过了一座岬角，便不见了；霎时间，我也绕到那里，但只见那险恶的流沙已使她遭到灭顶之灾。这时她周身覆没，只剩下那秀美的头额，以及头上的玫瑰王冠，泣对着那垂怜的苍天；最后，唯一还能瞥见的，是一只皓白的玉臂。凭着晨曦的微明，我眼见着那秀美的头颅沉入深渊——眼见着那张玉臂，伸出在她的头顶与那险恶的坟墓之上，抬呀，摆呀，伸呀，抓呀，仿佛向着云端透出的一只欺诓的手臂呼救——眼见着它呼出最后的希望，接着，最后的绝望。头颅、花冠、玉臂——一概沉沦；临了，那残酷的流沙把这一切都埋封地下；这个美丽的少女在天地之间没有遗下一丝痕迹，只剩得我的一掬天涯清泪而已，而这时，海潮正徐徐涌动，来自眼前荒漠般水面上的钟声，在这个幽骨的茔墓之畔与凄厉的晓天之际，吟哦着一阕悱恻的安魂哀曲。

8　温馨与光明[①]

马修 · 阿诺德(1822—1888)

【作者与风格】阿诺德,英国诗人兼文学批评家;史学家与教育家托马斯 · 阿诺德之子。阿诺德自幼受过良好教育,曾以优异成绩毕业于牛津大学。起初在其父所办的路格比公学教书,1851 年起至其晚年,长期担任教育部学监,其间屡次赴国内外考察教育,刊出考察报告多种,对英国学校的改革极有影响。阿诺德起初以诗名世,作品虽不多,但一例洗练精致,委曲细腻,具古典风格,以形式的完美与反映时代精神的深切见重于时。1857 年后被推举任牛津大学诗学教授;此后十年间,他搁笔诗作,教书而外,主要作品为他的文学批评论集多种,其中以《论荷马史诗的翻译》(1861)与《批评论集》初集(1865)为最有名。此后他的兴趣转移到社会与宗教方面。最后十年间,他再度从事文学批评,续成评论集多卷,其间并曾两度赴美讲学。

由于科学与教育的发展,他在社会与宗教方面的著作今天已无重要意义。但作为一个文学批评家,他的功绩却是杰出的。他是英国批评史

---

① 本篇出自作者的《文化与无政府》(1867),属于他晚年有关文化与生活等问题所作的评论,具有一定的进步意义,也反映了他在文化问题上的一些民主思想。他曾称贵族为"野蛮人",说资产阶级是"市侩",而主张将文化推广到广大群众之中,使全体人民都能具有知识与文化,都能"生活于温馨与光明之中",要使"我们个个都能成为完人"。他所创造的"温馨与光明"一语在本文中凡十见,仿佛乐曲中的主题一般,一再反复出现,回环不绝,也可见出作者对人民大众的教育与文化的一腔赤诚与殷切关心,因而在阿诺德的全部散文作品中这一段文字是最为人称道和被人征引最多的,也是他最有代表性的一个章节。当然其中也有一些不够正确的东西,例如作者将文化的作用看得过于绝对化,又如在普及与提高的关系等问题上作者也存在着一些糊涂认识;这些都是需要读者细心加以批判辨识的。

上第一个试图建立体系的人，其中他的“试金石说”，批评的职务的理论以及他对诗歌所下的定义（“诗是诗人对生活的批判”）等，至今仍很有名。另外他对文化的启蒙与改造作用强调极力，认为它的使命在于传播“温馨与光明”，以消除充溢于现代社会的“市侩哲学”。这一切虽不免颇有布道意味，但由于作者命意的诚挚，持论的惬当以及文笔的优胜，这些文评至今读来仍饶有趣味。的确，他的英语是说理文中不可多得的好文字，晓畅、明净与易读而外，文风温蔼娴雅，蕴藉有致，具有一种移人的典重气息，从来的英国批评家中是很少有人能够和他比并的。最后，说理文而写得具有小品文的闲适，也是他文风的一大特色。

对于完美的追求即是对于温馨与光明的追求。一个人为着温馨与光明而效力，即是为着使理性与上帝的旨意得以承行于世而效力。而一个人为着机械淫巧[①]而效力，为着加深仇恨而效力，则是为着制造混乱而效力。文化所能预见的要比机械淫巧深远得多，文化憎恶仇恨；文化有着一桩特别关心的事，即是关心温馨与光明。文化还有一个更大心愿！——即是使温馨与光明能够承行于世。文化还将永远放心不下，除非我们个个都能成为完人；文化深知，少数人的温馨与光明必然不够理想，真正的理想是人类绝大多数浑朴未凿和未蒙教化的人们都能受此温馨与光明的沾润。如果说我曾毫不隐讳地公开扬言过我们应为着温馨与光明而奋力，那么我也曾同样毫不隐讳地公开扬言过我们应当广建一个宽博的基础，应当使温馨与光明为着尽可能众多的人们而奋力。我曾不止一次申说过，何以到那时才会是人类最美好幸福的时候，才会是人们生活中最鼎盛卓越的世代，才会是一切文学艺术与创作才思百花盛开的季节，如果在生活与思想方面能够出现一个全民性的高涨；如果整个社会能够在很大程度上饱富思想，极具美感，聪明解事，生气蓬勃。只不过那思想与那美

① 阿诺德对以大机器为代表的资产阶级物质文明颇有反感，以为是传播文化的巨大障碍。这种思想在当日英国的知识界中是有一定的代表性的。

感，那温馨与那光明，则必须是真实无妄的东西。不少人给予他们所谓的群众的精神食粮往往是按照这些人所设想的群众的实际情况而另番改制的。一般的通俗性文学即是他们为群众而服务的一个著例。不少人所用以启迪教育群众之种种思想与主张实即其一党一派的褊狭之见。我们不少教派与政党在其教化群众上所使用的便是这类方法。我并不责备他们；但却应当指出，文化所遵循的方法则完全不同。文化从不降低它的标准去勉强教育这些下层阶级；也不单凭一些现成的观点或标语口号去争取他们加入自己的某宗某派。它的目标乃是要消灭一切阶级，乃是要使世上一切最有价值的思想与知识能够到处畅行无阻，乃是要使一切人们生活于温馨与光明的气氛之中，藉以能不受拘束地将种种思想运用到实际事务中去，正如文化自身所做的那样，——换言之，亦即使人们得到思想的滋养之利，而无其束缚之弊。

9　艺术与生活①

奥斯卡·王尔德(1856—1900)

【作者与风格】英国十九世纪末唯美主义剧作家、诗人与散文作家。他生长于爱尔兰富裕家庭,自幼颖悟;稍长,学于牛津大学,喜读史文朋、罗斯金与佩特作品,受后者影响尤深。出校后他迅速成为当时文艺界唯美主义领袖人物,才华声名噪一时。他的创作生涯很短暂,但着手过各种文学形式的写作,其中以诗剧《莎乐美》、喜剧《同名异娶》与《童话集》等为最有名。他的散文也很好,数量虽不多,但文字精警多妙语,是多年来文坛上罕见的聪明有趣作品,特别是他的笔调异常清新,一洗他同时期维多利亚作家们的浮靡沉闷的文风;他虽平日盛称罗斯金与佩特的文章,但他自己的散文却绝没有他们那臃肿累赘的毛病,在轻快与自然上他或者更接近于安德鲁·兰。他的人生观与美学见解中充满着种种颠倒乖谬甚至

① 本篇出自作者的对话《说谎的退步》,1891年收入他的文论集《意向》中,这篇文章连同集中的《批评家即艺术家》上下篇等,是他自己的美学与文艺观点的较集中的阐述。这里"说谎的退步"即是指想象文学的退步。作者作为唯美主义的文艺作家,强烈地反对文学中的各类写实主义,认为这是对美的文学,亦即想象的文学的严重破坏,而主张一种与现实与生活绝对对立的唯美主义的文学,其中特别强调一种脱离现实的想象因素,这一基本观点可说贯穿于作者的全部作品中。因此所谓"说谎"的退步也即是指写实主义文艺对于他所说的"想象文学"占了优势。对此,作者极感不满,认为这乃是说谎("对不真实与不存在的事物的纯任想象的处理")的退步。但是文艺史的发展证明,现实主义的方法乃是世界文学演进的共同趋势,是完全不可抗拒的。另外,真正倒退的绝不是各类现实主义文艺,而正是唯美主义。这就说明,唯美主义在反对资本主义社会中文艺商品化与庸俗化上虽然起过些微的抵制作用,但就其美学与哲学体系而言,则是充满错误的,因而今天在建设我国社会主义的新文艺时绝不可以将这种旧调重弹。最后,这里所选择的仅为全篇的一小部分,即篇中对话者之一(维文)向另一对话者(赛里尔)朗读他自己论文的那一节。

病狂的主张，早已因其毫无足取而为人所抛弃，但他那优美动人的文体却至今给人带来很大的乐趣。他对罗斯金文章所作过的类似评语（见他的对话《批评家即艺术家》上）也恰恰适用于他自己的身上。

在文学与其他知识上，王尔德自幼有着很好的基础，加上他浓烈的爱美的天禀与丰厚的艺术气质，汇集在他散文上的特点便是他那种以简净明快的古典笔法与兴发美感的抒情力量为其明显特长的华美醇朗的风格。此外，耽爱并追求警句诡论与音响色泽之美，也是他文风上一个非常突出的特色。

艺术兴起于抽象的装饰，兴起于对不真实与不存在的事物的纯任想象与游戏性的处理。这是艺术的最初阶段。接着，生活对这新的奇迹①产生了迷恋，要求加入这着迷的一伙。艺术接受生活为它的部分素材，然后通过改制，把它铸造成种种新颖的形式，但对事实则完全不顾，而只是一味杜撰、虚构、幻想；同时，在它自身与现实之间，保持了一道由美的体式和由装饰的或理想的手段所构筑起的不可践逾的壁垒。第三阶段则是，生活占了上风，把艺术驱逐到了旷野。于是出现了艺术的真正的衰退②，致使我们今日深受其害。

现以英国戏剧为例。起初在僧侣们的手中，戏剧艺术曾是抽象的、装饰性的与神话性的。接着她把生活拉来充作自己的助手，并在取用了它的某些外部形态之后，创制出了一批前所未见的崭新人物，这些人论悲哀，其剧烈超过任何活人的悲哀，论喜悦，其狂热超过一般恋人的喜悦；他们具有着泰坦式的盛怒与神灵般的静穆，其罪恶是骇人的与惊人的罪恶，其道德是骇人的与惊人的道德。她赋予了他们一种与实际用法很不相同

① 奇迹在这里指文艺等精神现象。

② 王尔德等人当时所宣扬推崇的艺术曾被人讥为颓废派艺术。这里他显然借机反唇相讥。

的语言[①],一种充满着宏富的音乐与美妙的节奏的语言,时而音节端肃,格调庄重,时而韵味飘逸,情思幽细,其中妙绪珠联,典丽富赡。她给自己的人物饰以奇服,戴以面具,于是一声召唤之下,一个往古的世界又从它的云石坟墓中冉冉浮出。恺撒再一次雄视阔步于古罗马的街心,克里奥佩德拉[②]也在紫帆片片、笛管前导的排浆影里[③],沿河驶入叙利亚的故都[④]。远古的传奇旧梦又托庇这些形体而一一再现复生。这是历史的彻底重写,而这些剧作家几乎没有一个不懂得,艺术的对象并不在于简单的真而在复杂的美。在这点上他们是完全正确的。艺术本身实际上乃是一种夸张,一种精选;这才是艺术的真正神髓,它无非便是极力铺陈的一种强烈形式。

然而,没有多久,生活便把形式的这种完美打个粉碎。甚至在莎士比亚那里我们已经看到了这种厉阶的端倪。这表现在他后期剧作中无韵体诗的逐渐减少[⑤],散文语句的日益增多,以及对人物刻画所给予的过多重视。莎士比亚剧作中颇有一些段落——而这些还不在少数——其中语言很欠雅驯;俗陋、浮夸、乖张,甚至淫猥,而造成的原因则是,生活要求对它的气息加以模拟,另外,对美的体式加以排斥,而离开美的体式生活便没有资格进行任何表达。莎士比亚绝不是一位完美无瑕的艺术家。他太好直接地寻求生活,太好把生活的自然吐属照搬过来。他忘记,艺术一旦放弃了她的想象手段便是放弃了一切。歌德曾经说过——

In der Beschränkung zeigt sicherst der Meister,“正是活动于重重限制之中方才见出大师”,而这重重限制,这种任何艺术赖以存在的基本条件,便是风格。不过我们倒无须过多地纠缠莎士比亚的写实主义。《暴风

---

① 这一整句乃至这句上下的一两句属于这篇文章中最华美的段落,极富音乐色泽与排比对仗之美。

② 克里奥佩德拉(前69—30),埃及女王,以美艳著称。

③ “紫帆片片”与“笛管前导”二语俱有出处,详见英人托马斯·诺尔斯(1535?—1601?)所译普鲁塔克《希罗名人传》中《安东尼传》有关部分。

④ 即安提雅克城,叙利亚旧都。

⑤ 莎士比亚与其同时代剧作家写戏时所用的体裁为五音步抑扬格之无韵体诗。莎士比亚晚期剧作中无韵体诗的比例显著减少,而散文体语句的成分逐渐增大。

雨》便是一篇最妙不过的忏诗①。这里我们无非想要指出,伊丽莎白与詹姆斯时代艺术家的许多辉煌作品本身便同时暗藏了导致其自身灭亡的孽种,再有,如其说这些作品曾从使用生活作为原料上汲取到一些力量,那么它们从使用生活作为艺术方法上也汲取到它的全部弱点。这种以模仿手段代替创造手段,把想象性的形式加以放弃的必然后果,便是我们现代英国情节剧的出现。这些剧本中人物在舞台上的谈话与他们在舞台以外的谈话完全没有不同;他们是既没有正确的理想,也没有正确的发音②;他们都是从生活里面直接采集来的,连同它的俗气也都一点不丢地全部再现出来;举止、动作、服饰、口音,处处与真人一模一样;真个活像那三等车中没人一顾的角色。但这又是些何等令人恹恹欲绝的戏啊!它们甚至连自己所标榜的真实之感也都制造不出,而这个恰是它们赖以存在的唯一借口。作为一种创作方法,写实主义乃是一个彻头彻尾的失败。

10 观 舞③

约翰·高尔斯华绥(1867—1933)

【作者与风格】约翰·高尔斯华绥,英国近代著名小说家兼剧作家,优秀的散文作者。他生长于伦敦富裕家庭,曾就读于伊顿与哈罗公学,后入

① 王尔德所以这样说,是因为他认为莎士比亚在这出剧中又回到了他早期注重音韵节奏与传奇内容的浪漫风格。

② 这句话的原文是:“they have neither aspirations nor aspirates.”Aspirate,指气音,如英语之 h 即是。按英语中许多 h 音省去不发,被认为是一种不合标准音的俗陋习惯;这事本与 aspiration(理想)无关。文中王尔德故意把这两词联在一起,取其字头相同(头韵),借以暗示剧中人的志趣吐属都不高雅,因而乘机肆谑,这是他惯用的一种戏笔。

③ 这是作者 1910 年时所写的一篇短文,同年收入其《杂组集》中出版。文字清丽可诵,状情写物,笔致工细,并饱含感情。

牛津大学习法律。毕业后作过律师，但未久即弃而从事文学。他是俄罗斯文学的笃好者，尤私淑屠格涅夫。他初期的一些恋爱故事即是这位大师笔调的仿制物，但清丽与精美似之，动人处仍嫌不足。1906年他的《置产人》问世后，而一跃进入英国小说家的前列。这部作品，叙事真切，文笔优美新颖，表现了相当圆熟的写作技巧，在他个人乃至近代英国小说中都是一部力作。以后，除其他作品外，他续成了长篇小说若干部，合称为《福尔赛世家》(1906—1921)、《现代喜剧》(1924—1928)、《终篇之作》(1931—1933)三个三部曲。这前两部三部曲中故事的人物与情节先后蝉联，不仅规模庞大，所涉及的时间也较长(1886—1926)，蔚为家史小说巨观，同时也是近代英国都市生活与社会风貌的一幅艺术缩影和一部资产阶级的“衰亡史”。书出后，一时模仿者竟起，影响极广。但他的一些晚期作品的质量已远逊于前期的几部。他在写作小说的同时还写过剧作近三十部，其中以《银匣》(1906)、《斗争》(1909)、《正义》(1910)等为最有名，1932年他荣获诺贝尔文学奖。

高尔斯华绥虽自幼生长于富裕之家，但性情正直，对贫苦的劳动人民颇能寄予同情，对其本阶级的腐朽没落与社会上的邪恶不公现象也能有所揭露，但不足的是，他对前者的理解不深，对后者的抨击不力，后期甚至视为当然，曲为回护，表现了明显的妥协倾向；加之他的出身与教养所带给他的种种资产阶级偏见始终未能尽除，这些都不能不影响到他观察的视野与作品的思想深度。另外，他的故事虽还精致细腻，但活力与生气却常不足，书中人物往往未能脱出类型范围，事件的进行与结构上也常有松弛缓慢的缺点。

但是他的不可及处则在于他在揭示人物内心世界上的非凡本领以及文字艺术上的卓越才能。他的笔触细腻轻灵，适于状写各类景物与多种情调，在句法的运用上尤有独创，能够罄尽英语中一切可能的表现手段与技巧来为他的艺术效果服务——大量的不完整句、破碎句、插入语、补充语、添加语以及独特的连接方法，等等，在他的句法中占有相当高的比重，使他的文字非常曲折含蓄，耐人寻味。另外，他又是善用口语的妙手，能够赋予口语以极为丰富的表现力与文学价值。这一点他在近代英国文学上是十分突出的。

某日下午我被友人邀至一家剧院观舞。幕启后，台上除周围高垂的灰色幕布外，空荡不见一物。未久，从幕布厚重的皱折处，孩子们一个个或一双双联翩而入，最后台上总共出现了十多个人，全都是女孩子。其中最大的看来也超不过十三四岁，最小的一两个则仅有七八岁。她们穿得都很单薄，腿脚胳臂完全袒露。她们的头发也散而未束；面孔端庄之中却又堆着笑容，竟是那么和蔼而可亲，看后恍有被携去苹果仙园①之感，仿佛己身已不复存在，唯有精魂浮游于那缥缈的晴空。这些孩子当中，有的白皙而丰满，有的棕褐而窈窕；但却个个欢欣愉快，天真烂漫，没有丝毫矫揉造作之感，尽管她们显然全都受过极高超和认真的训练。每个跳步，每个转动，仿佛都是出之于对生命的喜悦而就在此时此地即兴编成的——舞蹈对于她们真是毫不费难，不论是演出还是排练。这里见不到蹑足欠步、装模作样的姿态，见不到徒耗体力、漫无目标的动作；眼前唯有节奏、音乐、光明、舒畅和(特别是)欢乐。笑与爱曾经帮助形成她们的舞姿；笑与爱此刻又正从她们的一张张笑脸中，从她们肢体的雪白而灵动的旋转中息息透出，光彩照人。

尽管她们无一不觉可爱，其中却有两人尤其引我注目。其一为她们中间个子最高、肤褐腰细的那个女孩，她的每种表情、每个动作都可见出一种庄重然而火辣的热情。

舞蹈节目中有一出由她扮演一个美童的追求者②，这个美童的每个动作，顺便说一句，也都异常妩媚；而这场追逐——宛如点水蜻蜓之戏舞于

---

① 指希腊神话中由四位姊妹共同看守的金苹果乐园。文章这里指被引入一个仙境，而舞蹈者又都是女孩，故引出这个联想。

② 这里显然指扮演希腊神话中维纳斯与阿东尼的故事。关于这个故事除广泛见于一般希腊神话的书籍外，另可参阅莎士比亚的长诗《维纳斯与阿东尼》(人民文学出版社《莎士比亚全集》第 13 册)。

睡莲之旁,或如暮春夜晚[1]之向明月吐诉衷曲——表达了一缕摄人心魂的细细幽情。这个肤色棕褐的女猎手,情如火燎,实在是世间一切渴求的最奇妙不过的象征,深深地感动着人们的心。当我们从她身上看到她在追求她那情人时所流露的一腔迷惘激情,那种将得又止的夷犹神态,我们仿佛隐然窥见了那追逐奔流于整个世界并永永如斯的伟大神秘力量——如悲剧之从不衰歇,虽永劫而长葆芳馨。

另一个使我最迷恋不置的是身材上倒数第二、发作浅棕、头著白花半月冠的俊美女神,短裙之上,绛英瓣瓣,衣衫动处,飘飘欲仙。她的妙舞已远远脱出儿童的境界。她那娇小的秀颀与腰肢之间处处都燃烧着律动的圣洁火焰;在她的一小段"独舞"中,她简直成了节奏的化身。快睹之下,恍若一团喜气骤从天降,并且登时凝聚在那里;而满台喜悦之声则洋洋乎盈耳。这时从台下也真的响起了一片窸窣与啧啧之声,继而欢声雷动。

我看了看我那友人,他正在用指尖悄悄地从眼边拭泪。至于我自己,则氍毹之上几乎一片溟濛[2],世间万物都顿觉可爱;仿佛经此飞仙用圣火一点,一切都已变得金光灿灿。

或许唯有上帝知道她从哪里得来的这股力量,能够把喜悦带给我们这些枯竭的心田:唯有上帝知道她能把这力量保持多久!但是这个蹁跹的小爱神的身上却蕴蓄着那种为浓缛色调、幽美乐曲、天风丽日以及某些伟大艺术珍品等等所同具的力量——足以把心灵从它的一切窒碍之中解脱出来,使之汛满喜悦。

---

① 夜晚这里被拟人化。

② 这话当然暗喻作者自己也和他友人一样因喜极而落泪,所以说舞台之上"一片溟濛"。

11　风格与内容[①]

阿诺德·贝奈特(1867—1931)

【作者与风格】阿诺德·贝奈特,英国二十世纪初期著名小说家与散文家。他出生于英国中南部的北斯塔福德郡汉利镇一个律师家庭。1893年就读于伦敦大学,离校后任律师助手与妇女杂志编辑。不久,他开始试作短篇故事,并为报刊写连载小说,取材则主要来自他所熟悉的中南部地方生活。1902年后他寓居巴黎多年,并在那里继续为其本国各报刊杂志撰作小说与剧本,所写渐多,文名亦日起,但销路仍然不广。1908年他的长篇小说《老妪之谈》出版后他才真正誉满文坛,奠定了他在近代英国文学上的地位。这部书的异常成功促使他以同样笔调迅速写成了他的第一个三部曲(1910—1916),其中以《克莱亨厄》为最著名。欧战发生后,他被卷入政治界,担任过情报与宣传职务,繁忙异常,严重影响了他的著述生涯与创作质量。此后他虽奋力完成了第二个三部曲以及其他不少著作,但作品的质量已大不如前。小说而外,他也写过剧本,但无特殊成就。不过由于他的作品数量既多,流传又广,他在近代英国是一位很有影响与地位的作家。

在写作方法上,他受法国自然主义的影响较深,行文冷静客观,准确工致,非常注意场景气氛的选择与细节的描绘。他的文字也浅易通俗,明白如话,与所叙内容非常协调,具有很好的艺术效果。但是他的作品的主要魅力却非来自个别章节段落的特别精彩的处理或成功的描写,而是来

---

① 本文出自作者的《文学兴趣及其培养》(1909),属于他为青年们所写的"袖珍哲学"之一,也是他的这类书中最有名的一部,虽非他的主要著作,但对一般读者颇有裨益,文章本身也极流畅。

自大量细节的准确记录所造成的累积效果，来自他对地方生活与中等阶层的心理习性的熟透理解与牢固把握，以及来自他对自己所用方法的坚定信念与谨严作风。但是超出这个范围之外，不论在诗意联想以及意境方面，他却是多有不足的。

在对某些书进行评价时，我常听到人们这么讲——这些人在文人面前发表其文学见解时往往显得胆怯："从文学的观点来讲，这书也许并不算好，但那里面却有许多好的内容。"或者："我敢说这书的风格确实不行，但它还是非常有趣和富于思想。"或者："我不是行家，所以我对那风格的好坏也从不操心。我所要求的只是内容。只要内容不错，其他关于书的评论便是批评家们的事了。"还有种种诸如此类的看法；总之，这一切充分表明，在讲这些话的人的心中似乎存在着这样一种观念，即是风格之于内容仿佛仅仅是某种附加的事物，某种可以区分开来的事物；于是一位想要具有古典文风的作家，首先须得寻觅和组织题材，然后便是点缀打扮，披上一身精致的风格外衣，以便取悦于所谓的文学批评专家。

这完全是一种误解。须知风格是从来不能与内容分开的。当一位作家进行某种构思时，他必须依照某种文字形式来构思。这种文字形式便形成他的风格，而风格则是受着他那思想支配的。思想只能存在于文字之中，而且也只能存在于某种具体的文字形式之中。没有两种不同的方式能完全表达同一的内容。表达方式有所改变，那意思也就有了改变。因此显而易见，表达方式的改变也必带来意思的改变。一位作家在想出某个意思并加以表达之后，往往可能，甚至必要，对之加以"润色"。但是请问他所润色的又是些什么呢？我们说他对他的风格加以润色实即等于说他对他的意思加以润色，他发现了他的意思上有着某种缺点毛病，因而设法使之完善。思想是要靠表达而存在的；表达出来之后，便有了某种思想，不曾得到表达，便谈不到什么思想。另外，有了什么思想，也就会表达出什么思想。一个清楚的思想便会表达得清楚，而一个糊涂的思想便会表达得糊涂。这点，只须观察一下你自己的情形与自己的语言，也就会一切了然。因为正如科学不过是常识的提高,同样文学也将是一般日常语言的提高。科学与常识之间也仅仅是程度之别;同样一般语言与文学也是如此。所以,当你“清楚自己在想些什么”时,你就能表达出你自己的思想,而使别人也能明白。而当你“弄不清楚自己在想些什么”时,你那能说会道的舌头也就会嗫嚅起来。在日常生活当中,你的风格的特点总是紧随你的心绪;你温柔时你的表情也会温柔,你激动时你的表情也会激动。你在感情激动时往往会说:“如果我能把——写出,该有多好。”但是你错了。你所该说的应当是:“如果我能把——想出,而且能从那个高度来想,等等。”如果你真的想清楚了,你在表达上便从来不可能有多大困难;这时闷在心里不说倒会是颇不容易。反过来说,什么时候你词不达意,这时多半是因为你的心中并无确切的意思要说,而这时造成你的障碍的并非是那想要表达的奢望,而是你那想要思考得清清楚楚的奢望。以上这些已足够说明,风格与内容乃是同时并在密不可分的,甚至就是同一回事。

内容很好而风格不佳的情形并不存在。这一点且待细细说来。例如一个人想要向你表达某种意思,于是他使用了某种文字形式。这种文字形式即是他的风格。既读之后,你遂说道:“是的,这个意思不错。”而写的人也因此而达到了他的目的。但是试问一个人在什么情形下才可能说:“是的,那意思不错,只是风格不佳?”你与那作者之间的唯一交流手段便是那一串文字。那意思是传给了你。但这是怎么传给的?无非是通过文字,凭藉文字。因此那意思的佳妙也必不离文字。你也许会得意地说:“某某的表达拙劣,但我却能看出他的意思。”但这又凭藉的什么?凭藉那具体的文字,那具体的风格。凭藉着那不错的文字与风格。况且,如果表达拙劣,请问你敢肯定你看得出那人的意思吗?恐怕未必。至少你未必看得清楚。那所谓的“题材”便是真正能够传达给你的内容,而内容则不能不受风格的影响。

为了进一步弄通风格的真正意义,我不妨劝你将一位作家的特有风格拿来与你的某位熟人的言谈举止作一比较。你说某人的表情一向“冷静”，但是感情强烈。但你又怎么知道他的感情强烈？因为他把自己的一部分(但却是重要的一部分)态度“泄露了出来”，例如唇部的抽动或手关节被掐白，等等。换句话说，他的态度实际并不冷静。你说某人总是“彬彬有礼，和蔼可亲”，只是他给你的印象不好。为什么会给你的印象不好？因为他经常啰唆讨厌，因此才印象不好，另外他的礼貌也不是真正礼貌。你说某人举止笨拙，样子腼腆，但却仍然给你以某种尊贵与雄浑之感。为什么？因为那笨拙等等之中就有着一种尊贵。你说某人的举止粗鲁简单，但你却本能地觉着他有些地方可亲——因为这些就表现在他的声音里面，眼神里面。不拘上面哪种情形，人的表情虽然表面看来似乎与性格不相一致，却实际上非常吻合。表情与性格从不矛盾。真正矛盾的只不过是这一部分性格与那一部分性格。因为，粗鲁的人必然粗鲁，笨拙的人必然笨拙，而这些特点也都是缺点。至于表情，那只不过是这些的外在流露而已。当然，这两种人在保有其优点的同时，而能兼具上述那位令你不快的先生的表面的圆到与和蔼，那将是再好不过。至于说到这后者，他之所以使你不快也并非由于他的那些外表特征，而是由于他的另外一些品质。因为说到头来，人的性格不能不反映在他的表情上面；表情仅仅是性格所造成的一种结果，而且与性格酷似。风格之于内容也正是这样。也许你要说，那粗鲁人的表情使他那温柔的一面吃了亏。我却并不这样认为。原因是他身上的那种粗俗的地方确实令人感到痛苦难耐，甚至便是对他的妻子也是如此，只不过偶尔的温柔使她暂时忘掉罢了。实际上这人还是伧夫一个，在他身上粗鄙远远多过温柔。他那表情并没有冤枉他的性格。所以，当一位作家有十页东西使你厌烦，但却有十行东西使你着迷时，你尽可不必对着他的风格大发脾气。不要以为是他的风格影响了他的内容的充分“发挥”。这还是那粗俗与温柔的关系。这点你愈是加以细想，你就愈会清楚地看到，一切风格上的优点与缺点无一不是来源于那内容本身。

但是有人会说：“我阅读某某作家只是为了他的风格之美。”请问这话是什么意思呢？我自己就从来不清楚这是什么意思(而且也从来未得机会请他们对此作番解释),除非他们想说,他们阅读某书只是为了它的声音之美。当一个人阅读一本书时,他所能感到的东西无非三件:(1)文字的意义,而这意义又与其思想密不可分。(2)书页上印刷号的式样——我不相信一个人读什么书仅仅是为了书页上文字的视觉之美。(3)文字的声音,不论是真正发出的还是凭藉想象而发出的。毫无疑问,文字在声音的优美上是不全相同的。在我的心目之中,"pavement"①便是英语中最优美的一个词。你读读试试,琢磨一下那声音,且看效果如何。另外,也毫无疑问,某些词连在一起会比另一些词连在一起觉着好听。所以丁尼生②曾说,他平生所写过的最优美的一行诗句是:

The mellow ousel fluting in the elm. ③

如果单就声音来讲,也许是的。这个诗行的确发出了一连串优美的音响,读来不免使人联想起那诗句所模拟的鸟鸣啁啾。但是试问这行诗便能与他的一些令人难忘的绝妙佳句相媲美吗?当然不能。它的确具有某种魅力,但毕竟属于新奇或纤巧一类。如果一首诗通篇都不过是由这类句子所组成,其成就必始终不脱纤巧。它必不能长久为人所喜爱。这也正像一个除了漂亮之外再无别的长处的女人,必将味同嚼蜡。这类作品是不能传世的。说到这里,我们不免联想到,以丁尼生的用字之才而终失人们的景仰,那理由也正在此。试问今天还有谁会把《国王之歌》④捧为辉煌巨作?在他所写过的那千百行音韵铿锵的诗行当中,真正留传下来的也只可能是那些饱蘸感情的作品。至于那位宣称他阅读某家之书"只是为了他的风格"的先生,我的看法是:不是他迟早要对那位作者发生厌倦,便是他在欺骗他自己,而他实际上指的是那作家的文字风格,指的是那流贯于他的一切作品之中的某种特殊品性。这也犹如我们完全可能对

① 意为"人行道"。

② 即阿尔弗列德·丁尼生(1809—1892),英国维多利亚时期大诗人。

③ 意为:"那柔美的鸫鸟正在榆树上鸣啭"。

④ 亦译《亚述王歌》,丁尼生的名作之一。

一个人的身上不绝涌现的某种特点有所偏爱，而这点，虽然不易说明，却正是这个人的真正本质。

在评论一位作家时，所用的标准也应当与评论人的性格时所用的标准相同。这样来做，才不致将一些不关紧要的细事看得过大过重。没有尊重便没有持久的友谊。如果一位作家的风格由于某种关系不能赢得你的尊重，那么可以肯定，即使你从那位作家可以暂时得到一些乐趣，他的内容方面必有毛病，因而你那乐趣也必不能持久。因此我们自己对一位作家的观感便十分值得注意。如其你在读了某位作家之后，所得到的好感除了语言甜蜜之外再无其他，那么设想一下，如果你那一个月的假日都只和一位语言甜蜜的人一起度过，你的感觉将会如何？如果一位作家的风格曾经使你高兴，但也无非引得你笑了几声，那么细想一下，如果一个人的本领无非是能开几句玩笑，时间一长，他会多么令人难耐。但从另方面说，如果你对某位作家所谈的种种深为折服，但同时也意识到他的语句稍欠流畅，这时你对他的那“不佳文风”却大可不必多所忧虑，这也正如你对一位心肠宽厚、头脑明敏的友人的举止动作不必过多担心一样，尽管你明知他那手中的茶杯对房中的地毯不无威胁。你朋友在客厅里的举止确有欠缺之处，但你却不会认为他的礼貌很差。再有，如果一位作家的风格一见便使你眼花缭乱，除了那晃晃的强光外再看不见其他，那么切勿只知一味拜服倾倒，而应当冷静下来好好问问自己，如果有什么人在乍见初识之下便把他那全部性格像连弩排炮一般的向你射来，你对这个人终将如何看法。不应忘记，一般而言，那些能取得你的尊重的作家著起文来总是从容不迫，逐步深入，而不是见面之初便热闹非凡，天花乱坠。总之，对人生如此，对文学也是如此；这样，你便不致看不到，就其大体而言，风格亦即是人①。一方面，你不能说你根本不管什么风格，你对某位作家的内容的欣赏完全不受风格的影响。但另方面，你也不能说，仅仅风格本身便能使你餍足。

---

① “风格即人”这话乃是法国博物学家布封（1707—1788）的一句名言，经常为人所引用。

12　事实与虚构[①]

威廉·索莫塞特·毛姆(1874—1965)

【作者与风格】毛姆,英国著名小说家与戏剧家,也是散文的名手。他早年生长于巴黎;十岁后回国就读于坎特伯雷王家公学,继而去德国海德堡大学留学,并一度去巴黎习美术,未久归国进伦敦皇家外科学院。但毕业后并未正式行医,而是作了文人;二十三岁时,他已是一名职业作家。他开始试笔时,正值吉辛与乔治·摩尔的贫民小说流行期间,他的第一部长篇小说《兰柏丝的莉查》即取材于他学医时所熟悉的伦敦贫民生活。这部书记叙大胆真切但欠生动;他的初期作品如《凯道克夫人》等也都不甚成功。他在文坛的盛誉始自1915年发表的长篇小说《人性的枷锁》。这是一部综合了他前半生多方面经历体验所写成的工力巨作,其中场景的广阔包括了英法德诸国;近代欧洲的精神状貌、社会现实与环境的可怕严酷以及人们在生存竞争中所遭逢的曲折与不幸、痛苦与绝望,等等,一一在书中得到了深刻无情的记录。这时他在剧作方面也取得了同样的成功,所作剧本不下三十余部,上演也很受欢迎。此外他还写过不少短篇小说与散文作品,其中不乏优秀篇章。他还经常去国外旅行,足迹几遍于全世界,搜索范围较广,因此浓厚的"异国风味"也是他作品的一个特色。

毛姆是近代文学上思想性与艺术性颇具矛盾的一位作家。在思想上,他是近代英帝国与资产阶级流行思想的代表者:虽然在一些具体观察上不无新意,但总的来说,却没有什么可取;加之他在创作目的上浓厚的利得观点与方法上的自然主义倾向,这些都使他的作品严重地缺乏热情

---

① 本篇出自作者的《阿显顿》(1927)序言部分。这是作者以他个人在第一次欧战期间与德寇间谍作斗争的事实为基础所著成的一部小说。

和积极意义，娱人消遣而外，一般价值不高。但是在写作技巧上，在表现力与文笔上，却又颇有他的高明之处。其中最突出的是他那难以企及的叙事本领与剪裁艺术。他是最善用日常语言，并使之产生佳妙艺术效果的文章能手。他的风格简洁明快，质实坚韧，灵健有力，而造语用字，处处熨帖惬当，笔下无不达之意；同时浅而不俗，被富暗示意蕴，读来给人以一种意想不到的轻快自如与完美感觉。

《人性的枷锁》之外，他的长篇《酒食征逐》与剧本《循环》最是他的得意之作。短篇方面则以《雨》与《客厅中人》等为最好。

“事实”乃是个拙劣的小说家。它率尔操觚，往往在开篇之前已经很长，接着语绪不贯地讲上一阵，就草草收场了，线头毛边到处都是，只是没个结局。有时它也能把人引入胜境，但不久又迹象不明起来，结果使往后的发展与题旨无关；它不懂得故事要有个高潮，而是把它的戏剧效果徒然糜费在无关紧要的琐细上面。

小说家中有一派人正是把这个方法奉作小说的圭臬的。他们说，如果生活本身便是任意的和不相连属的，那么小说呢，也就应当如此；因为小说应当模仿生活。生活当中事物的发生往往没有定准，所以小说里的事物也该这么发生；它们常常没有高潮，而高潮则是违反可然性的，它们只是向前发展而已。最使这些人反感的莫过于某些作家为了惊人所制造的那种特殊效果或离奇转折，而当他们自己所叙述的情节稍有可能呈现戏剧性的效果时，他们更是避之唯恐不及。他们拿给你的常常不是一个故事，而是据以可编造你自己的故事的那种素材。有时一段情节摆在了你的面前，但原委不明，意义要请你去猜测。有时他们向你提供了一个人物，而那解释却要由你去做出。他们描绘了一批人物，一个环境，但其余的一切都得靠你去完成。当然这也不失为一种写小说的方法，一些佳篇就是靠这种方法写成的。契诃夫最能将这种方法运用入妙。但究竟这个方法比较适用于短篇而不大适用于长篇。一段关于情绪的描写尽可以把人们的注意力吸引上五六页，但是篇幅长到五十页时，故事就非有个骨架来支撑不可。那骨架当然就是故事的情节。而情节总要有某些特征,使你回避不得。它总要有个开端,有个中部,有个结尾。它是自身完整的。它总是要从某一些情况来开始,而这些情况又将产生它们的后果,虽然作为起点情况的原因可暂不追究;而上述那些后果(又将依次成为进一步后果的原因),将被继续追踪下去,直到读者认为,从因果上讲,这些后果的后果已无进一步追踪之必要的时候为止。这就是说,一篇小说总是不免要在某点某点上来定其起讫。它不应沿着一条方向不定的线索乱跑,而是,从发展到高潮,遵循着一道果敢而矫健的曲线进行。如果你想加以图示的话,你所绘出的应是一个半圆形图。其实惊奇的因素乃是完全有必要的;而那种特殊效果,那种离奇转折(对此,契诃夫的模拟者们往往不无卑夷之感),也只是在处理不善时才是不好;如果它们成了故事的必要组成部分,成了故事的逻辑的必然结果时,那正是再好不过。高潮也没有错,它是读者们很自然的要求;高潮只有当它的出现不是以前此发生的情节为其自然的先导时,才是不对。如果因为生活当中事情的结束总是不免有点虎头蛇尾,就把高潮一概避掉,那就纯粹是一种造作了。

因为本来就没有必要把小说应当模仿生活这个主张当成公理崇奉。充其量它也只不过是文学理论中的一种说法罢了。事实上,另外一种理论也未必便比它更站不住脚;那就是,小说应当把生活仅仅视作可以整理成精巧图形的原材料来使用。这点在绘画上不难找到非常酷似之处……

13　柴斯特菲尔德勋爵《致子书》[①]

弗吉妮亚·吴尔夫(1882—1941)

【作者与风格】吴尔夫,英国近代小说家、散文家与文学批评家,《国家名人词典》主编莱兹里·史蒂芬之女,生长自这样一个世代书香门第,她自幼出入于当代文人与学士之间,个人学识与素养极好。她很早就动笔写作,1925年她的第一部小说《戴洛维夫人》[②]出版后,已渐为人们所知。1929年她的女权论文《假我一室》更给她携来全欧声誉,使她成为当日第一流作家。她的小说作品是对威尔斯、贝奈特等老一辈作家的一种革新,重印象情调的追摹而不重情节描写与性格刻画。她的名作如《戴洛维夫人》、《到灯塔去》、《水波》等都是所谓"气氛"小说的代表,在这里面客观现实是不存在的,情节与人物也减至无可再减,出现在篇篇页页之间的则是人们印象与记忆的起伏隐现,奇思异想的错综纠葛,人物时地的变幻无常,故事似有似无,情节无法追踪,甚至连对话、描写与句子结构也都起止不定,迷离惝恍,不易捉摸,与人生、社会、时代、环境、群众等等几乎完全脱离关系。因此作为小说,终非这门艺术的正途。因为它们总是比较虚幻的作品,又非常脱离群众,是难望有多大生命力的。但是她的散文,则不失为具有相当艺术的作品;甚至可说丰富了现代英国散文的意境情趣与表现手段。她所使用的语言往往简单之极,但却蕴蓄与暗示丰富,言近

---

① 本篇出自作者的著名批评论文集《普通读者二辑》(1932)。这里的柴斯特菲尔德伯爵即本书塞缪尔·约翰逊写信所挖苦讽刺的那个贵族,姓名为菲列普·道梅·斯坦侯波(1694—1773),英国政治家与文章家,文字简峻雅洁,所著《致子书》为英国文学名著。

② 此处原译文为《戴罗威夫人》,与后文《戴洛维夫人》实为一部作品,为便于阅读,全书统一为《戴洛维夫人》。——编者注

旨远，耐人寻味，而且充溢着微妙的诗情。她的一些小品文字，例如《普通读者》二集，也都写得很好。英国文评家里德曾称许说她笔下的任何东西都值得一读，也可见她在英国文坛的声誉之隆。

这些书信刚开始时，菲列普·斯坦侯波①不过是个七岁的幼童。如果说我们对这位父亲的种种道德教训有何微词的话，那便是书中的标准对于一个尚属如此稚龄的孩童未免要求过高。“让我们再回到讲演术，亦即在众人前讲好话的艺术上去吧；这事我们在思想上一刻也不应完全忘掉。”这便是他写给那个七岁儿童的话。“非此，一个人是无法在议会、教会或法庭之上崭露头角的。”他接着写道；仿佛这个孩子此刻业已届临其考虑自己前程之年。因此看来这位父亲的错误，如果这便是错误的话，也正是世上名人们所常犯的一种通病，即这些人所本应做到的而自己实未做到，因而遂决意要把他们自己已失掉的一些机会重交与其孩子们——这里菲列普乃系独子——再试一过。的确，这些书信越看下去人们便越会看出，柴斯特菲尔德凭借其平生全部经验学问乃至处世之道而著成的这些书信，目的固在用以教子，也未尝不是藉以自娱。展读这些来书，一种殷切激越之情，不觉溢于言表，这说明作书给菲列普绝非是一桩苦役，而是一件乐事。意者勋爵于其公务劳顿之后，办事失败之余，便濡笔修书一通，而最后在一番直抒胸臆的快慰之中，遂忘记了读他信件的人竟不过是个年幼学童，根本读不懂他父亲写给他的那许多言语。但即使这样，柴斯特菲尔德勋爵对一个未知世界的这些草图倒也没有什么使我们特别反感的地方。他推崇的全是节制、宽容、推理一类②。永不责备众人，他劝告人说；勤去一切教会，而不嘲笑其中任何一方；须用一切知识来充实自己。午前则用之于学习，晚间则用之于有益之交往。服装应悉照上流，行事也宜仿此，切不可怪僻自是与精神涣散。要遵守适度的原则，并使自己一时

① 柴斯特菲尔德的独生子，亦即信件的接受者。

② 即西欧十八世纪的一般风习与教养。

一刻均过得充实而有意义。

就这样，一步一步，他终于树立起一位完人的形象[①]——一位按其父谕菲列普有望修成的人，只要他肯于——按这里柴斯特菲尔德勋爵不觉吐放出那浸染着他全部教言的佳句——努力培养种种风度。

不消说，这种训练，不管我们对这个词作如何解释，也自有它的相当长处，另外也正是这个，才使柴斯特菲尔德有可能为他自己勾出一幅自画像。这些短札具有着某些旧日小步舞[②]的精致与严整。然而这种匀称协调对这位艺术大家是来得那么自然，他完全不妨随其兴之所至而稍稍出格；但却从未因此而变得局促拘谨，可是在他的摩拟者的手中却将无可免了。他也许有时刁钻，有时俏皮，有时满口格言，故作简练，但他却没有一时一刻丧失其时间感，他总是曲停而舞止。“他被关进贵族院了——那个专治不治之症的地方。”他也笑笑，但不大笑。当然在这些地方十八世纪[③]对他起了有益作用。柴斯特菲尔德勋爵平日虽对一切恭而有礼，甚至连对天上的星宿与巴克莱主教[④]的哲学也不例外，但由于不负其时代之教，却绝不轻谈那有限无限[⑤]，也绝不妄称一切并不如其外表那样稳固。这世界其实也是够好和够大的了。这种平庸的性情虽不致使他越出无瑕可訾的常识之外，却终究限制了他的眼界。他没有一个句子能像拉·布吕耶尔[⑥]的许多句子那样余音回荡，鞭辟入里。但也有可能他从来就没打算要

① 这里的“完人的形象”当然饱含着讽刺意味。

② 一种举步动作优雅徐缓的群舞与对舞，流行于十七至十八世纪法英奥等国，为西欧古典舞蹈之一。

③ 当然指十八世纪的观念、风习与教养等等。

④ 即乔治·巴克莱(1685—1753)，英国著名哲学家与散文能手，爱尔兰人，曾任主教。他的哲学主张事物在客观上并不存在，而只存在于人的心智与意识之中。

⑤ 有限与无限的概念历来是西方哲学家们所最爱探讨的问题之一。

⑥ 即若望·德·拉·布吕耶尔(1645—1696)，法国文学家与伦理作品作者，所著《性格论》(1688)尤为一部独创一格的散文作品，其中以人物素描写得最具特色，为十七世纪后期法国社会各个阶层一个有趣的人物画廊。

与那位大家来比；另外，要能写成拉·布吕耶尔那样，一个人也许总得有点不拘哪方面的信仰，但这么一来，再要保持那种种风度岂不就要非常困难了！那时说不定该着大笑就得大笑，该着大哭就得大哭。而大笑大哭都属同样可悯可悲和有失体态。

但是就在我们对这位杰出的爵爷及其人生看法感觉饶有兴味的时候，我们则不能不同时感到，而这些信件的迷人之处在很大程度上也正来源于这种感觉，信纸的另一端上还有着一位虽不作声但却实实在在的活人。菲列普·斯坦侯波总在那里。不错，他没说话，但是我们却能感觉到那时他正在德莱斯顿、柏林或巴黎，正在恭捧父谕，开缄细读，而且心情沮丧地望着那堆自他七岁以来已经越积越高的厚厚邮件。此刻他已经长成一位神态颇为严肃，体躯颇为肥胖但个子不高的青年人。他对外国政治有了兴趣。稍稍读点正经书也还合乎他的爱好。而每次邮件到时总有来信——而且总是照例那么文雅，那么洗练，那么精彩，恳求乃至命令他去学习舞蹈，学习雕刻，以及考虑如何使自己的举步投足优美娴雅。他尽了最大努力。他在风度的训练上也下了不少功夫。但这事是太难办了。他竟在通往那明镜泛彩、灯烛辉煌的大厅的陡斜楼梯中途坐了下来。这事他做不了。他在下院里面没有取得成功，不得已退而在腊底斯本任了一项卑职，而且盛年早夭。由于他的心灰意冷和缺乏勇气，他的情形最后还是由他的未亡人才转达给他的父亲——即最近这些年来，他久已与一出身寒微的女子结婚，并生有数子，云云。

伯爵豁达大度地承受了这个打击。他为此事写给他儿媳的那封信确不愧为谦和的典范。从此他又开始了他对诸孙的教育。

14　在海上[①]

奥尔多斯·赫胥黎(1894—1963)

【作者与风格】奥尔多斯·赫胥黎,英国近代著名小说家、散文作家兼诗人,是一个具有多方面才能的文学家。他的祖父即写《天演论》的托马斯·赫胥黎,母亲为马修·阿诺德的侄女,而小说家汉弗莱·沃德夫人是他的姨母。生长于这样一个文化极高的名门,他自幼不仅所受教育很好,而且结识与见闻也较广。他自牛津卒业后,即开始试作诗歌,不久为文评家密德尔顿·墨莱主编的《雅典文萃》杂志撰作散文与短篇小说,以后主要从事长篇小说写作,其中以《滑稽环舞》(1923)、《针锋相对》(1928)与《美好的新世界》(1932)等为最著名。在文化素养与艺术情趣上他是资产阶级文人中一位较宽博与高雅的人,在认识与理解上也能不断发展和有所进境。人的心智的开发是他小说的中心题目,因而他的作品是二十世纪前期英国各种思想的最有趣与丰富的记录,也是上流社会、文坛学界各式各样的虚伪假冒、矫揉造作与种种腐朽庸俗作风的尖锐与幽默的嘲讽与揭露。另外追求淳朴与智慧,追求美善境界,甚至超乎言说的所谓精微义理,更是他有兴趣的问题,因此他很景仰印度的古代哲学,流露出较浓厚的神秘主义思想。赫胥黎虽是英国近代知识界的代表,但由于他的许多社会观点太偏于否定与消极,又较脱离群众与现实,他的书籍往往不能给人带来实际的解脱与鼓舞,而只能使矛盾更加纠葛难解,使人陷入更深的迷惘之中。

---

① 本篇出自作者的散文集《揶揄的彼拉多》(1926)。这篇文字对资本主义社会中现代科学文明的被人滥用颇为忿慨,但却以极其轻松的笔调出之。读者在阅此文时应适当注意其中的讽刺与谐谑口吻。本文的标题"在海上"一词在英语中有双关意义,既可按其字面的实义讲,也作"瞠乎莫解"讲。

以文字论，赫胥黎的许多作品都写得颇具艺术价值，属于近代英国散文中的较好作品。他的许多小说本身便是很好的散文（他是小品文倾向极强的一位小说家），至于他的短篇小说则较他的长篇写得更为精练，是丰富学殖与艺术相结合的产物，具有严朗精淳、蕴蓄深刻、情趣丰富等多方面的妙处。比较好用长字难字与哲学术语是他文风上的另一特点，但这些在他那许多充满哲理的文字中倒也显得自然而然，而且仅限于长篇作品，至于他的短篇则是写得异常轻快和富于风致的。

习见而不惊。鱼类并不觉得水有何可怪；它们只知道在那里面游个不停。我们自己也正是这样。我们往往把我们的西方文明视为当然，而不觉其有半点古怪或不协调。要想认识我们周围环境的这种反常之处，我们就得静下来着实思索一番。

不过也常有这种情形，就是这种反常现象却全然是逼上头来，这时某种出格、矛盾，甚至极度失调的现象，竟在一束特别强烈的光照之下蓦然变得赫赫在目，不容你看不到。这样一种时刻便在我横渡太平洋时到来过。时为我离去横滨的第一个早晨。踱出舱门，我收到当日的无线电讯一份。我展开这份打印的电讯，读到："洛杉矶之某夫人，为七十九龄某医生之幼妻，于最近遭捕，罪名为驾汽车行驶于铁轨之侧，且呜呜作响如火车然，云云。"按这则消息乃是经过空气分子间的以太空隙而传到这里的。消息从五千多英里之外的播送站传到这里的船上，而所需时间，较之我的声音从此游廊之一端达至其另一端，或者更为短暂。六七个天才人物以及数百名勤奋而有才分的研究人员的无尽辛劳，方才创制和完善了构成这一奇迹的手段。但是目的何在呢？徒为了使洛杉矶某年轻夫人之绝技得以分秒不误地迅速传至全球各个大洋之上的每位旅客而已。空中的以太反复回荡着这位夫人的芳名。传递这项讯息的电波正在不绝地冲击着月球和其他行星，并继续向着遥远的星体与无极的太空滚滚而前。法拉第①与克拉克·麦克斯韦②确实不曾白活。

古代的智者们(印度人便曾如是说)早已具备着我们对自然界的全部知识，而且比这些还多得多。但是他们却把这些知识藏之己身，秘而不宣，最多也仅以隐语的形式出之，因而变得无从索解，除非我们能够预知其答案。他们担心——既然人类已成今天这种情形——他们的发现很有可能遭到误用或滥用。他们认为，知识的威力决不以托之于一般常人之手。因而他们自己的学问遂拒不传人。

也许是由于我对西方与现代素多偏见的缘故吧，我倒不太相信古代的东方圣贤具有那样高超的科学造诣。但是他们的智慧则无可否认。知识的果实正在遭到滥用与浪费；这点，说来痛心，实在是再为明显不过。许多不计名利的人曾以其毕生的精力埋头于真理的探索，而我们却将其研究所得用之于毁灭与屠杀，或者用来制造一些无聊的玩艺。近代的西方文明，这些成之于上百名天才人物及其数千位聪明勤奋的门人的共同成就，确实是为着亿万众庶服务的，而这亿万众庶，则就其心智的质量来说，去旧石器时代的一般人们实在几希。极少数超人的聪明才智竟被人所胡乱利用，藉以为难以数计的低级人与基本上是这类人的利益与娱乐来服务。当代的原始人也常从一些仪器上听听消息，而他们在这事上实在是拜受着某些高级甚至(相对而言)神圣的才智的天才劳动之赐的。黑人音乐经由空际而送入他们的耳中，同样弗兰克·克伦博士③之类圣贤的聪明睿智；赛马揭晓、枕边小说及至洛杉矶某少妇的背景身世，等等。普

---

① 法拉第(1791—1867)，英国著名科学家，电磁感应定律的发现者，并提出“场”的概念。

② 麦克斯韦(1831—1879)，英国物理学家，曾把电磁现象用数学方程表达出来。法拉第与麦克斯韦两人的研究对无线电的发明起了极大助益。

③ 弗兰克·克伦博士(1861—1928)，英国有名专栏作家。这里的“圣贤”云云，显系意在调侃。

罗米修斯的神火确实遭到了意想不到的滥用，竟成了“神来提出，人来决定”。[①] 我们所居处的这个世界也许并不是那最理想的，但却无疑是个最荒谬的。

但我自己终非超人，故对这位年轻的某妇人仍怀着极活跃的兴趣。在伊以呜呜作响如火车然之故而遭捕后——至于此事系凭藉某种乐器之助，抑系无所假借而纯任声带，则迄不明确——业已经其夫君（亦即年迈之医生）之保释出狱云。继闻法院对此案开庭审讯。据医生云，伊拟欲甘认伊（按伊应作他）之保释金而出走。医生不准，某夫人因有捣毁家具之举。此年长之医生当即电话通知警厅；警至，某夫人遂以暴行罪再度遭捕。置身于大洋之上，我们对其下文如何，实在不胜翘企。数日之后，亦即正当我们舟经 180°子午线之际，终于和解之讯到来，这才一块石头落地。盖某医生业已撤回其原诉，而此少妇也已重赋其于归云。至于作火车鸣一节，我们则始终不得其解然。行文至此，我们实不能不有慨于那些提供此电讯的无名人士之无常。而某夫人之芳名也从此不复驰骤于金牛星座与螺旋星云之侧。翌晨公报上所载无非有关某地总罢工的宣言一则，另一消息则为贝贝 · 丹尼尔斯[②]以坠骑致伤云。

15　十月湖上[③]

赫伯特 · 欧内斯特 · 贝慈（1905—1974）

【作者与风格】贝慈，英国近代短篇小说家与散文家，生于鲁斯顿，幼年曾在卡特灵文法学校读书，十五岁时即开始写作，两年后曾短期在地方

---

① 这句话是作者对英国的一句有名谚语“人来提出，神来决定”所做的一个转语，当然也是意在幽默。

② 英电影女明星。

③ 本篇出自 1940 年的《旁观者》，转选自司各特所编的《近代散文》第一辑。

上任新闻记者，并在一个货栈工作数年。这时他第一次试作长篇小说，作品有《两姊妹》《日之夕矣》《死者之美》等多种。贝慈生长乡间，十分熟悉农村生活，作品有浓郁的乡土气息，文情也很优美，所作短篇尤其有名。这里所选的《十月湖上》可代表他饶有诗意的散文艺术；不仅显示了作者对自然风光精细的观察，也表现了他的简洁圆熟的文笔与坚致准确的描绘本领。

十月的木叶已经簌簌落满湖上。在晴朗无风的日子里，它们成千上万地停留在此刻业已色泽转暗的水面；这无数黄色小舟般的落叶大多为白杨树叶，纷纷不停地从那些即使在无风天气也颤动不已的高树之上淅淅沥沥地飘落下来，但是遇上雨天或是雨后，它们便又被飘得无影无踪，于是，除了那在盛夏时节宛如翡翠似的盏盏瓷盘把个湖面盖个满当而如今色作橄榄黄的睡莲残叶之外，这时湖上是一片利落。就连不少睡莲也已不在；那在蓓蕾时期有如浪里金蛇似的一种色黄头细的水草以及茂密的芦苇也都稀疏起来，它们被风霜编织成了许多凌乱的篮篓似的汀渚，这里的大鷉松鸡一听到什么陌生者的响动便溜到那底下去躲藏。

长夏之际，在这片到处莲叶田田的世界里，大鷉与松鸡往往过着一种不胜其困惑迷惘的日子。它们找不到可以自由游泳的地方，于是整天整天可以看见它们在这片睡莲深藏的水面空隙之间小心翼翼地徐图前进，不时把头歪歪低低，对这片绿叶世界深感惶惑，正如在冬天时候对于冰天雪地感到的那样。这时偶尔遇到稍清净的水面，它们马上就活跃多了。湖面很长，除其中两处小岛外，大体连成一片。湖上的鸟儿兴致来时往往发狂似的参差其羽，翻飞水上，那起飞降落恍若无数细小而激动的水上飞机。相比之下，那些野鸭的步伐——而且速度也迅速得多，便几乎颇形威武。它们着陆时——一些雄鸭脖颈处闪耀着色如浓绿锦缎般的光泽，那神气大有哪个飞机中队于其长期在外飞行之后初次胜利归来之势。

钓鱼一事则只有等到时序进入夏末才有可能。久旱之后，水面浅而且清，深黝黝的游鱼可以成批看见，这是出来晒太阳的，但羞怯易惊，不易捕捉。只有等到晚间，当天气已经转凉，水色变暗，湖面也为露水鱼群的银色舞蹈不断划破时，这当儿，才有可能钓着几条，也许一条初生的鲈鱼，或比沙丁还小的石斑会噙上了钩，这整个时期，特别是在晴朗炎燠的早晨，个大的梭子鱼往往会露出湖心，一二十条一群，状若黑色电鮪，着迷般地呆在那里，偶尔才大动一下，在水面上漾起丝丝涟漪。

说来奇怪，这里一切水上的与水周围的生物几乎都和这湖水有关。除了那在湖畔赤杨树下踧踖不安的一只孤零的鹪鹩，或在十月午后从岛上横掠湖面引颈长鸣的鸥鸲以外，这里的一切鸟类生活大都属于水鸟生活。白嘴鸭似乎很少到这里来，燕八哥也是如此；偶尔可以瞥见一只鸽子从水上鼓翼而过，飞入树林；甚至连海鸥也属于田畴上的禽类。但是野天鹅春天时却常到淡黄色的芦苇丛中来筑巢，另外有两只高大的苍鹭每天好在这表面有水的草地上往来踱着，一遇声响则奋力地把头翘起。鹬鸟常翩跹于附近沼泽中色状如棕色翎羽的薹丛之间，有时一只翠鸟也以魔术闪电般的快速啄着横过最狭窄水面的赤杨影下的阴暗树篱。但有时，而且在很长的工夫之内，这里又既无生命也无声息。湖面慢慢寂静下来，再没有鱼跃来打破这种沉默，大鹬不再啼叫，连树叶在这死寂的十月空气中也停止了颤动飘落。猩红色的浮子开始呈现在这看上去滑腻如脂的水面之上。

在这种宁静晴和的日子，这里的色泽真是绚烂之极。湖的南岸，白杨、赤杨、槐木以及七叶树等迤逦不绝，氤氲溟濛，完全是一片橄榄黄和青铜色的漠漠水帘。樱桃梨子繁茂的果园一团火红，它那低垂的橙黄光焰早已颎颎透出一带几乎光净的秋柳之外。橡树依然苍绿，但挺立在远处的山毛榉却頳如赤峰。至于湖面上的种种奇颜异彩，更是姿媚跃出：岛上生满榅桲，虽仍郁郁青青，但树间嘉实累累，恍如千万盏金灯，只是无人前来采撷罢了。

二

美国散文[①]

1　我的幼年教育[②]

本杰明·富兰克林(1706—1790)

【作者与风格】富兰克林这个享有世界声誉的伟大名字对我国的读者来说已不陌生，我们知道他是早期美国杰出的企业家、科学家、文人与政治家，美国独立时期的领袖人物与开国元勋，一生中从事过各种科学文化与政治外交活动，建树颇多。他是凭藉勤奋好学、艰苦努力，尤其是凭藉他的卓越识见与写作才能而跻身于世界名人之林的，正是因为这样，他一直被推崇为美国精神与文化的最光辉的代表。他的历史功绩还在于他是

① 本节内容主要编选自上海译文出版社2010年出版的《美国散文精选》，对于正文或注释部分有疑问的字词、标点等，编者参考山西人民出版社1983、1984年出版的《英美散文六十家》(上、下)做了酌情修订。——编者注

② 本篇出自作者《自传》的第一部分，也是整部书中写得最好的一个片段。《自传》共由四个部分组成，前后著于1771至1790年间，并非一时所作。这第一部分1790年最早以法译本问世，将近八十年后，亦即1868年，此书四个部分方才第一次以英文本出齐。由于疾病关系，这部《自传》仅叙述到1758年，亦即仅叙述了他的前半生，他后来的重要政治活动并未来得及被写入。但是通过这远不完整的记录，我们仍可以清楚看到富兰克林自幼刻苦学习、勇于任事及其艰苦奋斗的详细过程。由于这部书对青年们具有启迪心智、鼓励上进的积极作用，兼之叙事简明扼要，文章也好，它一向被视为美国文学中的一部经典著作。另外，自传这一写作形式也即是由富兰克林而创始的。

新大陆的最早和最重要的启蒙者之一。他对科学在推动、改进与完善人类社会方面的巨大作用曾做过十分出色的宣传与阐释，并以其个人的科学研究与众多发明而丰富了这一认识。在人文学科上他也具有较宽博的见地，他在不少政治论文中曾对王政政治、贩卖黑人以及歧视与屠杀印第安人等问题给予过强有力的抨击，在历史上具有一定的进步意义。更为重要的是，自1732年起至以后的二十五年间，他一直坚持出版了一种名为《理查的年历》的年刊，其中各类通俗科学、实用技艺，乃至哲理寓言、谚语故事等等，无不备载；他自己的不少散文著作便曾发表在那里，虽然有时也卑之无甚高论，但对当日美国人民的教育与提高确曾极有裨益，对美国散文文学的发展也起到过示范与推动作用。当时新大陆上的作家寥若晨星，其中富兰克林始终是那里最腾誉人口的一个名字。

富兰克林是美国文学中第一个最重要的散文作家。他的文章具有明白、晓畅、简练、亲切等特点，是最能符合当日实际需要的理想表达工具，同时又浅而不俗，具有一定的文学味道。另外在用字与造句方面也很准确老练，今天乍看起来虽似平常，但实际上则是一种经过长年严格训练并以广博知识与丰富经验为基础的相当成熟的文笔。

我自幼即好读，手中偶有点钱便都用以购书。我爱读《天路历程》①，我的第一部书便是班扬的这套小书。后来我又将这书卖掉以购买布尔顿②的“历史丛书”；书为坊间廉价小本，计不下四五十册。我父亲的少量藏书多属于宗教论战性质，这些我也大都稍加涉猎，但日后每以此为憾事，因为正值我求知的欲望如饥似渴之年，却苦于无适当的书可读，而我此时已决定将来不做牧师。父亲书中我最耽读不倦的是普鲁塔克的《名

---

① 《天路历程》，十七世纪英人班扬的著名寓言小说，出版于1678年。书假托梦境，叙述了主人公基督徒及其妻子等人虔心向道，遍历危厄险境，超凡入圣的艰辛经历。

② 英国通俗历史书作者纳撒尼尔·克劳乞(1632？—1725？)的笔名。

人传》[①],唯有在这部书上我认为我的时光最不虚抛。那里另有笛福书一种,名《计划论》[②],以及马瑟博士书一种,名《为善论》[③],这两书对我都有开茅塞之效,对我日后某些重要作为发生过相当的启迪作用。

这种浓厚的书癖终于使父亲决定让我进印刷业,尽管此时他已有一子(即詹姆斯)在这行业。一七一七年詹姆斯携印刷机与字模等自英格兰归来[④],于波士顿开店营业。我对印刷业的爱好远较父亲强烈,唯下海当水手的念头仍未完全忘怀。考虑此事后果堪忧,父亲遂不再耽搁,立即催我去詹姆斯处做学徒。我推脱过一阵,但终于听从父意,正式立了字据,彼时我还不过十二周岁。按合同规定,学徒期满将为二十一岁,唯最后一年得领伙计工资。不久我对印刷一行已事事熟练,詹姆斯依重我如左右手。这时我开始有机会接触到好书。利用与书肆学徒相识关系,我有时竟能从那里借上一册小书,但每次必速看速还,不敢污损。有时一本书晚间借回,次日天明即须归还,这时我便一卷在手,连宵赶读,以防到时还不回去,叫人来催。

此后不久,一位名叫马修·亚当斯的商人常来我印刷所,其人颇聪明,于各类书籍庋藏甚富,得知我好读,因邀我至其书室中,慨然将我所欲读的书惠借给我阅读。此时我对诗的兴趣正浓,间或也稍有所作;詹姆斯以为此事或亦不为无利,对我稍加鼓励,因而我遂开始写时事诗,记得其中一首名《灯塔悲剧》,记船长威斯雷克及其二女海上遇难事;另一为水手歌,记海贼狄乞(绰号黑髯客)就擒事[⑤]。按两诗格调均不高,不脱克洛柏

---

① 普鲁塔克(约46—约120),罗马时代的希腊语作家、哲人与历史学家,职业僧侣。所作《名人传》载有传记四十六人,详述希腊罗马的帝王与英雄生平,是一部以一个希腊人物与一个罗马人物对比的形式写成的"合传",为西方古代传记名著,具有很高的文学与历史价值。

② 这是英国作家笛福1697年所写的一部关于促进与发展英国对外贸易等问题的经济学方面的书籍。

③ 当日伦理学家考登·马瑟于1710年发表的一部论著。

④ 詹姆斯·富兰克林(1697—1735)曾在英国习印刷业。

⑤ 二诗已佚。

街腔调①;印成后,詹姆斯命我去市上售卖。前一种销路极佳,以其事发生未久,人们的印象尚深。这事给了我很大鼓励,但父亲对我的作诗则大加嘲笑,说作诗的人大抵都是乞丐。因此我遂绝了作诗念头,实际上我即使作诗也不会成为很好的诗人;但文章对我则不同,它在我一生当中用途颇广,甚至可说是我日后的主要立身之阶,因此下文即将说明,处于我当时的环境下,我曾如何学到这点本领。

城中当时另有一位嗜书青年,名约翰·柯林斯,与我很熟。有时我们也争论一些问题,而且还特别喜欢这种争论和盼望有机会进行互驳。然而这种好辩,这里附带一笔,往往容易变成一种不良习惯,结果在人们面前也好呶呶不休,非常招人反感;不仅败坏谈兴,制造不和,甚至使人失去应有的友谊。我这毛病便是受了我父亲宗教论战书籍的影响。我日后注意到,有修养的人们从来便很少涉入争端,当然下述几种人则是例外,这即是律师、学人以及爱丁堡出身的各类人们②。

一次柯林斯与我发生了一场争辩,内容系关于妇女受教育有无必要,以及妇女是否具有这种能力的问题。他的看法是这种做法不够妥当;而且她们天生不适于学习。我自己则站在反对的一方,当然这也多少有点为辩而辩。他的口才比我流畅得多,而且词汇丰富,左右逢源;但我总不免认为,他的优势却主要来自言词,而不是来自逻辑力量。由于到分手时这个问题依然没有辩清,而短期内彼此又不可能晤面,于是我便坐下来将我的论据详细写出,然后誊清寄去。他接信即复,我得复再答,如是书来信往,双方所作均不下三四通。一次父亲偶然见到了我的这些辩论文字,并仔细看了。看后,他没有涉及所论内容,而只就文字本身作了一些指点;他认为,在拼写与标点方面③,我比我的对手好些(这点当然应归功于印刷所的训练),但在语句的雅驯以及条达清通等方面,我都显有不足,这

① 克洛柏街,伦敦昔日一条街道名,为雇佣作家、贫穷文士的聚居地。这里说克洛柏街腔调,意即诗作的质量不高,属于下里巴人之类的卑劣作品。

② 爱丁堡为当日苏格兰长老派教士势力最盛的地方。这一派的教士以好辩著称。

③ 拼写形式与标点方法在当时尚远未统一。

些他都一一举出实例说明。我觉得他的批评颇能切中我的要害，因而从此更加留意文章写法，锐意精进，以期有成。

就在这时，我偶然遇到《旁观者》①的零本一册，书为第三卷。这书我以前从未见过。我把它购回反复阅读，读后心爱不已。我认为这书的文字极佳，因思有以模拟之。抱此目的，我遂取其中数篇，将篇中各句所表达的意思略加隐括，即置之一旁不顾；数日之后，不看原书而径行重述原文，方法即将隐括语中的意义一一仔细表出，其详尽须与原作无异，用字上则尽我所能，务求妥帖。然后拿我重写的《旁观者》与原文相比较，找出谬误，加以改正。然而我发现，我的词汇仍嫌不足，或用字想字时来得吃力，而这种能力，如其我不中辍作诗的话，早应不成问题；因为经常需要寻找同义但不同音（为了押韵）或不同长度（为了音律）的词汇这件事，势必要使我时刻去追求变化，并把这类事牢记在心，渐而至于精熟。因此，我遂把若干故事改写为诗；过上一段，当原文已经完全忘却，再把那些诗改写回去。另外，我有时还把我的提要有意打乱，数周之后，待我需要足句完篇时，再对这些进行一番认真整理。我这样做是为了学会如何把思想安排得富于条理。然后，取来原作互相比较，发现种种纰缪，即加改正；但有时我觉得，在某些非关宏旨的细节上我竟较原作的写法与语言更稍胜一筹，因而不禁暗自庆幸，自忖将来或者有望成为一位不坏的英文作家，也未可知，因为在这事上我确是不无奢望的。我练习作文与读书一般多在夜晚工余与次日上工之前，或趁礼拜假日，这时我总是设法一个人躲在印刷所内，尽量逃避礼拜仪式，这一节幼时父亲对我的要求素来极严，而我自己也的确至今把它视作一桩责任，只是我有时感到我无暇履行罢了。

正当我一心为文的时期，我读到了一部英文法（记得为葛林伍德所著），书末附有讲解修辞与逻辑的短论二篇，后者篇末载有苏格拉底辩论

① 《旁观者》为英国文人艾狄生与斯梯尔于 1711—1714 年间所编的一个文报，在当日极有名。

法范例一则；不久我又购得色诺芬[①]的《苏格拉底言行录》，其中关于这个方法的例证则更为详尽。我对这个方法爱之入迷，并学着试用，于是废弃了我以前那种生硬反驳与正面辩论，而处处以一个谦逊的探询者与存疑者的态度出现。当时由于读过沙夫茨柏里[②]与柯林斯[③]诸人的书，对我们宗教教义中若干处早有疑义，故我感到辩论时采用这个方法对我极为有利，但对我的对手则颇具困惑作用；因而耽之不倦，并经过不断练习而日臻精熟，这时即使许多学问高于我的人也每每为我所屈，因为辩论的结局他们常常不能预见，致陷入窘境之中，结果每辩必胜，而实际上不论我的能力或主张都未必如此高明正确。这个方法曾连续用过多年，但也渐加放弃，而仅将谦逊的表达习惯保留下来；凡遇有所主张因而可能引起争辩时，"当然"、"无疑"以及显得自以为是的词语便很少出口，而宁可使用"我把某事理解为如此如此"；"由于某种某种理由，在我看来，或我不妨认为，如此如此"；"依我的想法某事或许如此"；或"如果我不错的话，某事可能如此"。这个习惯，我认为，每当我从事某种措施的推行，需要发表意见和说服人们的时候，往往给我带来极大便利。另外，既然交谈的目的无非为了提供情况，了解情况，使人心悦与使人乐从，因此我深愿一切好心聪明的人士切勿因为自己的主观自是态度而影响自己的应有作为，因为那种态度势必要引起反感，招怨树敌，甚至使我们处处遭到失败，这时即使是一副天生语言才能（亦即提供或接受情况与乐趣的才能），也必无济于事：如其你的目的在于提供情况，发表意见时过分自信与专断的态度每每容易产生龃龉，使人不能耐心聆听。如其你的目的在于从他人获取情况和增长知识，但同时对你目前的看法却又表现得十分拘执，厌恶争辩的谦虚人们必将望望然而去之，听任你错误如故。因此，以这种态度出之，既不

---

① 色诺芬（约前 430—约前 355），古希腊史家兼军人，大哲学家苏格拉底及门弟子。著有《回忆苏格拉底》，记其师的言行，文章晓畅雅正，有文学价值。

② 沙夫茨柏里伯爵（1671—1713），英国哲学家，在宗教问题上持怀疑派观点，他在所著《人物志》中主张世上万事合理论。

③ 安东尼·柯林斯（1676—1729），英哲学家，自然神论者，著有《论自由思想》（1713）等。

能为你赢得听话人的好感,也不能获得你所争取者的乐从。

2 丢掉幻想,拿起武器——在弗吉尼亚议会上的讲演①

佩特瑞克·亨利(1736—1799)

【作者与风格】美国独立战争时期与建国初期的政治家、演说家,曾两度任过弗吉尼亚州长,参与过制宪会议。他出生于弗吉尼亚,其先世为苏格兰的移民。他幼年家境贫寒,但在父亲的严格教授下语言根基很好,青年时期经过商,并办过农场,但均不成功;后改学法律。1765年他以律师资格当选为弗吉尼亚议员,这之后不久便因发表演说反对"印刷税法案"而在当地议会中崭露头角。以后他更多次鼓吹十三州殖民地独立于英国而自己立法。一七七四年他出席了第一次大陆会议,号召全美洲殖民地团结起来,共同抗英。他说,"我们不可认为我们还是弗吉尼亚人,宾夕法尼亚人,纽约人和英格兰人;我不是一个弗吉尼亚人,而是一个美国人"。这项斗争他在本地议会中坚持了十年之久,直至1775年,英政府与殖民地的矛盾因波士顿事件更加激化,弗吉尼亚议会终于在他和其他进步派

---

① 这篇有名的演说作于1775年3月25日。在这之前,美洲殖民地与其宗主国英国之间已经进行了历时十年的长期谈判而迄无结果。1775年3月,英国军队在波士顿街道上又发生了屠杀市民的暴行,这预示着更大规模的血腥镇压即将到来。为此弗吉尼亚为向第二次大陆会议派出代表而召开了这次大会。会上亨利在进步派的支持下,提出了三项议案,要求立即组织民兵;要求保卫人民的权利与自由;并宣布弗吉尼亚进入战时状态。他为了说明提案而在会上慷慨陈词,作了这篇震撼人心的著名演说,指出处于当时的环境与形势下,沉湎于和平的幻想乃是自绝之路。唯有坚决地拿起武器与英政府奋战到底,才是光明的前途。他的义正辞严的演说果然扭转了会上犹豫不决的局面,使人心为之大振。整篇演讲之中他使用了大量修辞手段与文章技巧,特别是排比结构与修辞问句,这些都极大增强了演说的鼓动作用与说服力量,使这篇字数不长的讲话盛传一时,成为美国文学中不朽的名篇。

的说服鼓动下，公开与英宣战为止。由于他上述杰出贡献，他一向被美国人尊为伟大的爱国者。死后1820年他被选入美国名人院。

在语言与文字风格上，佩特瑞克·亨利的最突出的（也是最不可及的）特点便是他的演说的现成性与自然性。他常常不是事先写好讲稿，到时候照念或照背一下了事，而是一般心中仅有个大致的意思，至于具体的段落词句，则一切多凭当时的环境场合与气氛情绪而随机应变，即席创作。他有一次曾经讲过：我往往是一头扎进一段演讲之中，起句时还不知应如何结句。他演说作品的现成性与自然性可能即来源于此；因而也就极富于生动性，雄辩滔滔，热烈感人，为许多文语过重、刻板生硬的"念稿"演说所无法比拟。当然他的这种杰出的演说本领也是与他当年所处的斗争环境以及他自己在法庭与议会的多年锻炼分不开的。

主席先生：

我个人对刚才在议会上讲过话的各位先生们的忠诚与才能实在非常重视，不减他人。但是不同的人对同一问题的看法却往往会有所不同；因此，如果由于我个人对一些问题持有相反看法，因而不能不和盘托出、毫无保留时，但愿这一番话不致视为对前面各位先生的一种不敬。目前已不是雍容揖让的时候。议会所面临的问题乃是一个非同一般的严重问题。而依照个人看法，它其实就是要自由还是要奴役的问题；既然问题是这么重大，讨论这项问题时的自由也就不能不更多一些。唯有这样，我们才有可能认清事态真相，以便使我们无负于对上帝和对这片土地所肩负的重大责任。处在这种时刻，如果我因为畏惧开罪于人便把该说的话按下不说，那才真是对自己乡国的最大不忠，对天上上帝的最大不忠，而我对上帝的钦崇则远在对世间的一切帝王之上。

主席先生，人们往往容易沉溺于虚妄的希冀之中而心存幻想。我们往往紧闭双眼而不敢正视痛苦的现实。而就在我们被妖女[①]的艳歌弄得飘飘然的时候，我们早已不再是我们自己，而被化为牲畜。这难道是亲自参加为自由而战这场伟大而艰巨的战斗的有识之士所应有的行事吗？难道我们在这件与自己世间得救[②]关系极密的事情上，竟属于那种有眼而不能见，有耳而不能闻[③]的糊涂人吗？对我来说，不管这件事在精神上的代价是如何惨重，我都要求得知事情的全部真相和最坏后果，并对这一切做好思想准备。

指引我前进步伐的明灯只有一盏，那便是经验之灯。帮助我判断未来的方法只有一个，那便是过去的事。因此，如果鉴往可以知来的话，那么我很想知道，过去十年来[④]英政府的所作所为又有哪一桩一件足以使我们各位先生与全体议员稍抱乐观和稍可自慰？是最近我们请愿书递上时接受人的那副狞笑吗？不可相信它啊，先生；那只会是使我们堕入陷阱的圈套。不可因为人家给了你假惺惺的一吻便被人出卖[⑤]。请各位好好想想，一方面是我们请愿书的蒙获恩准，一方面却是人家大批武装的暗我水陆[⑥]，这两者也是相称的吗？难道战舰与军队也是仁爱与修好所必需的吗？难道这是因为我们存心不肯和好，所以不得不派来武力，以便重新赢得我们的爱戴吗？先生们，我们决不可再欺骗自己了。这些乃是战争与奴役的工具；是帝王们骗人不过时的最后一着。请让我向先生们提一问题，如果这些阵容武备不是为了迫我屈从，那么它的目的又在哪里？各位

---

① 指希腊神话中的海妖，常用她美妙的歌声引诱过往舟人，待船只触礁后，把他们化为牲畜。

② 与死后得救对比而言，这里指不受英政府的奴役与羁縻。

③ 这是《圣经》中所常用的语言。

④ 自1765年英国通过“印刷税法案”以对北美十三州殖民地加强压榨与控制以来，双方争执与谈判已进行了十年之久。

⑤ 典出《圣经·新约·马太福音》第26章第47—49节。耶稣的门徒犹大在带领犹太的祭司长等人前去逮捕耶稣时，犹大先上前假惺惺地给了耶稣一吻，作为暗号，以使抓捕的人知道谁是耶稣。这件事并见于《圣经·新约》中的《马可福音》与《路加福音》。

⑥ 所谓“暗我水陆”，亦即“舳舻千里，旌旗蔽空”之意。

先生还能另给它寻个什么别的理由吗？难道大不列颠在这片土地上还另有什么可攻之敌，因而不得不向这里广集军队，大派舰船吗？不是吧，先生，英国在此地并没有其他敌人。这一切都是为着我们而来，而不是为着别个。这一切都是英政府长期以来便已打制好的种种镣铐，以便把我们重重束缚起来。而我们又能用什么来抵御他们呢？靠辩论吗？先生们，辩论我们已经用过十年。在这个问题上我们还能提出什么新的东西来吗？提不出的。我们已经把这个问题从各个可能想到的方面都提出过，但却一概无效。靠殷殷恳请和哀哀祈求吗？一切要说的话不是早已说尽了吗？因此我郑重敦请各位，我们再不能欺骗自己了。先生们，为了避免这场行将到来的风暴，我们确实已经竭尽了我们的最大努力。我们递过申请，提过抗辩，做过祈求；我们匍匐跪伏过国王阶前，哀告过圣上制止政府与议会的暴行。但是我们的申请却只遭到了轻蔑；我们的抗辩招来了更多的暴行与侮辱；我们的祈求根本没有得到人家的理睬；我们所得到的不过是在遭人百般奚落之后，一脚踢开阶下了事。在经过了这一切之后，如果我们仍不能从那委曲求和的迷梦当中清醒过来，那真是太不实际了。现在已不存在着半点幻想的余地。如果我们仍然渴望得到自由——如果我们还想使我们这么多年一直在奋斗谋求的那些重大权利不遭侵犯——如果我们还不准备使我们久久以来便辛苦从事并且矢志进行到底的这场伟大斗争半途而废——那么我们就必须战斗！我再重复一遍，先生们，我们必须战斗！我们要诉诸武力，诉诸那万军之主①，这才是留给我们的唯一前途！

有人对我们讲了，先生们，我们的力量太弱；不足以抵御这样一支强敌。那么请问要等到何时才能变强？等到下月还是下年？等到我们全军一齐解甲，家家户户都由英军来驻守吗？难道迟疑不决、因循坐误，便能蓄积力量、转弱为强吗？难道一枕高卧、满脑幻想、直至敌来、束手就缚，

---

① 万军之主指上帝，为《圣经》中对上帝的一种传统叫法，即从其对作战胜负的主宰作用或身份而言。

便是最好的却敌之策吗？先生们，我们的实力并不软弱，如果我们能将上帝赋予我们手中的力量充分发挥出来。三百万军民[①]能够武装起来，为着自由这个神圣事业而进行战斗，而且转战于我们这么辽阔的幅员之上，那么敌人派来的军队再大再强，也必将无法取胜。再有，先生们，我们绝非是孤军奋战。主宰着国家命运的公正上帝必将为我作主，他必将召来友邦，助我作战。而战争的胜利，先生们，并不一定属于强者；它终将属于那机警主动、英勇善战的人们。更何况，先生们，我们已经被逼得走投无路。即使我们仍想很不光彩地退出斗争，现在也已为时过晚。屈服与奴役之外，我们再也没有别的退路！我们的枷锁已经制成！镣铐的叮当声已经响彻波士顿的郊原！[②] 一场杀伐已经无可避免——既然事已如此，那就让它来吧！我再重复一遍，先生们，让它来吧！

先生们，一切缓和事态的企图都是徒劳的。有些先生们也许仍在叫嚷和平和平——但现在已经没有和平。战火实际上已经爆发！兵器的轰鸣即将随着阵阵的北风而不绝地传来我们的耳边！我们的兄弟们此刻已经开赴战场！[③] 我们岂可在这里袖手旁观，坐视不动？请问一些先生们到底心怀什么目的？他们到底希望得到什么？难道性命就是那么值钱，求和就是那么美妙，因而只能以镣铐和奴役为代价来换取吗？全能的上帝啊，但愿你能出来制止！我不知道其他人在这件事上有何高策，但是在我自己来说，不自由则勿宁死！[④]

---

① 这是1775年时期十三州居民的总数，而当时英国的人口则十倍于此，即三千万人。

② 波士顿市为当日反英情绪最激烈的地区。1773年以抗议英国对殖民地所课茶税为目的的波士顿茶党事件爆发后，英军以武力占据了该城市，并以之为据点向殖民地各州进击。

③ 指北方各州已开始了对英斗争。

④ 亨利演说结束后，一时群情激奋，“拿起武器！拿起武器！”的呼喊声响彻议会，会上立即通过了他所提出的三项议案。

3 论美英关系[①]

托马斯·潘恩(1737—1809)

【作者与风格】美国启蒙主义思想家、政论与散文作者,本是英国人。他出身于一个贫苦的工人家庭,青年时代从事过水手、胸衣工、烟草工、杂货商、小学教师与货品检察员等多种行业,但均不得成功。长期过于低下的待遇、过于不适合他才能的安置以及周围环境对他的种种不公与歧视等,很早就将他变成了一个性情暴戾和充满叛逆精神的人。1774 年他因组织其他检察员向国会要求增加工资事被解职。穷愁之中他恰好遇到富兰克林,于是凭藉后者的介绍信去了美国,这时他已三十七岁。他开始在宾夕法尼亚一家杂志社任编辑,次年(1775)他所发表的攻击蓄奴制度的文章发表后,颇曾引人注目,这是美国第一篇废奴主义的著作。接着他在广泛研究了当日殖民地的现状与大量阅读自 1760 年来反英书报的基础上,迅速著成了《常识》一书,全面阐述与列举了殖民地必须以武力反英独

① 本篇出自作者以隐名方式于 1776 年 1 月所发表的《常识》一书的第三部分。这是美国出版的第一部主张坚决脱离英国即刻宣告独立的战斗檄文。作者的这部著作可说出版得恰逢其时,因为这时美洲殖民地与英国的关系正处于空前低潮,实际上已濒于全面破裂:波士顿城已经被围,列克星敦与班克山的战役已经打响,第二届大陆会议已经在费城召开。但是各式各类的亲英分子与效忠人士仍在四处活动,千方百计企图破坏这一大好局面。正是为了揭露这些人的阴谋挑拨活动与打破一部分受蒙蔽者的幻想迷误,以便振作起来,坚决投入战斗,作者遂写成了这部具有历史意义的政治鼓动著作。书出后,影响极广,不数月即售出十余万册,但更为重要的是它帮助殖民地的领导人下了决心,并在形成舆论与奠定国民态度的基调方面起了决定性的作用。其后不久《独立宣言》的发布也都受到它的巨大影响。书所以命名为《常识》,主要是因为作者认为事态的发展已到了非与英国彻底决裂、宣告独立不可的时候了,而这一认识并不需要他求,只要诉诸人们的常识即可。通篇著作写得斩截利落、气势充沛,非常富有战斗性,在语言上也较通俗易懂。

立的各方面理由。1776年1月书出后，影响空前热烈，书中那无可反驳的强大逻辑与炽烈语言起到了统一思想与制造舆情的巨大动员与组织作用，因而被公认为那个时期最有代表性的著作。战争爆发后，他加入革命军，在华盛顿部下任一名侍从武官，随军转战于纽约、新泽西与宾夕法尼亚各地。初期因作战失利，士兵逃散极众，士气十分低落，就在这个危急存亡的关头，他及时发表了《危机篇》，这篇文字像一支强有力的号角那样，起到了重振士气、巩固军心的有益作用，因而深得华盛顿的赏识。以后七年当中他以同类或有关题材继续刊出了十五篇这类文章，对独立战争的取胜作了紧密配合。自此他享誉极盛，被推崇为对作战有功的美国名人。战后他为了自己所设计的铁桥筹款事去了英国。在英期间他发表了《人权论》一书，书中观点触怒了英国统治者，因而遭到通缉；于是逃避法国，但却深受法人欢迎，被选入法国国民公会。不久因不赞成处置法王与王后事为雅各宾党所拘禁，系狱达八月之久，狱中他著成了《理性时代》一书。其后始由美驻法大使门罗(以潘恩为美国公民的理由)保释回国。1775年他的这部书在美出版，但书中对宗教的许多见解却招致教会对他的严重不满；他对华盛顿的攻击文字(理由之一为，当他在法系狱时，华盛顿对他从不曾稍稍援手)更引起美国政治界对他的围攻迫害。这时他已从过去那位备受崇敬的民族英雄一变而成为一个到处遭人诅咒唾骂，追捕暗算，完全不见容于整个社会人群的可怜角色。1809年他在饥寒交迫的窘境中病死纽约市郊。

潘恩是美国建国时期最有影响的天才政治宣传鼓动家。凭着他那敏锐异常的政治触角，他曾将当日的世界风云、社会舆情以及迅疾发展中的局势与事态作了最准确、最中肯、最及时的传达、阐释与报道，因而是最能将时代精神与社会脉搏反映并融汇到他的作品中来的一位作家。与所撰写的内容相适合，他的文章在具体写法上也具有着一些相应的特色，即是及时、快速、通俗、简易，能为许多即使文化程度不高的人们所读懂，因而所写作品，颇利流传。但同时他的文字又具有相当的文学艺术品质：充满诗味的表达，饱孕激情的吐属，慷慨热烈的语句，各类修辞手段的巧妙运用，其中格言警句，哲理隽语，俯拾即是，动人心目，颇给人以壮观歧蔚的宏伟感觉。但由于当日的环境关系，征途旅次，时间紧迫，粗糙与不够完善的地方也在所难免，另外有时文章条理较差。

在下面篇页中，我将不涉高论，而是只举单纯事实，只讲普通道理和只谈一般常识[①]；而对本书读者更别无过多绪言要说，唯一要求即是祛除种种偏私成见，以便使自己的理智与感情能对事物独立作出判断，因而要求他能拿出，或者不使失去，他自己作为一名堂堂正正的人的真实性情面目，如此方能游心纵目，使其见识超迈于眼前现实之外。

关于英美之间矛盾冲突的论著目前已经多至不可胜数[②]。不同阶层的人久已从其不同的动机、不同的目的出发，对这一问题有所论列；然而时至如今却是效果毫无，而辩论阶段也已过去。目前武力已被提出作为解决问题的最后手段；这一抉择出自国王陛下，而大陆方面也已接受了这一挑战。

据报道称，当已故斐尔汗姆先生[③]（当然不失为一位贤相能臣，只是孰又能完全无过！）某次在众议院以其所采取之措施缺乏长久性而遭到攻击时，他的答复曾是，“那些措施仍将比我寿命长久”。如其这样一种糟糕之极、怯懦之极的思想竟然在大敌当前的今天占据了殖民地各州，那么后世子孙将来提起我们这些祖先的名字时真不知要怎样地太息痛恨！

今天我们所从事的实在是天上丽日从未光耀过的辉煌伟业。它绝非仅仅是一城一乡一省一国的局部细事；它所涉及到的乃是整个的泱泱大洲——以广袤论，殆不下于人类所居地球的八分之一。同样，它也绝非是一朝一夕一年一代的临时问题，实际上在这场斗争之中我们的子孙万世

---

① 这点正是作者此书的立论宗旨，意即当日美国人民对英国当局应取何种态度，并不需要单从高深的理论上作何探求，而只要从常识上思索一番即可解决。

② 在潘恩写此著作之前已经有不少人发表过这方面的文字，只是没有一部抵得上他的坚决与透彻。

③ 英国首相（1743—1754）。

都将牵涉进去;其影响极为深远,甚至千龄万代,至于永劫,而这一切无不系于今天此举。今天正是为着我们大陆的联合、信誉与荣名之长成而进行播种之年。如果这事做得稍有裂痕,则恰如镌名幼树上时而留下断处,将来树身长高,这些罅隙也必随之加大,丑陋碍目,永难消除。

此事自从谈判转入战争之后,一个政治上的新纪元业已开始,一种新的考虑方法业已产生。截至今年四月十九日①止,亦即至双方进入武装冲突之日止,前此的一切计划、提议等等,在今日看来早已如隔年旧历,全然无用,尽管一度如何正确,今天却将为人取代。至此,不同方面代表人在这个问题上所曾提出过的一切主张看法,业已在其中的某一甚至唯一的一点(与大不列颠的合作)上面全部告一结束;所不同者仅在双方所采取的方式,即有的方面主战,有的方面则主和;然而时至今日,前者一方固然不曾取胜,后者方面也已信誉扫地。

既然人们一向对与英合作所能产生的益处谈得极多(尽管这事已如一场好梦那样一去无迹,并不曾给我们携来半点利益),因此我以为对这一主张我们很有必要从其相反方面进行一番研究,并对这些殖民地各州在其与英联合并依附于英国之时所曾蒙受和将继续蒙受的种种损失作些考察。这亦即是,对联合与依附等,以自然②与常识的诸原则为根据,认真进行一番探讨,以便彻底弄清:如果脱离,我们将能凭藉什么;而如果依附,我们又能获得什么。

我听说有人认为,美利坚所以兴旺起来主要因为以前与大不列颠有着联系,这种联系对于美洲今后的繁荣仍属必要,而且还将永远如此。这实在是荒谬之极。依照这种说法,一个幼儿因为吃奶长了个子,那么以后他便也只准吃奶而不准吃肉,或者因为我们的前二十年曾是这样那样过的,那么以后的那二十年便也必须以此为例,只准是那同样过法。其实我

---

① 列克星敦与康科德人民于是日对英军进行武装反抗,打响了美国独立战争的第一枪。

② “自然”一词在十八世纪的词汇里有种种含义。这里则指“事物的一般原则与道理”。

这么说已经是在那真实性上作了不小让步;因为我敢直告天下人说,美利坚完全会繁荣昌盛起来,甚至更加繁荣昌盛得多,即使绝无任何欧洲列强对她关心。美利坚所赖以致富的商业乃是各项生活必需品的经营,只要欧洲那里一天不废饮食,我们这里就一天不愁没有生意可做。

但又有人说了,英国曾经保护过我们。英国曾经控制霸占过我们倒是事实,它确曾为着我们和为着他们自己而出兵防卫过这片大陆,这点我们并不否认。我们相信,出于同样目的,亦即贸易与控制的目的,它也完全会派兵对土耳其进行防卫。

可叹的是成见蔽目,积习误人,我们久已因为在这方面陷溺过深而损失浩重。我们一向自诩颇得英国保护,而从未想过它这样做乃是出于利害考虑而绝非出于什么好感;它绝非是为了防御我们的敌人才来保护我们,而是为了防御他们的敌人而去保护他们自己,亦即是为了防御在其他别的方面与我们毫无争端,但却因了这一缘故①而将与我们永远为敌的那些敌人。设使英国对此大陆不再假充保护,或者说大陆摆脱掉了这种依附,那时我们定能与法、西诸国和平相处,即便这些国家与英交战。汉诺威王朝前番战事②所携来的巨大痛苦已应对我们的联合想法稍起清醒作用③。

最近听说有人在英国议会提出,这里的殖民地各州如若不是由于其宗主国的关系本将互不相干;换句话说,这里的宾夕法尼亚州、两个泽西州④乃至其余各州,正是凭藉英国方才结成姊妹地区。讲这话的当然用意在于证实友好关系,但可惜由于方式过于纡曲,结果反而只证实了龃龉不和甚至敌对关系。说实在,法、西诸国无论过去乃至将来都绝非是因为我

---

① 指美洲殖民地与英国的关系。这句话的意思从下句话中将能找到解释。

② 指英王乔治二世与三世期间与法、奥等国所进行的“七年战争”(1756—1763),美洲殖民地在抵御法军的进攻中曾遭到过相当损失。这里所以提到汉诺威王朝,是因为乔治二世与三世均为普鲁士汉诺威家族的后裔。

③ 英国在七年战争胜利后捞取了巨量利益,但美洲殖民地则白白为英国作了不小牺牲。

④ 美国的新泽西州当日分为东西两个部分,故云。

们美利坚人的缘故而与我们为敌，而是因为我们对大不列颠的臣民身份关系才致如此。

毕竟大不列颠是我们的父母之邦，有人这么讲了。那么他们的做法就更加可耻。野兽尚且不吞食它的崽子，野人也不侵害自己家族；因此这话如若还有几分真实，那只能使这个国家遭尽唾骂。其实这话并不真实，至少不全真实，而所谓的父母之邦或祖国云云不过是英王及其帮闲们的巧立名目而已，他们正是俨然一副教王身份，利用我们的愚忠轻信以笼络人心而售其奸。至于要说父母之邦，那也是整个欧洲而决非大不列颠。这个崭新世界曾是一切因为热爱民权与自由而遭受迫害的人们的避难之所，其成员来自欧洲各个地域。他们的避居此地并非是来自其慈母的怀抱，而是脱身于鬼怪的魔掌；在这点上倒不失为对英国的真实写照，即是那曾将其最初移民驱赶出去的专制暴政至今仍在继续迫害着他们的后代子孙。

置身于整个寰球的这一辽阔方域，我们遂不觉忘记了那三百六十哩的狭小局限(指英格兰的地面长度)，而将我们的友谊推行至更其宽广的范围中去；我们于是认为每一个欧洲的基督徒皆是我们兄弟，并因了这种慷慨大度的襟怀而踌躇满志，深感自豪。①

如果细想一下，就在我们与整个世界不断扩大交往之际，我们曾是在何种渐变的过程当中一步步地忘掉了原来的种种地域偏见，倒也是一件有趣的事。一个人出生于英国任何一个划分着教区②的市镇当中，那么他平日接触得最多的自然是他本教区里的人(这也因为在不少情形下他们有着共同利益)，而他和他们也以邻居相称；如果他和他们在离他住家几里之外的地方遇见，那他们就会忘掉街邻的关系而以同乡相称；如果他和这些人出了本郡而在外郡遇见，那他们又会忘掉一切街道城镇的细小划分而以同地或同郡人相称；如果一旦走出国门，在法国或者不拘欧洲哪里

① 作者这里提醒美洲殖民地的人不可过于天真。

② 教区在英国原为教会为了传教与管理教民所作的地区划分：在每个教区里都有它的教堂与牧师。后来这些教区又同时成为地方行政区域。

遇见,那他们原来的种种地区联想就会扩大成为英国人这一更大概念。严按这个类推下去,那么今天在亚美利加这里乃至全球任何一个地域相会在一起的所有欧罗巴人也都完全是同洲或同陆之人,因为英格兰人也罢,荷兰人、德意志人或者瑞典人也罢,当他们与这个整体相比,也不过是在一更大范围内与前述种种处于相类似的地位(前面街区乡镇的区分则是在较小范围),而这类区分对于那些胸怀全洲或全陆的人们则确属微不足道。即使仅以我们这州[①]而论,这里真正属于英人后裔的居民也还不足三分之一。职是之故,我极不赞成将父母之邦或者祖国等词完全归到英国名下,因为这样不唯偏私狭隘,抑且谬误不公。

况且,即令承认我们都是英人后代,那又有何用处?一点用处没有。不列颠今天既然已是我们的公开敌人,其他名号称谓便都一概没有意义:这时再说什么修好合作乃是我们的职责等等实在未免滑稽。其实今天英国的最早国王(征服者威廉[②])即是一名法人,而英国的贵族当中也有半数都是那个国家的后裔;因此依照前面那种理论,英国倒是更应交由法兰西人去进行统治。

关于不列颠及其殖民地的统一力量问题也是谈论得比较多的,据说如果联合起来,必将雄视于当今世界:但这也只是主观臆想而已。首先战争的胜负就很难预卜,其次这种说法也无任何意义,因为这个大陆绝不能为了协助英人在亚、非与欧洲各地穷兵黩武而耗尽自己的兵源民力。

更何况,与整个世界为敌的做法又与我们有何半点关系?我们的目的只是贸易,因而只要做到这点,我们就不难从全欧赢来和平与友谊,因为整个欧洲的共同利益即在使美利坚成为它的自由港口。美利坚与其他国家的贸易本身即将为她自己携来保护,而她的金银不足又能使她免遭他国觊觎。

---

① 指宾夕法尼亚州。

② 即英王威廉一世(1027—1087),世称"征服者威廉",原为法国诺曼底公爵罗贝尔一世之子,1066 年与哈罗德第二争位,击败之,遂入王英国。

这里我要向那些最激烈的联合论者提出质询，你们对这种与英联合是否能列举出哪怕一宗一件好处。这个质询我将再提一次。只怕一项好处也列举不出。我们的出口谷类在欧洲的任何市场都不愁卖不出价钱，我们的进口货物不管购自何处也都不能不按价偿付。

但是这种联合所将使我们蒙受的损害不利却是多至不可胜数；不论从我们对全世界乃至对我们自身的责任考虑，都使我们不能不弃绝这种联盟：理由为，对大不列颠的任何屈从以及依附的做法都必将直接把这片大陆拖入到战乱纠纷之中，并使本来愿意与我们交好的国家也和我们横生龃龉，而对于这些国家我们并无丝毫怨恚不满。既然欧洲是我们的贸易市场，我们便不应与那里的任何一方形成过于特殊的关系。美利坚的真正利益即在能避开欧陆纠纷，尽管她一向未能做到；然而充当英人附庸，却只能使她沦为英国政治天平上的一个无聊砝码。

欧洲大陆由于众多帝国过于森列密布，往往很难长期太平无事，而一旦英国与任何列强发生战争，美利坚的贸易即将因为她与英国的关系而受害惨重。下次战争未必会再像上次那样结局①，果真如此，现在这些主合之士那时完全又会主分。事实上脱离英国已是人心所向，大势所趋。无论死者的血泣、生者的哀号，无不同声喊出："应当马上脱离！"甚至全能上帝曾经将英美两地置放得如此辽远一事本身也足以充分证明，想要使其中之一统治另一从来即非天意。另外，这块大陆的发现时间、那里居民的增添方式，等等，也都在在为这一论点补充了若干根据。欧洲的宗教改革发生在后，而美洲大陆的发现在前：仿佛上帝在这方面早已好意为人作了安排，即是如果将来欧洲本土不能使那些遭迫害者获得友谊安全，也好使他们在这里另觅一个避难殿堂②。

大不列颠对这个大陆所采取的这种政治统制形式总有一天要告一终结。

---

① 上次战争指"七年战争"。"七年战争"的结果使法国在北美与印度的全部殖民地悉数落入英人之手，从而讨尽便宜。

② 西方教堂或其他圣地对进入其中要求托庇的人历来给予保护；遭到通缉的人，即使是罪犯，一经避入教堂，警局与官方即无权进内逮捕。

4　惠斯敏斯大寺①

华盛顿·欧文(1783—1859)

【作者与风格】美国杰出的散文家、史学家与传记作者，是第一个为美国文学赢得欧洲甚至世界声誉的作家。初学法律，并从其兄经商，兼以其余暇从事写作。初著《纽约外史》，是一部庄谐间出、别开生面的稗官野史式的作品，充分显示了作者的幽默诙谐才能。后经商失败，渐以卖文为生，其间也曾因公务私事多次旅居和出使国外，遍历英、法与西班牙诸国。1842年他再度以公使衔驻西班牙；晚年退居哈得逊湾家中，专门著述至终。欧文生值美国建国后社会巨大动荡变革时期，其个人生涯与当日政治曾多有牵涉，但这一切在他的作品中却从无反映，仿佛自身是个遗世独立、孤云野鹤似的一介隐士，这不能不说是他作品中的一件奇事。

他平生著书极夥，散文与故事而外，他还写过许多传记与历史书籍，对西班牙的历史与传奇，他的耽慕尤深。但是他最经久的作品仍是他那部脍炙人口的《见闻记》，这书自初次出版后即传遍整个欧陆。当时正是法、英与德等国在文坛上竞相争荣、才俊并出的鼎盛时期，但是他的文才却得到了普遍的承认。诗人拜伦便曾熟读此书；司各特给过他热情的支

---

① 本篇出自作者《见闻记》，是这座英国古老寺院的一篇最有名的追怀凭吊作品。关于这座大寺，历来记叙的人们很多，例如欧文所崇敬的艾狄生就写过一篇同名文章，但欧文却以其工细的描绘、出众的文才以及饱富诗意与想象的笔致而使这篇记游远胜过其他不少同类作品，因而它不仅是欧文这部散文集中的压卷作(或许《吕伯大梦》是个例外)，而且也是整个美国浪漫主义文学中的一个短篇杰作。文中所描写的惠斯敏斯大寺为英国著名大教堂，地在伦敦议会厅附近，寺的建造约始于公元七世纪初，中间屡经改建，至十三世纪中叶而渐具今日规模。这里为英国历代国王行加冕礼处，也是历代皇族、贤臣、名将、文豪、学者的葬瘗之地，每年各方瞻谒者极夥。

持;以后萨克雷、狄更斯等也都对他的这部散文集作过极盛情的赞誉。欧文的散文以英人艾狄生与斯梯尔为楷模,但清丽与妩媚尚且过之,以雍容闲适、典雅华美以及富于诗味与风韵著称,但有时由于修饰过度,个别篇章不免有堆砌之弊。《见闻记》一书虽写英国的事物较多,但美国壮丽的天然景象、哈得逊湾的传奇与风光,以及淳朴爽朗的普通美国人的生活面貌等等,也无一不在作者的笔下得到了绘影传声的尽情写照,因而至今仍是美国文学中最为人珍爱的溢目瑰宝之一。

时为晚秋。风物凄清,气象萧肃,岁既将暮,一日之间,几乎晨昏相连,而朦胧叆叇,浑不可辨。正逢这样一天,我曾去惠斯敏斯大寺作半日之勾留。而这座嵯峨古刹,宏伟之中,气极惨戚,也与岁时相符;因而自入门阶,我深感已经踏进远古世界,而恍然忘形于昔年的幢幢鬼影之中。

我入寺处为惠斯敏斯学校①内庭,先经一拱形低矮长廊,廊内极阴暗,仅一处壁上有小孔数个,阳光自那里淡淡射入,行经其处,颇有森然地下之感。通道尽处,遥见一带拱廊,一老年堂守②,衣皂袍,正踽行于幽暗中,大类自邻坟新逸出之鬼物。一路行来,尽是凄凉可悲之状,故入观之前,已先生端肃之想。回廊一带似仍不失当年的安谧僻静。古旧墙垣则因水浸渍,色泽灰暗,加之年陈日久,剥蚀严重;壁上碑铭镌刻乃至骷髅像等丧仪标志早为厚厚的绿霉掩去。拱端窗顶的繁缛雕饰上面,当年刀凿斧琢之迹已模糊不真;拱心石上的玫瑰雕花也早丧失其昔年的华美;流光似乎在一切方面都渐渐留下它的印记,但是倾圮颓败之中,也自有它的某种动人悦意之处。

饱含秋意的骄阳正把它灿黄的金光倾泻在拱廊环抱的空庭上方;杲杲之下,正中的稀疏草坪一片晶莹,远处拱廊一角也罩上了一层朦胧的光辉。自拱廊之间,游目仰望,不时可以瞥见一抹蓝天或一朵浮云,而那修

① 伊丽莎白女王于1560年所创立之公学,现仍存在,地与大寺相毗连。

② 寺中执事与管堂人。

峨的大寺尖顶，璀璨夺目，高高耸入碧空。

步上拱廊，一种盛衰荣枯之感不禁系心萦怀，同时我一边注视着地下的铭刻记载，这些原属旧日墓碑，但久已在此充作铺石，其中三个浮雕头像，尤其引我注意，雕刻本亦粗陋，加之长年践踏，早已磨损殆尽。雕像为早期院中住持；其下铭文已湮没不可复识，唯姓名犹在，想系日后重经描刻者。三名为：维多利斯住持，死 1082 年；克里斯平纳斯住持，死 1114 年；劳伦斯住持，死 1176 年。忽而睹此古代遗物，我不禁伫立其地默思良久，心想这些不过像被时间抛弃在辽远海滨的几艘沉舟，除了说明他们曾经一度生存天地之间继而死去以外，什么也不说明；除了告诉人们，想借骸骨以受崇仰、想凭碑铭以成不朽这种狂妄痴想的可嗤之外，什么意义都不存在。不消多久，甚至连这点可怜记载也都要泯灭净尽，到那时，所谓纪念物云云又将谈何纪念意义！方我仍在俯视碑文，耳边不觉钟声大作，那巨响往来回荡于庞硕的扶垛之间，连整个拱廊也跟着应声而动。这是寺钟在报时，它不绝地向人们提醒流光的消逝，且又发自墓地，闻之实在不免使人心惊，它仿佛无边的巨浪，连连把人卷入地下。我继续前行，出一拱门，遂进入大寺正殿。既进而整个殿容乃巍然眼前，规模较适才的拱廊益见宏伟。定睛细视，但见周围巨柱森列，大乃无艺，高拱凌空飞跨，危乎可怖；行经其下，竟不觉在人所建造的工程面前自感渺小。环顾全部建筑，异常宏阔而昏暗，不禁使人骤生肃穆之感。我们蹑足敛步，蹀躞其间，唯恐惊动这墓地的肃静；但尽管这样，我们每行一步，那足音还是不免要从壁间乃至坟冢处轻轻传回，这也足见这座殿堂异样的空荡了。

看来这里的庄严气氛不能不使前来的人有所怵惕收敛，而产生肃然起敬之感。须知此时环峙在我们周遭的众多骸骨无一不是历代名人①，那些曾经以其勋业彪炳史册或以其盛名震烁寰宇的伟大人物。

然而今天他们却不得不麇集蜷曲在一抔土中，好不容易才从那里分得一块偏僻地方、一个阴暗角落、一片狭小地域，而过去在世时，怕是天下

① 见本篇标题注。

万国也还不能使他们完全餍足的;至于寺院中人,则更是费尽经营,冀图以各种图案装饰之美而邀得过往顾客的匆匆一顾,庶几彼辈的英名不致遂即汩没,而得以稍历年所,殊不想,他们当年的志行固决不在此,而是以千秋祀典万方瞻仰为其目的的。想到这里,人类的虚荣狂妄不禁令人哑然。

我在诗人祠前曾稍事勾留。诗人祠居寺殿十字侧室之角隅,祠中陈设至简朴,以文士生涯一般都较平淡,足供匠人镌刻的事迹殊为不多。莎士比亚与艾狄生在此享有全身像,至于其余,多数仅为头像浮雕之类,甚至几行铭文。然而纪念物虽较简陋,我却注意到寺中观客在此处流连的时间往往最为长久。在这里所见到的并非是一般在瞻谒伟人英雄的宏巨墓碑时的那副单纯好奇与淡漠崇敬心理,而是一种亲切得多也热烈得多的爱慕之忱。人们在这里总是低徊留恋,不忍遽去,仿佛来到友人墓前一般;因作家与读者之间本不乏某种情愫。一些人之得以享名身后不外凭藉史乘,然而这种声名,时间一长,便不免变得模糊不真,与之相比,作家与其国人的关系却是永世长新,活跃而且密切。他们的一生与其说为的自己,不如说为的他人;他们不惜摒弃眼前一切耳目之娱与交游之乐,以便自己更能殚精竭虑地为着远方与异代的读者著述。但愿世人对他们的声名格外尊重;因为它绝非是依赖杀人喋血所赢得,而是凭藉自己的辛勤所带给人们的乐趣。但愿后人对他们的恩泽永志不忘,因为他们给人留下的绝非是一串无补实际的空名和徒噪一时的喧嚣,而是一份丰厚的遗产——智慧的宝库、思想的结晶与语言的精华①。

出诗人祠后,我前往帝王陵寝处瞻谒。这里原为寺的小礼拜堂,今天则为帝室的墓冢与碑物所占据。触目所及,尽是许多显赫的名字以及历史上巨室阀阅的徽号。当我把目光向着那幽冥的深处极力搜索时,我另瞥见种种奇形怪状的人物雕像:有的长跽龛中,状若祈祷;有的横卧坟上,两掌合十;有的为甲胄武士,浑身披挂,似从战场新归来者;有的为教中主

① 诗人祠一节是本文中极有名的一段文字,其结句尤精彩,经常为人引用。

教，头著法冠，手持圭杖；有的则为豪华贵族，冠带修峨，似殡殓前供人瞻仰者。目睹了这批如此繁夥而又异常死寂的像群之后，我不禁深深感到，这里不是别处，而正是过去传说中所讲的那座一切都被叱化为石的神秘古厦。

我继而来到一座墓前，在那里伫立凝思有顷，墓上雕像为一全身铠甲骑士。一臂挽盾，双手紧贴胸前作祈祷状，面部则几全为顶盔所掩，两腿交叉而立，意在表示此骑士曾经参加过圣战。这是一座十字军人之墓，当年的一名狂热战士，在这般人的身上，不仅宗教的与传奇的成分难解难分，便是他们的勋劳业绩也都在虚实真伪之间、历史与传闻之间。再加上那些粗犷的纹章与哥特式雕刻的重重装饰，更使得这些武夫之墓的气氛分外热闹。另外它们与其所居处的古老小教堂在格调上也非常和谐；因而在我们这么凝神默想之际，过去在围绕着基督圣地之战上诗人们所尽情讴歌过的那种种圣徒轶事、浪漫传奇、豪侠精神、盛装场面等等，必将与我们自己的想象点燃一处，蔚成奇彩。但是这些遗物早已是明日黄花，不仅在时间上与我们相去过远，就是那些人物也已超出人们的记忆，另外在风俗习惯上也都与我们完全无缘。它们在我们的眼里不过是些蛮荒异域的古怪事物，我们对之既缺乏确切知识，也无明显印象。不过那些哥特式墓碑上的雕像也自有它们一种庄严肃穆的气概——不论是那些偃卧睡眠的，还是临终前默祷的。它们在我心头所产生的效果却远比许多徒以奇姿异态、夸张造作以及繁夥为胜的近代墓饰深刻得多。另外，我对不少古旧碑铭措辞的佳妙也印象极深。我们前人的笔下确有一种宏伟的气势，他们用字不多而意境崇高。我以为，在表达门庭高贵、世代尊荣这个意思上，再没有哪副碑铭抵得上这个句子："家中男子人人勇武，室内女儿个个贤淑"。

诗人祠对面的十字侧堂竖立着一座洵堪称为近代艺术之冠的著名墓碑。但它给我的观感则是，恐怖有余，而崇高不足。这是纳丁格尔夫人之墓，出自一位卢比里哀克[①]之手。墓碑底座之雕刻为：两扇石扉洞启处，一身披殓布之骷髅飞奔窜出，取槊向一妇人猛掷，时布已半落，森然骨露。妇人吓倒其夫怀中，而夫君虽亦惶恐万状，仍无计以避一击。雕工不可谓不逼真生动，见后耳际几恍闻此厉鬼于其作恶之余张啄努齿自鸣得意之狞笑声！但是我们不禁要问，我们何苦非要把死亡这事弄得这么狰狞可怖，使我们亲人的坟上这么阴风惨惨？墓地的一切须能启人对死者的怀念追慕之情，发生者的虔心向善之念。这里不应成为产生恐怖恶感的可怕环境，而是人们前来寄托其悼念哀思的虔敬场所。

方当我们穿行于这些幽暗的拱廊与寂静的侧室之间，观看死者的碑铭时，外界市廛街衢的喧嚣声——车马的辚辚声、人群的嘈杂声，乃至冶游寻欢者的盈盈笑语声，仍能偶然传来耳际。这些与此处的死寂恰成一强烈对比；另外，听到这熙来攘往的生活热潮不绝地向着墓地周遭袭来，也不能不令人发生一种异样之感。

就这样，我挨门逐室地继续巡视着这里每一处墓地，而不觉时之已过。远处闲游者的足步已益渐稀疏；悠扬悦耳的钟声正召唤着人们前去晚祷；远处望去，一班身著雪白祭衣的唱经人正跨过回廊，纷纷进入他们席位。这时我已来至亨利七世[②]的陵寝入门处。门首有一扶梯，登扶梯再经一深邃宏伟的拱道，即达堂内。巨大堂门为黄铜制成，雕饰富丽，开启时户枢格格作响，意者这座全寺首屈一指的陵墓大概绝不欢迎普通凡人随意擅入吧。

既入，而不觉目为之迷，深感此建筑的构造宏阔，雕塑精美。四壁则一例镂金错彩，藻饰繁富，并沿壁广凿凹龛，内供诸圣贤烈士雕像。这里磐磐硕石于昔年巨匠的鬼斧神工之下，竟仿佛失其重量与密度，悬空而立，恍如幻术，而屋顶浮雕细工，则勾勒点画，精工绝伦，而又飘逸有致，宛若游丝。

---

① 法国雕刻家，全名路易·法朗斯沃·卢比里哀克(1695—1762)。

② 亨利七世(1485—1509)，英国国王。

堂的两侧设有巴斯骑士[①]的高大座位，均为贵重橡木制成，缀有种种哥特式的怪异雕饰。座顶悬骑士头盔、顶翎、项巾、刀剑之类；再上则为旌旆旌旗，饰有各式纹章，其金紫朱赤之色与堂顶的灰暗浮雕，适成鲜明对照。坐落于宏大陵寝中央的则为其建造者之墓，墓身豪奢富丽之极，上有他本人及其王后二者雕像，周围环以镂错精美的黄铜栏栅。

然而这眼前的一切典丽矞皇，死人墓碑与战利物品的杂沓并陈，因而当年叱咤风云不可一世的雄心壮慨与死后委泥化尘同归寂灭的荒凉情景，竟是如此紧紧相连，置之一处；这一切，都只能增人悲怆。最容易使人从心底处深感凄凉的实莫过于前去凭吊那些当年曾经烜赫一时而如今寂静无闻的过去遗址。目睹这许多骑士及其侍从的排排空位，以及如今尘封很厚但当年曾在他们麾前威武前导的灿烂旌旗，这座殿堂在我的想象之中登时幻成了它昔年的盛况，那时全境的英雄美人都正辐辏云集在这里，珠翠荧煌，剑佩铿锵，履舄交错，人影参差，四座不绝传来啧啧羡声。但如今则音容俱渺，一片死寂，唯有檐前的鸟声啁啾而已。这些鸟不知是何时闯入，但久已筑巢中楣悬饰之间——这些都使这座殿堂益增其荒凉寥落之感。

我又将战旗上所绣名字细加辨识，原来这些多曾是被遣赴世界各地的公差私使；他们或者远涉重洋，或者征戍异域，或者颇曾与闻当日宫闱内阁的阴谋机密，而目的亦无非希冀在此冥殿之中挣得一二项虚声——一座无裨实用的墓碑而已。

堂两侧的两小耳室呈现着一幅令人心恻的情景，它不仅向人说明在坟墓面前人人平等，因而压迫人者也不免要被降黜至受压迫者的地位，而且往往使十足的冤家对头聚葬一处。这里一边为神气高傲的伊丽莎白[②]

---

① 英王乔治一世于 1725 年所设立的勋位称谓。

② 伊丽莎白(1533—1603)，英国女王，亨利八世之女，继其姐玛丽一世即位，在位数十年，为英国武备文术的极盛时代。

之墓；一边则为她的受害人、可爱然而不幸的玛丽[①]之墓。然而这后者的悲惨身世却不时赢得人们的嗟叹痛惜，其中也间杂着对其迫害者的愤激不满。甚至伊丽莎白的墓壁那里也不免连连回荡着发自这受害者坟侧的长吁短叹。

玛丽的葬处似乎郁积着一团不散的阴森之气。尘埃障翳的窗棂使日光只能微微射入，因而室内大都光线昏暗，四壁也因年陈日久而斑渍重重。玛丽的雕像偃卧墓上，周围环有铁栏，已腐蚀严重，但其本氏族的徽物蓟草却可从栏侧窥见。这时我已走得疲倦，因不免坐在墓前稍有休憩，但玛丽当年的一番波折遭遇仍在我的脑际萦回不已。

至此，寺内游观者的足步声已完全消失。这时耳边听到的唯有远处晚祷僧侣断续的诵经声，以及唱经班低弱的应答声；即使这些不久也都沉默下来，于是一时周遭万籁俱寂。这种突然一切归于清静寂灭、冷落无闻的气氛似乎迅速笼罩弥漫了整个寺院，而给这里平添了无限的幽深情趣：

在这窅冥之下[②]，一切音沉响绝，
友朋欢快的足音，情人的笑语，
慈父的庭训面谕——都再听不到。
这里除了漫漫黄尘，杳杳长暮，
此外一无所有。

方凝想间，那浑厚凝重的管风琴猝然轰鸣耳际[③]，而且一阵强似一阵，仿佛在长空掀起无边巨浪。那音响，噌吰镗鞳，与周围的宏伟广厦竟是那般相应！它又以何等非凡的气势，滚滚于庞硕的拱顶之间，使这座死穴顿时溢满肃穆和谐，因而整个墓地也都喧闹起来！——它时而热烈激昂，凯

① 玛丽（1542—1587），苏格兰女王，詹姆斯五世之女，幼育于法国宫中，适法王法兰西斯二世，1561 年回国即位，扶旧教而抑新教，贵族多不服，举兵叛，即所谓苏格兰革命。她亡命英格兰，求助于伊丽莎白，但被伊囚禁二十余年，卒为所害。

② 这节诗引自十七世纪波芒与弗莱契的诗剧《西尔利与西多莱特》第 4 幕第 1 景。

③ 这一段为篇中特别出色的文字之一，是英美文学中以写音乐著名的美丽篇章。足堪与法国雨果在《巴黎圣母院》中写钟声的那节名文相媲美。

调高奏，奇声逸响，错杂迭出，而且愈飘愈高。——时而又响沉符止，暂停下来，这时那唱经队的柔婉歌声登时嘤然逸出，蔚成流泉般的淙琤；那琴声高高翱翔和鸣啭于危拱崇顶之上，正仿佛飘飘乎纯净的天宇之间，到处恣其游荡。继而那嗡鸣的风琴又放出阵阵霹雳之声。把整个殿堂化作乐音一片，声声沁入人的灵扉深处。这是何等悠扬绵长的节奏！何等排奡横空的和声！——它盈满全殿上下，扣壁铮铮作响——这时耳中惺然一声，不知更有此身。最后琴声在盛大的欢歌中结束——它已离去下界，升至高天——而人的灵魂也仿佛脱其躯壳，随着那滔天的音浪而飘然世外！

我默坐在那里不觉凝思移时，因音乐对人每有这种陶醉作用；这时黄昏的暗影已渐渐密集脚下，周围墓碑也已色泽转黯，而远处的钟声则宣告白昼已逝。

于是我起身准备离寺。但当我步下那导入正寺的扶梯时，我的目光又为忏悔者爱德华①的神龛所吸引，于是又循其台阶而上，意欲对这下面荒坟作一环顾。龛筑于一高台上，台周为各帝王王后陵墓。居高临下，我从两楹与碑柱之间可俯瞰其下的堂室，那里坟冢累累，为众多武士、教长、廷臣、高官的瘗葬之所。我的身边即竖立着巨大的加冕宝座一具，橡木雕成，线条粗犷，属于早期哥特式样。这里的全部陈设看来都仿佛是经人特意布成，以便在观客面前产生一种戏剧性的效果。因为这里所展示的实无异是世间权势荣华富贵的一幅缩影；即使是帝王之尊，宝座与坟墓之间也不过是一步之差。看到这里，不禁令人悚然以思，难道这眼前杂沓纷陈的碑铭器物不正是足为当今显要者戒吗？——藉以向其昭示，即使他们今日势焰熏天，功名盖世，最后的冷落屈辱也必无可避免；不消多久，那额顶璀璨的王冠早已成为陈迹，而那著冠人也已委尘化泥，长埋地下，受着千万最卑贱者的践踏。因为，说来奇怪，甚至连这里的墓地也都失掉了它

① 忏悔者爱德华(约 1003—1066)，英国国王，曾与诺曼底公爵威廉作战，兵败身死，威廉遂入王英国。爱德华的墓碑在寺中所以享有如此重大的地位，因为他是大寺的主要建造者之一。他于 1045 年曾拆除旧寺，重建此规模宏伟的大寺。

们的神圣意味。某些狂妄之徒的身上每每表露着一种骇人的轻薄，专好对严肃与神圣的事物冒犯狎侮；另外一些心术不端的人也好把自己平日对生者的一番卑躬屈节之苦，转嫁到先贤身上，以图报复。这里忏悔者爱德华的灵柩即被人启过①，其中各种葬物窃去不少；那威仪赫赫的伊丽莎白手中的王节也都被人盗去，而亨利五世则成了无头之鬼②。这里几乎没有一座墓碑不能充分证明，世上的一切尊敬崇仰原来竟是何等的虚妄和毫不足据。这些不是横受洗劫，便是惨遭肢解，另一些则被涂满淫词秽语——总之无一逃脱亵渎侮辱，只是轻重不同罢了。

这时高拱绮窗上的残照余晖已是微如散丝，几射不入；寺院下方则完全为暮色笼罩。寺中教堂与侧室更趋幽暗。国王等雕像这时恍同魅影，墓边的其他石像也在这黯淡的光线下呈现异状；晚风袭袭，吹进廊上，森然如发自墓中的鬼气，甚至远处诗人祠前堂守的足步声听来也都令人悚然。我循着午前的原路缓缓走出；过拱廊时，廊门礤礤作响，声震整个殿宇。

既出，我因想对适才所见的种种稍加整理，然而我发现这一切只是一片模糊零乱。我的脚步刚刚跨出门槛，无数的姓氏、碑铭、器物在我的记忆中已经乱作一团，不可收拾。我心里想，这里的成堆陵墓累累高冢岂非便是一部教人谦逊淡泊的警世宝鉴，一付冷人名利之念的药石规箴！这里乃是冥王的帝国，黑暗的宫殿，他危然高坐，君临一切，人间的虚荣浮华只能遭到他无情的讥笑，王公的陵寝墓碑也只能在他的面前遗诟蒙尘。在这里，所谓不朽的荣名岂非成了一句迂阔的空话！时光总是一刻不停地在悄悄翻动它的牒簿；眼前发生的事总不免要占去我们的主要精力，致使我们无暇去顾及过去的种种趣闻轶事；每个时代正像一卷过时的书册那样，被人弃置一旁，迅遭遗忘。今天的偶像迅速把昨日的英雄从我们的

---

① 盗墓事发生于 1685 年。

② 亨利五世(1387—1422)，英国国王。其雕像头部全为银制。1536—1539 年间，大寺中某些修院因坍塌，拆毁重建，某些刁民乘纷乱之际，潜入寺内将其银头窃去。

记忆之中挤掉；而到明天又将有其他继承人将他取代。托马斯·布朗爵士①便曾说过，“我们的父辈发现，他们的坟墓在我们的心中留存不长，因而伤惨地告诉我们，我们自己也必将被后人迅速遗忘”。② 人类的历史将会不断变成传说，事实将会变得隐晦难明，聚讼纷纭，镌刻将会从牌匾上剥蚀脱落，雕塑将会从像座倾跌倒塌。一切华表、立柱、高拱、金字塔——所有这一切岂不仅是一堆尘沙？而它们上面的镌刻也不过是河中作字？试问坟墓的安全何在？膏油的不腐又在哪里？亚历山大的骸骨早已被风驱散，他那空洞的石棺③也只成了博物馆中的一件古董。“埃及的木乃伊④虽曾幸免于刚比西斯⑤乃至时间之手，却终逃不脱贪婪者之手；密士兰⑥被用以敷伤，法老⑦被卖制香膏。”

但是又有什么能使眼前这座巨厦免遭那些更为庞大的陵墓的覆灭命运呢？终有一天，这座凌霄高耸的镀金圆拱将在人的脚下碎作瓦砾；那时这座歌声洋溢赞声啧啧的崇高殿堂将要成为野风呼啸、鸱枭咽鸣的圮塔断楼——刺目的阳光将驱散这座冥殿的阴霾，藤蔓卷丝缠满倒地的堂柱，地黄的花萼低低悬垂在佚名氏的骨灰瓮上，仿佛对死者有意嘲弄。人生的奄忽也正是这样；其姓名将从记载与记忆之中泯灭消失，其一生不过是痴人说梦，其碑铭也必沦为废墟，满目凄凉，可胜叹哉！

---

① 托马斯·布朗(1605—1682)，英国十七世纪医生与散文作家。

② 语出他的名文《骨灰瓮》。

③ 这口石棺自 1802 年后藏于伦敦大英博物馆内。

④ 当时，埃及的木乃伊曾被盗出冒充不死之药材售卖。

⑤ 刚比西斯，古波斯王，卒于公元前 522 年，即位后曾征服过埃及。

⑥ 密士兰为《圣经》中埃及的别名。布朗在这里显然用以指古埃及贵人的遗骨。

⑦ 法老，原义“巨室”，为古埃及国王的称谓。

5 论诗歌和我们时代与国家的关系①

威廉·库伦·布赖安特(1794—1878)

【作者与风格】著名抒情诗人、编辑、社会与文学评论家，布赖安特是第一个在诗坛上为新大陆赢得世界声誉的人。他出生于马萨诸塞州一个加尔文派牧师家庭，幼时受过严格的宗教熏陶与正规文学教育，不仅古典语言基础很好，对莎士比亚、弥尔顿与十八世纪的英国诗作也极谙熟。他从幼年起即酷爱诗歌，动笔很早，十三岁时即发表过政治讽刺诗，二十岁前还自费刊印过自己的诗作。1810 年入本州威廉学院，未久离校改习法律，并短期任过律师。1817 年发表《死亡观》，是他的成名之作；1821 年后又陆续刊行过诗集三部，更为他携来不小名声。1825 年他放弃律师工作，前往《纽约评论》和《晚邮报》主持笔政，该职务他一直担任到他晚年。自此时起至四十年代为他诗歌创作的极盛时期，以后他的活动则更多地转入政治评论方面。在政见上也从联邦派转向自由主义，曾为言论出版自由、工人权利、废奴主义著文演说，不遗余力，不仅是日后共和党的发起人之一，而且是林肯的积极支持者，并从此成为美国名人，有“国民先知”之

① 本文著于 1825 年，为作者应纽约文学会之邀所作的诗歌问题四讲中的第三讲。在这些演讲特别是本篇中，作者对美国诗歌的现状与前途问题作了精详的分析，指出美国诗歌具有异常广阔的发展前景，不会因为历史短暂与传统缺乏而影响诗歌的振兴。与当时文学上的民族虚无主义者们的看法相反，作者认为传统的缺乏恰是美国诗歌得以少受束缚和更好前进的有利条件，它会使诗的作者们更好地深入生活，深入现实，从而写出足堪与过去欧陆的名作相媲美的真正有价值的诗篇，在今后的世界文坛上大放异彩。作者的这篇讲话情词恳切，见解新颖，所论问题有根有据，不仅是一篇很有分量的说理文字，而且对日后美国文学的发展起了有力的推动作用。其中关于神话与神秘的分析一节尤具见地，至今对我们仍有参考价值。

誉。在诗作上他是新古典主义与浪漫主义过渡期间的重要代表，作品田野韵味较浓，以感情的醇正与格调的清新取重一时，尤因长于描绘北美的风土气息而成为美国人最喜爱的一位诗家。他的《致水凫》至今仍是流传最广的抒情名篇。

此外他还是一名善写散文的能手。他的文章高华方正，气度沉雄，精致绵密，说理畅达，清醒有力而富于词彩形象。下面介绍的诗歌讲话即是一篇文情并茂、无愧于一位诗人之笔的优美散文作品。

有一种看法目前颇为流行，而且还不乏理论根据与名人支持，这即是诗歌这一艺术，也正如绘画与雕刻等姊妹艺术那样，在今天这个时代已不可能取得往昔那种成就。一般看法认为，理性、科学乃至各类实用艺术的长足进步势将对人们想象的自由与情感的流露起着限制与压抑作用。人们提出，诗歌的功用既主要限于生民之初，俾使受到哺育教化之益，那么一旦责任尽到之后，也就理应另交其他严师重行课读。另一些人则更进一步认为，不仅我们今日所生逢之时代使诗歌一道无法与往日大师之制作相颉颃，而且我们这个国家尤其无望在世界上希冀这种名声。

一般舆情认为，我们的公民于勤勉、精明、实际等方面蕴蓄颇为有余，但我们的国家在诗歌的来源方面却严重不足。论者承认，就自然景物而言，我们的国土绝不失为壮观，只是他们认为，这副面孔美则美矣，但乏表情；无传统旧闻之类以动人之遐思，而这点恰是烟水风物之魅力所在；它既没有至今仍然活跃于欧陆处处的那种民族迷信传说，也相当缺乏那些古老迢递岁月、那些蛮荒动乱时代的放失轶闻，而这些一旦你涉足其地，往往会不时浮上你的心头。此外他们还讲，在这方面我们这个国家所可能积蓄到的也不会比目前更加丰富。而理由则为，当今之世已不再是新的迷信孳生与繁衍之日，而只可能是它们遭到指斥与拔除之时，尽管那些东西原也没有什么，甚至相当可爱；另外世上已有半数的人在怀疑那另一半人还能再迷信多久。处在这种情势之下，难道可以想象，我们当中会一时传说异闻重新蜂起，以致成为山有山灵，林有林神，河有河伯，水有水精？不错，我们早期历史上的一些说法不妨与某个具体地带发生牢固联系，但结论还是一样，即是这类情形为数究属有限，未必会成批大量增加。我们国家的特长仍在它的安居乐业、货殖懋迁。我们的人民是那么希望太平无事、兴发利得，而社会秩序也是那么有条不紊，法令条例那么行使得当，受人尊崇，以致逾闲荡举的行径几乎没有存在余地。浪漫成分从不存在于我们的性格、历史与社会状况之中，因而也就无法使诗歌得到振兴；另外想要为诗歌提供题材——那汲取自本国传统与风习的题材，也不可得，而这种题材恰是使诗站得住脚的重要条件。

如果关于我们时代的趋向以及我国的现状的上述种种看法可以信以为真，那么便得承认，这种情况对于那些以拥有自己的民族文学为荣的人不仅会是一个沉重打击，而且更其糟糕的是，真将进而造成一些人所极力声称的那种低劣凡庸的情形。这倒并非是说对于当代诗歌的需求便有从此告竭之虞。诗歌总是会有人去写的，过去如此，今后也会是这样，而且不愁找不到读者；但问题在于如何写出好诗，即写出足以产生健康与有益影响的佳作，必如此我认为方无愧于一部高级艺术制品；一句话，作品不应当是孱弱的与不完善的，而应当是丰满的与有力的。

反过来讲，如果任何一项艺术上的完美境地竟被人认为无法达到，那也就会真的无法达到。的确，当我们把文学乃至任何一种行业上的成就说成是它原来那样，亦即说成是难能而又可贵，倒也并无什么不是，因为这样一来，那些立志前去攀登高峰的人反而会更加淬砺精进。一个人最引以为荣的事实在再莫过于他成功有效地战胜了困难，另外最能唤起我们豪兴，激起我们崇敬的也即在能亲眼看到一场奋战大功告成。能为他人之所不能为——这事之所以值得艳羡就在于这种情况之不可多得，因而引得一大批竞技者蜂拥而至，个个跃跃欲试，互相鼓舞，互相比高。但是这事如果做得超过限度，硬要这些激于正当愿望以求胜的人们相信上述困难全然无望克服，那你就会把他们的一团火热全部扑灭。你毁掉了希望，因而也就毁掉了志气；你就会把许多本有可能获胜也大有资格获胜的人们从一场竞赛之中排挤出去，而代之以一批质量不济的求胜者，这些人由于水平有限,往往只满足于卑微成就,不知此外尚有更高标准。如其上述我提到的一些看法是错误的,一旦我们接受,就会贻害无穷;因此,在接受这类意见之前,我认为有必要先对它们进行一番周密审察,以判定其是否合理。

但是,如果说当今诗作的成就已达不到旧日的佳胜乃是一个事实,那么造成这种情况的原因显然不是由于人的天生才能与性情气质有所变易,因为诗的制作与欣赏正是凭了这些才办得到的。那种认为人在智力与伦理方面已然出现退化的理论是较之人在体躯方面每况愈下的看法更加荒谬无稽,几乎不值一驳。我们很难使人轻易相信,由于稍历沧桑,人类的想象即已变得枯索迟滞,冥顽不灵,以致美物当前,也再无力将其蔚制成为壮丽景象。难道有人竟会丧心病狂到如此程度,以致硬要坚持,荷马之后的这千百年已经使人变得心肠冷酷,感觉迟钝,修养全无,良知泯尽了吗?事实上人们心灵中的全部诗兴,乃至诗所赖以对人心起作用的那许多优良品性全都丝毫未变。因此如果说确已出现倒退,那么这事必然不出下面两种原因——即不是因为原来曾将诗歌推动并培育至其完美地步的优良环境已经不复存在,就是因为另有其他兴趣爱好产生,而这些兴趣爱好在当今时代已使诗歌的充分发展受到压抑。总之,二者必居其一。

那么试问曾经哺育了诗歌这门艺术的那种古代环境又是什么情形呢?这个据说一是那些曾经一度寄附在今天的种种自然力的全部神奇说法,亦即古代美丽的神话体系,这些彼时因未经探究,尚未寻出其定律法则;二是当这类神话衰亡之后,在稍晚一些但却仍很蒙昧的世纪里代之而兴的充满诡秘灵异性质的迷信传说。下面我们即将对这些所谓的有利条件[①]分别作一检视。如其说凡属隐秘难明的事物当中往往具有某种激越神思与慑服心灵的强大力量(特别当这类事物又与非同寻常的体积规模与宏伟壮丽发生联系),这话当然无可否认。但是我却并不认为许多这种

① 有利条件,指上文所说的神话体系与迷信传说。

奥秘会被一个顽愚时代的人们轻易察觉；恰恰相反，学问与文明如不达到相当程度，人的心智是无法去充分领略这些玄妙的。那些只将地球视作一个平面，将太阳视作一个火球，将天空视作一个蓝色屋顶，将星星视作闪耀在高顶上的点点爝火——这样的人对神秘云云又怎能会做出半点思考或给予丝毫关心？但是只消向他做些指点，告诉他大地乃是一个庞大球体；他所居住的地面只是一座小岛，周围竟有大海环流；他头顶的高空灏翰无边，万千世界正在那里环绕周游——你把这些知识传授给他，便会使他茅塞顿开，明白了世界上还有那么多的未知领域与无尽神奇。其实人的心灵历来便是这样，而且永远都将如此；每件新知的到来都将引领他去注意更多的未知之物；一桩奥秘的揭破必然导向对另一桩奥秘的追踪；然而任何新发现的周围仍将会疑云密布，愚昧重重，其范围之广大往往与已窥察到的有限知识不成比例。人类智力之所以会令人相信它将历劫不朽，永世长存，就在于它的渺渺灵光在一股强大的诱力之下将永远被引向那个朦胧隐晦的边缘，非待那背后的奥秘弄透，绝不罢休。往古世界自有它的种种奥秘，这点我们倒也无须嫉妒：正因为我们在知识上已远远超过古人，我们所拥有的秘密也同样超过他们，而且更加宏伟深邃，更加富于灵性。

但是古代的种种神话又当如何呢？——特别是那些美丽的希腊与罗马神话，它们不是久已融入到古代诗歌的迷人篇章里面了吗？说到美妙动人，这许多神话诚然一点不假，而且曾以异常可喜多姿的形式被多方采用到各种各类诗作里去；只一件，就全体而言，诗歌这门艺术是否便因此得多于失。因为不可忘记，即是如其神秘乃是诗的不二品性，那么神话一兴，神秘便会荡焉无存。神话的不足在于它的适用范围过宽。神话为造化的每一现象都设下一名执掌神祇——如以朱庇特[①]降水轰雷、以菲比斯[②]驾驭日轮，乃至风有风姨、泉有泉神，等等。神话性忌隐晦，它把一切

① 罗马神话中宇宙主神。
② 希腊神话中日神。

都弄得明明白白。它的妙处在于对任何事物都能透点消息。这样一来，想象当然会感到满意，只是想象本身乃至其他感情却不能很好发挥，不能从它们的深处被鼓动激荡起来。这种神话体系讲述给我们的是一群天上的高贵神灵，他们被赋予了人的感情，另外同我们一样，他们也都有苦有乐；但是由于神话把他们抬得过高，以致无论在法力、在知识、在消灾解厄的本领等方面都与一般凡人相去那般遥远，结果他们的行事反而得不到我们深切同情。因此古代许多神话诗的情形往往是，美虽很美，但太冰冷；工力不错，但不感人。这种诗的写法一经传入后世，而这时制作起来也更漫不经心，遂使原有的质朴与天真也一并斫丧无遗。人们作诗不再以一己之感受为指归，结果只能坠入恶道魔障。于是，一提爱欲情思，便是维纳斯与小爱神之弓矢，一提朝暾晨曦，便是菲比斯及其神驹。无怪乎这样一来诗歌一道要被人鄙视为雕虫小技。以鄙见观之，人类作为天地间的头等灵物，其种种爱憎忧乐乃至其命运际遇之舛迕无常等等，实较之上述一批虚幻现象更适用于吟咏题材。只要山间清泉能够把那里的一切美丽景象全都告诉给我，比如牛羊如何在那里成群饱饮，少女如何在水边采撷春花，旅人如何在烈日之下临流掬水，学童如何在一泓冷泉上方的枝头摘取榛果，因而将那里的青春、健康、纯洁与欢乐全都告诉给我，这时那腾云致水的泉神水仙对我又有何用？如其说这种联想必带上某种宗教气氛而后可，那么但求它吟咏的是这苍茫大地之上以无形之善功所挹注汇潴的片片湖泊。因此之故，诗的爱好者尽可将古代神话丢在脑后而无需感到丝毫遗憾。抛掉它反会比留下它对我们更为有益：这样我们才能看到世界上的男男女女，看到宇宙间的森罗万象，看到那被繁复体系的刺目寒光所掩去的天然风韵，以及由于科学日益昌明而不断新增添的无尽辉煌。另外那益处还在于它为我们携来了一个更加宏伟得多和感人得多的宗教，其中种种真理妙谛意境崇高，气象开阔，远非过去许多浅薄的臆想猜测所堪比拟。

至于说到稍晚出的那些迷信传说，它们的遗迹仍然残存淹留在我们这个文明世界的各个角落——例如巫术、星相、妖祲、蛊祟、鬼魅、精灵乃至各种山神水怪，等等，而迷信这些的人也还不少——我敢断言，曾经滋长出这类怪异事物的那些世代还没有可能产生出真正的宏伟诗篇。这类事物的兴起本身便表明某个社会的发展状态尚不是诗歌这株幼树的适宜土壤。从另方面讲，对于它们的这种顽固接受与盲目追随也全然不利于诗才的尽情发挥。诚然诗歌也偶然凭藉对我们爱好怪异的天性的拨动而大奏奇效；这些本来就潜伏在我们每个人的心底，而我们有时也乐得这么放纵一下，不管是悄密来做还是公然行事，然而一般来说，取得这类效果所凭藉的迷信往往更多是带点传统性的而非盲从性的。这前一类适应性强，较易为人接受；利用起来便于任意改制，其中不佳成分也好加以删削。因此之故，我们看到，即使生当迷信时代的诗家也往往喜爱返回到更辽远的岁月去搜寻怪异。那些曾为骑士时代构制传奇的作者——这种时代我们也许会认为其中的异闻怪事应该是多得足够用了——在以其巨人、火龙、鹰首怪兽、魔法术士等大大耸人听闻之际，还是最爱将故事的发生时间推移到远古时期，至少把场景搬迁到遥远地域。我所知道的最好巫觋歌谣（也许《汤姆遇鬼记》[①]并不稍差）便要首推哈葛[②]的《菲福的女巫》，然而彭斯与哈葛的这些诗歌全都作于巫觋迷信久已过时之后。

一个没有自己特殊迷信的时代的优越条件便是能够在自己的诗歌之中充分利用这类旧日材料，其来源可以博采自各个蒙昧时期，因而诗中主要人物的活动范围可以安排得更加变化多端。如其题材在处理上又极擅技巧，以致颇能邀得观赏者的首肯，仿佛其中所叙的离奇幻境竟如真的一般，至此诗作者的目的即可谓已经达到。这个正是目前我们时代的情形，在材料占有的丰富性上实较以往任何世代都要优胜得多，而我们的诗家也早就对它们作了充分利用。

说到我们这个时代对于诗才颇有限制压抑的情形，一般认为其中一个最主要的（即使不是唯一的）原因即是学术的振兴极不利于想象的培育

---

① 苏格兰彭斯所作的一首幽默怪异诗，以内容诙诡、笔调轻快著称。

② 哈葛，苏格兰人，牧民出身，后受司各特的举荐，卒成英国诗人，有诗集多卷行世。

与情感的激发。不错，有些学问与研究所需要的主要是心智的另外一些活动，因而在读者方面难免会形成与诗争宠。但实际上学术与诗歌互不相妨，即使学术并不存在，人们也未必便徒尚诗歌。刚好相反，我们倒是大有理由认为，学术的昌盛显然会使读书的人数剧增，而任何一位稍稍读书的人也会偶尔念点诗歌，而且对专家赞许的优秀作品一般也都表示某种爱慕，说不定慢慢还真能很好鉴赏。人们身上各式各样的禀赋性情总是会把某个人推向某一行业，把另一个人推向另一行业——例如有的人学了化学，而另一个人则学了诗歌——但是我看不出这些不同劳作之间会有丝毫抵牾之处，另外也决不会因为化学家在他的研究上大获成功，诗人便只能有才尽之叹。姑以大不列颠为例，哪个国家的科学成就比它卓越，又有哪个国家在作诗上有它认真？真是春光秋色浥满它的瑰丽篇章，其间花果掩映，蔚成奇彩。今天这座岛屿上的诗歌制作，诸如华兹华斯、司各特、柯勒律治、骚塞、拜伦、雪莱乃至其余诗人的那些华美篇什，试问我们从中又能嗅到半点自然科学的冰冷气息？恰恰相反，难道它们不正是那样才情横溢，卓荦不凡，变幻多端，不可方物，远非文规墨矩所得约束，因而大大超迈往昔任何世代吗？的确，它们不正是充分具备着为一种崭新文学所特有的那种清新、气势甚至跅弛不羁吗？

以我看来，一个人为了能与时代齐足并进而必须掌握的许多知识（甚至较前代更丰富得多的知识）绝不致有将他的诗才扼杀断送之虞。知识恰是一位天才据以构成其佳制的重要来源。知识愈是丰富，想要将其镕铸成为一件厘然有序的宏丽构制所需求的才调也就愈高，然而一旦告成，这座殿堂也必更加堂庑轩敞，美轮美奂。历来的诗歌大家也都是学问大家。这种学问有的得诸书本，例如斯宾塞与弥尔顿；另一些则来自对人生世相的体验观察,例如荷马与莎士比亚。与此相反,莪相的诗作①,姑不论其真赝问题,则说明另外一种情形,即是本来诗才不高,而又受到知识不足的重重限制,正因这样,他的作品也就难免显得异样单调。思想的贫乏往往使他的境地不宽,他的诗作总是那么一点意思与形象的变样重复。个别段落的确写得优美感人,但通篇而论,许多东西则相当乏味,令人难以卒读。

讲到这里,我就该谈谈我们自己在文学上的前途问题了,并且考虑一下我们在这个新世界里是否也能产生出一批作品,其价值足堪与旧世界的不朽名篇互相媲美。我在前面关于我们时代的文学特点所提出的那些看法也完全适用于这里即将讨论的问题。根据上述看法,我们便完全不应该对我们的国家轻易抱持绝望态度,至少不到若干年后确实证明我们不行的时候,绝不该这么妄自菲薄。当那知识之泉已经近在路边随处任人汲取,当那诗思所得而捕追和赖以哺育的书卷已经塞满人手,当那百业千行已无不有人熙熙乐从,那么当此之时而唯独无人敢于以诗为业甚至藉此成名,那倒真将是件咄咄怪事!但话说回来,如若这事也能以我们国人所特有的饱满热情临之,那么什么又能阻止我们达到其他国家业已达到的那种高度?当然那将不会是因为所得鼓励不足,文人学士向来无需过多奖饰便也颇能自勉自奋,而一旦有了这些,其奋勉程度就会更高一些。正如谚语所说,已是骏马,何必再肥?② 诗人固穷,自古而然,但并未因此而所作不工③。或许只须诗在国中受到尊崇,便会使他们为之呕心沥血,奋不顾身。至于抱怨我国的传统太少,那么除非我们现有的一切都已

---

① 这里指苏格兰诗人詹姆斯·麦克菲逊(1736—1796)的诗作。麦克菲逊曾将其自作之诗伪托为古苏格兰行吟诗人莪相所作,其本人作品仅为对莪相的翻译。诗出后受到约翰逊与葛雷等人的质询,令其交出原作。为了出示此项并不存在的事物,麦克菲逊竟不惜绞尽脑汁,硬伪造出了一部"原作"。此项假冒于麦克菲逊死后业已为研究家所证实。尽管这样,麦克菲逊的诗作仍有相当文学价值,曾以其格调的清新与浪漫气息而为歌德所激赏,对日后的英国浪漫主义文学尤有影响。

② 意为过于膘满肉肥反不利于骏马的迅速驰驱。

③ 比较我国的有名说法:"诗必穷而后工"。

告罄告乏，再无可用，这话便不免言之过早。其实这点我在前面已经说过，诗人如何时感到诗料缺乏，他们完全无妨从异国他乡去旁搜远绍，而这个也正是诗人享有的一种特权。许多英国一流诗人便是先例。斯宾塞的那部名诗①中的种种情节即曾发生在那缥缈仙境的边陲。莎士比亚的许多精妙悲剧也都安排在外国环境。弥尔顿两大史诗②中的故事曾搜求自天地两间之外。拜伦全部诗作的巨细情节一例采自英国国外。骚塞的最好诗篇③也曾以西班牙的事物，以骑士制与天主教等为其题材。为写某篇叙事长诗，摩尔又惜取材自古代波斯④，为写另外一篇，更远涉洪荒之前⑤。至于华兹华斯与克莱伯，则又各怀轶才，另辟蹊径，既置彼英雄传说于不顾，又不假神灵怪异之事以相矜饰；凡有所作，其题材不过取诸当代风习与日常琐细。但是试问是否因为这样，那渴望从其篇页之中汲取欢欣、教言、快慰、高雅之乐乃至激越之情的众多读者便兴味索然，废书不观了吗？

有人提出，我们的语言乃是一种移植语言，是从原来只适用于与我们全然不同的其他国度的另一语言搬过来的，因而操持起来不可能像自己本土语言那样得心应手，无美不备，另外也不可能根据日常生活经验，随时补充增添，而这点他们认为正是影响我国文学语言发展的一大障碍。但是以我看来，这话荒诞之极，纯属欺人之谈。我们希望坚持这种观点的人把话讲得具体一些。希望他们代为指出，我们的语言在其政治与生活的实际应用上有何特殊缺陷。希望他们明示我们，在哪些方面这种语言笨拙不利使用，因而不能将我们生活当中的各种感触要求自然如意和曲尽其妙地表达出来。除非他们能够做到这点，我们大可认为我们所操持的这个丰富而又灵活的方言完全适用于全球任何环境，不论是赤道两极，还是中间地域；不论是君主国家还是共和国家。正如每种优美有力的其

---

① 指他的代表作《仙后》。

② 指他的代表作《失乐园》与《复乐园》。

③ 可能指他的叙事诗《最后的哥特人》(1814)。

④⑤ 指他的诗作《拉拉·鲁克》(1817)与《天使之爱》(1823)。

他语言,我们的语言也是产生自那些质朴不文的人们中间;一起初只适用于自然环境,其后随着文明日开,也渐渐适用于文化艺术,以致逐步形成一种极富色彩的形象语言,而同时又适合于科学表达。果真一种新的语言竟从我们目前的社会当中产生出来,那它的词汇只可能从我们用以表达运河、火车与轮船方面的词根之中派生出来,这些尽管一时颇惬人意,但时日一长,终将被一些更新式的词语所完全取代。至于说到这种所谓的移植语言,要想对它考验一下也并不难,只须将一位当代英国著名诗人请到我们这里住住也就够了。难道可以想象,从此他的笔下就将变得不成样子了吗?

综上所述,我认为足资诗歌利用的全部材料乃至促进此项事业所必需的一切支持鼓励与各种条件,在我们的国家可说无不粲然俱备。天地间的一切怪奇伟丽事物,不论思力之健,道德之美,豪雄之志,幽细之思,人生之多艰,世态之变易,乃至古代轶事以及域外风习对人性之抉发所带来的种种启迪暗示,凡此一切决不可能仅仅存在于海天之外的古旧世界。如果处在这种形势之下,我们的诗作最后仍不能与欧洲大陆的成就稍见高下,那只能怪我们自己空守宝山而不思进取。

6 爱[①]

拉尔夫·华尔多·爱默生(1803—1882)

【作者与风格】爱默生,美国十九世纪中期杰出的散文家、演说家与诗人,超验运动的领袖人物。他生长在波士顿一个唯一神教派的牧师家庭,曾两度就读于哈佛大学。出校后他任过女子学校校长与牧师等职;未久,辞去专门从事文学。1832年他旅游欧陆,与柯勒律治、华兹华斯、卡莱尔等过从甚密,深受当日浪漫主义与德国唯心主义哲学的影响。归国后他肆力著述,并经常外出演讲,迅速成为美国影响最广的第一流作家。爱默生生当美国资本主义工业化发展的初期,对当时俗陋的物质文明与充斥于一般社会生活当中的拜金主义与市侩习气深感不满,而思用一种以内心生活与道德修养为主的精神力量加以匡正挽救。人生使命、性格锻炼、个性解放、自力自赖、乐观精神与积极的生活态度,等等,便是他为了振衰起疲、针砭时弊而有为而发的一系列伦理道德思想。在真理标准的问题上,他强调应当抛弃传统束缚与成见,但却认为,一切思想与行动的是非最终仍须以个人的认识为依归;从这点出发,他对当日的宗教提出改革主张,鼓吹以一种直觉的信仰来代替现存宗教上的形式主义与僧侣干预——这便是他的超验论的主要核心;但在心与物、理性与直觉的关系上,他将两者截然对立起来,甚至往往以前者来取代后者的做法则是错误

① 本篇出自作者《散文集》二辑(1844),文章较长,这里所译仅为全文的前半部。全篇文字是对人世间"爱"这种现象的一篇精妙的分析与热情的歌颂,从这里我们可以充分见到作者思力的浩瀚与想象的丰富。但是正如无数资产阶级的作家与哲学家那样,作者在分析爱情这一精神现象时脱离了阶级与社会来谈问题,仿佛爱情可以超越阶级意识与经济基础而独立存在,这就严重地违反了客观现实,陷入了一般资产阶级作者的那种思辨式地讨论问题的习惯,这是我们必须加以指出的。

的,导致了他哲学上严重的反理性倾向。另外他对个人主义的过度强调也使他蒙受鼓吹无政府主义之讥。在对待当时一些政治与社会问题上,例如蓄奴制、妇女的教育与解放,等等,他的态度则不失为比较进步的。他的哲学思想带有某种即兴感发式的特点,缺乏明确严整的体系,其来源也纷歧不易追索,但由于涉及的方面较广,他无疑是美国文学上曾经起过较大影响的重要作家之一。他的许多演讲与文章充满着昂扬奋进、乐观向上的情调,对于提高民族自信自尊、建立美国的精神文明以及发展美国民族文学确实起到过巨大的鼓舞与推进作用。

爱默生生平以哲人自命,但他在美国文化中的不朽地位却主要在于他的散文著述,这是一批迄他为止殊不多见的生气勃勃的有力作品。他的文风气势宏阔,俊逸多姿,矫健灵动,不拘一格,读来颇给人以光华四射、目不暇接的感觉,这一切主要来自他刚劲性格与赡蔚诗才的有效结合,极尽随兴点染、自由抒发之妙;同时又是庄严文体与演说文字或口语体裁的高度融合的产物,高雅典重而又活泼自然,富跌宕闲适之趣。另外文章诗意葱茏,充满着警句隽语,也是他的著作为人喜诵的原因之一;其不足处是文意之间转折过多,起讫任情,结构有时过嫌粗糙松弛,表达上尤有晦涩难解的毛病。

每个灵魂对另一个灵魂来说都是它神圣的维纳斯。人的心灵是有它的安息日①与喜庆日的,这时整个世界会欢乐得像个婚礼的宴会一般②,而大自然的一切音籁与季节的循环都仿佛是曲曲恋歌与阵阵狂舞。爱之作为动机与作为奖赏在自然界中可说无处不在。爱确实是我们的最崇高的语言,几乎与上帝同义。灵魂的每一允诺都有着它数不清的责任须待履行;它的每一欢乐又都将上升为新的渴求。那无可抑制、无所不至而又具有先见的天性,在其感情的初发中,早已窥见这样一种仁慈,这仁慈在

① 犹太人以一周的第七日为安息日,是日除礼拜外,不做一事。

② 这句话的意思来自英国十七世纪诗人乔治·赫伯特的《德行》一诗。

它的整个的光照之中势将失掉其对每一具体事物的关注。导入这种幸福是以一个人对另一个人的一种纯属隐私而又多情的关系而进行的，因而实在是人生的至乐；这种感情正像某种神奇的忿怒或激情那样，突然在某一时刻攫住了人，并在他的身心方面引起一场巨变；把他同他的族人联在一起，促成他进入了种种家族与民事上的关系，提高了他对天性的认识，增强了他的官能，拓展了他的想象，赋予了他性格上各种英勇与圣洁的品质，缔结了婚姻，并进而使人类社会获得了巩固与保障。

缱绻的柔情与鼎盛的精力的自然结合不免会要提出如下要求，即为了把每个少女少男按着他们那动心夺魄的经验所认定不错的这种结合以鲜丽的颜色描绘出来，那描绘者的年龄必须不得过老。青春的绮思丽情必将与那老成持重的哲学格格不入，认为它猩红的花枝会因迟暮与迂腐而被弄得恹无生气。因此之故，我深知我从那些组成爱的法庭与议会的人们那里只会赢得“无情”或“漠然”的指控。但是我却要避去这些厉害的指控者而向我年迈的长辈们去求援。因为值得注意的是，我们这里所论述的这种感情，虽则说始发之于少年，却绝不舍弃老年，或者说绝不使真正忠实于它的仆人变老，而是像对待妙龄的少女那样，使那些老者也都积极参加进来，只是形式更加壮丽，境界也更加高超。因为这种火焰既然能将一副胸臆深处的片片余烬重新点燃，或被一颗芳心的流逸火花所触发，必将势焰烜赫，愈燃愈大，直到后来，它的温暖与光亮必将达到千千万万的男女，达到一切人们的共同心灵，以致整个世界与整个自然都将受到它熙和光辉的煦煦普照。正惟这个缘故，想去描述这种感情时我们自己之为二十、三十，甚至八十，便成为无关紧要。动笔于自己的前期者，则失之于其后期；动笔于后期者，则失之于其前期。因此我们唯一的希望便是，仰赖勤奋与缪斯的大力帮助，我们终能对这个规律的内在之妙有所领悟于心，以便能将这样一个永远清鲜、永远美丽、永远重要的真理很好描绘出来，而且不论从哪个角度来看，都不失真。

而这样去做的第一要着便是，我们必须舍去那种过于紧扣或紧贴实际或现实的做法，而是将这类感情放入希望而不是历史中去研究。因为每个人在自我观察时,他的一生在他自己的想象之中总是毫无光彩,面目全非,但是整个人类却并不如此。每个人透过他自己的往事都窥得见一层过失的泥淖,然而别人的过去却是一片美好光明。现在让任何一个人重温一下那些足以构成他的生命之美以及给予过他最诚挚的教诲与滋育的佳妙关系,他必将会避之唯恐不及。唉!我也说不出这是因为什么,但是一个人阅历渐深之后而重忆起幼年的痴情时总不免要负疚重重,而且使每个可爱的名字蒙尘。每件事物如果单从理性或真理的角度来观察常常都是优美的。但是作为经验观之,一切却又是苦涩的。细节总是悲惨凄切的;计划本身则宏伟壮观。说来奇怪,真实世界总是那么充满痛苦——一个时与地的痛苦王国。那里的确是痈疡遍地,忧患重重。但是一旦涉入冥思,涉入理想,一切又成了永恒的欢乐、蔷薇般的幸福。在它的周围我们可以听到缪斯们的歌唱。但是一牵涉到具体的人名姓氏,牵涉到今日或昨天的局部利害,便又来了痛苦。

人的天性在这方面的强烈表现仅仅从爱情关系这个题目在人们谈话当中所占的比例之大也可以充分见出。请问我们对一位名人首先渴望得知的岂非便是他的一番情史?再看一座巡回图书馆中流行最快的是些什么书呢?我们自己读起这些爱情的小说时又会变得多么情不自胜呢,只要这些故事写得比较真实和合乎人情?在人们生活的交往当中,还有什么比一段泄露了双方真情的话语更能引人注意的呢?也许我们和他们不仅素昧平生,而且将来也无缘再见。但只因我们窥见了他们互送秋波或者泄露了某种深情而马上便对他们不再陌生。我们于是对他们有所理解,并对这段柔情的发展有了浓厚兴趣。世人皆爱有情人。踌躇满志与仁慈宽厚的最初显现乃是自然界中最动人的画面。这在一个卑俚粗鄙人的身上实在是礼仪与风范的滥觞。村里一个粗野的儿童也许平日好耍笑校门前的那个女孩;——但是今天他进入校门时却见着一个可爱的人儿在整理书包;他于是捧起了书来帮助她装,但就在这一刹那间她突然仿佛已经和他远在天涯,成了一片神圣国土。他对他经常出入于其间的那群女孩子可说简慢之极,唯独其中一人他却无法轻易接近:这一对青年邻人虽然不久前还厮熟得很，现在却懂得了互相尊重。再如，当一些小女学生以她们那种半似天真半似乖巧的动人姿态到村中的店铺里去买点丝线纸张之类，于是便和店中一个圆脸老实的伙计闲扯上半晌，这时谁又能不掉转眼睛去顾盼一下呢？在乡村，人们正是处在一种爱情所喜欢的全然平等的状态，这里一个女人不须使用任何手腕便能将自己的一腔柔情在有趣的饶舌当中倾吐出来。这些女孩也许并不漂亮，但是她们与那好心肠的男孩中间的确结下了最令人悦意和最可信赖的密切关系。

我曾听到人讲，我的哲学是不讨人喜欢的，另外，在公开演讲中，我对理智的崇敬曾使我对这种个人关系过度冷淡。但是现在每逢我一回想起这些贬抑的词来便使我畏缩不已。在爱的世界里个人便是一切，因此即使是最冷静的哲学家，在缕叙一个在这个自然界漫游着的稚幼心灵从爱情之力那里所受到的恩赐时，他都不可能不把一些有损于其社会天性的话语压抑下来，认为这是对人性的拂逆。因为虽然降落自高天的那种狂喜至乐只能发生在稚龄的人们身上，另外虽然那种会令人惑溺到如狂如癫，难以比较分析的冶艳丽质在人过中年之后已属百不一见，然而人们对这种美妙情景的记忆却往往最能经久，超过其他一切记忆，而成为鬓发斑斑的额头上的一副花冠。但是这里所要谈的却是一件奇特的事(而且有这种感触的非止一人)，即人们在重温他们的旧梦时，他们会发现生命的书册中最美好的一页再莫过于其中某些段落所带来的回忆，那里爱情仿佛对一束偶然与琐细的情节投界了一种超乎其自身意义，并且具有着强烈诱惑的魅力。在他们回首往事时，他们必将发现，一些其自身并非符咒的事物却往往给这求索般的记忆带来了比曾使这些回忆免遭泯灭的符咒本身更多的真实性。但是尽管我们的具体经历可以如何千差万别，一个人对于那种力量对他心神的来袭总是不能忘怀的，因为这会把一切都重建再造；这会是他身上一切音乐、诗歌与艺术的黎明；这会使整个大自然紫气溟濛，雍容华贵，使昼夜晨昏冶艳迷人，大异往常；这时某个人的一点声息都会使他心惊肉跳，而一件与某个形体稍有联系的卑琐细物都要珍藏在那琥珀般的记忆之中；这时只要某一个人稍一露面便会令他目不暇给，而一旦这人离去又将使他思念不置；这时一个少年会对着一扇彩窗而终日凝眸，或者为着什么手套、面纱、缎带，甚至某辆马车的轮轴而系念深深；这时地再荒僻，人再稀少，也不觉其为荒僻或稀少，因为这时他头脑中的友情交谊、音容笑貌比旧日任何一位朋友（也不管这人多纯洁多好）所能带给他的都更丰富和甜美得多；因为这个被热恋的人的体态举止与话语并不像某些形影那样只是书写在水中①，而是像普鲁塔克②说的，“釉烧在火中”，因而成了夜半中宵劳人梦想的对象。这时正是

你虽然去了，但并没去，不管你现在何处；

你留给了他你炯炯的双眸与多情的心。

即使到了一个人生命的中年甚至晚年，每当重忆起某些岁月时，我们仍会心动不已，深深感喟到彼时的所谓幸福实在远非幸福，而是不免太为痛楚与畏惧所麻痹了；因此能道出下面这行诗句的人可谓参透了爱情的三昧，

其他一切快乐都抵不了它的痛苦。

另外这时白昼总是显得太短，黑夜也总是要糜费在激烈的追思回想之中；这时枕上的人会因为他所决心实现的慷慨举动而滚热沸腾；这时连冷月也成了悦人的狂热，星光成了传情的文字，香花成了隐语，清风成了歌曲；这时一切俗务都会形同渎犯，而街市上憧憧往来的男女不过是一些幻象而已。

这种炽情将把一个青年的世界重新造过。它会使得天地万物蓬勃生辉，充满意义。整个大自然将变得更加富于意识。现在枝头上的每只禽鸟都正对着他的灵魂纵情高唱，而那些音符几乎都有了意思可辨。当他仰视流云时，云彩也都露出了美丽的面庞。林中的树木，迎风起伏的野

① “书写在水中”一语见英诗人济慈的一首十四行诗。

② 古罗马希腊语作家、伦理家与传记文学家（约46—约120），著有《道德论文集》《希罗名人传》《名人传》等。

草,探头欲出的花朵,这时也都变得善解人意;但他却不大敢将他心底的秘密向它们倾吐出来。然而大自然却是充满着慰藉与同情的。在这个林木幽翳的地方,他终于找到了在人群当中所得不到的温馨。

凉冷的泉头,无径的丛林,
这正是激情所追求的地方,
还有那月下的通幽曲径,此刻
鸡已入埘,空中唯有蝙蝠鸱枭。
啊,夜半的一阵钟鸣,一声呻吟,
这才是我们所最心醉的音响。

请好好瞻仰一下林中的这位优美的狂人吧!这时他简直是一座歌声幽细、色彩绚丽的宫殿;他气宇轩昂,倍于平日;走起路来,手叉着腰;他不断自言自语,好与花草林木交谈;他在自己的脉搏里找到了与紫罗兰、三叶草、百合花同源的东西;他还好与沾湿他鞋袜的清溪絮语。

曾经使他对自然之美的感受大为增强的同一原因还使他爱起诗和音乐。一个经常见到的情形便是,人在这种激情的鼓舞之下往往能写出好诗,而别的时候则不可能。

这同一力量甚至将制服他的全部天性。它将扩展他的感情;他将使伧夫文雅而懦夫有立志。它将向那最卑猥龌龊不过的人的心中注入以敢于鄙夷世俗的胆量,只要他能获得他心爱的人的支持。正惟他将自己交给了另一个人,他才能更多地将他自己交给自己。他此刻已经完全是一个崭新的人,具有着新的知觉、新的与更为激切的意图,另外在操守与目的上有着宗教般的肃穆。这时他已不再隶属于他的家族与社会。他已经有了地位,有了性格,有了灵魂。

这里就请让我们就这个对青年们具有着如此重大作用的影响从性质上进一步作点探索。首先让我们探讨和欣赏一下所谓美,而美对人类的启示我们正在高兴庆祝,——这美,正像煦煦普照的太阳那样受人欢迎,不仅使每个人对它产生爱慕,而且也使他们自己感到喜悦。它的魅力实在是惊人的。他似乎是足乎已而无待于外。一个少年在描绘他的情人时是不可能依照他那贫乏而孤独的想象的。正像一株繁花盛开的树木，这其中的一番温柔、妩媚与情趣本身便是一个世界；另外她也必将使他看到，为什么人们要去描绘“美”时，总不免要去画爱神以及其他女神。她的存在将使整个世界丰富起来。虽然她把一切人们仿佛不屑一顾地从他的视线范围摈斥了出去，但是她对他的补偿则是，她把她自己扩展成为一种超乎个人的、广大的和此岸性的人物，因而这位少女对他来说完全成了天下一切美好事物与德行的化身。正因这层缘故，一个恋人往往看不到他的意中人与她的家中人或其他人有什么相像之处。他的友人对她和她的母亲、姊妹甚至某个外人的类似地方是看得一清二楚的。但是她那情人却只知道将她与夏夜、清晨、彩虹与鸟鸣等联想在一起。

美从来便是古人所崇敬的那种圣洁事物。美，据他们讲，乃是德行之花。试问谁又能对那来自某个面庞和形体的眼波风韵进行分析？我们只能被某种柔情或自足所感动，而说不出这种精妙的感情、这种流溢的光波指向什么。企图把它归诸肌体组织的做法必将使人的幻景破灭。另方面，它也决不是指一般社会所理解的或具有的那些友谊或情分关系；而是，据我看来，指向一个全然不同的以及不可抵达的奇妙领域，指向带有超验性的精致与幽美的关系，指向真正的神仙世界；指向玫瑰与紫罗兰所暗示和预示的事物。美是可望而不可即的。它微妙得几乎如乳白色鸽子脖颈上的光泽，闪烁无定，稍纵即逝。在这点上，它正像世上一切最精妙的事物那样，具有着虹霓般的瞬息明灭的特点，完全不好给它派什么用场。当保罗·黎希特①向着音乐讲道，“去吧，去吧！你对我说了许多我一生一世也不曾找到过，而且以后也永不会找到的事”，这时他所指的岂不正是这个么？这种情形在雕塑艺术方面的许多作品中也同样能够看到。一座雕像要想成为美的，只有当它已经变得不可理解，当它已经超出一般评论，已经不复能够凭藉标尺规矩加以衡量，而只需要活跃的想象与之配

---

① 保罗·黎希特(1763—1825)，德国作家与幽默文学作者。

合，并在这样做时指出它的真谛。雕刻师对他手中的神祇或英雄的表现也总是使之成为一种从可达之于感官者至不可达之于感官者这二者之间的过渡。这就须要这个雕像首先不再是一块顽石。这话同样适用于绘画。在诗歌方面，那成就的大小主要不在它能起到催眠或餍足的作用，而在它能引起人的可惊可愕之感，藉以淬励人们去追求那不可抵达的境界……

7　古宅琐记[①]

纳撒尼尔·霍桑(1804—1864)

【作者与风格】美国杰出的小说家与散文家。他出生于马萨诸塞州撒冷城一个世代清教望族。父曾任船长，死时霍桑仅四岁，从此随其母与两兄弟贫苦度日。二十七岁他自鲍德文学院毕业后，回乡从事写作，其中《旧闻重述》(1837—1842)与《古屋苔痕》(1846)是这个时期的重要作品，题材主要为伦理良心等问题，尤着重对清教主义影响的研究。这中间他还任过撒冷港海关检查长三年；辞职后，他开始了他文学生涯中最重要的一部著述——《红字》的写作。在这部书中他以十分认真的态度、精湛深刻的分析以及卓越的文才对他素来憎恶的清教思想作了经典式的批判与清算。这部书的出版是近代美国文学史上的一件大事，不仅为其本民族的文学作出重大贡献，同时也以它深邃的心理分析与出众的文彩而成为世界文学经典。长篇而外，他的许多短篇作品以及他为儿童所写的《述异

---

① 本篇选自作者的短篇故事与杂文集《古屋苔痕》的序言部分。这部书是作者1842—1846年间居住于马萨诸塞州东部康谷镇郊时所作。书的序言写得极为漂亮，实际上就是一篇独立的优秀抒情散文，完全可与《红字》的序言《海关》媲美，甚至更骎骎然而过之。我们从这篇佳妙的文章中可以充分领会到早期美国散文工整细腻的行文风格以及美国浪漫主义文学的高度成就。

记》等对美国短篇小说的发展也有相当大的影响。

霍桑不仅是一位重要的小说作家,他的散文也写得十分出色。其中特别突出的是他为《红字》与《古屋苔痕》所撰的两篇长序;这些都是可以独立成篇的优美散文作品。在这里,正像他在许多小说中那样,霍桑显示了他高超的散文才能。唯一不同的是,我们从中可以见到他较轻快与闲适的一面。霍桑是一位艺术性很高的优秀散文作家:他的文风深沉浓郁,崇高庄肃,词彩华美,造语工细,其中各类比兴意象等都十分丰富,充满着动人遐思的美丽幻想与可爱情趣;尤其值得重视的是他那种感人的诚恳认真的写作态度与一丝不苟的谨严艺术风格。

那古宅吗!我们已经快要把它忘了,不过我们马上就要穿过果园,回到那里。果园为已故牧师①于其暮年所辟。邻居见这位两鬓斑斑的老人还要种树,自不免要笑他,认为他已无望摘取果实了。但这反而使他种树的动机更加迫切,这时他已全无利己之念,而只是一心想着施惠后人,——在这点上,许多更有雄心壮志的人怕也未必能够做到。但是说来有趣,这位年迈牧师在他跨入九秩高龄之前,居然从园中吃到了他手栽的苹果,而且还颇享用了几年,至于吃不了的,卖掉之后,又增添了家中岁入。每当我想起他在那悠闲的秋天午后,一个人穿行树下捡拾果子的情景,不禁令人感到心悦,这时他一边望着那给沉甸甸的果实压弯了的枝条,一边盘算着需要多少筐篓才装得下这么许多。他爱着园中的每一株树,好像它们都是他的亲生儿子。真的,果园这东西常能和人结成亲密关系,它的一切都使人萦怀系心。这里的果木也都成了“家”木:它们已失掉了林间的野性,因它们久经人的抚育,且又为人“服务”,于是已经多少受到了人的同化。另外这里的苹果树可说一株有它一株的个性,因而也就

① 这座旧宅原为美国文豪爱默生的祖父威廉·爱默生牧师于1765年所建。爱默生祖父去世后,宅院售与一位名叫吕伯莱的牧师,亦即文中所说的那个种植果树的老人。老人死后再次转售与霍桑(1842)。

益发引起人对它们的浓厚兴趣。例如其中一株所结的苹果又苦又涩，另一株就如仁爱一般的甘美。一株鄙吝小气，唯恐它结下的几颗果子让人摘去；另一株则豪爽大方，不辞辛苦，尽量多产。另外果树形长成的种种龙蟠之状对熟悉它们的人也别有一番趣味：它们那枝柯盘屈、杈枒奋张的样子，不能不使人横生滑稽怪异之感。再有，这片苹果树攒簇的地方一度曾是一座田舍所在，而如今，只剩得破败的烟囱一具，兀立于长满榛芜荒草的地窖之上，试想还有比这景象更增人惆怅的吗？这些果树听凭着过往行人从它们上面去自由摘食，但是由于颇历变易，那果子吃起来甘甜之中不免是有苦味的。

所以当我终于成了这位老牧师果园的唯一继承人时①——而这时仰赖我抚养的不过两三口人——我感到我实在找到了一桩世上最惬意不过的差事。这里整个长夏期间樱桃与红醋栗一直不断；秋天到来之后，它的背上载满着数不尽的苹果，所过之处，随风飘落。在那悄无一丝声息的秋日下午，只要我肯凝神谛听的话，我往往能听到那大红苹果啪啪的落地声，这时并不是因为有什么风，而是果实熟透所致。苹果而外，便是梨子，摘收下来，盈筐满篋；还有蜜桃，遇到年成好时，真是吃既吃不了，存也存不下，成了极大的麻烦；即使送给人吃，也要花费很大的辛苦与筹措。不过辛苦虽然辛苦，因此而识得大自然母亲对人的优渥之厚与锡赐之丰，也算完全值得。这种感情唯有那四季如夏的南海岛民最能懂得，那里面包树、可可、棕榈、橘柚之属天然繁茂丰盈，从无告乏竭蹶之时；但是对于一个长期只习惯于城居而今天才投身到这座幽静古宅的居住者来说，他也几乎同样能领会这事的佳妙；他在这里所摘采的果实全不是他自己所栽，因此从我这非正统的眼光看来，这一切实在和伊甸园中的情形颇有类似之处。五千年来，一贯的说法总是，东西只有辛苦挣得的才适口。但依我

① 见前页注①。

看来(这话乃是根据我在清溪农场①的躬亲体验言之),似乎还是上天的恩赐更佳。

当然毫无疑问,一个人如果肯在一片占地有限的小园之中投点轻微劳动,他的园蔬一定会比从菜农那里购来的更为鲜美,无儿无女的人如果也想懂得一点为父为母之乐,最好是亲自种一畦菜——不论是南瓜、玉米、菜豆乃至任何闲花野草都行——而且要自小至大,亲自浇灌。只要所种不多,其中的每一株苗便都会单独引起兴趣。我的园子恰当通往旧宅的两旁,那大小就正合理想。每晨只需一两个小时便已毕其事了。但是一天之中我却可能跑到那里去探望上十次八次,满怀柔情地默默注视着我那亲如子女的蔬菜,而那感情之深,不曾亲与其事的人是难以体察和想象的。天下最迷人的景色再莫过于窥见一畦豆苗,坟然隆起,或者一垅豌豆,破土将出,于是远近依稀一抹新绿。不用多久,那可爱的蜂鸟已将被这里什么豆花的芳馥招引了来,这些精灵般的小客人总不免要从我的这些琼杯玉盏中来啜吮花精蜜露,见了以后,我总是非常快乐的。夏季南瓜的黄花开时,更可以见到成群的蜜蜂潜入花内,恣意饱吮,这同样是令人欣慰的事;虽然一旦等它们满载蜜糖之后,它们便要无迹无踪,不知飞回什么远处的蜂房;我的花园对它们的贡献不小,但却从来得不到半点报偿。不过我倒宁愿对这随风而逝的蜂群稍稍做点布施,因我深信,总有一些人会从中获益,另外世上的蜜也会有所增多,这对消弭人间的痛苦也许不无好处。的确,我自己的生活也会因此而更好一些。

讲起夏季的南瓜,我想就其各类品种及其形体之美稍谈几句。它们真是千奇百怪,不一而足,以样式论,如瓮如瓶;以个头论,有高有扁;以花色论,有的单一素净,有的粲如贝壳;因而那花纹图样之美真是巧夺天工,任何一位雕刻大家都能从中学到不少东西。依我看来,我园中的这成百南瓜一一都值得用琼瑶如式雕刻出来,以存久永。如果上天肯让我发一

① 农场在波士顿市附近。1841—1847年间霍桑与其他一些美国学者和作家曾前后赴其地劳动,以图建立一个空想的"社会主义"地区。

笔财(虽然我明知这事决无可能),那么其中一部分我定将用以打制一套精致果盘,材料不是黄金便是细瓷,而外形则将取之于我那些手栽的藤蔓上的南瓜。这样用来盛装水果实在再妙不过。

但是我的灌园之劳所餍足的还不仅仅是对美的无尽追求。观看那弯脖子的冬季南瓜的生长也自别有一番乐趣。起初时,也不过那么小小一点点儿,上面还缀着枯花的痕迹,但是曾几何时,一个个早已肥肥大大,滴溜滚圆,横七竖八地偃卧在地上,头钻进了枝叶底下,但那黄澄澄的大肚子却腆得高高,暴露在中午的炎阳之下。注视着它们,我不禁心中想到,凭着我的努力,我总算做了一点真正有意义的事情。我总算帮助给这个世界上添了一点新的生命。它们完全是摸得着见得到的实在东西,人的心灵既能把握,又能喜爱。白菜也是这样——尤其那体大腰粗、心胸不可一世直至非得炸裂不可的荷兰大白菜——一旦我们竟能参与造化,把它培育出世,那也确是大大值得骄傲一番的事。不过最大的乐趣毕竟还在一个吃字:当它们热气腾腾于几案之上,这时我们定将像那萨登大神[①]那样,把这些蔬菜儿女完全吞到肚内了事。

在经过了河畔[②]、战场[③]、果园、菜圃的一番观赏之后,读者可能对寻回古宅的兴致已经不太大了。的确,在天气晴和的日子,这里宅外的种种尽可以使一位客人玩得畅怀适意。甚至就连我自己对这宅内的一切也都一直不够熟悉,只是后来一次阴雨连绵期间,因为多日不能出屋,这才跟它稍熟了些。那时从我书斋的窗户向外望去,大自然的一副外观实在未免过于阴郁。巨大的柳树梢头早已积满雨水,狂风一过,便将如飞泉般地纷纷倾泻下来。足足有一周时间,每天从早到晚屋檐下面总是淅沥淅沥、哗啦哗啦地响个不停,于是水管底下承溜的木桶也就泡沫飞溅翻腾。屋

① 古罗马农神,传说他一次曾将他自己的亲生儿女吃掉。

② 指康谷河。流经波士顿附近,以风光秀丽著闻。

③ 战场指美国独立战争时期的战场。1775 年 4 月在有名的列克星敦之役中,波士顿的民军曾与英军在此交过战。

顶以及一些小房上未经油漆的古旧木瓦也已霉烂得发黑;墙壁上的陈年积藓着雨之后则茸茸新绿,苍翠可爱,仿佛时光老人新近添上去的。平日波光如镜的河面已因万千雨珠乱落而给搅得浑浊不堪;眼前景象尽是一片湿淋,给人的感觉是整个天地都成了一团乱糟糟的海绵;窗外一哩之遥,有小山一座,林麓之间全为浓雾所笼罩,料想那里即是一伙妖魔兴风作浪之地,说不定它们此刻就正在酝酿一场新的暴风雨呢!

落雨期间,大自然是从不对人有半点同情半点庇护的。在盛暑炎夏骄阳肆虐的日子里,大自然可能还稍存一点怜悯之心,这时它会把过往行人引入到一些日射不入的林荫深处去避避暑热,但是暴风雨到来之后,他却完全无处藏身。那些深邃幽密、荫翳障蔽的阴暗角落,那些林木蓊郁的青青河畔,这时想起来只会使我们不寒而栗,而这些地方在一个暑气蒸人的炎燠午后本该是多么爽快啊！那里的枝枝叶叶都只会弄得你满脸是水。面对着这杳不可测的苍天——如其在这阴云万里之上还有苍天的话——我们真不禁要对这茫茫宇宙口出怨言,因为人的一生当中,美好的日子本来不多,如果整天这么淅淅沥沥,有限的几个美好夏日岂不要给白白下掉！遇上这样的淫雨天气——这样的天气肯定到时会来——恐怕就是夏娃在伊甸园中的兰闺也只会是一个凄然寡欢甚至非常晦气的地方,连这个老牧师宅院也比不上,因为这里还颇有一些拨闷遣兴的玩艺,因此关起门来,避上一周风雨,倒也并无不可。但是那水汪汪的蔷薇褥上却将如何睡法!

谁要是在一个阴雨连绵的天气能到这么一座古宅宽阔的阁楼里来躲躲,那他真可说是福分非浅,因为这里就连革命时代①以前的旧物也还聚集不少。阁楼为一拱形之厅,几扇小窗上积尘很厚,即使最好的天气也是昏昏如暝;一些角隅更几乎窅如岩穴,其中有什么奥秘我自己也不知晓,因我对那里的尘埃蛛网也都隐怀虔敬,不想理动。屋顶的梁木桷椽皆未

① 指美国独立战争之前的时期,特别指 1766—1776 年这充满革命活动与战斗的十年间。

加细斫，木头上的硬皮都还未去，壁炉的石工也极粗糙，因而使这阁楼给人以特别不适居住的伧荒之感，而其实这座古宅整个说来还是颇为舒适体面的。楼的一侧有小舍，壁涂白垩，素名“圣斋”，为此地牧师年轻时寝息与读书祷告之地。这里楼势既高，地复僻静，窗仅一扇，火炉又小，壁橱一具亦仅堪供祈祷之用，故特为青年僧侣修身、养性、穷理、悟道之理想环境。时日既久，沿墙亦颇有咏怀记事等题壁之词。又壁上有旧画一幅，其帆布已破损折皱不堪，细审为一牧师肖像，画笔甚遒劲，画中人着假发，法衣垂带，手执《圣经》。捧画至亮处细看，但见牧师一副严峻目光，咄咄逼人，威仪凛然，与今日的牧师神气大有径庭。画中牧师①为这里教区百年前人物、名牧师威克菲②之友人，而论及才辩之锋利火辣，亦颇相埒。如今肃立像前，我不免向他鞠躬施礼，心想今天既瞻仰到这位教会长老的遗容，便无异与他的英灵面对，另外我有十足的理由相信，这座院宅便常有他的阴魂出入。

但是闲言少叙。我之前的那位住户的一部分藏书即在这阁楼上——以这么一处幽僻之地而藏这么一批过时之书，于存地言，实在堪称妙选。拿到市上拍卖，这批老书是换不回几文钱的。但是发之于这座秘阁之中，这些异代旧籍却不禁古意盎然，往往于其自身价值之外，别具一番幽趣；其中多种为昔日清教徒时代遗物，辗转至今，已于教会中多历人手。书中某些飞页之上，从业已褪色的遗墨来看，尚能辨得出为名人手迹，另外书页之间杂满脚注眉批，一些地方则于衬纸上作有细字，唯多潦草不可辨识，料想其中定有奥秘存焉。惜世人既无由得知，其秘亦遂不传。一部分书为对开本拉丁文巨册，为罗马天主教中人所著；其他一些则为攻击罗马教会之作，文至浅易，而语特凌厉，意在对彼大张挞伐。另有约伯③论之专

---

① 画中牧师即爱默生的外曾祖，名丹理尔 · 布利斯。

② 英国加尔文派有名牧师，曾两度应邀赴美讲经。

③ 约伯，《圣经》中希伯来族族长，一生茹苦含辛，历尽折磨，然对上帝始终坚信不二，为忍苦耐劳的典型人物，事见《圣经 · 旧约 · 约伯记》。

著一部，卷帙浩繁，计全套书厚厚薄薄不下二十余大册(四开本)，其中一章即占书二三册之多；如此庞大著作，恐怕唯有约伯本人能有耐性阅读下去。这里对开本的神学著作颇有一批，但都过嫌笨重，似与其所代表之微妙灵性不符。这些卷帙至今已不下二百余年，封面一律为黑羊皮制，形状古怪，概为一般巫术书的装订法。其他一些旧书则体积较小，旧日男装的背心口袋尚能装得——但书虽小些，那黑黝的程度却是一样，另外书里希腊拉丁的引证也很不少。这批小书给人的印象是，它们起初也都志不在小，要成巨册，只是后来遭到挫折，未能发育完全，致成了今天的侏儒样子。

雨还在淅淅沥沥地落着，拍打着屋顶作响，尘埃厚厚的阁楼窗外天色也依旧阴霾晦暝。这时我正埋头故纸堆中进行着辛苦的发掘，希望从这一大批无聊东西的背后寻觅到一点其光烨如烈焰、其璀璨如美玉的精彩事物与不朽思想。但我却找不到这类宝物；一切都是恹无生气；看到这些，我不禁嗒然若失，心想人智何衰！原来它也会像人手所制的东西那样归于腐朽。思想终不免要发霉。对于一个时期是上等营养的食物，到了下一代时也许再无任何裨益。当然宗教一类书籍尚不足以概括人类思想的全部内容与经久品性；因为这类书籍往往迂阔辽远，甚至连自己揭橥的宗旨也很少触到，所以它们之写与不写，确也毫无所谓。既然一个人无知无识也可以得到上帝的圣宠恩眷，那么说这种神学书籍大多属于无谓无聊之作，也不致太错到哪里吧。

阁楼中有许多书为已故牧师晚年时所购置。如果有谁像我现在这样纯以好奇的目光重新翻检，他必将发现，这里一些后出之作较之那些一百多年前的书籍似乎更加乏味。《自由布道者》①、《基督教研究》②、各类讲道集、论战文字、宗教论述以及其他种种应时之作与早期那些笨重卷帙完全杂沓一处。以外观轻重论，新书与旧书诚有羽毛与铅铁之悬殊；但若以内容意思而论，则新旧之间亦可谓难分轩轾。两者都同样枯燥乏味。不

---

①② 当日两种教会杂志名。

过细比之下，早期的书立意似乎更见诚恳，而当日的读者也可能认为它们具有更多的热忱；虽然时过境迁，那点热量早已冷却下来，最后几乎低至零度。但是许多晚出的书则不同，它们的枯燥乏味是带有根本性质的，似乎从一开始著述时便不能不是如此，因为它们的著成完全与其作者的心胸与认识无关。总之，对于这一大堆尘封厚厚的旧书，即使其中偶有可取，我也将完全弃置不顾。另外尽管这样，我坚信我仍不妨是个不坏的基督教徒。看来一个人要想升天，即使能攀上由那些古老对开本搭成的哥特式[①]的天梯[②]，或者乘上近代宗教小册子的轻飘羽翼，这事恐怕也万难办到。

然而说来奇怪，倒是一些写了出来只供眼前时下随便看看而完全无意传之永久的作品却还稍具生气。这里有几份报纸，甚至时间更久的旧历书，竟不觉把这类文字初出时的当年环境气氛重新勾起在我的心头，而那情景的真切，简直使我难以喻之于怀。那情形正仿佛我突然于旧书堆中翻出几块魔镜的碎片，而那上面竟还残留着过去世代的模糊形影。面对着这些镜片，我不禁睁大眼睛，开始审讯起那些望之俨然的神学大家的肖像来，质问何以经过这么辛苦的一番爬罗剔抉与内省自返之后，他们所写出的作品，就其真实性而言，竟连那些报人与年历编者随兴所至、信笔涂抹的东西也颇有不如？当然那肖像是答不出的；所以下面的话仅是我的答案。这即是，那些报章也好，年历也好，它们本身都是某个时代的产物；在当时都有着一定的目的与意义，因而对于后人也就仍有几分看头；然而另外一些作品，由于其著作者在一动笔时便与其时代颇有脱节，因而才刊出时便新意不多，至于后来，就益发陈旧不堪了。所谓天才，即在其能熔铸古今，开一代风，因而成就其不朽之盛业；但这并不排斥他可兼具

① 这里所以用“哥特式”一词，主要取其突兀挺拔、高耸天际之意，有类中世纪西欧这类建筑物。

② 这里暗用希伯来之始祖亚伯拉罕之孙雅各在梦中见到天梯的故事。雅各“梦见一个梯子立在地上，梯子的头顶着天，有神的使者在梯子上，上去下来”。参见《圣经·旧约·创世记》第28章第10—22节。

一般作者那种投合时好的本领。一部天才之作无非便是一份久读而常新(甚至久久读而常常新)的报纸而已。

虽然上面对古书的一番议论不免稍稍语涉轻薄,实则我的内心对于一切著述都常隐怀敬意。一册典籍在我心头所具有的魔力殊不下于一片字纸之于一位善良的回教信徒①。一张被风刮动的纸片在他看来完全可能上面载着圣洁的诗句;而对我来说,每本新书旧籍的里面也都可能含着什么“芝麻密语”②——一种足以打开隐藏在某个真理洞穴的宝物的入门符咒。因此当我转身离去古宅的书斋时,我的心中实在不无怅然之感。

感谢上苍,在又是一天风雨之后,太阳终于在夕暮时分从西方天际挣脱出来,天幕之上仍然彤云密布,但是明暗对比之下,这一线金光却化为更加艳丽的绮照。天空的眼睑还是沉沉的,可是已向大地露出了笑容——那久违了的笑容。好了,明朝又可以到山巅林麓一游了。

很有可能昌宁③会从路边赶来和我一道去河上钓鱼。每当我们结伴到野外作一日之畅游,那真是最令人神往和快活不过的事,这时我们便抛掉一切窒息憋闷的礼俗客套,恣情尽性地去四处遨游,像个印第安人或不受文明礼教拘束的野人那样,完全脱屣世事,放浪于形骸之外。我们将回舟溯流而上,行过夹岸宽广的草原,然后折入亚沙白溪。在这条水与康谷河汇合处一哩以内一带,风光竟是那么秀丽,大概除了涤荡着诗人灵府的神溪之外,像这样美好的地方世上也找不到第二处。这里的丛林山麓仿佛是一座蔽风的天然屏障;外边即使狂飙劲吹,这里的水面上也纹丝不动。溪流舒漾迂徐,缓缓而前,行经其上,毫不吃力,似乎舟人心中但一动

① 比较我国的“敬惜字纸”的说法。

② 《天方夜谭·阿里巴巴》中的一伙强盗曾将其劫来的金银宝物密藏于一个山洞里面。他们每次出入时须叫喊“芝麻开门”,门才开启。因此芝麻一词在西方语言中遂有“打开宝物的入门符咒”的含义。例如英国文学家约翰·罗斯金就曾以《芝麻与百合》命名他的一本论读书与妇女问题的著作。

③ 即威廉·爱伦利·昌宁(1780—1842),美国唯一神教派领袖与社会评论家。

念，轻舟便已溯洄直上。小船一路所经，曲曲折折，尽是密林深处，林叶簌簌，似在叮咛溪流噤勿做声；而溪流也从两岸菖蒲丛中连连应答，仿佛林木与溪水互致绸缪，嘘之入梦。是的，那一湾溪水昏昏之中，逐波而前，一心仍梦想着天光云影与密枝簇叶；这时阳光从树叶隙缝中射出，恍若落霞绮霞一般，参差破碎，晶莹万点，顿使林间生意盎然，与溪边的一派幽邃浓碧成一鲜明对比。而周围的旖旎风光不觉倒映在这睡溪的胸臆之中。但这溪上的风光与这梦中的景物到底哪一个更为真实？——是我们这粗糙感官所曾感到的周遭事物，还是那溪流深处的美好映象？也许那脱离躯壳的空幻映象与我们人的灵魂更为贴近。但是不论真景也好，幻景也好，在我看来都有一种潇洒出尘之美；而如果它更离奇一点，我真不禁要顿生遐想，以为这条溪水竟是从我身边那位胸中大有丘壑的友人的灵境之中流出，并在几经曲折之后，而辗转至此的；果真这样，那时沿溪的景物便应多上一点东方的情调才是。

溪流虽然那么温和可亲，与物无忤，但两岸寂静的林木却似乎不太愿意让它流过。那里不少树木紧紧傍水而居。下垂的枝条便浸在水里。一处地方，崖岸高峻，斜坡之上几株铁杉树枝外伸，斜欹水面，仿佛作投水之势。其他处则波面几与岸平，那里成片树木的根部都浸在水里，连茂密的树冠也都高出水面不远。山梗菜点燃起它螺纹般的火焰，把灌木丛里的幽暗角落照得通明。荷花也傍溪盛开；那朵朵娇花，照梭罗讲，必须到一日晨曦的初次照射之后才会开放，这时在阳光的抚爱之下，荷花也就像少女一般地渐次成熟起来。这景象，他曾见过许许多多，凡是阳光所到之处，荷花也就一一绽开它们的蓓蕾——这个奇景，如果不是诗人①凭着他的灵心慧眼为人指出，我们恐怕是无缘看到的。葡萄更是到处都是，它的藤蔓爬满了大小树木，有的还带着长串颗粒，低悬河上，舟人行经其地，伸手可得。有时这些藤蔓还要多事，竟把本来不属于一个家族的两株树木，例如铁杉与枫树，生拉硬扯地连在一起，强迫人家结成姻亲，并把它自己

① 指前面提到的梭罗。

的后代给人家去当子嗣。其中一株尤其志向非凡，竟已快要攀缘到一棵白皮松的顶梢，而且还要一枝一枝地横跨过去，非到把它的繁密卷丝与成串葡萄高挂树冠，凌虚飘举，这事便决不罢休。

溪流曲折，一转再转，眼前的景物也一一从背后逝去，不复可见，但迎面而来还是一样幽静可爱。我们继续向着溪流的深处泛去，而随着游棹的划动，景色也愈转愈幽。突然一只羞涩的翠鸟从附近一根枯枝上飞到远处，飞时发出一声尖叫，不知是惊是怒。在这里已经逗留隔宿的野鸭见到我们也猛然受惊，当它拂掠过晶莹的水面时，在那里掀起了一道道的白条。这里莲叶田田，叶间时有鱼跃。刚刚蹲在岸边的树根石上悠闲曝背的乌龟也突然一跃，潜入水底。此地的风物粗犷之中，饶具秀媚，假如一个文身涂面的印第安人三百年前曾泛舟这个溪上，他在波心岸边所见到的景色大概和我们也没有多大差异。另外他所烧的午餐也不会比我们的更为简陋。不久，我们便寻了个地方，系舟登岸，那里枝柯交横，不啻天然凉亭。然后便把四周的松果败枝拾捡了些，生起火来。登时一股浓烟，直冲树梢，但浓烈之中却杂着一种清香，嗅之令人神爽，与平日厨下点火时的那股混浊油腻气味大不相同。我们菜肴的香味与林中的气息十分调和：我们的突然擅入也不致成为亵渎，这里虽然一片圣洁寂静，但决无深闭峻拒之意，因此我们尽可以在此欣然举火，把个绿树浓荫作成厨房餐室。奇怪的是，我们在这么一个风景绝佳的地方大啖大嚼似乎也没有大煞风景。树丛中间熊熊燃烧着的篝火也好，忙着烹调上菜的我们自己也好(我们的餐桌不过是一根生满苔藓的粗木)，这一切都似乎与身边的潺潺流水和头顶簌簌的簇叶融和无间。尤其可怪的是，我们的嬉戏游乐也不曾影响林间的肃穆庄严；虽然这片古老荒原上的一切精灵小妖与沼泽湿地上青磷鬼火都有可能成群跑来参加我们的有趣谈话，使这里可加笑语喧哗，热闹非凡。你在这里所谈的尽可以是世上从来没有的彻底荒唐，也可以是人间罕知的深奥哲理，或者是你内心之中最虚无缥缈的东西，其中怪诞与至理兼而有之，亦彼亦此，总之，一切全在听话人自己的灵心与妙悟了。

于是阳光、树影、落叶、流水之中,我们的谈话不觉思如泉涌,汩汩而来。爱伦利①的谈吐更是天花乱坠,璀璨夺目;他的思绪有如泉眼下的灿灿金底,映得我们的脸上也盛满光辉。如果他真的能够把这些都提炼出来,盖上造币厂的官印,使之通行,世人必将受益匪浅,他自己也可以借此成名。对我来说,且不须管那所谈的内容为如何,但能认识到我那友人颇有才分,已经使我的内心感到充实。不过在那些不拘形迹的日子里,他和我的最大收益并不在我们从一大堆难以捉摸的问题里找到什么斩截确切的思想或见棱见角的真理,而主要在我们能从一切习俗与传统之中,从人对人的禁锢与束缚之中挣脱出来,获得自由。今天我们既已这么自由,明日我们便不能去重当奴隶。当我们再跨进家宅的门槛或踏在城里繁夥的人行道上时,亚沙白溪上的树叶便不免要响彻我们的耳际,叮咛我们"不可丢掉自由"!正因这样,当年林荫溪畔我们野餐后丢下的余烬残灰在我们的心中往往记忆常新,那神圣的程度几不下于家庭的炉火之侧。

日落溪上,满眼金黄,这是何等迷人的情景啊!这时我们掉转船头,顺流而回——回到人类的社会制度之中,不过不是回到地牢与枷锁,而是回到一座庄严的巨宅,在那里我们仍旧能够我行我素,过着一种宏伟的淳朴生活!另外这座古宅从河上看去又是多么倍觉亲切,顶上绿杨低拂,附近的一切也都深深掩藏在果园与林路的一色浓碧之中,——它那色泽黝暗、朴实无华的外观正是对时下人们徒逞机变、竟尚浮靡的一种呵斥!这座邸宅正是在与我们所攻击的那种虚矫反常的生活的并存之中而日益见出其神圣;但是它终究还是人间的居室;想到这些,我不禁恍悟到,原来人生的一切虚伪做作与传统因袭也都不过是一层脆薄的表皮,至于那底层更深刻的东西尽可以不太受影响。一次,正当我们荡棹归岸之际,忽见天空乌云一团,状若巨獒,蹲伏于那旧宅上方,若为守护。见到此景,我不禁默祷有顷,暗暗祝愿上苍对一切得诸人心之正的典章制度多加垂佑吧!

---

① 即上文说到的昌宁,爱伦利乃其名。

如果读者诸君有谁立志要抛弃文明社会,走出都市及其住宅,乃至屏绝一切精神与物质上的种种反常现象与奇技淫巧,那么值此新秋,正其时矣!这时大自然对他的恩眷定会更加逾于其他时节,定会把他揽入怀中,爱如亲子。我自己在那些早秋天气就在屋里再坐不住。往往盛夏还未过去,空中已经有了秋意。当然这种情形每年有迟有早,但有时可以早至七月初期。这时眼见一年的繁华,又将逝去,这个似乎平淡、似乎难信但又异常真实的感触——其实即是一种预兆——实在是再奇特不过了,想到这里,幸福甘美之中又不无凄怆之感。

我上面说了这种感触不是很奇特吗?还有一种几乎人人都隐约感觉到的悲愁也和这相仿佛,即当我们一生精力最蓬勃旺盛,而时光老人也把他全部的花朵都赐给了我们的时候,我们却又不免感到,他那一刻也停不下来的双手下一步就要把这些花朵再一一拿走。

我记不清蟋蟀的鸣叫是不是秋天到来最早的先声。——那叫声真可以说是一种有着声响的寂静;虽然声音嘹亮,而且传得很远,可是人们从不把它当成一种声音,它早已和周围整个的秋声融成一片,密不可分了。这时美好的夏日已成过去!八月里山上谷底还是一片青葱;树上的叶子也是又稠又绿;河岸边、石墙上以及林荫深处的野花甚至开得更加艳丽浓密;就是天气也和一个月前同样炽烈;但是天上的每一阵清风、每一缕阳光之中我们都能听到一位亲密友人的轻声道别,见到他的凄惨笑容。这时炎热之中已透着凉意,中午的太阳也不再那样灼灼逼人。轻风起处,已觉秋气袭人。那落照斜晖,林岚树影,在一片金光灿灿之中,开始露出愁意。就连遍地野花——哪怕那最明艳和最绚烂的——秾缛华丽之中也都隐含着一种清愁,仿佛在暗示一年盛时的将尽。同样那艳美的山梗菜也唤不起我真正的欢乐。

秋色渐浓,大自然的温柔也日益加深。这时我实在不能不更爱我们的母亲;她对我们真是太疼爱了。其他季节,这种印象还不明显,至少不是时时这样;但在那些温煦晴和的秋日里,当她已经使我们五谷登场,一切应为之事已经样样做毕,这时她真是把她的一腔慈爱全部倾注在我们的身上。她有了余暇来抚爱她的孩子。连天上的嘘气——哪怕只是嘘气——也值得我们感谢，因为那嘘气便是最和畅的轻风。它拂在地面上就像那最多情的一吻，而低徊流连，不忍遽去；但终究不能久留，临去时的拥抱竟是那么热烈，接着便匆匆别去，又去抚爱其他。真是一天佳氛，溢满人间，只待我们前去领受。这时地上的草尚未黄，我躺在草上，不禁喃喃自语道："大好的秋光啊！世界多么美丽，上帝多么慈爱！"这一切都是永生的预兆；假如不是这样，造物者也就不会赐给我们这样美好的景光和领略这些美景良辰的一副悱恻襟怀与深心雅意了。面前的灿灿金光便是永生不死的不二见证。它洒自九天阊阖之上，仿佛意在略示世人以天国之美。

但是此后不久，天地之间已是一派萧肃气象。十月侵晨，草上篱边沾满浓霜；太阳将出，宅外道上已经木叶纷纷，无风自落。整个长夏以来，这里或是如寂静的流泉一般，声息微弱；或是当雷雷轰鸣、树枝与狂风相搏之时，喧嚣震天；或是如乐声大作，时而庄严，时而欢快；或是又万籁俱寂，悄无音息；于是当我漫步在浓翳有如拱顶的枝柯之下时，我的思绪也或喜或悲，与周围的一切化而为一。但是此刻这些树叶却只能在我的脚下瑟瑟作响。自此以后，那灰暗的牧师住宅就变得更加重要，把我们一步步拉近壁炉之旁——至于那只憋气的铁炉子则要等到严冬到来再使用了——另外整个夏天以来那早已跑野了的心至此也该向这里好好收收了。

8　盖兹堡献仪演说①

亚伯拉罕·林肯(1809—1865)

【作者与风格】亚伯拉罕·林肯,美国杰出的政治家,第十六任总统(1861—1865),他出生在肯塔基州一个垦殖农民的家庭,幼年环境艰苦,没有受过高等教育,靠刻苦自修而变得很有学识。他年轻时从事过各种工作,后习法律,历任伊利诺伊州邮政局长及州议员。1837年后改业律师,力主废弃蓄奴制,深得国内进步人士同情。1861年他以共和党领袖身份当选为总统;翌年,他在人民群众的支持推动下,颁布了有名的《解放宣言》并领导了对南方奴隶主的正义战争。经过四年艰苦奋斗,终于取得胜利,不仅避免了南部的叛国分裂活动,也对黑人的最终解放起了巨大推动作用。内战胜利后不久,他不幸遭到种族主义分子暗杀,但他在美国总统中始终是声望最高的一位。

林肯也是历来美国政治家中最有文才的一位。他所遗留下来的一批书信与演说词,虽然数量不大,但从文章艺术来讲,却是颇为可观,其中一些精彩篇章在英语国家甚在稍习英语的人们中久已熟读成诵,因而成为英美文学中的重要经典。林肯的文章简古朴实,气势宏伟,语句精练,峻洁无伦,其灵感与笔法往往直接得自《圣经》。历来的美国政治家中很少

---

① 盖兹堡为美国宾夕法尼亚州城镇名。1863年6月美国南北两方曾在此地发生过激战。事后林肯于同年11月19日在此地所举行之国民公墓献地典礼上发表了这篇著名演说。林肯的这篇演说词属于美国废奴主义文学中的重要组成部分,也是异常出色的散文名篇;文章虽短而意义重大,影响深远,人权宣言精神与民主主义思想在这篇演讲中可谓揭橥无遗,得到了经典式的表达。在行文上,这篇演说也是以少胜多、简练雅洁的罕见典范,另外全篇题旨集中,文气贯注,庄严宏伟,音韵铿锵,措词用语与所叙内容非常相称,因而一直是英美演说文学中最为人传诵的一个不朽名篇。

有人能写出他那种深入人心和经久传世的完美文字。

距今八十七年以前①，我们的先辈在这个大陆上曾经缔造了一个新的国家，这个国家孕育于自由，并以人人生而平等②之主张为其奋斗宗旨。目前，我们正在进行着一场伟大的国内战争，其结果必将表明，一个如此孕育与如此奋斗而建成的国家，乃至任何这类的国家，是否能够运祚久长。我们今天集会的地方就是这场战争中的一个伟大战场，而我们来此，则是为向那为国捐生因而国赖以存的烈士英灵，恭行献士之仪；从中辟地一方，以为他们殓骨归骸之所。我们这样来做乃是完全必要、完全恰当的。但是，从一种更深广的意义来讲，我们却又深感这种献仪的不足，崇仰的不足，至于为墓地增光，就更说不上。一切曾经在这里奋战过的英勇的人们，不论是生者死者，他们所作的奉献之大，远远不是我们所能妄加损益。世人对我们在这里所说的种种，未必会给予注意，或者很快忘记，但对他们所成就的一切，却将永志不忘。对于我们生者来说，有所报效，似更应奋力于他们一向坚贞以赴、多所推进的未竟事业，奋力于留待我们去完成建树的伟绩殊勋；诚能这样，我们必将更能从英魂那里汲引壮志，奋发忠诚，而他们正是为了我们的事业而肝脑涂地，竭尽忠诚；这样，我们必将益发坚信这些死者之不枉牺牲，这样，这个国家，上帝鉴临，必将在自由上重获新生，而这样，一个民有、民治与民享的政府③必将在世界上永远立于不败之地。

---

① 这篇演说作于 1863 年，则八十七年前应是 1776 年，亦即美国独立宣言发布之年，通常即认为美国建国之年。

② "人人生而平等"一语出自托马斯·杰弗逊于 1776 年草拟之独立宣言；但这个提法抹杀了平等的阶级实质，在资本主义社会中往往是徒托空言，不可能实现的。

③ 林肯的这个名言显然是历来资产阶级民主政治思想的最精辟与最概括的表述。

9 垂 钓[①]

亨利·戴维·梭罗(1817—1862)

【作者与风格】美国浪漫主义时期散文游记作家与自然爱好者,文豪爱默生、霍桑等的友人。他出生于马萨诸塞州康谷城一个小商人家庭,其父能力平庸,但母亲颇有才识,力主他去求学深造。哈佛大学毕业时,恰值爱默生来校讲演,自此对这位哲人服膺极深,颇受其超验学说的影响。出校后,他一度随其父经营铅笔制造业,并任过小学教师、土地测量员、农庄短工等多种行业,还短期自佣于爱默生家,为其承办杂务,以维持生计。他操作办事能力颇强,但以不惯检束,事业上迄无成就。所作游记二三种,也以思想怪异,文笔不投时好,非但不受读者欢迎和不曾取得任何收益,反因出售不掉而被迫自承亏损,成了蚀本生意。但他素性独立高洁,全然不以名利为念,另外他那憨直浑朴的脾气也使他一生憎恶强暴不公,同情贫苦大众。青年时他便曾著论为被害黑人领袖约翰·布朗抗声辩护,对当日吏治的腐败与蓄奴虐政进行过猛烈抨击,正声铮铮,博得世人很大崇敬。后因拒向政府与教会缴租而一度避居康谷附近山林。在爱默生的资助下,在前者的土地上自筑茅屋,并稍事耕作,但却以大部分时间遨游林中,以求得与大自然的歆合。这在他讲,是为了身体力行爱氏的自力主张,而实际上乃是十九世纪浪漫主义的流风余绪在新大陆作家们身

---

① 本篇出自作者的代表作《华尔登》中的《湖泊》。华尔登,湖名,地在美国马萨诸塞州东部,风景幽美,梭罗于1845—1847年间曾筑室卜居其地。这部著名文集即是写他在那里林间湖畔两年半左右的生活情景,其中对当地的湖光山色作了一些优美的描写,但书的主旨则在阐发他自己的人生观与哲学。在他看来,物质生活的追求是缺乏意义的,人生的真谛则在通过冥思默想以与大自然歆合。他的文章洒脱空灵,时有物外之趣。这里所选译的三段文字都有这个特点。《垂钓》的结尾部分想象奇肆,尤妙。

上的再度显现。

梭罗是一位有名的孤芳自赏的作家。他表面的愤世嫉俗行径和遁世哲学不过是在腐朽的政治下他的理想志行悒郁不得伸的一种消极表现而已。他的许多以田野景物为题材的杂文散记虽不属于美国文学的主流，但这在当时唯知以物质与拜金为重的社会中却无异是一掬爽冽的清泉。他的散文在语句结构与遣词用字上并无特异于传统写法的地方，但由于观察的独到细腻，时有发现，文章也多层次和富于曲折，而天机活泼，疏朗清俊，体格高妙，读后可以想见其为人。《华尔登》一书公认是他的代表作，文字亦玄远冷隽，处处吐放着山野气息与林间幽韵。他一生游踪并不算广，主要以康谷河一带为主，但他那高妙的天性却使他的笔下时有物外之趣。只可惜特别精彩或完美的段落并不很多，尚不足以蔚为鸿篇巨制。

梭罗生前不很为人注意，直到这个世纪以后，他的文学价值才逐渐为人们发现，但今天他却成为美国人最喜爱的散文作家之一。

有时，一天的锄草既毕，我遂去湖边寻找我的钓鱼侣伴，这种人钓鱼的瘾头最大，已经从一早钓到这时，仿佛一片落叶那样，端坐在那里，一动不动。而每当我见到他时，他总好对我说，天下的各种哲学，他都身体力行，一一试过；但到底他自己恐怕仍属于古时的修道院僧①一派。友伴中有一老人尤精于垂钓，为林中渔猎能手；他最喜把我那住处当作他往来捕鱼的歇脚地方，而我也最爱见他坐在我的门边整理钓丝鱼具。有时我们也一道泛舟湖上，船头船尾各踞一端；彼此之间交谈并不很多，因他近年上了岁数，已经有些耳痴，但有时他的口中也哼着一首圣诗，那情趣倒颇与我的哲学相暗合。因此我们的交往始终融洽无间，至今耐人回味，如果单凭语言，或者不能这么投契。不过更多的情形是，我的周围无人可与交谈，这时我便以船桨连连叩舷，以激起回声为乐，只听那音响盘旋盈溢于

① 所谓修道院僧是指出家之后隶属于一定的教会，并生活于一定的寺院的僧侣，以与遁迹山林岩穴的一般隐士相区别。

空谷林木之间,磔磔有声,恍如动物园中的看守骤然把他的野兽都惊动起来,于是顿时山前山后,一片兽吼。

天气晴和的夜晚,我也常独驾一舟,弄笛湖上,这时水中的鲈鱼竟仿佛为我的笛音所迷,尾随船后;而俯视湖底,落木坠枝,横斜交错,皓月一轮,宛若行经其上,景色殊幽。以前,在那些深黝的夏日夜晚,我曾不止一次与友人寻胜至此,这时我们总是先在岸边燃起一堆篝火,——我们认为这样最能把鱼召来,然后挂上虫饵去钓鳘鱼。待到夜色渐深,鱼也钓够,我们便把那尚未煨尽的木柴像烟火似的抛入暗空,一阵闪亮之后,坠湖澌灭,嗤然有声。继而一切又归于阒寂。不过我最近索性就迁居到那里,傍湖而居了。

有时我一个人在简陋的会客室里兀坐很久,及至家人都已睡去,我又重新返回林中,半为遨游,也半为明日的盘飧筹措,于是竟于夜半自操一舟,趁着月色,独钓湖上;这时鸱鸣狐啸,声彻林薮,偶尔傍岸也传来一两声怪鸟的嘎鸣。回想这些夜游,至今历历难忘。——船即停泊在湖心四十呎深处,离岸可二三十杆[①],周围鲈鱼银鱼成群,不啻千百,正于月光之下,翻舞嬉戏,不时在湖面泛起层层涟漪,而我这里凭着一根长丝在手,竟与那些潜踪在湖底三四十呎下的神奇游鱼息息相通;有时我又将长达六十余呎的钓丝一具长拖船后,于夜风袅袅之中,泛舟湖上,但不时忽觉手下微微一颤,似像丝绳的另一端处有个小生命在那里蠕动,却又仿佛忐忑犹豫,下不了决心。终于你轻轻将线一扯,手倒手地拉了上来,只见一只长着银角的鳘鱼已经活蹦乱跳在半空中。这事说来奇怪,而在深夜尤其如此,即当你早已魂飞天外,神驰千载,深深沉陷在宇宙万有等重大问题时,蓦地里钓丝一动,幻梦打破,又把你重新牵回到现实里来。于是恍惚之中,仿佛我不仅能把钓丝垂入水下,也尽可以把它抛到天上,而那里或许更加缥缈空灵。如此看来,即使说我是一钓而得双鱼,似乎也不为过。

---

① 杆,长度名,1 杆长为 5.5 码。

10　登勃朗峰[①]

马克·吐温(1835—1910)

【作者与风格】马克·吐温原名塞缪尔·朗赫恩·克莱门斯,马克·吐温乃其笔名,但以笔名行世。他生长于美国密苏里州一个小镇。父业律师,十二岁父死后即自出谋生,从事过排字、印刷、文书、舵工等多种行业,并于业余学作短篇故事,曾得小说家布莱特·哈德传授。1867 年他以短篇小说《卡拉维拉斯县驰名的跳蛙》成名,不久又为一家报馆聘为旅欧记者,归来后著成《海外愚夫》,名声更著。1873—1888 年间为他创作的极盛时期:《镀金时代》(1873)、《汤姆·索亚历险记》(1876)、《密西西比河上》(1883)、《哈克贝里·芬历险记》(1884)等许多名著均出版于此时,其中《汤姆·索亚历险记》与《哈克贝里·芬历险记》两部以儿童生活为题材的作品更是轰动世界的不朽名著。他一生游踪极广,遍历国内外许多地区,对社会各个阶层都很了解,作品中所反映的方面的深广是他以前美国作家所未有过的;他也是新大陆上最早打破传统局限,为普通人民写作的第一个现实主义重要作家。通过他充满辛辣的讽刺与热烈的幽默作品,他为美国在全世界各个角落赢得了空前众多的读者。

马克·吐温也是散文艺术的一代巨匠。他是近代小说家中文章写得极好的一位。他的语言具有清通易读的特点,有报章体的浅近流畅,而没有它的庸俗陈套,是将口语用法与文学语言各取其长并冶于一炉的强有力的艺术表现工具。其次,他的语言具有着繁复的多重性格,清浅平易的

① 本篇出自作者的《海外愚夫》(1869),内容记叙了他旅游欧陆时的种种趣闻逸事。从这篇文字也可看出,马克·吐温不仅是一位杰出的幽默作家(尽管幽默在这里表现得比较清淡),同时也是一位笔下极富诗意和擅长写景状物的文章妙手。

同时而伴随以深沉雅驯的表达，质实淳朴的现实主义写法密切结合着热烈酣畅的浪漫色调，风发踔厉的斩截笔调之中又充满着抒情诗般的幽馨韵致。而流贯和渗透在他全部作品的基调则是他那极度夸张的讽刺艺术和饱含哲理意味的爽朗的幽默。这种幽默并非仅是文字上的，而是他全部生活与性格的反映与结晶，不仅是他的整个文风之所寄，也是他的艺术中最为人喜爱的宝贵品质，在美国文学中确实堪称是独树一帜。二百年来美国的文学作家为数已相当不少，但是像他这样以幽默见长的喜剧大师恐怕至今还找不到第二个。

赴勃朗峰[①]的途中，我们先搭火车去了马蒂尼[②]。翌晨八时许，即徒步出发。路上伴侣很多——乘车骑骡的旅客多，还有尘土多。队伍前前后后，络绎不绝，长可一英里左右。路为上坡——一路上坡——而且也较陡峻。天气又复灼热，乘坐于骡背或车中的男男女女，蠕蠕而前，焦炙于炎阳之下，真是其状可悯。我们尚能祛避暑热于林薮之间，广得荫凉，但是那些人却办不到。他们既花钱坐车，是舍不得因耽搁而轻耗盘缠的。

我们取道黑首[③]而前，抵高地后，沿途景物，颇不乏胜致。途中一处须经山底隧道；俯瞰下面峡谷，有清流激湍其间；环视左右，石如扶垛，丘岗蓊郁，景色殊幽。整个黑首道上，到处瀑布鸣溅，连绵不绝。

抵达阿冉提村[④]前半小时顷，雪岭一座，巍然在望，日熠其上，光晶耀眼，顶作 V 形，无异壮峨山门。这时我们乃亲睹了勃朗峰，诨号“阿尔卑斯之王”。我们拾级而上，这座尊严的雪岭也随之而愈升愈高，矗入蓝天，渐而夺据整个穹卷。

环顾邻近诸峰——一例光突陡峭，色作浅棕——奇形怪态，不可名

---

① 勃朗峰，欧洲阿尔卑斯山的主峰，山势陡峻，为欧洲名胜之一。

② 马蒂尼，瑞士西部瓦莱州城市名。

③ 黑首，瑞士村名，黑首一词系意译。

④ 阿冉提村，地在阿尔卑斯山的高峰阿冉提脚下，位置在勃朗峰东北。

状。有的顶端绝峭，复作微倾，宛如美人纤指[①]一般；另一怪峰，状若塔糖[②]，又类主教角冠，巉岩峭拔，雪不能积，仅于分野之处见之。

当我们仍高踞山巅，尚未下至阿冉提村之前，我们曾引领遥望附近一座山峰，只见棱镜虹霓般的丽彩，璀璨缤纷，正戏舞于白云之旁，而白云也玲珑杳渺，仿佛游丝蛛网一般。那里软红稚绿，灼灼青青，煞是妩媚；没有一种色泽过于凝重，一切都作浅淡，而萦绕交织，迷人心意。于是我遂取坐观，饱览奇景。这一天彩幻，仅作片晌驻留，旋即消逸，变幻交融，一时几于无见；俄而又五色繁会，轻柔氤氲的晴光，瞬息万变，聚散无定，纷至沓来，熠耀于缥缈云端，把冉冉白云幻作霓裳羽衣，精工绝伦，足堪向飞仙捧供。

半晌，方悟刚才的种种瑰丽色彩，无穷变幻，原是我们在一只肥皂泡中所常见的；皂泡所过之处，种种色泽变幻，无不尽摄其中。天下最美丽最妙造的事物实在无过于皂泡：适才的一天华彩，云锦天衣，恰似碎裂在阳光之下的美丽皂泡一样。我想世上的皂泡如其可求，其价值将不知几何。

马蒂尼至阿冉提之行，计历时八时许。一切车骑，尽抛身后；这事我们也仅偶一为之。俯缘河谷而下，前往沙蒙尼[③]途中，雇得敞篷马车一辆；继以一小时之余裕，从容进餐，这给了车夫以取醉工夫。车夫有一友人一起同行，于是这友人也得暇小酌一番。

起身后，车夫说我们用饭之际，旅客都已赶到，甚至赶在前面了；“但是，”他神气十足地说[④]，“不必为此烦恼——安心静坐吧——不用不安——他们已经扬尘远去了，但不久就会消失在我们背后。劝您安心静坐吧，一切都包在我的身上——我乃是车夫之王啊，看吧！”

---

① 实指一种指状小蛋糕，名“美人指”。

② 一种锥形糖块。

③ 沙蒙尼，法国东部边界河谷名，地在勃朗峰之北。

④ 这里作者故意将车夫的法语句句直译成英语，以产生滑稽效果。这些在汉语译文中几乎无法传达，只能以稍带生硬的语句与词汇表示之。以下一段，也复如此。

鞭梢一振，车遂辚辚而前。颠簸之巨，为平生所未有。最近的暴雨把有些地方的路面冲掉了，但我们也一概不顾，轮不稍停，车不减速，乱石废物，溪谷原野，飞掠而过——时而尚有两轮一轮着陆，大部时间则几乎轮不匝地，凌空骧腾[①]。每隔一会，这位镇定而慈祥的狂人则必一副庄重神气，掉转头来对我们道："观看到了吧？我一点儿也不虚说——我的确是车夫之王。"每次我们几乎险遭不测之后，他总是面不改色，喜幸有加地对我们说："只当它个乐子吧！先生们，这事很不经见，很不寻常——能坐上车王的车，要算是机会难得啊！——请注意吧，我哪就是他啊。[②]"

他讲的是法语，说话时不断打嗝，有类标点。他的友人也是法人，但操德语——所用的标点系统则完全相同。友人自称为"勃朗队长"，这次要求我们和他一道登山。他说他登山的回数比谁都多——四十七次——他的兄弟则是三十七次。他兄弟是世上最好的向导，除了他本人——但是他，请别忘记——他乃是"勃朗队长"，这个尊号别人是觊觎不得的。

这位"车王"果然不爽前言——像疾风一般，他的确赶上而且超过了那长长的旅客车队。其结果是，抵达沙蒙尼旅馆时，我们遂住进了讲究的房间。如果这位王爷的车艺稍欠敏捷——或者说，如果他在离开阿冉提时不是多亏天意，已经颇为酩酊，这将是不可能的。[③]

---

① 这里当然纯系夸张。

② 这里"他"当然指"车王"。

③ 指住进旅馆的高级房间将是不可能的。

11　谦逊的天才[①]

亨利·詹姆斯(1843—1916)

【作者与风格】亨利·詹姆斯,美国十九世纪著名现实主义小说家,文笔优美的散文作者。他生长于北美一个豪富家庭,为著名心理学家兼作家威廉·詹姆斯之弟。1862年他曾就读于哈佛法学院,未久即弃而改习文学。优裕的家庭条件使他一生无衣食之忧,也不受具体职业限制,因而得以殚精竭虑,专门从事写作,著述颇为宏富。自青年时起,他便遍历欧美诸国,频繁往返于新旧大陆之间,广交当日名人,并深受福楼拜、屠格涅夫、巴尔扎克等人影响。他的出身与家庭关系也使他自幼得以经常出入于豪富权贵之门,上层社会与富裕阶层的生活风习他都比较熟悉,因而他作品中的背景与人物也多以这方面为主。不过他的这种描写往往不仅是外部的,而更多的是从人物的内心感受与精神世界入手,从心理的角度去进行刻画分析。他尤其喜欢将作品中的人物置放于不同的文化与社会环境去加以研究,以观察他们之间所发生的冲突与影响。行动与事件向来不是他描写的主要对象;反应与心理、人的精神状态才是他最感兴趣的主要课题;另外他还特别强调写作方法的“客观性”,在这些方面他都取得了不小成就,这对日后盛行的心理派小说乃至一般的小说写作技巧与艺术等都曾产生过相当的影响。但是由于他自己世界观的局限——贵族倾向、反民主思想与缺乏群众观点,等等,他的一些心理小说作品往往钻了

① 本篇最初发表于屠格涅夫逝世当年,亦即1883年,其后收入作者《不完整的画像》一书(1888)。怀着对这位名满天下的异国前辈作家的无限崇仰心情,作者在这篇文章中从他个人角度对屠格涅夫的性格与为人作了十分亲切的追忆,并给予他以崇高评价,是一篇饱蘸感情的悼念之作。在文笔方面,这篇短文也写得精致认真,委婉细腻,情溢乎词,读后十分感人。

牛角，与时代精神与现实社会严重脱节；另外他对欧洲上层人士过度美化的写法也往往使书中的人物失掉真实，背离了现实主义的方法与原则。他一生作品不少，其中最成功的一般公认为是他前期的一些作品，例如《仕女图》《黛西·密勒》等。

亨利·詹姆斯不仅是一位著名的小说家，同时也是以文笔与风格见长的出色散文作者，他的不少小说本身便是语言很优美的散文作品。他并不专写散文，但偶有所作，却词采精妙，颇值一读，具有着笔触轻灵、造语工细、委婉绵密、表达完美以及善写环境气氛与性状心态等等特点，是美国文学史中颇以文笔见称的一位散文作家。

当伊凡·屠格涅夫的遗体自巴黎启运归国安葬之前，北站①曾举行过简短追悼仪式。勒南②、阿博③等名流肃立于载运灵柩的列车之旁，曾以法国人民的名义，向这位多年深受人们尊重爱戴的外国贵宾沉痛告别。论到悼词，勒南精彩，阿博警辟，然而他们都对这位最感人的作家、最可爱的人物作了精妙刻画，指出其天才所在及其作品的道德意义。“屠格涅夫的身上，”勒南讲道，“仿佛具有着上天所降予人类的那种任事异禀，而这点也确实尊贵之极，这即是他遇事大多不动个人感情。”这话讲得非常精彩，因而我不免要再多引几句。“他的一颗心灵绝不单纯属于一个得天独厚的具体个人：这在某种程度上乃是一个民族的共同精魂。他在降世之前便已生存过千万年代；无穷世代的憧憬梦想曾经聚集蕴藏在他的心灵深处。他比任何人都更称得起他那民族的精神化身：无数代的先人逝去了，消失在不知多少世纪的酣睡之中，一直阒无声息，但在他的身上，他们再次获得新生，获得表现。”

---

① 巴黎北站。

② 勒南（1823—1892），法国著名作家与历史学家，以学识渊博与文笔优美闻名。著有《基督教之起源》《耶稣传》《圣保罗传》等。

③ 阿博（1828—1885），法国古文物学者与小说家，法兰西学院院士，著有《现代罗马》《巴黎之结婚》《不名誉者》等。

我所以要征引这些话是因为我爱它们;不过我虽然对勒南先生的“不动个人感情”一词的含义能够理解,我却想将我在与他生前会晤中所获印象著一短文,以抒悼念。他在我们看来似乎不动个人感情,这是因为我们操持英法德语的人几乎只是凭藉他的作品去理解(即使这样,我担心也往往会过嫌不足和难免失误)俄罗斯人。他的天才对于我们乃是斯拉夫式的天才;他的声音乃是我们不过模糊认识的芸芸众生的声音,这许多人在我们心目中正在那阴霾辽阔的北方,在人类文明的竞技场上翘盼着自己佳运的到来。他的作品当中确有不少地方容易使人形成这种看法,另外他也确曾以其惊人的笔墨对其同胞的性格做过生动阐释。生活环境虽已使他习惯于超乎一己的国界,但那来源仍牢牢地植根于他的故土之中。对于俄罗斯与俄罗斯人的普遍缺乏了解一事——而这点不仅欧洲各地皆然,就是他逝世前十年旅居的这个国土①也无不如此——一经为他得知,确曾在他身上产生如下效果,即在相当程度上使他回归到他的深厚的故国感情:他的早年生涯、他的辽阔疆土、他对祖国语言的喜悦与自豪,等等,这些他的许多国人是不能与他同具的。在他故世前几年所著成的那部异常精彩的短篇集中(按:此书业已以《塞尼里亚》为名译成德文出版),我曾在其最后一篇中读到如下一段——而这点最足以说明他的这种情绪:“在我对故国的命运充满着困惑、充满着苦思焦虑的日子里,唯有你才是我的依靠、我的支柱,伟大、强有力的俄罗斯语啊,那么真切,那么鲜活!如若不是有你,谁又能对故土所出现的不幸局面而不更加感到痛心疾首?不过一个伟大的民族而享有这样的语言也自是情理中事。”这种对于故国的眷眷情怀可说流溢在他作品的全部篇章之中,不过我们似乎只能于其字里行间隐约求之。然而这点丝毫也改变不了这样一个事实,即是他仍不妨是一个较淳朴的腔调与独立的喉舌;他的灵感、他的音籁全是他自己的。换句话说,毫无疑问他乃是一个具有着个性的人,而那些有幸能够结识他的人们今天肯定已经认识到这是一位显赫的重要人物。对于此文的

① 指法国。

著者来说，这种获交之乐实在也不亚于披读那些他曾经注入了如此丰富的生命与感情的绝妙故事：其实那前一种乐趣说不定更加巨大，原因是，屠格涅夫不仅仅以上天授予了他的那支生花彩笔来进行自我抒发。他实在是最有味和最健谈的。他的容貌、风采、性情以及他那天赋的语言才能，在他友人心目中所造成的印象非但不会被其文名所掩蔽，反而会变得更加丰满。整个印象沾有一种哀愁的色调：这多少因为他性情中的忧郁成分相当深沉而且经常——这点读过他小说的人是不会没有察觉的；另外也还因为他晚年的不幸特别酷烈。去世之前相当一段期间，他一直疾病缠绵，疼痛难耐。他临终时的痛苦也不是一个缓慢过程，而是非常剧烈。但是说到欢愉，说到对人生的享受能力方面，他也正像一些杰出的人们那样禀赋丰厚，堪称得起是一位罕见的世间完人。本文作者曾是首先深深仰慕其文，然后方才有幸结识其人，而一朝这个机遇到来，确曾使人获益匪浅。自此时起，作者其人其文一并在笔者的心目之中占据了一个绝高位置。在我认识他前不久，我即曾将阅读他小说后的一些杂感刊出问世，因而我认为此处再进行若干补充或者并无不妥之处，且可使这种回忆显得更为生动。更何况，想从个人角度谈谈他的为人，在我已成为一种难以抑制的强烈渴求。

正是因了上文所提起的那篇文字，我遂找到理由前去见他，其时他正寓居巴黎，亦即一八七五年事。我永远也忘不了这初次会面他留给我的深刻印象。我觉得他着实迷人可爱；尤其令人难信的是他竟做到——而这事又有谁能做到！——交久之后而这种好感始终不衰。在我来说，是关系弥笃而这种信念弥坚；在他方面，则总是那么和蔼可亲，那么实实在在，绝无我印象中一般才士身上的那种不够稳重的地方。他总是那么淳朴，那么自然，那么谦逊，既无半点矜持做作之处，也无丝毫人们所谓的那种优越之感，因而使人不禁迷惘起来，眼前此人是否便是一位天才？一切美好圆熟的事物在他都近在身边，俯仰可取；而他对万事也都无所排斥，极感兴趣，另外绝无那种事事喜欢提起自己的毛病，这点不少名气较大甚至仅有微名的人都往往难免。他浑身上下见不到一丝虚荣；全然见不到那种仿佛重任在身须待执行或者一世英名须待保全的骄矜之态。他的幽默来得极其顺畅,不仅能够对人,抑且能够对己;甚至不惜以其自身作为揶揄对象,而语气欢欣之中又是那般甘美,因而即使他身上的某些怪癖,在他友人的眼中也都样样显得神圣。记得一次他曾将盖斯塔夫·福楼拜[①](对于此人他雅有情愫)用在他头上的一个形容性短语讲给我听——这个短语原意是要描写那充溢于他整个性格,乃至他笔下不少人物性格的某种特质,即是一种溢乎其外的温柔,一处随处可见的犹豫。他讲这话时的声音笑貌至今依然历历在目。福楼拜的这个用语虽无恶意,也略含讽刺,但他却能欣赏它,甚至不在福楼拜之下,而且痛快承认这话不无几分道理。另一特点是,他的言行高度自然;在这方面据我看可说是罕有其匹,至少在具有着像他那样博大精深文化的人们当中确实很不经见。正如一切堂庑特大的人物那样,他当然决非是凭藉有限的材料所简单构成;然而他的特异之处却在于,一副淳朴之极的性情与那洞烛一切的眼力竟在一个人的身上同时并在,融而为一。在我那篇意在抒发我对其著作的仰慕之忱的短论之中,我在某种影响下曾经说过他的性格属于贵族一类的话;后来了解稍多,方才看出这话讲得一无是处。这类定义是完全概括不了他的。但另方面,说他是民主一派也同样是皮相之见,尽管他在政治理想上是民主主义。生活的各个对立方面在他都能感受理解;他是既富于想象,又长于思考,决非简单平庸的头脑可比。他的胸怀之中向来便很少掺杂成见,因而厌恶这点的人(看来这样的人还为数不少)自然会对伊凡·谢尔盖耶维奇[②]的离去追怀不已。我们的种种伦理与传统标准,盎格鲁—撒克逊的也好,新教徒的也好,都与他迂远不甚相干,对人对事他自有其独到看法,天真烂漫,无所拘牵,闻之每每令人为之神爽。美感与是非正义之感更是他天性赖以构成的基石;另外与他交谈所以感到非常迷

① 福楼拜(1821—1880),法国现实主义小说家,代表作有《包法利夫人》《情感教育》等。

② 屠格涅夫之名。

人，也主要因为他的一切总是那么清新，这时任何虚假武断的话只会显得异样可笑。

12　文学之路[①]

亨利·范·戴可(1852—1933)

【作者与风格】亨利·范·戴可，美国散文作家，生于宾夕法尼亚州的德人城，后家庭迁纽约居住。父为牧师，他自己的幼年教育主要受自他的父亲。他对自然田野的爱好与纯朴作风也与他父亲的熏陶影响有关。他十六岁进普林斯顿学院与神学院读书，继赴欧学于柏林大学。毕业后回纽约任牧师多年，讲道之外，兼事写作，口才文笔，颇负时誉。1900 年应其母校之聘任校中英国文学教授。十三年后以公使衔驻荷兰。其间他曾多次荣膺国内外各大学所赠名誉学位，并被聘为英国皇家学会会员。

他一生著述勤奋，已刊出的作品殆不下四十余种。他的文字属于典雅凝重一派，风格也稍偏旧式，寓哲理教训于诗文故事是他最喜爱与擅长的文学形式，并善于将它用之入妙，这便是他的作品能够风行于当日美国的中上层社会与宗教界的主要原因，另外也是这类启蒙教化、警世喻众文字中的上乘之作。他的文笔于规范雅洁、洗练含蓄之外，还具有一种可爱的明丽之美，许多教科书常好选他的作品作为初学者的范文。

一件说来可怪的事便是，在写作方面从来没有一部好的入门指南。当然描述作家如何写作之类的自我画像[②]是有一些的，有的也稍有可观。

---

① 本篇转选自美人胡庆嘉所编《英文论说文选》下册，据编者称，这篇文字作于 1921 年。

② 指作者介绍自己创作经验之类的文字。

讨论一般写作技巧乃至个别作家的写作习惯与写作过程的文章就更有许多,甚至还颇具精彩。这类自白与评论中写得好的往往不失为绝妙的读物,对于不同年龄与不同行业的许多活跃而纯洁的人们都会带来极大的乐趣与教益,而对那些下定决心或一心梦想要以文学为其志职的青年来说,这些文章更是再三致意,深寄同情。由这类文字精选而成的一部材料汇编对于有志于文学的人们是一定会不乏其魅力与裨益的。只是一件,这样一本书却决不可被视作,甚至被误为,是能帮助你通向著作业的一部宝鉴指南。

至于那原因,在我看来,却正和这事实本身一样令人感到奇怪。既然一位作家的职务即是写作,那么何以我们不能从这许多文章中寻找到有关写作技巧及其必要准备的种种有益教导,以便使著作这条道路变得十分畅通无阻,这样即使智力很差的人在这里面也不致跌跤?

对于这个问题的回答是:这事早已是一个尽人皆知的公开秘密,一件无可如何的难题矛盾。

这即是,从来没有一条通向著作业的坦途大道。

当然你尽可以把它比作一种航行;但那茫茫的大海里却没有路标。你也可以把它比作一种飞行;但那缥缈的高空中却没有路径。这与那有着铁路、公路甚至途径分明的羊肠小道可循的前进完全是两回事。

在这方面,著作业比起其他别的行业,例如做教士、当律师、入伍参军、任工程师、行医、教书,等等,也有很大不同。在这些行业中,在你前进的道路上照例总是安排着一系列规定明确的必修课程,以及依据课程所设立的层层考试关卡。一旦最后一道门限被你通过之后,于是该当医生的领到执照去当医生,该当牧师的蒙获批准去当牧师,该当律师的取得资格去当律师;而且只要你的运气不坏,人再勤快一些,办起事来能像时间表那样一毫不差,或者,容许我再多说一句,能像钟表那般的机械单调,你的道路肯定会越走越宽,步步高升,事业兴隆,万事亨通。

但是对于一位立志著述的青年人却不是如此。对于他或她来说,从不会有人给他规定，哪怕建议、任何准备时间。没有狮子般[①]的凶横考官在前拦路。没有人要查看他们有无那好不容易得来的文凭、证明和执照。也从来没有明确的职责必须按时履行，例如某个案情须于十一月某日法庭第一次开庭时进行辩论，或某条附款于下星期四加以废除，或每礼拜日须作讲道二次，等等。一切立志成为作家的人，甚至已经成为作家的人，论到处境，实在和弥尔顿笔下的亚当与夏娃也相去无几，因这时天堂的大门已对他们紧闭。正是：

眼前一片茫茫，究竟何去何从？[②]

然而这项写书事业倒也确实自由自在，悠哉游哉，不乏其乐。这时一位年轻作家唯一需要做的便是为他自己备下纸笔一份（或者打字机一具），并退隐至一间舒适房间（其实为了写作任何一间房屋俱无不可），然后到一定时间拿出一部出版家愿意承印销售和读者愿意购阅的书。

但在这之后呢？在这之后，一切就会变得更加轻松容易了。这时这位成功的作家只需在适当的时候再如法炮制出新作一部，也就会一切如意。

不过这样一种自由自在，虽然自远处观之不无诱人之处，但如从它的近处来看，却又会是疑难重重，充满麻烦。这位雄心勃勃、专心致志的年轻作家不用多久即将发现——也不论这种认识是来自理智的光芒还是失败的经验，即是要求能写出一些出版商们愿印和一般人愿读的书籍这件简单的著书事业当中其实往往有着许多困难。人们投去的稿件不少，但被选中的却没有几种。试问这个困难又将如何克服和如何解决？一个人究竟应当如何写法才能基本保证自己的稿件在有限的出书范围中常在入选之列？这是要靠进大学，还是去旅行？是靠隐居还是靠社交？是靠摹

① 这个比喻来自班扬的《天路历程》。书中主人公基督徒在天国的历程中前行时，突然有二狮夹道阻拦，不过为铁链所系，不能行至路中害人。

② 这行诗见弥尔顿《失乐园》第 12 卷 646 行。

拟名作，还是靠独出心裁？是靠读柏拉图，还是靠《读者文摘》[1]？

似乎还没有谁能对这些问题作出恰当的答案。当然这类尝试是常有的。各大学里便常开设有普通习作课程。函授学校也常自称能传授写作的奥秘。另外报上也常看到一些写作咨询单位的广告。但可惜这许多机构所能保证的结果却往往不大。旅行并不能保证你的观察敏锐，隐居也未必能使你的思想深刻；社交更不一定会带来精致娴雅。拼命创新吗？而结果依旧不离窠臼，不脱凡庸。刻意模仿吗？虽说态度恭谨之至，但所作却又不免雷同。

况且就在你动笔的同时，相当一批大小作家已经又从其各自所在并各以其不同方式而纷纷拥向前来，而这种情形历来便是如此。如果你要问起他们是怎么成功到达这里的，怕是即使他们想说也说不出。原因是连他们自己也不知道。他们并没有一定的道路可走。他们也不过是乱闯而已。对于他们，才力与技巧的到来虽然有时突然，有时迟缓，却总归是无法解释。

难道你以为莎士比亚怎么写出《哈姆雷特》或弥尔顿怎么著成《失乐园》是可以说明的吗？不错，乔治·爱略特[2]曾描述过“她曾如何来写小说”，而史蒂文森也对如何达到他“一己的目的，也即是学会写作”所遵循的种种方法写过一段有趣文字。但是试想乔治·爱略特对她自己所以能创造出那栩栩如生、极富启示的《牧师情史》的其中一番奥妙能够道得出吗？或者对史蒂文森曾“下过一番猿猴学人般的苦工去模仿”[3]的那些心爱作家做番研究，便能使一些年轻的短篇小说作者写得出他那手妙不可及的文章吗[4]？

十九世纪中叶期间，颇曾有几位博学多智而勤奋的美国人士向人们

---

① 美国杂志名，主要以压缩形式介绍国内外文学名著。

② 乔治·爱略特(1819—1880)，英国女小说家，与狄更斯和萨克雷齐名。

③ 以上几段引语均出自爱略特与史蒂文森各人的文章之中。

④ 史蒂文森素以文笔佳妙著称于世。

做过讲演[①]。于是我们不免要问，爱默生何以能够那样出口成章，光华四溢？霍桑又是在何处学得撰写《红字》[②]的本领，是在鲍笃温学院[③]，还是在撒兰姆海关[④]？难道萨克雷对他从《巴里 · 林顿之幸运》[⑤]至《名利场》[⑥]，或者狄更斯对他从《巴兹札记》[⑦]至《匹克威克外传》[⑧]这中间的一番发展过程能够向你讲得清吗？

在各类行业中，这种未知成分之大实在莫过于著作业；几乎所有曾经获得声望，甚至小有名气的作家，只要他们不想掩饰，大概都会老实承认，他们对自己之居然能够成功，于其欣喜之余，都曾有过几分诧异之感。

这一切都足以说明，在作家这种职业里面——真的，如其这样一种无径可循的行道也好算作职业——确实存在着一种不稳定的因素。在一般正规的“平路行走”的职业当中，一个人只要以一定的精力与智力勤勤恳恳，循路前进，他总能指望取得一份合理的报酬。但是在文学这个漫无边际的广阔天地里面，谁也无法预先断定，在这成千上万的追求者中，将来哪个能够赖以成名，或者哪几个能够靠它为生。

可能正是为了这个缘故，不少作家不论出于慎重还是经济所迫，总是于其文笔之外，另为自己觅一啜饭之具。我们只要想想，不少很有名气甚至大名鼎鼎的作家，不论从乔叟[⑨]到柯南 · 道尔[⑩]，都曾在写作之外另有

① 爱默生、霍姆斯、梭罗、洛威尔等在这方面都堪称一时之选，其中尤以爱默生为最杰出。

② 关于霍桑及其《红字》，见本书霍桑部分。

③ 霍桑青年时期曾就读过的学校。

④ 位于美国马萨诸塞州北部海岸。霍桑曾在那里工作过，详见他的小说《红字》的序言《海关》部分。

⑤ 小说名，出版于 1844 年。

⑥ 小说名，出版于 1847—1848 年，为作者的代表作。

⑦ 狄更斯早期的小说作品，出版于 1836 年。

⑧ 继上书之后的巨幅小说，出版于 1836—1837 年，为狄更斯的成名之作。

⑨ 乔叟曾在宫廷供过职，作过战，任过伦敦税官、王室工程监督，并于爱德华第三时期历次出使法、意诸国。

⑩ 英国著名侦探小说家，所著福尔摩斯探案数十种风行于世界各国。早年曾业医。

其他兼职，我们便不难看出，在人类社会的各类行业当中，也不论是做外交官还是当医生，几乎没有哪种行当一位立志写作的人不可以在其中来进行写作，另外，也没有哪位天才甚至仅仅人才不可以从那里而逐渐进入文学领域。查理·兰姆在东印度公司①的案牍之劳并不曾使他的那些文章稍逊文采巧思。威廉·德·摩尔根②的长年砖厂主生涯最后仍未影响到他的小说的“质量”。詹姆斯·福特·罗兹③的制铁商身份也无害于他的杰出史学成就。事实上，那情形倒反而是，正是由于某种有益的行业，甚至业余癖嗜与爱好，遂能使一些作家于其自身的行业之外，有机会和生活现实与人们性格多所接触，因而对于真正写作事业不但无害，而且有益。

写作这事，就其自身而言，并非特别有趣或特别迷人。从这里面人们是弄不出什么热闹情节的。即使在一些专以文人才士为主人公的小说里面，例如阿瑟·潘登尼斯④或大卫·考伯菲尔⑤，那最引人入胜的场景一般还是出现在他的书斋之外。那真正值得一读的东西不是发生在写作之前，便是在写作之后，要不便是能够汇入其作品之中的种种别的事物。

在一部关于作家的传记里面，一当这位作者濡笔伸纸写作起来，这期间这部传记实际即告一中断。

谁都会愿意陪同司各特在一个夏日天气骑马去高地⑥打猎，或与他一道带上猎犬在杜威特河⑦畔漫步，但是谁又愿意看他在那斗室之内凭着烛

① 英人未灭印度以前的侵略拓殖机关。十六世纪时英、法、荷、葡等国皆设有东印度公司，而以英法二国的公司最擅势力。1690 年后英以兵力制服法国，而成独霸局面。至 1831 年，公司已完全成为行政机关。1858 年印度为英国吞并后，公司始行撤废。至于兰姆的案牍之劳，见《英国散文精选》兰姆生平介绍部分。

② 十九世纪美国小说家。

③ 罗兹(1848—1927)，美国商人和历史学家。

④ 萨克雷 1850 年出版的一部长篇小说，内容写一出身上层社会的文学青年在经历种种不幸之后终于懂得了真正爱情。

⑤ 狄更斯的代表作，写其主人公大卫备尝艰辛、卒抵于成的动人故事

⑥ 指苏格兰北部山地。

⑦ 苏格兰东南部河名，经英格兰东北，流入北海。

光写他的《威弗莱》[1]?

当然我绝非否认著作事业本身有它的内在乐趣与丰厚报偿。它的乐趣就在于这乃是对渴望获得表达的事物进行孕育:而它的报偿则在将这些生气勃勃的事物引而出之。一个人是否感到有从事文学事业的真正呼唤主要决定于内外两种因素:一腔要求自我表达的强烈渴望,以及一副擅长利用文字以传情达意的真实本领。

那种仅仅为了要当作家才去写作的不实想法(如果我可以把曾使不少青年人感到困惑的那种空洞愿望作如此表达),则未免过于渺小和无裨实际,其结果必不能给人带来幸福利益,更谈不到巨大成就。

历来一切男女作家之能成就文学伟业主要因为他们感到胸中确实有话要说,另外他们能不惮辛苦,努力把表达的技巧学好。

至于他们是怎样才学好了这些东西?是什么才使他们终于达到了这样一种境界,这时内在的自我表达的要求又有外在的感染人心的文笔足济?这就不易说了。

要说单纯,也很单纯。就在这个遣词造句、编制情节、协律押韵的必要过程当中,也确有它的某种单纯之处。但毕竟这中间也有它的一定奥妙。

从莎士比亚的那些最深刻的悲剧作品至吉卜林[2]的绝妙小诗,从华兹华斯的崇高颂歌至道勃生[3]的轻快短歌,从雨果的宏伟传奇至莫泊桑的峻洁短篇,从柏拉图的寓意深奥的对话至柴斯特登[4]的聪颖警辟的独白[5],从乔治·爱略特的《罗慕拉》[6]至爱尔迦特小姐[7]的《小妇人》,总之在每一件大型小型的文学作品里面,都有它一种不可掩抑的魅力,因而也就必然

① 司各特一部关于十八世纪英国的小说,内容描写了苏格兰对英国的反抗。

② 吉卜林(1865—1936),英国小说家兼诗人。

③ 即奥斯丁·道勃生(1840—1921),英国诗人与作家。

④ 英国著名小品文作家,一生著文极夥,尤以警辟称(1874—1936)。

⑤ 这里所以使用“独白”,是因为柴斯特登的作品主要为以“第一人称单数”亦即“我”的口气所作的议论文字。

⑥ 爱略特于1836年出版的一部历史小说。

⑦ 美国女小说家(1832—1888),其代表作《小妇人》与《好妻子》,我国有译本。

如人生那样同属无可诠释。

13 人人想当别人[①]

塞缪尔·麦考德·克罗瑟斯(1857—1927)

【作者与风格】克罗瑟斯为美国优秀的散文家,长老会牧师,生于伊利诺伊州,曾就学于普林斯顿大学、联合神学院与哈佛等大学,并在其母校哈佛任过教。以学识渊博与善于进道著称于时。他的文学造诣尤为有名,曾出版文集多卷,无论内容与文笔均属于其同时代散文中最好作品,其特色为警策多智,犀利俊俏,富于新意巧思与幽默感,因而深为人所爱读。讽刺文学更是他的特长。他对知识教育界与世风时弊的种种针砭揭露都写得耐人寻味和极具文采。

一

几年前一次一名青年携带书稿一份,前来我的书房见我,要我对他的文章提些意见。

"这只是其中一小部分,"他谦虚地说,"您不用多大工夫就能看完。事实上这只是那第一章,这里我对宇宙做了阐释。"

我想大概我们谁都有过这种时刻,仿佛灵感骤降,顿悟起来,因而大有必要对宇宙进行一番阐释,而且一切来得那么毫不费力,我们真将不禁诧异,何以这事我们不曾早做。这时某个天外奇想忽而飘来脑际,使得我

① 本篇出自作者的《现代散文》,著于第一次欧战期间,自发表后,广经转载,是作者最受人赞美的一篇名文。文中第二部分为全篇意思核心,也是其中特别精彩的一个部分。文章内容也极为深刻,幽默俏皮而富于新意,最能代表作者的行文风格。

们隐然有种无所不知之感。这绝非是一般的平庸思想,因而只能说明某个局部现象。它乃是样样都能解释。不仅某事某物能够得到证实,它的相反方面也都能够得到证实。它将能解释某事某物何以会是如此如彼,而如果事实表明情形并非这样,那么这点同样不愁找到说明。于是在我们伟大思想的辉耀之下,整个混沌登时化为澄明一片。

这类思想通常发生在一天清晨的三四点钟光景。宇宙问题既经阐释明白,我们自会感到心满意足,酣然又睡。待到几小时后我们起床之际,天知道我们刚才的一番解释到底都是些什么。

不过,一些这类非常富于阐释性的思想也有可能在我们清醒的时刻偶然前来惠顾。下文我即将抛出的就正是这样一类思想。这点说不定我们的广大读者早已知道。这即是每个人天生想当别人。

当然这点不足以阐明整个宇宙,但却不妨可以说明其中的一个不易弄清的局部问题。它将说明何以许多在处理具体事务上相当干练的聪明人士,临到应付他的同胞们时却往往把事情弄成一塌糊涂。它将说明何以我们还能应付生人,但却不能善处朋友。它将说明何以我们有时在人面前拣那受听的说,反而得罪了人;拣不受听的说,反而人倒喜欢。它将说明何以在婚姻上人们好找那性格与自己正相反的,而且日后过得幸福美满;当然也将说明另一些人则不那么幸福美满。它还将说明办事有无手腕具有何种意义。

那缺乏手腕的人办起事来完全是一套科学方法,将人当成物来对待。其实这两者是不相同的。对于事物,你主要是寻出它的特点性质,然后照此办理,也就是了。但是对人,你发现他的特点之后,却要将这些掩藏起来,仿佛你不曾看到似的才行。

缺乏手腕的人永远也理解不了这点。他以为他能按照对方的特点去对待他们,而殊不知人家却不高兴这样。

这种人对于比较明显的事物往往特别敏感,而且好提这些。年龄、性别、肤色、国籍、过去干过何种行业,以及户籍调查人员所感兴趣的种种情况,在他来说都一清二楚,而且成为他与人交谈的重要依据。什么时候他遇到一位年岁比他更大的人,他马上便记起这点,于是处处殷勤周到之至,藉以突出这一差别。他头脑中有着这样一种认识,即是人到一定岁数,这时对他的最高礼遇尊敬便是请他换个舒适座位,不要再坐那普通的。但他没想到,人的爱好不同,并不只是注意座席。另一方面,当他见着一个青年,谈话口气中间又会强调人家的稚气年轻,结果使他自己非常让人讨厌。因为,说来奇怪,年轻人最喜欢别人认为他成熟老练。

一个心眼实在的人看到多数的人一开口便爱谈本行,于是断定谈论本行乃是人们的普遍爱好。其实这里他并没有闹对。人们所以会是这样是因为本行比较好谈,但他们并不喜欢别人看到他们的个人局限。一个人的行业不一定便与他的天生才能或主要愿望完全一致。你遇上了最高法院一位成员,于是认定他必然是生来一副法律头脑。但是决不可从此得出结论,那法律头脑便是他的唯一头脑,另外也不能认为,他在法院之外对你有所不满时,那不满中也都有着什么法律头脑。

我对皇室王族的接触极为有限,最多看到过他们的一些照片,但从那上面看,倒也都是熙熙融融,全然一副普通人家样子。看来帝王之尊维持久了,难免也会感到厌倦,因而临到拍照之际,便也想当当一般平民,而且的确当得很像。

某种行业中的一个成员如果一旦被人当成是另一行业中的巧匠高手,那他一定会深感受到抬举。你且把这道理拿到一位牧师身上试试。在他面前,你不要讲“今天上午你的那篇讲道可太好了”,而要讲“当我追踪着你那令人信服的论证时,我心里在想,你如果做了律师,也早会出了大名”。你瞧这时他准会讲:“我当年的确一度想做律师。”

假设你曾有幸在腓特烈大帝①御前供职,如果你只是拿了他的种种战绩武功去颂扬他,你这廷臣一定混不太好。腓特烈何尝不知道他自己是

① 腓特烈大帝,即腓特烈第二(1712—1786),腓特烈威廉第一之子,普鲁士国王。1740年即位后,文治武功,一时无两,普鲁士之强大,实肇始于此。

普鲁士全军的最高统帅,但是他的隐衷却是想当一位法兰西语的文豪①。如果你想邀得他的宠幸,你就该对他讲,在你看来,他比伏尔泰②更胜一筹。

我们一般都不太喜欢将我们自己的目前状况当成他人的注意中心。这些状况或许也还相当不错,但是我们总不免会产生更高理想,认为那样才能算是不负平生。我们不是过去曾经颇不平凡,就是至少盼望来日能够如此。

再假设你曾到厄尔巴岛③去拜会过拿破仑,并希望博得他对你的好感。

“先生,”你可能会这么讲,“这里正是你的小小美丽帝国,一切都是这么舒适,这么宁静。处在你目前的形势下,这片土地倒也恰合你的身份。这里的气候是好极了。一切也都这么太平无事。现在什么都有着人为你安排,事无巨细都不用你自己操心,你在这里当个首领岂不快活? 刚才来时我就见着一长列英国舰艇在为你护岸。总之,一种关怀之意真是处处不难见到。”

你刚才对拿破仑现状的一番赞词恐怕是赢不来他的欢心的。你是把他当成了厄尔巴的皇帝对待。但在他的心目当中,他仍是法国全境皇帝,尽管在厄尔巴。

单以处境论人,而不及其他——这种错误做法真不知会激怒天下几许苍生!

---

① 十七、十八世纪期间法国文学享盛誉于整个欧洲,故腓特烈大帝虽贵为日耳曼帝王,却总以能用法语写作为荣。

② 伏尔泰(1694—1778),法国文学家与思想家,生平著作宏富,对当日与后世影响极巨。

③ 厄尔巴岛,位于地中海意大利与科西加岛之间。1814 年拿破仑在巴黎战败后,曾被联军流放于此。

一个实心眼人的一生可说就是一出永演不完的错误的喜剧①。这里面出现的决不只是一双多罗米欧②,而是至少半打,尽管人人一顶同样的帽子。

再有一般在为人作引荐时也是来得何其轻率,仿佛使两个活人的结识乃是天下最容易的事!你的友人讲了,"我希望你能认识一下斯蒂非金先生③",于是你也表示你高兴见到这位先生。但是试问你们谁又真正清楚这位名唤斯蒂非金的到底是位什么人物?也许你弄清了他的长相、他的住处,以及他的职务,但这也只能说明他的现在。要想真正了解这位先生,你就不仅需要知道他的现在,而且还要知道他的过去;知道他一向对他自己抱着如何看法;一向他自认为他本应如何和将会如何,如其他也曾下了工夫。你必须知道,如其一切另是一种情形,他便又会如何,乃至如其他本人曾是另外一种样子,一切又将会是另外一种什么情形,如此等等。所有这许多复杂情况,尽管未必非常清晰,却正是他本人自我评价中的一个组成部分。而这些对他人虽无所谓,对他本人却是最感兴趣。

也正是因为充分意识到我们对他人的了解往往非常欠缺,所以每当我们向他人提出帮助时,我们总是显得那么窘迫。我们这样去做的一番心意,对方能理解和接受吗?

当年英国两位探险家的有名相会就是这样一种窘迫时刻。为了寻觅利温斯顿④,斯坦利⑤在经历了千辛万苦的跋涉之后,终于在中非洲的一

① 错误的喜剧,莎士比亚早年所作的一出喜剧的剧名,实亦为所有这类喜剧的一般统称。这类喜剧的共通特点是,通过剧中人物长相状貌与服饰的相似,以制造种种误解与可笑情节。

② 多罗米欧,即上述《错误的喜剧》中的一对奴仆之名,他们是一双孪生子,同具多罗米欧之名,而又同佣于一双孪生子主人,他们的主人也同具一名,于是种种误解与可笑情节便由此发生。

③ 这乃是作者顺手写下的一个人名,并无特殊含义。

④ 利温斯顿(1813—1873),英国探险家,曾以传教士与领事衔两度深入非洲属地探险,沿途对河湖瀑布等多有发现,中途染病绝食,为斯坦利所救,著有《旅行记》。

⑤ 斯坦利(1841—1904),英国军人与探险家。1869 年奉英政府命,往非洲寻觅利温斯顿,跋涉数载,始获利。其后又两次赴非探险,于当地地理情况了解颇多。

个湖畔找到了这位医生。斯坦利向他伸出手去，生硬地问道："利温斯顿医生，不会错吧？"那斯坦利，一副侠胆，不惜深涉赤道莽林，以期将他携回文明世界。但利温斯顿却不乐意被人寻见，而且执意不肯返回文明。他一心向往的乃是新的冒险。斯坦利一开始时并不真正理解利温斯顿，而是直到后来，方才认识到他面前的那位老人竟和他自己一样充满朝气，雄心勃勃。自此二人开始订交，于是再次踏上了探寻尼罗河河源的新的征途。

二

这种人人想当别人的天然欲望正是人生当中许多细小不快的背后原因。它使社会不能组织得圆满合理，它使人们不能各明其职和各安其位。想当别人的欲望每每引得我们去舍己耘人，去操持一些严格来说并不属于我们自己范围的事务。不过我们所具有的才干本领有时也确乎超溢于我们自己行业与职务的狭小范围之外。每个人都可能认为他自己是才过其位，大才小用，因而他时时刻刻都在做着那神学家们所常说的"额外余功"①。

一个态度认真的女佣人是决不满足于仅仅干上几件人家吩咐她去干的事的。她身上还有着使用不完的剩余精力。她希望成为一位家庭方面的改革家。于是她遂来到她那徒有其名的主人的书桌面前，对之进行了一番彻底的改革。一切文件材料完全依照她的整洁观念重新作了归置。她那位主人回来后，见到了他那乱惯了地方已经面目全非整齐得要命时，他简直成了日夜梦想复辟的反动分子②。

一位秉性严肃的市街铁道公司经理是决不满足于在运送乘客时仅仅尽到使他们感到价廉舒适这一简单责任的。他的志愿是要发挥一般道德

---

① 基督教语汇，意即一个人除了自己本分以内的工作之外，又做了额外的善行。
② 这里的反动分子云云当然是大词小用，意在造成幽默效果。

促进会宣讲人的那种职能。于是，正当一位受载的乘客在皮带扳手下面被弄得东倒西歪站立不稳时，他却抓紧机会给他读上一篇东西，劝告他要发挥基督徒的美德，遇事不可与人相争，等等。当着那个可怜家伙正在琢磨着那篇天国之道[①]，这时他心里想要表达的一番规劝实在不下于当年朱尼亚斯[②]的致葛拉夫顿公爵[③]书："大人，伤害或可加以弥缝原谅，但污辱则无法得到补偿。"

一个人进了一家理发店，目的不过为去刮刮胡子。但是他所遇到的却是那理发师的一番雄心壮志。这位志行高超的理发师是决不满足于仅仅对人类幸福作点卑微贡献的。他坚决认定，他的顾客除此之外还另须洗头、修指、按摩，在热手巾把下面发汗，在电风扇下面降温，并在这一切进行期间，他的皮鞋还必须加油重擦。

你难道对有些人在被迫接受许多他们并不需要的服务时所表现的那副绝大忍耐不曾感到过惊异吗？他们之所以接受，不过为了不伤一些愿意额外多干的服务人员的感情罢了。你也许注意过卧车上一些乘客在他们站起身来接受人家给涮衣服时脸上的那副坚忍表情，十有八九是他并不想让人去涮的。他宁可让灰尘留在他的衣服上也不愿被迫去忍受这个。但是他明白他不能太使别人失望。这乃是整个旅行仪式[④]当中一个重要部分，是它的正式祭典[⑤]之前所必不可少的。

人人想当别人这种思想也是造成许多艺术家与文人学士好出现越轨现象的重要原因。我们的画家、剧作家、音乐家、诗人以及小说作者也正如上面说过的女佣人、铁道经理与服务员那样，在这点上犯着同样毛病。

---

① 这个词的原文为"counsel of perfection"，意即给想进天国的人（要做完全人的人）的劝告，语见《圣经 · 新约 · 马太福音》第 19 章第 21 节。

② 朱尼亚斯，1769 至 1771 年间刊行于英国《政务广告报》上一组公开信的作者的化名，至于这位作者的真名为何，迄今尚无定论，但作者的政治立场则显然属于辉格党一派。公开信的性质为对政治与司法方面的质询与揭露，而被指斥的对象则多属英王乔治第三时的重要官员与当权贵族。

③ 朱尼亚斯公开信中受指责的对象之一。

④⑤ 这里的"仪式""祭典"等词也都带有夸张与诙谐意味，读时不可认真。

他们总是希望“以尽可能多的方式为尽可能多的人们做尽可能多的工作”。他们对自己所熟悉的东西常常感到厌烦，而喜欢去尝试尝试各种新奇的结合。于是他们遂不断把事情搅乱。一种艺术的实践者总是企图去制造另一种艺术才能制造的那种效果。

于是有的音乐家一心想当画家，想使其操琴的方式有如挥动画笔。他硬要我们去欣赏他为我们所奏出的落日奇景。而画家则想当音乐家，他要画出交响音乐；并常会因为一般凡人之耳听不出他图画中的音乐而深感扫兴，因为那画面上的色彩不是明明在互相咆哮喧呶着吗？① 另一位画家则想当建筑师，其构图造型的方式活像他是在砌砖铺石。他的画作倒很像一件砖圬工，但可惜在一般人的眼中却不像图画。再如一位散文作家散文写得厌倦起来，因而想要当当诗人。于是他遂在分行与大写②之后，继续照写他的散文不误。

再比如观剧。你带着你那简单的莎士比亚式的观念③走进剧院，以为剧院主要就是演戏。但是你的剧作家却要当病理学家。于是你发现你自己身坠诊所，阴森可怖。你本来是来此寻点轻松舒散，但是你这位不入流的人士却误入了这等场所。因此你便非得坐观到终场不可。至于你有你的苦衷这点并不成其为便应得着豁免的理由。

又如你拿起一部小说来看，指望着它会是一篇什么故事。殊不料你的小说家却另有他的一番见解。他要充任你的精神顾问。他要对你的心智有所建树，他要对你的基本思想加以整顿，他要对你的灵魂进行按摩，他要对你的周身进行扫除。他要对你进行所有这一切，尽管你并不想让他给你做什么扫除或调整。你不愿意让他动你这颗心。真的，你自己也只有这么一颗可怜的心，你在你自己的工作上还离不了它。

---

① 这句话显然是作者假意站到这位画家的立场和仿着画家的口吻来说的。

② 西洋诗歌每个诗行的第一个词的第一个字母一般都用大写。作者这里挖苦某些人所写的诗歌不过是分了行和加了大写字母的散文而已。

③ 所谓莎士比亚式的观念，这里指的是以莎士比亚为代表的典型的传统英国戏剧。

三

但是，如其说人人想当别人的这种心理足以说明人们行为当中的许多奇特古怪之处以及艺术上的种种乖谬做法，那么我们便不能只是将它简单地打入普通的喜剧范围。这种心理实际上有着它深厚的天性根源。一个人所以总是想当别人，这主要因为他清楚记得他自己一度便曾是别人。我们平日常说的人的一致原来就是个很不固定的东西，这点只要我们重看一下旧日的照片信件便不难明白。

其实即使是我们中间的最老寿星，如若比起那尚未显示出其差异但却能发展成为任一事物的胚质来说，又能真正大出多少？在一开始时，他也只不过是一大串各种各样的可能性罢了。之后他每一步的具体发展都将意味着这丰富而众多的可能性的逐步减少。最后一旦定型为一种东西，他就再也变化不成另外其他东西。

人幼小时的最迷人处即在于那时在发展的可能性上还是多种多样。每个少年都会认为他想要成为什么就能成为什么。他会认为他有本领做个大银行家。但另方面，到南洋去经历一番冒险生活对于他也会充满诱惑。试想一个人如果能仰卧在面包树下，果子一落，便入口中，惹得周围一群善良野人都称叹不已，那又会够多快活！也许他要去当名圣人——当然决不是那平庸无奇的现代圣人，什么杂活也得料理，什么无聊会议也得参加，而是去当一名书里面读到过的真正圣人，能够向着那过路穷汉广施普济，解袍相赠，倾囊相帮；然后快快活活，翻身入林，又去做一伙贼强盗的劝说感化事体。在他看来，他能干得了这种不太科学的赈济工作，只要他的父亲肯给他大量供钱。

但是渐渐他懂得了，原来银行业的兴隆发达与他的南洋之游，乃至与那更其美丽动人和不同凡俗的圣人行事很难互相协调。如果一旦入了银行这界，那他也只有按照其他银行家的做法去办事了。

他的父母和师长曾经费尽心思，通力合作，以便把他培养成材，而所谓成材，亦即成为某种具体之材。为了这个目的，一切对此无用的脑力活动便只能在禁止之列。他们的全部劝说教诲无非是一件东西，即是要他留心注意。其实他一直正是这么做的。他留心注意了许许多多成年人忽略了的东西。就在他在教室的座位上扭来扭去时，他已经注意了屋里面发生的一切情形；他还注意了教室外的许多事情。他发现了他同学们的不少弱点，对此他正计划着如何向他们兴师问罪，大张挞伐。另外他老师身上的种种怪癖也会使他觉得乐不可支。不仅如此，他还是个少年画家，他根据某个熟人所画的那些滑稽东西一在班上悄悄传开，简直能让看的人笑破肚皮。

但是他的老师却一副严厉面孔对他讲道："孩子，你必须学会留心注意；这就是说，你不可注意太多东西，而是只去注意一样东西，注意第二人称语尾变化。"

遗憾的是，这语尾变化实在是整个教室里最不起劲的东西；不过一个人如不把他的注意力集中到那个上面，他就学不会它。教育为了提高成效，只能要人缩小注意范围。

凭借着在某个行业上的辛勤努力，一个人完全有可能成为一名富商、不动产专家、化学师、教区监督，等等。但他却不能同时成为这么许多。他必须从中有所选择。不管是好是坏，一旦他在众人面前立下保证，他便只能放弃其余，专搞一行。而那结果便是，待到他行年四十之时，他已经完全成了某一种人，学会了做某一种事。一点不错，他确曾在他那方面取得了整套的见解思想，但决不是不错到可以超乎一切，以致影响到他的正经行业。他的出入活动范围，他邻人心里是有数的，并不需要搭乘什么"精神电梯"去寻索他。其实他的办公地方就在那大楼一层。他确实变得实际多了，但对别人也就再没有多大意思。

古代一位先知曾经讲过，少年人要做异梦，老年人则要见异象①。这里他唯独没有提到中年人，看来这中年人大概是在操心他们的经济利益。

但是试问一个时时刻刻都有着重任在身的人是否便能一下出现多大改变，仿佛他从来便能这样？当着一个人正在大谈其本行的时候，是否那便是他的一切？我以为不然。人们身上往往有着一些很隐约的东西，并未流露在外。听说天主教人家的古旧宅院当中，他们那迂曲复杂的楼阁里面往往便有暗门通向一些小室，通常名为“僧舍”，为的是家人好去那里寻点精神慰藉。同样，在世上一些成名得志的人的心中也存在着这类密室，那里面潜藏的尽是他的种种未酬之志、未还之愿乃至隐私感情。所有一切在他来说仍抱希望幻想的东西都在那里深深掩藏着。他对那至今尚无缘在光天化日之下一显其身手的许多秘密“自我”，尽管素日感情极深，却绝不肯轻易在人前透露半点。除非你能弄清他过去曾失去过什么大西神岛②或者还计划向着什么乌托之邦③扬帆进发，那你便是全然不了解他。

当那道格白利④要人知道他自己“正像美西拿的其他别人一样漂亮”，以及“他也有两身绣袍和各种好看服饰”，他不过是表白了一些在他看来

① 这句话出自《圣经·旧约·约珥书》第2章第28节。原文作“你们的儿女要说预言，你们的老年人要做异梦，少年人要见异象。”这句话是希伯来先知约珥（生于公元前五世纪）假托耶和华的口吻讲的。本文作者在引用时不够准确，将少年人与老年人所见的东西搞颠倒了。至于这全句的意思大致是：上帝将用他自己的精神重振以色列人，使他们的儿女能更好看到未来；使老年人梦见美好的事物；使少年人看到显圣与奇迹。因为依照西方经学家的解释，异象要比异梦更多富于上帝的启示与宠赐。关于这点可参阅拙译《英国散文精选》中培根的《说老少》篇有关部分。

② 大西岛，据希腊神话，直布罗陀海峡以西过去曾有神岛一座，为仙人所居，后陆沉于大西洋中，遂不复见。

③ 乌托邦，英国十六世纪政治家所著小说名，书中曾描述一理想社会。后世遂用乌托邦一词为“空想的”之义。按大西岛与乌托邦二词在本文中可解释为“失去的理想与未来的希望”。

④ 莎士比亚《无事生非》一剧中的警长名。至于下面的几句引语，俱出于该剧第4幕第2场末尾一段。

本不待言的事实。但是当他接着又夸耀他也“遭到过不幸损失”，这时他则是向你说私衷话了。

当着裘利·恺撒乘坐高车大马驰驱于古罗马的街心之时，他额头的桂冠一顶在欢呼的人群眼中实在是他显赫尊贵的无比象征。但据人讲，恺撒当时的愿望却只想变得更加年轻，因而在公开露面之前，他曾将那花环桂叶好生装饰过一番，藉以遮掩一下他所遭到过的“不幸损失”。

伟人身上一些被人认作骄矜的东西实则出自一种特殊的心理顾虑，他们不愿将一般生活中的真情泄露出来。当着雅各的诸子[①]看见他们前去哀求的那位伟大埃及官吏[②]避开他们时，他们自然理解了他的想法，“而约瑟却动了手足之情，急着找个地方去哭。他进了自己屋里，哭了一场。他洗了脸出来，强自忍着”。这里约瑟倒未必存心想做伟人。他不过是顺乎人情罢了，而情动乎中，确难强忍。

四

行文至此，我们自不免要再问几句：你们幼年时候的那些本领玩艺，青年期间的那副胆量雄心乃至种种崇仰爱慕之情，都到哪里去了？那些常将我们自己和各类人们维系在一起的共同感情如今成了什么样子？再有，你们原先身上那种对于许多与己无关的事物的好奇之心也都怎么样了？我问你们，正像那圣保罗[③]问加拉太人[④]：“起初你们做得不坏，是谁

---

① 雅各的诸子，指以色列人祖先亚伯拉罕之后人雅各的儿子们，详情见下注。

② 即约瑟，雅各之幼子，少绝慧，为其众兄长所妒，欲加害，后被卖身埃及，以才智为法老所依重，立为相，令掌钱粮，后值荒年，其兄长入埃及购粮，与约瑟相遇。几经盘查，始与相认，厚赐钱粮遣归。事见《圣经·旧约·创世记》后半部诸章。至于文中引语见第 43 章第 30—31 节。

③ 圣保罗，耶稣弟子，原名扫罗，初不信耶稣，颇曾虐杀其教徒，后受感化，尽力于传道事业，为耶教第一功臣，殉教罗马。

④ 加拉太人，这里主要指加拉太那里的耶教信徒。加拉太为小亚细亚中部古国。公元前一世纪时为古罗马一行省。

拦阻了你们？”①

幸好这一问题的答复尚不至对我们十分不利。我们所以不能发展我们的全部天性是因为情况不容许我们那样去做。沃尔特·惠特曼也许会歌颂那纯任天然的自我。但是这样的自我是挣不来钱的。一个纯任天然的扳道工只能给广大乘客造成生命威胁。这时我们宁可要那性情平和点儿的。

随着人类文明的日益发达与工作专业化程度的日益提高，任何个人都不可能在某一具体行业当中使其全部天生才能尽情如意地自由发展。那么这时我们身上那许多别的“自我”又将如何是好？对此那解决之道只可能是，必须在人们的日常工作范围之外另行增辟其他场所。随着工作对人的侵占与限制作用的愈益加剧，人们对自己闲暇时刻的重视与珍惜程度也必与日俱增，不容予以否定践越。

古希伯来一位哲人曾经讲过，“智慧来自闲暇时分”。这决非是说，一位智者只能出身于我们所谓的有闲阶级，而是说，一个人如能有一点时间由他自己支配，他一定会利用这种时间去滋补慰藉一下那些潜隐着的“自我”。如果他的安息日不能使他全天安息，那他就应学会如何把那有限时光变得更加圣洁，即使是十分八分钟也好。这时他决计不从事任何劳动工作。仅仅承认和保护那工作的和挣钱的自我是完全不够的；重要的是使那些其他自我也都能过得下去。追求幸福乃是每个人不可剥夺的正当权利，《独立宣言》上面不就是这样明明白白写着的吗？

记得旧日当牧师的，每当他对自己的信徒们谆谆告诫了一番之后，往往再从听众中找寻一名所谓“反对人”与之对话，目的在通过辩论，更好发扬教义。下面就假设我的面前有着这样一位反对人。

“你上面的一番说法，”反对人讲道，“对于你的那个得意提法实在不无揄扬过度之处。但所有这些话又与目前大战有何半点关系？那才是今天值得我们去考虑的，也是我们能够考虑的。”

---

① 语见《圣经·新约·加拉太书》第5章第7节。

“我同意你的话，亲爱的反对人。不拘我们从哪里出发，我们都会返回到这上面来：这场战争的责任在谁？还有它是怎么引起来的？我们那个富于阐释性的思想正是和我们当前的问题直接有关。那普鲁士军国主义者们对于许多具体事实实在是不辞辛苦，全能弄清，但是对于人的天性却只有鄙薄。他们的笨拙无能简直超出想象。他们把人当成物来对待。他们对待事物认真之极，但对人的感情却毫不顾惜。他们的密探间谍遍及全球，随时随地将那可见的事物汇报上来，但对那不可见的则根本不加过问。因此对于明显的事实与可见的实力他们虽然处理得十分科学，人类内心深处的全部潜在力量却一致起来反对他们。普鲁士军国主义所要求的只是技术高超的专门人材，这种人绝不允许让一丝怜悯之情去影响自己。于是一旦他们认定一种标准，其他一切变通便概在严禁之列。正是因为他们在人的问题上绝不宽容半点，我们才这样去反对他们。我们是不赞成把一切人都变成一个单一模式的。”

“但是那德国皇帝[①]又会是什么情形？你的那个公式是否也能说明概括了他？”

“我承认，亲爱的反对人，这对于他确将是一个新问题；但恐怕他也是不例外的。”

---

① 即威廉二世，第一次世界大战的主要发动者。

14 现代小说中的几种倾向[①]

伊迪思·华顿(1862—1937)

【作者与风格】伊·华顿,美国十九世纪末、二十世纪前期著名女小说家。她生于纽约市,幼年读书环境极好,1885年嫁与一银行家,曾多次游学欧洲。她自幼酷嗜文学,虽生长于富裕之家,但终生写作不辍。初作短篇集《更大的倾向》(1899)等四种,受亨利·詹姆斯的心理分析方法影响很深,而取材则以纽约的富裕阶层为主。以后她更致力于长篇著作,题材范围也更宽广,除她熟悉的纽约与新英格兰城乡生活而外,进一步扩展至欧洲与法国的上流社会。她的作品以个人的感受与经历为主,然而观察敏锐犀利,对现代生活及其弊端症结充满着有趣的讽刺与解剖,尤长于刻画心理。但她的最好作品仍首推她以新英格兰的因循守旧习俗为题材的悲剧故事《伊坦·弗洛美》(1911)与《夏日》(1917)。尤其是前者,更以优美的写景而驰誉远近。美国东北部的山村林麓、湖光水色,在她那华美的文笔下交织成了迷人心意的图景,是美国近代文学中的一部佳构;不过也有人以为《夏日》更好。她的风格可说恰如其人,秀丽明媚,精致细腻,洋溢着抒情诗般的幽馨韵味。此外她的一些批评文字也都写得很好,文词优美而富有新意。

《伊坦·弗洛美》有吕叔湘先生的译本,是一部几乎堪与原作媲美的佳译。

---

① 本篇译自美国出版的一本散文选集 *Designed for Reading*,这里所译仅为文章前面的一部分。

这次大战[①]及其深远后果在道德与思想上所造成的破坏正在危及传统文化；在小说方面，新的一代小说家如果也可以说有他们自己的某种理论的话，那理论似乎就是：任何一种新的创造只能从毁掉它以前的东西而来。但是自然的进程依旧，并不理会这些理论，而传统的肥厚的腐叶土层对于艺术新枝的滋育仍是必不可少，不管它们的培植者们意识到了没有。过去的种种似已表明：整个新的一代如果失去前人为其聚积的膏腴壤土，它的新枝必然孱弱，它的根茎必然不壮。于是人们等待着，期盼着，柔情地注视着多少似乎有点生机的每一株幼苗。

这种等待到现在已经眼看三十年了。批评家确实该对这么长时间里的新小说进行一番清点了，小说家们自己也该做些清点；而且迹象仿佛开始表明：对过去的否定——在起初是偶然的、勉强的，但在今天则不能不认为是故意的了——确实造成了现在的贫乏。我想，多数年轻小说家，特别在英美两国，一开始时出现的这个错误主要来自这样一种认识，旧形式不能产生新东西。但是许多立意见异的作品似乎绝不见其有一条人生的宗旨在内；天才总是不由自己地"与众不同"的[②]（也就是说，是具有个性的）；但与众不同却从来不应成其为目的。

由于这些原因，在判断这种种新倾向时，我们往往很难为批评找到一个共同基础。一个对于过去通通排斥的艺术家至少总该提出某种新的批评理论，某种人生的见解，某种关于创作行为的合理性的一般概念，以便人们据以衡量他的作品。值得怀疑的是，这种情况他们中大多数人是否也曾想到过，但是既然同类的实验势必引出同类的结果，于是这些新小说家竟从牵连到稍早的文化的废墟当中七零八碎地拾回一堆他们本来不屑一顾的原则。

在这门艺术的童稚时期，小说中的人物曾经不外这么几种，或者是"程式化"的抽象概括，或者是仅带实验性的消极对象，或者两种情形都

---

① 指第一次世界大战。

② 这句话显然出自新小说家们之口，而非本文作者自己的话。

有。在性格小说里，登场人物很少离得开情郎、妖女、守财奴等等，而在同一时期的冒险小说里，典型人物则是村镇集市上的萨利姨木像①，不断被竖起，再不断让外部情节把她打翻。所有这两类人物实际上都不过是悬空的东西；连他们的姓名也常简化成缩写，而读者对他们所能得到的了解最多也不过是，那女主人公有个象牙般的白皙额头，男主人公有双诚恳天真的眼睛。但是不久有些人——我认为这功绩应首推费尔丁，其次推司各特——便注意到了周围环境对每个具体个人的左右力量，这些包括：职业带来的畸形发展、宗教的影响和风气的感染，以及那时尚少为人理解的变异法则所产生的种种细微差别，等等。于是具有个性的人物遂从小说家们的抽象化中破壳而出，因而从司各特与巴尔扎克的时候起，读者才对某部喜爱的小说中的这个或那个人物开始谈论起来，好像他们曾经是活人一般——因为在想象的世界里（想象世界无非便是对这个现实世界的一种转移）他们也就是活人。

小说中人物个性的这种成长，到了十九世纪中期左右，逐渐发展为利用新兴的学说来对之进行实验，这点，作为一种过渡的方式，也许是必要的，虽然事实证明，它的意义也仅止于此。这时人们认定，想象并非是什么有力的手段，而必须由直接观察来加以代替。小说家把他的想象能力换成柯达照相机了。服装、背景以及人体的特点等一些可以看得见摸得着的细节代替了对性格的自由刻画；统计学挤掉了心理学。这些"现实主义者"想出了一个简便易行的办法；他们发现：一个角色每次出场时，就把同样的话装到他的嘴里去说，或是把同一生理缺陷，例如斜眼、口吃、古怪发音等（这种辨认人物的方法确实是被巴尔扎克给用烂了）指给读者去注意——用这种方法去写人物远远要比用工笔细刻的方法去塑造他的灵魂的性状与发展来得容易得多。正如亨利·詹姆斯曾经说过的那样，凡是一切能嗅到、看到、尝到或触到的东西，都被授予比思想与道德特征更为重要的优先地位。但是很难保险这个方法不是从另一条路又退回到早期

① 游戏名，其法为以棍棒向一口含烟斗之木制女面投掷，击倒者得分。

小说的陈旧类型上去——如果说还有什么不同的话,那就是,原来的那个较单纯的吝啬鬼现在又加添了一桩左眼抽筋的毛病,而原来的那个妖女现在则成了一个到处“白玫瑰”①香扑鼻而来的年轻女郎,如此而已。

渐渐地,一些具有小说家气质的人开始发现,这类捷径并不能引领他们达到其预期的目的,更有才气的人则采取了另一条路,踏着伟大的俄罗斯人的足迹前进,而能力不济的人则在“自然主义”的空墙面前碰得脑浆迸裂。点化提炼乃是艺术的第一原则,而抄袭却永远也代替不了创造性的想象。

15　传统与个人才能②

托马斯·史蒂恩斯·艾略特(1888—1965)

【作者与风格】艾略特,美国诗人与批评家,近代诗歌的领袖人物与主要创始人之一。他出生于密苏里州圣路易市一个加尔文教家庭,祖父是一位很有地位的牧师,华盛顿大学的创建人;父亲为企业家,母亲也多才能诗。第一次世界大战前他曾在哈佛大学读本科与研究院,中间一度去

① 香水牌名。

② 本文出自作者的论文集《圣林》(1920),是他早期一篇较有影响的理论文章。内容主要讨论了两个问题:一、传统与继承的问题,在这里作者指出了今与古的关系,强调古仍活在今天,并与今结成相当紧密的关系,因而今人在进行创作时对古旧的作品既不可全盘接受,简单盲目模仿,也不可否定一切,片面强调创新,而是只能在正确对待传统的情形下,根据时代潮流,合理地引入新的成分,这样才能使自己的作品具有传统意义。二、非个人化理论,这里作者提出了客观主义的文学创作态度与方法,强调正确的态度与方法只应是客观的,非个人化的,而不应是主观的,突出个人特点的。文中所提出的一些看法在我们今天看来,大体上还是正确的,仍具有一定的参考价值,但在个别提法上(特别是在论述非个人化一节中)则有时不免失之片面甚至过于绝对化,在论述的透彻性与行文的明晰性上也存在一些缺点。

过法英等国游学。欧战的发生使他未能返回其母校参加博士论文答辩，这一情况是他由学术生涯转入文学写作的开始。诗是他的写作中心，在这方面他受法国象征诗歌与英国玄学派的影响较深，在写作的笔法上他自认为是古典主义的，但他在写作的形式上则颇能创新，提倡一种在结构、节奏与诗行等方面都相当活泼和富变化性的自由体诗，这些特点使他深受当日名诗人与编辑庞德的赏识。他的代表作《荒原》即是在后者的修订下出版的(1922)。诗发表后，对诗坛的震动很大，被公认为是战后西欧精神世界的一篇最有力的写照，无异是当日文明没落与败象的一阕哀歌。在这里诗人以他新奇的意念形象与独特的表现手法将那时笼罩于全欧，特别是其中知识界的种种苦闷、绝望、彷徨与幻灭的心理情绪给予了惊心触目的宣泄与揭露，因而艺术价值而外兼有社会史的意义。他的其他诗作也有不同程度的成功。晚年他改宗皈依英国国教，并加入英籍，这期间他致力最多的是传统式的诗剧的写作，其中最闻名的是以教会史上一桩殉教事件著成的《教堂血案》。1948 年他以诗作上的贡献被授予诺贝尔文学奖。

在散文与批评文字方面他也发表过大量作品，影响亦广，对于诗的概念及其写法等曾起到过相当的变革与冲击作用。他的散文作品以艺评文论与作品研究为主，具有一定的学术价值，其中不乏精彩段落与独到见解，语言也简洁精练，细腻含蓄，充满着妙语警句，但在表述的明晰与流畅上则较欠缺，读来不无晦涩难解之感，另外通篇完美的篇章也比较少。

一

在英语写作中我们很少提到传统，尽管我们有时倒也从反面用它，抱怨缺乏这种东西。我们无法追踪这种传统或者某个传统；至多我们只是使用它的形容词形式去说明某某的诗是“传统式的”，甚至“过于传统式的”。很有可能，除了用于谴责语外，传统一词便很少出现。但在其他场合，这个词倒也微具褒义，可使受赞许的作品产生某种古物复现似的可喜联想。真的，除非你能将这事与那门可敬的考古学问安然结之一处，传统这词在英人的耳中听来便不舒服。

显然传统一词在我们对当今或已故作家的鉴赏评介当中并不是很常见的。每个国家,每个民族都不仅具有着它自己的创作思想,而且具有着它各自的批评思想;另外他们对自己在创作才能上的不足与局限虽能记得,但对他们批评习惯上的这方面问题却每每忘记。看过法语当中刊出的大量批评文字,我们于是懂得了,至少自认为懂得了法国人的批评方法及其习惯;而我们的结论(按:我们的自觉意识便向来不强)也无非是法国人的批评精神比我们强,甚至这点反而使我们得意起来,仿佛法国人不如我们来得天真自然。或许他们就是这样;不过我们不应忘记批评这事实在是和我们的呼吸一样少不得的,再有我们也决不会因为将我们读某书时的一些观感道了出来,或者因为读其批评文字时对自己的看法作了一点批评便将使自己变得没有价值。在这件事上至少有一点必将得到阐明,这即是每当我们赞美某位诗人时,我们往往流露出这样一种倾向,即撇开其他方面不论,而专门强调他与别人的特异之处。在他作品的这些方面我们仿佛觅到了一些具有个性的东西,一些足以代表他本人的特殊品质。于是我们便自鸣得意地在这类地方大做文章,指出这位诗人在哪里哪里与他的前人不同,特别是与他较近的前人不同;我们费尽心力去寻觅这类东西,将其孤立起来,以供人欣赏。殊不知,如其我们在对待一位诗家时不抱这类成见,我们必将不时发现,不仅他作品当中的那些最好地方,亦即他的最有个性的部分,也往往恰是他的已故前贤们赖以成就其不朽声名的得意笔墨。况且这里我指的决非是一个人可塑性强时期的少年试笔,而是他鼎盛之年的真正力作。

不过,如其说传统的唯一形式即在盲目追摹步趋前一代人的业绩,而且小心翼翼,惟恐不及,那么这种传统也就显然不值得提倡。我们便亲眼见过不少这类简单潮流很快消失在沙漠之中;而创新总比重复更好。事实上传统一词具有着异常宽广的涵义。传统无法简单继承,你如要想保存传统就必须付出绝大辛劳。传统首先牵涉到一种历史感,而这种历史感对于一位已经年过二十五岁而仍想继续写诗的人几乎可说是绝对不可缺少；这种历史感还意味着对过去事物的一种了解，即不仅了解过去之已经过去，而且了解过去之仍然存在；这一观念迫使那写作的人于其濡墨伸纸之际不仅必须将其同代的事物烂熟于胸，而且必须另有一副宽广见识，即仿佛自荷马以降的全部世界文学，乃至包括他自己所属国家的那一部分文学此时此刻全都具有着一种同时性的存在，并构成着一种同时性的秩序。正是这种史的观念，实亦即是一种既是永远的又是当日的，以及永久的与当日的兼而有之的观念，才使得一位作家具有传统意义。同时也正是这个才使得他对他自己的历史地位，对他的当代性等获得某种清醒意识。

任何一位诗人、画家或其他艺术家，单独来看，都不具有多大意义。他的重要性，他的艺术价值，都只能在他与已故诗人与画家的相互关系中方能见出。你无法单独对他估价；你只能将他放置在已故者中，以便进行比较对比。这点我以为乃是美学批评（不仅是历史批评）的一项原则。在这事上，哪些他必须加以遵循，必须求得一致等等都不是单方面的问题；真正的情形是，每当一件艺术品新被创制出来，这件东西便立即与在它之前的全部艺术制作都同时发生关系。那现有的许多制作本身之间存在着一种理想的秩序，这个秩序却要受到这个新的（真正新的）艺术品的修正。原有的秩序在新作到来之前是完整的，但是为了秩序的延续，一经新的成分进入之后，这全部秩序便多少有必要加以小量改变，这样每一艺术品之于全部艺术之间的种种关系、比例与价值等也就再度得到协调；而这个也即是旧与新的融合。谁如果赞同这个秩序理论，赞同欧洲文学以及英语文学形式的这个秩序理论，那么他对古之必然受今改动与今之必然受古指导这一现象便会心平气和，不以为怪。再有诗人如能看到这点，他对自己的巨大困难与严重责任也就不难有所认识。

说来不无奇怪，他还将认识到他无可避免地会要受到过去旧标准的裁判。不过也只是受裁判，而不是被肢解；不是裁判它与以往的作品孰高孰低，孰长孰短；当然更加不是依照已故批评家的义法规章去加以评断。它是这样一种评断，一种比较，即由两个事物彼此互相衡量。对于一部新作来说,仅仅求得与传统符合即是完全未能符合;因为这样就会了无新意,因而也就算不得一件艺术制品。我们倒也并不完全认为新的作品只要能够符合传统便是具有价值;但是能否符合传统则也是它所具备的一项检验标准——当然这标准在应用时必须小心谨慎从事,因为我们对是否符合传统这事有时谁也无确切把握。在这点上我们最多只能够说:某个作品似乎符合传统,因而也许具有个人特色,或者某个作品似乎具有个人特色,因而也许符合传统;但是我们很难处处那么准确,仿佛某件事物一定是非此即彼。

关于诗人与过去的关系如果表达得更加浅近一些便是:首先,对于过去的一切不可全盘接受,囫囵一团,不加区分;其次,不可只按一二心爱作家去形成自己的写作风格;最后,不可只将某一个人偏爱的时期奉为自己的写作标准。这第一点是行不通的,第二点是人年轻时的不成熟做法,而第三点也只能作为一种可喜甚至有益的补充。一位诗人必须时刻不忘当前主流,但这主流却未必一概出自名家之笔。他必须充分了解这一明显事实,即艺术从无所谓进步,但艺术所用材料则可不尽相同。他必须清楚,那欧洲的思想,他本国的思想——这个思想他终有一天会认识到远比他一己的思想要重要得多——总是要不断发生变化,但是这种变化亦即发展在其过程当中却从不对过去事物采取简单抛弃做法,既不认为荷马与莎士比亚老悖无用,也不认为梅达里恩匠人的石画①原始过时。另外这种发展,尽管如何精致,甚至肯定更加复杂,但从艺术的眼光来看却说不上是什么进步。即使从心理学的角度观察也与进步关系不大,至少不如我们想象的那么巨大;说穿了不过是因为利用了某种经济与技术成就而显得稍形复杂一些罢了。但是这今与昔的区别则在于,真正有意识的今乃是对于昔的一种知觉,而且那知觉的方式之妙与程度之深都是昔对其自身的知觉所难以比拟的。

---

① 梅达里恩为法国地名,在那里曾发掘出旧石器后期文化的大量遗物,其中以石画骨雕等为最著名。

有人讲了："那些已故作家已经和我们相隔过远，因为今天我们懂得的东西早已大大超过他们。"一点不假，他们正是我们所想象的那样。

我非常清楚，对于一般显然归在了我的名下的那一部分作诗主张往往有着这样一种反对说法。那说法是，那套主张对于淹博（亦即迂腐）的要求实在达到了令人发笑的地步，而这种要求一经拿到任何文学殿堂去检验一下许多诗人的生平，便将立见其妄。甚至只须看到学问过大必将窒息和破坏诗典一点，这事也就不难明白。不过我们虽也一再强调一位诗人总是学问愈大愈好，仅仅是不可大到使他变得无法也无暇感受，但是我们却不赞成将知识学问只局限于单纯实用一途，即只能用以去应付考试、应付客人和应付那更其糟糕的虚假宣传。有些人确实能求到学问，另一些欠机敏的便只好去下苦功。莎士比亚曾经从一部普鲁塔克①中学到不少历史，但许多人即使读遍英国博物馆的藏书也未必便胜过他。这里特别须要一提的是，一位诗人必须尽量培养和获取他对过去的意识，并在自己的全部生涯中去不断发展这种意识。

创作的过程实际上即是一位作家使他的目前种种向着那更有价值的事物不断屈从的过程。一位艺术家的进步表现在一种不绝的自我牺牲之中，一种不绝的个性消亡之中。

这个非个性化的过程及其与传统感之间的关系等都有待于进一步去加以说明。但正是因为存在着这一过程，艺术才可以说是有条件向着科学靠拢。因此，为了说明问题，我认为这里不妨为你打个比方，即那效果将不下于把一段铂丝引入到一个盛有氧与二氧化硫的器皿当中。

严正批评与明敏鉴赏的对象只应是诗作而非诗人。如果我们所注意的不过是报章评论家的纷乱喧嚣以及一般人的随声附和，那么进入我们耳际的只会是成串的诗人姓名；但是如果我们所追求的并非是蓝皮书②上

---

① 当然指普鲁塔克的书，关于普鲁塔克，见前富兰克林部分《我的幼年教育》篇中注。莎剧中有关罗马史的部分主要以上书为其来源与根据。

② 英国国会公布之各种文件，以其书皮通常用蓝色，故名，实则亦有用褐色、白色者。这里蓝皮书一词显系泛指官方刊布之各类资料汇编等。

的知识，而是诗的鉴赏，因而要去寻找一首具体的诗时，我们却未必轻易能觅到它。上文我已就一首诗与其他人的那些诗作之间的关系的重要意义稍加说明，提出诗这一概念应当视作历来全部诗作的一个活的整体。这样我的非个性化诗论的另一方面便将是诗与诗作者之间的关系。而且通过上面譬喻，这点已经初步讲到，即是一位成熟诗人与一位不成熟诗人在心智方面的差别主要并不在谁的个性更强，谁的趣味更丰富，或者谁比谁更“有话说”，而是要看谁是一副更为精良完善的媒介，因而在它里面一切独特或复杂多样的感受都能够自由如意地形成种种新的化合。

这个譬喻即是说去起催化作用。当上述两种气体与一段铂丝相遇后，便将产生出亚硫酸。这种化合只有在铂出现时才会发生；然而这新形成的酸中却无铂的痕迹，另外铂本身也显然并未受到影响，仍然保持其惰性、中性与无变化的特点。诗人的心灵即是这种铂丝。这副心灵可能部分地甚至全部地对一个人的经验起着作用；但是一位艺术家愈是高明，他身上所体现的那个善感的人与创作的心灵也就愈加超脱；这副心灵对作为其素材的激情的一番消化与转化也就愈加彻底。

你必将注意到，进入到这种具有转化作用的催化剂中的经验或元素不外两种：情感与感受。一部艺术品对其欣赏者所发生的作用乃是一种特殊的经验，与其他非艺术性的经验在性质上很不相同。这种经验可以由一种情感构成，也可以由多种情感构成；再有借助于某个词语或形象以表现其作者意向的一些感受还可以增添进去，藉以造成那最终效果。另外伟大诗篇也完全可以并不直接使用任何情感，而是单凭感受著成。《地狱篇》①的第十五章（也即描写布鲁奈托・拉蒂尼②的那章）即是一个著例，这里作者只不过将情节本身可能提供的情感作了充分发挥；然而这章诗的效果，虽与其他艺术品同样纯正，却是凭藉大量细节方才取得。诗的

---

① 《地狱篇》为意大利诗人但丁所著《神曲》中的三个组成部分之一，其余两部分为《炼狱篇》与《天堂篇》。

② 布鲁奈托・拉蒂尼（1220—1294），意大利佛罗伦萨哲学家，生前为但丁老师。但丁在《地狱篇》中描写他曾因犯同性恋罪在阴间备受煎熬。

最后四行完全是一个形象，一个近乎于形象的感受，而它的出现绝非出于一般的发展敷演，而是“突如其来”，不求而自至。然而细揣作者心理，这一形象也有可能本在诗人心中，只是蓄而未发而已，直到后来一切齐备，这才适时抛出。实际上诗人的一颗心灵正是这样一副容器，其中所储感受、词语与形象乃是何等丰富，然而非待足以形成某一新事物的各种因素全都齐备，便决不轻言创作。

我们只须从那些最伟大的诗篇当中取出若干典型诗行进行一番比较，便不难看出那里面种种结合的类型曾是何等繁富多样，另外许多半带伦理性的“崇高”标准又是何等迂阔不着边际。因为归根结底，并不是那些情感、那些组成部分的强度与“伟大”，而是那艺术过程，那在熔化发生时所出现的压力等的强度，这才是那最主要的。波罗与弗朗西加①的对话一节的确使用了某种明确情感，但是那节诗里的强度则与一般经验所给予人们的那类强度印象绝不相同。再有这章诗也并不比第二十六章，亦即尤利西斯②的水行的那章更加强烈，尽管这后者没有凭藉任何情感。实际上情感的炼制转化过程中往往会出现多种多样的类型：阿伽门农的遭弑③或奥赛罗的剧痛④所造成的艺术效果较之但丁诗中的一些场景显然更为逼似原型。在《阿伽门农》中，那艺术情感与一名目睹者的情绪几无区别，至于在《奥赛罗》中，那艺术情感简直就是那主角自己的情感。但是艺术与现实的区别往往是绝对的；在艺术的结合上，阿迦门侬的遇弑与尤利西斯的航行几乎会是同样复杂。不拘哪种情形，这里都有着一个诸元

---

① 但丁在《地狱篇》第五章中所描写的一对受酷刑的恋奸男女。弗朗西加为意大利某贵族之女，婚后与其夫弟波罗通奸，致双双被处死刑。第五章中所写为二人在地狱中的一段对话。

② 即荷马史诗《奥德修纪》中的奥德赛，唯此章中情节并不与荷马的诗完全相同。英诗人丁尼生的《尤利西斯》一诗的内容即半取自荷马，半取自但丁的这节诗。

③ 阿伽门农，麦西尼王与特洛伊战争中希腊联军统帅，后为其后与其奸夫所弑，事见希腊悲剧家埃斯库罗斯所著《阿伽门农》。

④ 莎士比亚同名剧中主人公，曾因误信谣言杀妻。这里“痛苦”指他杀妻前后之痛苦。

素的融合问题。济慈那首颂歌①中所包含的许多感受实际上与夜莺并无多大关系,但是不知由于夜莺这个名字动人,还是它的名声响亮,那里的种种情感还是被很好地归到了一起。

上面我极力攻击的那个观点也许即是所谓的灵魂本体统一说一类的玄学理论;而我的意思也无非要说,一位诗家并不存在着什么“个性”须待表达,他所具有的只是一种特殊工具,亦即仅是媒介而非个性,在它里面种种印象经验往往会以不同于一般,甚至意想不到的方式去进行着新的结合。一些印象经验对其本人可能非常重要,但在诗中却无地位;另方面,一些在诗里变得很重要的印象经验,但对某个个人,对他的个性也许只起微弱作用。

为了加强上面业已阐明(还是弄糊涂了?)的观点,我将引诗一节作为佐证,这诗故意取得偏僻一些,以便更好地引人注意:

我想我该狠狠责备自己,
因为我对于她过于迷恋,
虽然我必采取非常手段
为她报仇雪冤。难道春蚕
也是为了你才不辞辛苦?
为了你竟不惜毁掉自身?
难道许多爵爷宁可爵爷
不当,也要用钱供养美妇,
也要去贪求那片晌之欢?
为何你要故意歪曲正道,
使人一命悬于法官一句
判词?说得好听些吧,为何

① 指英诗人济慈的名诗《夜莺颂》。

不让养马聚众，为她报仇？①

在这一节诗中，那积极的情感与消极的情感全都结合到了一起(这点从它的上下文来看极为明显)：一方面是美的强烈的吸引，另方面是丑的同样强烈的诱惑，而丑又不但与美对比，而且破坏着美。这种对比情感的平衡便出现在与这段讲话相协调的那个戏剧场景之中，而仅仅场景本身则与那平衡不够相称。这个我们不妨称之为戏剧提供的一种结构性情感。但是那整个效果，那主导情调的取得则是来自这样一个情况，即一些飘浮感受与那剧中不很明显的情感具有着某种天然联系，因而一拍即合，共同构成了一种新的艺术情感。

因此个人的种种情感，生活当中具体事件引起的那些情感并不能使一位诗人写出出众或精彩的作品。一个人的具体情感可能相当单纯、粗糙，甚至平淡无奇。但是他诗作中的情感则异常复杂，只不过不是一个人日常生活中那些复杂情感的复杂。造成诗作怪诞这种错误的原因之一便是企图寻索新的情感去加以表达；结果新的不曾寻来，只找见了一些乖谬东西。诗人的职责并不在于去发现新的情感，而主要在利用一般情感，将其提炼成诗，藉以表达在实际情感中很少存在的种种感受。一些他不曾体验过的情感将与他熟悉的那些一样可以供他使用。因此我们不能不认为“在平静中追忆起的情感”②这一公式实在有失确切。因为诗既非是情感，也非是追忆，也非是按其原义所谓的平静。诗乃是一种凝聚专注，一种得自凝聚专注的崭新事物，它来源于那计数不清的广阔经验，这些对忙于实际事务的人几乎完全不是经验；另外这种专注的发生既很少是自觉行为，也很少是熟虑结果。这些经验并不是靠“追忆”得来，它们在最后的聚合过程当中虽也可能出现所谓“平静”，但也仅是一种附带现象。当然

---

① 此诗引自英诗人与剧作家西里尔·杜纳(1575？—1626)所著《复仇者的悲剧》第三幕第五场中。内容主要写意人凡底斯为其遭害情妇与被辱幼妹向一门贵族报仇雪恨事。

② 语出英诗人华兹华斯为《抒情歌谣集》(1800)所著序言。这话引得稍完整一些是，“诗的来源是在平静中追忆起的情感”。

这决非是问题的全部。在诗的写作上，确有相当一部分是有意识的和要熟虑的。事实上那不高明的诗人正是在该有意识时他无意识，而在该无意识时他却意识十足。这两种错误都容易使得他太“个人化”。诗并不在宣泄情感，而恰是要逃避情感；不在表露个性，而在逃避个性。当然这里所说的需要逃避的真正含义也只有那有个性与情感的人才会懂得。

三

显然心灵是个神圣事物，不受外界印象控制。①

这篇短论不拟涉入玄学与神秘主义领域，而仅希望得出一些对爱诗的人有所裨益的实际性结论。将人们对诗人的兴趣引向诗篇本身乃是一项值得嘉奖的举动：这将有助于对实际诗作得出更为公正的评价，不管是好诗坏诗。有不少人对诗中所表现的真实情感颇表赞许，也有一部分人对它的技巧长处很有眼力。但是真正读得出哪里表达了重要情感（这种情感的生命力只在诗的本身，而不在它作者的身世）的人则为数不多。艺术的情感乃是非个人的。这种非个人化的获取只有当诗人将其自身全部交付给他所致力的作品才有可能。另外也只有当他不仅生活在当前，而且生活在过去的当前，只有当他不是知道哪些是陈旧事物，而是知道哪些已经具有着新的生命，只有这样他才能懂得如何去做。

① 语出亚里士多德的《论灵魂》。

第二编

诗　歌

1　每当我凝想着她的完美无瑕

埃德蒙·斯宾塞[①]

每当我凝想着她的完美无瑕，
　真个仙姿灵态，那么匀称无比，
论到天然秀丽实在无以复加，
　我不禁对造化神奇深致赞美。
但是当我遭到她的痛苦蜇刺，
　时而不免射自她那美丽明瞳，
光焰烨烨，直与死神降临无异，
　我又恍如瞥见潘都拉[②]女复生；
原来一番议事曾经发生天庭，
　特意遣她来到这个罪孽下界，
好让她对世上恶人施加膺惩，
　凡有罪戾均在不宥，以申炯诫。
既然你对我啊俨如鞭笞一般，
　但愿责罚我时手下稍稍放宽。

【赏析】(节选)

《每当我凝想着她的完美无瑕》里面，诗人将自己心目中最爱慕的对象视作世上完美无缺的象征，视作天地造化的神奇灵异的显现，因而不禁对她深致赞美。从这种崇仰景慕的态度出发，诗人进一步将他的情人奉为道德真理的具体化身，至美至善的直接体现。于是，她的周身上下，一

---

① 埃德蒙·斯宾塞(1552—1599)，英国文艺复兴时期诗人。代表作有长篇史诗《仙后》(1590)、《婚曲》(1595)、《小爱神》(1595)等。——编者注

② 潘都拉，据希腊神话，她是世上第一个女人。宙斯因恼怒普洛米修斯盗天火给人间，特命火神造了这个女人以降灾下界。

言一行，一颦一笑，都有着奖善罚罪的神奇效验，而这种效验乃是上天授命给她的，因而也就至高无上。鉴于世上人的道义沦丧，风气败坏，天庭特别召集了会议。会议决定派遣像他的情人这样完美无缺的天仙下入尘凡，以便凭着她的光辉盛德、威仪懿范来对这个罪孽下界施加膺惩，仿佛天帝手中的一条鞭子那样，对于一切罪戾大加挞伐，庶几纲纪重振，恶人敛迹。诗里所表现的这种思想显然是从不止一个方面来的：其中潘都拉的典故及其背后所反映的罪孽世界的思想来自希腊神话；天庭议事渊源于《圣经》中的《约伯书》，以后还以"天上序曲"的题目出现在歌德的巨作《浮士德》中；而人有原罪、世界万恶以及对这些罪恶应加惩罚的思想则主要来自《创世记》等部分，甚至整个《圣经》全书。至于将妇女视作美与善的化身，当成神来供奉的认识，却是较晚出的思想。这在《圣经》的靠前部分固然绝对见不到任何痕迹，就是在后来的《新约》里面也只能说稍露端倪。只是到了西欧中世纪开始和基督教大兴之后，又吸收入日耳曼民族本身的种种思想，才在那里渐渐有了基础。妇女的社会地位(至少在贵族阶层里面)确实较过去有了明显提高。不过将一名妇女提高到圣母玛利亚那样崇高无比的地位这种想法，则只是在文艺复兴的思潮全面到来、人的价值被充分发现之后，才有可能出现的事。它在人类的认识史上是一个新现象，是西方人文主义思想发展至其极致的结果。另外，它也是从但丁、佩特拉克那里继承来的，因而这篇十四行诗却是可谓深得但丁与佩特拉克的遗风。至于在格调和情致等方面，这首诗气象开阔，宏伟庄严，情感也异常真挚，是很有特色的一首情诗。

2 月啊当你泛行高空举步迟迟

菲利普·锡特尼[1]

月啊，当你泛行高空，举步迟迟！
行动那般悄静，容颜那般清癯！
怎么，难道在那圣洁浩茫天宇，
也逃不脱那繁忙射手[2]的神矢？
可以想见，你啊也正害着相思，
凭我这双老眼，谅与事实无违，
我已看得分明；你那锐减清辉
早将你的一腔心事泄漏无遗。
叨在同调，月啊，即请多加奉告——
是否那里多情也被视作短智？
是否那里美人也是同样骄傲？
是否她们既爱为人所爱，可是
对那受着折磨的人[3]又要看轻？
难道那里负心也被唤作德行？

【赏析】（节选）

《月啊当你泛行高空举步迟迟》是他十四行集中的第三十一首，为作者广为传诵的一首名诗。诗的抒情意味较浓，但整个情调则显得悒郁低

① 菲利普·锡特尼（1554—1586），英国伊丽莎白时代廷臣、政治家、诗人、学者。代表作有《爱星者与星》（1591）、《为诗辩护》（1595）等。——编者注

② 罗马神话中司恋爱之神，维娜斯之子。绘画与雕刻上常表现为裸体之美少年著翼，手执弓矢，被他弓矢射中的人则陷于情网之中。

③ 指恋着这些美人而又遭受她们折磨的人。

沉，反映了一个伤情乃至绝望的诗人风前月下的凄苦心境。在情与景的描绘上，诗的写作是成功的，入手淡淡几笔，便将要写的情景映衬出来：宁静的夜晚、浩茫的天宇、月亮的惨淡容颜等很好地交代了诗的典型环境，这一切与这位彷徨在月下的诗人的孤寂心情正相吻合，读来仿佛这一天风月、满怀幽思以及冷露清光等等，全被摄入到那诗行里去。这里诗人巧妙地运用了文学上移情的原则，将他自己的一腔哀愁全都寄寓到月的形象上去。诗中没有一句涉及诗人自己，但是他本人的种种痛苦却因此而被异样明晰、深刻地折射了出来，正像镜之映物那样。在具体的写作上则是采取了独白与问句相结合的方法，时而自己谈谈，时而发些问题，最后更以连连发问的句式结住。尽管有问无答，诗情还是显得活泼而不单调。至于在语气上也是亲切的，带有口语味道，诗人首先以月的孤独与自己的寂寞暗相比况，将月引为知己，进而又以月的不幸隐喻自己的遭人冷遇折磨，借以发抒积悃，获取慰藉，并不止一次抛出过谐谑性的言辞，因而抒情之外，兼有一定的讽刺成分。最后，诗的发展相当自然，结语尤冷隽，也耐人寻味。

3　事已至此那就临别道声珍重

迈克·德累顿[①]

事已至此，那就临别道声珍重——
　我已尽了努力，你也别再奢求；
我很高兴，是的，由衷感到高兴，
　高兴从今以后我总落得自由。

---

① 迈克·德累顿(1563—1631)，英国伊丽莎白时代诗人、剧作家。代表作有长诗《多福之岛》(1612)等。——编者注

别了，别了，并请忘掉过去誓言，
　这样如果我们异日还能重逢，
但愿那时彼此额头鬓角之间，
　再见不着一丝一缕往日旧情。
但现在啊，爱情已是奄奄一息，
　脉搏微弱，热诚也已哽咽憔悴，
信义早就拜伏哭倒在他榻侧，
天真也正急着为他料理后事，
——目前尽管世人断定他已无望，
他的生死仍然操在你的手上。

【赏析】

这是这部诗集里的第六十一首，是其中最好的一篇，不愧为整个英国十四行诗中的罕见杰作，足堪与任何一位诗人的这类作品媲美。诗的题材是关于一对情人的不幸决裂，而描写的具体内容则是他们的最后分手在作者心中所呈现的种种矛盾变化与复杂心理。作者在诗的一开始时便明确宣布，既然事已至此，不复存在挽回的余地，那就不如从此一刀两断，不再继续往来；而且还会因此而感到十分高兴，高兴从今以后至少可以落得自由。这许多话都充分表明作者的决心很大，态度坚决。接着仿佛为了更进一步增强这种决心，还要求对方也忘掉过去彼此之间起过发过的一切山盟海誓、保证诺言，以便将来如果重逢时彼此额头鬓角之间不致再见着一丝一缕的往日旧情。这里态度显得更加肯定坚决，但是一再作这样的强调与请求的本身已经不能不使人对这种态度的坚决性产生一定的怀疑。当诗进入第三段时，这里面所出现的心理状态就更加复杂。它所描写的又是些什么呢？是爱情的奄奄一息，是热诚的哽咽憔悴，是信义的哭倒病榻，是天真的待理后事！这时但觉热泪淋漓，肝胆俱碎，天地为愁，草木凄悲，请问这一切又与前面所表示的态度相称的吗？难道这也能说是感到高兴甚至由衷的高兴吗？就在我们正疑惑间，忽然文情一变，诗思陡转，出现了最后一联中那种意想不到的结局。因而在前后两种截然不同态度的强烈对比下，益发使这首诗显得波澜曲折，逸趣横生，诚挚严肃之外，兼有一定的谐谑味道，真有一唱三叹之妙。这种异峰突起、富于戏剧性的奇笔，是他一些十四行诗的特点之一，在本篇中表现得尤为突出。而诗中前后的矛盾冲突，表里不一等等这时非但不觉可厌，反倒显得更加诚挚恳切，真实自然，并因为它具有感情的普遍性而更加动人了。

4 致牧女

克里斯托弗·马洛①

快跟我吧，做我亲人，
我们定会万事称心，
山中，涧下，林间，谷底，
到处充满天然野趣。

我们将会闲坐石旁，
望着孩童牧放牛羊，
或是偃卧小溪之滨，
听那好鸟纵声歌吟。

我要让你蔷薇作褥，
褥上铺满千种花束；
还要编成小帽一个，

① 克里斯托弗·马洛(1564—1593)，英国伊丽莎白时代诗人、剧作家。代表作有《帖木儿》(1587—1588)、《浮士德博士的悲剧》(1604)等。——编者注

围裙桃金娘叶制作。

上衣用那上等绒毛，
绒毛剪自最美幼羔；
还有绣鞋以防阴森，
鞋扣要用足色黄金。

束带香草蔓藤制作，
钩是珊瑚，扣是琥珀：
如果这些使你称心，
那就来吧，做我亲人。

每到五月天日晴和，
牧童为你跳舞唱歌：
如果这些使你动心，
那就来吧，做我亲人。

【赏析】（节选）

这的确是一首风韵绝佳的短篇牧歌。稍稍熟悉英国文学的人可说没有不知道这首诗的。它曾被引用于散文家与传记家艾萨克·华尔登的《钓鱼大全》，并部分地见于莎士比亚的《温莎的娘儿们》。再有，自此诗一出，应和颇不乏人（参阅前面华尔特·罗利部分①），也足见这首诗的影响之广。诗的类型属于西方的牧歌体，这种体裁自它的创始者——希腊的提奥克里特与罗马的魏吉尔之后，千百年来在欧洲各国极为流行，所歌咏的内容多为牧童牧女间的恋爱故事与乡间生活，范围可以扩及隐士神仙，

---

① 敬请参阅《英诗揽胜》中“克里斯托弗·马洛”篇中华尔特·罗利所作的和诗《牧女的回答》。——编者注

而环境背景则照例设置在山川林泽、乡野田园之间，作品的长短与形式也常是多种多样，不拘一格，甚至可以是较长篇的制作，如葡萄牙诗人蒙提梅耶的《戴雅娜》、英人锡特尼的《阿迦底亚》、意大利诗人塔索的《阿米它》、莎士比亚的《皆大欢喜》、琼生的《忧伤的牧人》、弥尔顿的《饮宴》等，无不可以归入这一类。在情趣与格调上，这类作品一般追求较多的质朴性与较少的人工化，但是不少作品却仍然雕饰过度，不够朴实，并因辗转模拟、相互抄袭而陷入一种老套，陈陈相因，了无新意。马洛这首诗的佳处就在它以异常简洁纯净的语言，爽冽清新的气息，一扫长期以来沉积在这类作品上的种种阴霾污秽，使牧歌真正恢复了它本来的淳朴自然、天真烂漫的可爱面目。诗里的音韵节奏正像林间的清氛爽籁一样，和谐而轻快；它的语句朴素而外还有相当的色泽与妩媚，仿佛从那大自然的丰盛之中信手拈来，随意摄入进去似的，来得轻松而不吃力；它的语句易读易懂，又易于成诵；在篇章布局上极具匠心，却又风韵天然，不露痕迹。正是由于这一切遂使这首诗独具姿媚，成为历来牧歌中不可多得的优秀篇什。

5　我啊多想把你比作明朗夏天

威廉·莎士比亚①

我啊多想把你比作明朗夏天！
　但是你比夏天更加温柔娇艳：
狂风会把五月芳菲肆意摧残，
　那些美好夏日也常时间太短：

① 威廉·莎士比亚(1564—1616)，英国文艺复兴时期著名剧作家、诗人。代表作有《罗密欧与朱丽叶》(1594)、《仲夏夜之梦》(1595)、《哈姆雷特》(1601)、《奥赛罗》(1605)等。——编者注

有时那天上的晴光过于焦炙，
　有时它那辉煌却又黯无颜色；
美的容貌总有一天会要消逝，
　暮去朝来她的明艳必遭剥夺：
但是你的滔滔长夏却不衰歇，
　你的美丽却将常在，永葆青春；
死神难夸你在他的荫下蹀躞，
　一旦你在不朽诗篇获得永存[①]：
只要一天眼能观看，人能呼吸，
这诗就将不死，并赋生命予你。

6　每当我在世人面前遭逢不幸

威廉·莎士比亚

每当我在世人面前遭逢不幸，
　不禁为着自己身世悲怆深深，
我曾哭诉昊天，但是毫无效应，
　因而自怨自艾，痛恨生不逢辰。
多盼能像他人那样意气峥嵘，
　像人那样朋友众多，丰神奕奕，
多么羡慕这人学问，那人才情，
　但对自身种种总觉太不称意；
正当我已痛不欲生——这时忽然

① 当然是在作者的诗篇之中获得永存，意即作者诗中歌咏的对象会因了作者诗篇的不朽而不朽。

　　想到了你：登时我的心情就像
云雀自那阴沉大地冲破晓天，
　　高唱欢乐颂歌在那天门之上；
这点回忆竟使我心那么昂扬，
此时我的欢快实在远胜帝王。

【赏析】

这里选译的两首诗《我啊多想把你比作明朗夏天》和《每当我在世人面前遭逢不幸》，出自作者这部《十四行集》的第十八首与第二十九首，是历来英诗选本中最常入选的两篇，也是这部诗集艺术上最完美和思想上最有代表性的。这两首诗的共同特点是：作品中所反映的个人印记较强，时代气息较浓，态度诚恳，情意真挚，思致深沉，用语准确；内容、形式与技巧达到了高度的平衡与和谐；因而读来予人以十分饱满充实、具体鲜明的印象，而不是轻飘浮泛，不着边际的感觉。另外，两诗在感染作用上具有较广泛的诉诸力，道出了千千万万人的普遍感受与共同心声。

分别来说，前一首诗的整个语气情调蕴藉温存，缠绵悱恻，激荡着对所思念的人的最美好的愿望，颇有反反复复，低回不尽之致；所用的比譬也是不仅鲜丽自然，而且还高度密集。但是这种比譬却不是简单孤立的，而是始终在一种充满着反衬与映照的严格对比的基础之上来进行的，这点不论诗的第一段，第二、第三段乃至结尾的两行全都是如此（最后一联条件句实际上也可看作一种比较或对比）。因而仅就风格的手段来讲，这种修辞方法上的一致性也就自然会给作品思想情感上的有效表达带来必要的完整性与连贯性；同时又因为这种手法的一再重叠与前面说到的内容上的反反复复、低回不尽等等，从而进一步增强了诗中情感因素的累积效果与感染作用。再一个较显著的特点是（而这点又直接与诗的比譬的手段有关），这首诗的表述方法是高度富于形象的，甚至可说基本上是通过一系列的艺术形象来完成的。如果我们要找点材料来说明形象思维的话，这首诗便是一个绝好的例子。但是诗发展到了第三段时，按照十四行的写法，这里应当出现意思上的较大转折。明朗的夏日有时而尽，熠耀的晴光能变暗淡，美丽的容颜也会消逝，但是“你的滔滔长夏”却将永不衰歇——诗人在这里以所谓的转折或奇笔提出了一个“悖缪现象”(Paradox)。所以要这么说是因为，虽然按照常理这是不可能的，但是诗的作者却认为这事可以实现，“一旦你在不朽诗篇获得永存”。这里的九至十二行正是全篇的诗眼所在，表达也酣畅而有气势，诗情至此为之一振。这点不仅是本篇的重要主题，也是流贯于这全部十四行集的确定思想，曾屡屡出现在许多篇章之中，不仅道出了诗人自己的壮慨豪情、雄心抱负，更重要的是强有力地表达了当日西欧人文主义者对自己事业与未来前途所具有的那种无限的坚定信心与乐观精神。一首不长的抒情诗而能反映出这么多的时代风貌，因而也就更加可贵。结尾一联是这一思想的发展和继续，但却写得极其凝练精彩，真可说是金声玉振，铿锵有力。

后一首诗是作者抒发牢骚的诗，但更主要的是描写了爱情或友谊对一个愁苦潦倒的人的神奇的振拔与超升作用。借诗以抒发郁悒情怀，并进而博取他人的怜惜同情，原是古今中外诗歌里最习见的现象，但是悲恻之音却又是很难写成功的，弄得不好，并不一定能达到目的，而只会招来人们的厌恶和反感。但是这首诗在抒发这种情绪时却写得那么生动具体，真切恳挚，给人以发自肺腑之感，尤其是其中的第二节四行诗，那里的一切意思更表达得十分鲜明准确，深沉动人，读来不是不生印象的空洞言辞，无关痛痒的浮泛音响，而是仿佛道出了千万人埋藏在内心深处的普遍隐痛，因而具有极广泛的诉诸力。特别值得注意的是，虽说是一首发泄牢骚不满的诗，但整个情调却写得十分高贵庄严。这里诗人没有单纯突出个人的怀才不遇，而是强调了自己的不如他人，这样，不够合理之中却又显得合理，不够谦虚之中却又透着谦虚，更何况这种情形绝非来自他人，而恰恰是来自那莎士比亚！这就会迅速赢得人们的好感同情，并使这首诗的价值比之那些只知怨天尤人的清狂狷介之辈的诗作高出不知多少倍。诗从第九行开始的下半阙起，情思发生了急剧转变。这里诗人浮想联翩，轩轩高举，忽然唱出了全篇最昂扬的音调，所构成的形象也极为辉煌壮丽，不觉将诗的意境提到了意想不及的高度，而全篇作品也就在一片欢乐的热烈气氛中戛然而止。因此这首诗又因为其中包含着极强烈的对比因素而成为一篇极具曲折与波澜的好诗。

7 眼波胜酒致塞莉亚

本·琼生①

请用你的眼波向我祝酒，
我会同样报以眼波；
只要你在杯中留下一吻，
一般的酒尽可不喝。
那从灵魂深处来的饥渴，
你的仙酿才能消解；
即使天上琼浆我能尝到，
也将不如你的圣洁。

最近我曾赠你蔷薇一束，
也是向你聊表敬意，
但却主要怀着一种痴念，
希望这花会永不死；
只要你肯对它嘘嘘气息，
然后将它惠然掷还；
那时清香已经不是它的，
而是发自你的身边！

① 本·琼生(1572—1637)，又译“本·琼森”，英国文艺复兴时期剧作家、诗人、评论家。代表作有《狐狸》(1605)、《炼金术士》(1610)等。——编者注

【赏析】(节选)

这里选译的《眼波胜酒致塞莉亚》这首美丽小歌出自他一部题名为《丛林》的短诗集(刊出于1640年),是他最脍炙人口的一首诗,最能代表他抒情诗的风格。这首诗的意思明白易懂,无须多作解释。它的特色主要在于构思的奇妙、措辞的精练与音律的和谐,适于谱制入乐,另外也由于形象的集中饱满,使它极具风情与韵致,因而比一般泛泛谈情说爱的诗歌高出许多。诗的开始一联就起得不凡,新颖别致,风情极好,予人以一见眼明之感;第三、四行承得更妙,引人入胜,细想虽也并非如何奇特,但读来却总觉得意象葱茏,气韵生动,给人带来那么美妙的联想;五至八行讲,经过这位美人沾唇的酒将会胜过天上的琼浆玉液,只有靠了它才能消解那发自灵府深处的难疗饥渴。这里浓郁华美的语句顿时给诗增添了某种圣洁纯净的意味,整个诗境也随之而更为升高。诗的第二节在内容上与前一节相平行,用美人的香气胜花以与上面眼波胜酒相呼应、映衬的写法对所歌咏的对象作了更深一层的处理。照诗人的痴想,花可以经美人的接触、嗅摸而得以不死,另外花因为沁入了美人的香气而变得更为馨香,甚至它的香气本身即将是散发自那位美人。写到这里,诗人对他这位美人的迷恋之切、沉酣之深,实已达到了难以言喻的颠倒程度。但有趣的是,这首读来十分聪明可爱的小诗却非完全出自作者一己独特的心裁,而是较多地靠了他那有名和惯用的所谓"镂云裁月"的本领,亦即是说,诗中有不少意思甚至语句都是靠作者从前人的作品中巧妙掇拾而来。这种将古人前贤的妙意佳句化为己有,融入个人篇什的做法在这首诗中表现得极为典型。首先,这篇诗的基本内容据说即系采自古希腊诡辩家菲提斯特拉图斯大约在250年所写的一封情书中的意思,文中第三四行来自六世纪希腊语诗人阿迦细亚斯的一个警句,最后两行则又取自一位希腊无名诗人的残句,因而这首诗读起来实在很像一首古希腊的抒情短歌。但是无论如何,经过作者的一番提炼点化,这首短歌还是非常精妙动人的。

8 德 行

乔治·赫伯特[①]

美好的天气，那么静穆清明！
欢欣得像天地举行婚礼——
清露却在为你[②]饮泣失声；
　　因为你将死去。

美好的蔷薇，颜色忿怒豪雄，
竟使观看的人不敢逼视，
你的根荄就在你的墓中，
　　你也必将死去。

美好的春天，光景多么鲜妍，
好似宝物尽收你的匣里，
我的乐章却要奏你终篇，
　　一切都将死去。

唯有那美好而有德的灵魂，
仿佛陈年佳木，勇毅坚贞；
即使天地万物化为灰烬，
　　你却仍将永存。

---

① 乔治·赫伯特（1593—1633），十七世纪英国玄学派诗人。——编者注

② 你，指第一行中所说的“天气”。同样，第二节、第三节与第四节中的“你”字也分别指“蔷薇”“春天”“灵魂”。

【赏析】

这里选译的《德行》是一首道德劝喻诗，公认是他诗集中的代表作。诗里讲道，世上一切美好的事物——阳春的明媚，蔷薇的怒色，白日的鲜焯与音乐的动听，等等，尽管如何炫人心目，却都转眼即逝，不能长久，但是唯有德行才能永生，即使整个宇宙全都焚毁。这即是我们所说的“立德不朽”。今天看来，诗的意思实较寻常，但这种意思的表现手法却绝不能说是寻常，而应当说是相当奇兀独特的。诗的起句一联所用的形象就极为灿烂辉煌，这里以天地的婚礼为譬喻来写春天的淑气烟景与穆肃清和乃至欢乐佳氛，气象是很壮丽的。其余各章节的写法也都各具特色，清新鲜明，不落陈套。再从总的方面来看，诗的风格警辟洗练，意象新颖大胆，韵律的安排也很别致而富意义，例如每节用以表示主要意思的重点诗行都放在最末的一个短句上，因而非常醒目突出，起到了强化主题的效果，另外也给诗本身带来了某些跌宕不尽的意味。这些都是这首诗成功的地方。但是其中所使用的许多形象也不免给人以稍稍不安的感觉，比如蔷薇的颜色是“忿怒豪雄”，春天的光景是“匣里宝物”，有德者的灵魂是“陈年佳木”等都属于这种情形。这一方面固然不能不说是一个缺点，但另一方面也正是作者的“诗必已出”这种主张的自然结果，说明作者比较能够摒除陈言。这种好在诗中使用奇譬怪思的癖嗜正是英国玄学诗派的一个较突出的特点和缺点。

9 咏失明

约翰·弥尔顿[①]

每当想起我的光明[②]已经耗竭，
　虽然在这冥冥广宇我的一生
　还不及半，而且我那唯一才能
也归无用，本来到死才会殒灭。
这时我的灵魂益发沸腾激越，
　渴望靠它来为我主[③]增添光荣，
　并将痛切陈词以免遭他膺惩，
“为何上帝要我，却将光明拒绝？”
但是坚忍，为了息怨，这样回答：
　上帝何需人的功业？谁能甘受
　他的温和枷轭即是最好效力，
他的地位至尊。千万人会在他
　一声令下，速于置邮，海陆奔走：
　那些鹄立恭候的人也是服侍。

【赏析】（节选）

《论失明》一首作于1652年他双目失明后不久，内容写的是一个深深为着这种灾难所折磨的痛苦灵魂的困惑迷惘心情，以及他又如何渐渐找到答案，释去疑虑，最后从中将自己解脱出来，等等。因此这首诗是一篇

---

① 约翰·弥尔顿（1608—1674），十七世纪英国诗人、政论家、历史学家。代表作有长诗《失乐园》（1667）、《复乐园》（1671）等。——编者注

② 指诗人自己丧失目力事。

③ 指上帝。

关于灵魂奋斗、冲突与挣扎的悲痛史。诗的题材极为庄重，写作态度极为严肃，整个格调也是悲壮和崇高的。今天重读这篇诗作，我们将会获得的一个非常突出的印象，可能便是笼罩和弥漫于全诗的那种浓郁的宗教气氛。因为诗的作者对这场灾难的基本态度和对它的一切解释都是以西方基督教神学与《圣经》经文为基础和出发点的，甚至诗里的全部语汇也都是这样。按照这种哲学，一个人生命的全部意义与最终目的不过在于为上帝服务，在于全心全意地侍奉他，歌颂他以及为他增添荣耀，舍此再没有任何别的意义或目的。作者丧失目力之前，曾经一直辛勤忘我地为着清教革命服务，为着英国人民奋斗，但是这个归根到底又是为的什么呢？那么根据作者所信奉的教义来说，当然是为着效忠上帝，为着光耀上帝。但是这样一番输忠效力的结果又是什么呢？从他个人来讲，所得到的报酬不过是自己双目的失明。然而革命尚未成功，上帝的“意旨”在那里还没有完全得到实现，大量未完成的工作仍然急迫地等待着他去完成，更何况他自己又是那样一个大有才能的人，那么上帝既然要求人们为他工作，却为什么偏偏又要在这时候夺去他的视力，拒绝给他光明？这不能不给诗人带来难以名状的困惑。但是他终究从这种困惑之中寻找到了一种解释：这就是，原来上帝并不需要“人的功业”。当然上帝仍然需要人去荣耀他，只是并不需要人去为他具体做些什么。这些对于上帝来说，又能算得什么呢？上帝也依然需要人去侍奉他。但是什么才叫侍奉，却又完全凭他自己的意旨而定——这谁又能猜透？能够甘心承受他的枷轭也许就是那最好的效力吧！（这点，顺便说一句，也是十足的基督教的概念。）世上千千万万的人在他的一声令下海陆奔波固然都是为他服务，但是即使一事不做，而只是站在一旁，等在那里，恭聆上帝的纶音钧旨，也同样应被看作是在为他服务，因为这也是给他增添了荣耀光彩。以上是诗人经过痛苦思虑所获得的新启示，也是全篇的主旨所在。这里所表达的认识在今天我们看来虽然几乎没有什么意义，也完全不大可能从中受到任何启发和感动，但却是许多西方基督教国家里的长期传统信仰和受到尊重的思想，在他们那里不会感到有丝毫怪异之处。因此，在理解这篇诗的时候，一定不能忽视这个极为重要的宗教与文化背景。对于我们来说，这里特别值得注意的一点还在于，作者在诗中对他自己思想转变所提出的那番解释是很有特色的。作者自己毕竟不是一个善通人。正相反，他自己也会充分意识到他身上具有非凡的禀赋与稀世的才调。但是有意义的是，一位具有这样禀赋和才调的人居然能够在一个更高的原则下将他自己与大量忙忙碌碌的普通人们等同起来，甚至于一些只能陪陪站站的凡庸之辈也一律看待，而并不如何自矜其能和坚持自己怎么特殊，这实在是非常难能可贵的高贵心地和博大襟怀，是极为罕见的超脱气质和旷达态度，因而大大提高了诗的气格境界。诗中流露的另外一些特点例如逆来顺受、从服天意等等谦虚为怀的态度以及在对待自身的不幸上那种哀而不怨、忧而不伤的蕴藉敦厚的情怀，也都是这首诗历来深为西方人士所称道，尽管我们并不完全赞同这种看法。诗的结语——“那些鹄立恭候的人也是服侍”尤其是历来的名句，而且又在篇尾，极为醒目，他正言若反，奇峭隽永，意韵无穷，甚至不无一定的微讽味道，也给这篇诗作增添了某些特色。

10 圣塞西莉亚[①]之歌

约翰·戴登[②]

1

从那和谐，那神圣的和谐，
宇宙秩序由此肇始：
那时处在那低层的自然，

① 圣塞西莉亚，二三世纪间罗马贵妇，雅擅音乐，据说管风琴即出其创制。

② 约翰·戴登(1631—1700)，亦译约翰·德莱顿，英国王政复辟时期诗人、剧作家、文学批评家。代表作有《时髦的婚礼》(1673)、《一切为了爱情》(1667)、《押沙龙与亚希多弗》(1681)等。——编者注

载负成堆冲撞原子，
鸿蒙之初尚不得见天日。
忽然一阵乐音响自天端，
“速起，你们太无生气！”
于是那里一切冷、热、燥、湿，
各安其位，依次跃起，
完全听命音乐指挥。
从那和谐，那神圣的和谐，
宇宙秩序由此肇始：
始于和谐，终于和谐，
其间虽然经过千音万籁，
全部律吕最后至人为止。

2

世间什么感情音乐不能兴发，
不能使它起伏涨落？
遥想犹八①击起带弦龟壳，
他的同胞听到这番异响
不仅面面相觑，环顾失色，
个个拜伏在地，莫敢仰视：
心中一个龟壳空空，
竟能溢出妙乐嗡嗡，
定能神灵居住其中。
试问什么感情音乐不能兴发，

① 犹八，亚当之子该隐的后裔，据《圣经》上说，“他是一切弹琴吹箫人的祖师”（见《创世纪》四章二十一节）。这里所谓“带弦龟壳”纯系出于诗人的想象，意为犹八的弦琴张敷于龟壳之上。

　　不能使它起伏涨落？

3

那喇叭的高亢嘹亮，
　　激发着人奔赴战场，
且听它那怒号凄厉，
　　宣布前方正在告急。
再听鼓声窾坎镗鞳
　　霍如列缺霹雳猝发，
　　“听！听！敌军已经到来，
　　快快冲锋，有去无回！”

4

　　长笛之音，凄悲欲绝，
正将情人苦况吐露；
　　琉特之声，呜咽婉转，
仿佛将那挽歌哭泣。

5

　　那梵阿玲，声何悠扬，
正在诉说谁的忧伤，
他的妒火、愤恨、狂怒、绝望，
他的激烈炽情，深沉悲怆，
　　他的美人使他忧伤。

6

请问哪种妙艺能够比拟，
　　哪种歌喉能够企及

那管风琴的庄严宏伟？
它的音籁启人虔心，
它的曲调要眇入神，
天上歌队也难媲美。

7

我菲亚斯[①]曾使百兽率舞，
甚至林木也都离其居处，
紧紧尾随鸣琴后边；
塞西莉亚却更神乎其技：
曾在琴中嘘入人的声息，
一位天使闻之竟然误入下界[②]，
一时述了天上人间。

8

大合唱
正如凭藉神圣曲调威力，
万千星宿开始运行，
并且同声颂扬造物伟大，
欢歌飞向仙界高空。
同样当着最后可怕时刻[③]
将这虚幻人间全部吞没，

---

① 古希腊传说中的诗人与乐圣，为缪斯之子，最善鼓琴。据说他奏起琴来，百鸟翔集，鱼跃于渊，百兽欢踊，甚至草木石头都追随着他。

② 这句话的背后包含着一个传说：由于塞西莉亚德行出众而又十分虔诚，一位天使曾下入凡世拜访过她。这事在作者的《军前宴》中也提到过。

③ 指基督教《圣经》上常说的最后审判日。

那骇人的号角[①]必将声闻于天，
那时生的将死，死的将生，
音乐又要重新搅翻苍穹[②]。

【赏析】(节选)

戴登的这首《圣塞西莉亚之歌》也是一篇歌咏音乐的名作，写于1687年，是应当年伦敦某一音乐团体之请，为他们纪念圣塞西莉亚节时谱制新曲的要求而专门著成的诗篇，从体裁上说同样也属于颂歌体。当时英王查理二世最宠幸的意大利音乐家G.B.德莱基曾将这首诗谱成乐曲演奏。嗣后大音乐家亨德尔又为此诗再谱新曲，其效果据说远胜于德莱基的旧乐，因而成为音乐史上词曲兼胜的有名佳作。

下面我们谈谈这首诗。首先值得注意的是，这篇诗作所具有的庄重的题材和作者所表现的认真的态度。这首诗是为圣塞西莉亚节的盛大演出而写作的。塞西利亚因着为基督教徒的信仰而殉教，被罗马教会列入圣籍，从此受着典祀；又因为她平生雅擅音乐，并曾是像管风琴这样宏大乐器的发明创制者，又被尊为音乐的保护神，年年以她的忌日(11月22日)作为音乐节进行纪念性的演出，所以这种场景本身就是很隆重的，带有着庄严圣洁的气氛。这种情形当然会沾染了这首诗，而戴登此诗在题材上也是与这种情调相适应的。诗以歌咏音乐为其题材，并从音乐对人的各种情感的巨大的兴发鼓舞作用出发，对足以引起这些情感以及藉以表达各类音乐内容的种种乐器和它们各自的效能、作用与特色——例如龟壳击打的灵异神奇，喇叭的高亢嘹亮，鼓角的振奋激烈，长笛的悲怆凄切，琉特的婉转哀咽，梵阿玲的清越悠扬，等等，一一给予了精致细腻的描绘；至于对那作为诸种乐器之冠的庄严宏伟的管风琴——连“天上歌队也

① 这号角将宣布世界末日的到来，据说那时已死者都将“复活”，静聆上帝对他们的审判(见《新约·哥林多前书》十五章五十二节)。

② 天地既已到了末日，就会失去和谐，重新出现混乱。

难媲美”，那就更不待说。但是这首诗歌咏的内容却没有停止在这里，而是高蹈遐举，远远超出了这些题材。它将发抒这些具体情绪的音乐与作为各类音乐的总的精神和最高表现的和谐结合起来，将和谐视作“千音万籁”这全部音域的终极的显现。这样，诗描写的内容就有了深度，有了分量与地位，有了哲理的意味与题材的庄重。诗的开篇与结束两部分更进一步将这种理论提升到了极大的高度，这些都说明这首诗在题材选择上是异常庄重的。与题材的庄重相一致，作者在具体的写作上也采取了很严肃的态度，这点主要表现在如下一些方面：这首诗情调的严正与题材的庄重完全协调吻合；篇章结构与诗节安排繁简适当，修短合度；意思的表达与重点的强调相当应景得体，又不落套，可谓善颂善祷；全篇没有一行浅薄语句与轻佻描写，诗格较高。要做到上述这一切，没有认真的态度是根本不可能的，因此说庄重的题材与认真的态度是这篇诗的第一个重要特色。

宏伟的构思与高贵的学识是这首诗的第二大特色。为了更好地理解这一点，我认为有必要对作者在这篇诗里表达的基本思想进行一番追踪。开篇的第一节最为集中地阐发了这层意思。那里讲道，和谐是整个宇宙秩序的肇始。自然虽是一切事物的本源，但原来处在那低层的自然只不过是载负着一堆互相冲撞的原子，它沉积在宇宙的深处，因而鸿蒙之初，尚不曾得见天日；而且由于处在激荡、冲突与紊乱不堪的混沌状态之中，一切还没有什么秩序和条理可言，也还远远不是后来的那种日月经天、江河行地、浊沉清扬、水陆判然的清明世界与朗朗乾坤。那么是什么使这一片混乱呈现出秩序和条理呢？那便是和谐，来自天端的和谐。它像神灵一样，君临于天地万有之上，以其绝对的权威指挥着一切事物走向秩序，走向条理。在它的命令下，自然界的一切冷、热、燥、湿，亦即地、火、气、水等各种要素才活跃起来，“各安其位，依次跃起”，开始了所谓的“水流湿，火就燥”的归位就绪过程。也即是说，物质通过它自身不停的转动而逐步形成了我们这个可爱的球体（而球体是圆形的，因此也就是最和谐与最完美的）。在这里，地、火、气、水也各依次序随着这旋转而形成了无数的圈带与层次。总之是带来了和谐，而天下万汇也就从这和谐之中渐次滋生繁育出来，它们“始于和谐，又终于和谐”。但是作为自然的本性及其作用的和谐却没有停止在这里，而是继续向前发展，最后终于发展到人，因而发展到了它的最高阶段，同时也在人的形象中实现了它的最终目的，抵达了它的最高境界。这样这一节诗在歌颂和谐的时候，也就同时歌颂了人。实际上在这里人就是和谐，就是完美，就是至善。我认为这便是全诗的主旨所在，以下的诗行以及结尾部分不过是这个思想的深入与继续。

诗读到这里，我们实在不能不为这篇作品构思的异常宏伟所折服。这种宏伟主要就在于诗篇的起点极高，放眼极宽，堂庑轩敞，景象壮阔。从一开篇起，诗人就把作为“千音万籁”的总的来源与表现的和谐提升到了宇宙秩序的高度。在这里，和谐不仅仅被看作是世界上种种事物之间的一般现象、一般关系，而是与整个的宇宙万汇联系了起来，与自然的形成、发展和变化联系了起来。它作为自然本身的最基本的属性与作用，也已经不仅仅是自然的某个局部特点或外在表象，而是化成了自然的总的精神：它磅礴弥漫于整个天地万象之间，渗透活跃在每个原子质子之内，山岳海洋之大，星云河汉之广，野花纤草之细，沙砾芥子之微，没有一处一地没有它的踪迹，没有它的消息；它无隙不入，无远弗届，无往不复，流转回环，周而更始，处处起着滋长、生息、陶钧、镕铸的巨大孕育作用；在时间上它也是永恒的，与造物同悠久，与天地相终始，它绵延不绝，亘古如斯，浑无涯涘，靡有其极；它实际上便是宇宙的化身，大千的别名，它源于自然，但比自然更为伟大，因为就是凭藉着它自然才摆脱了自身的混沌未开、荒漠可悲之状；但是它发展的最高阶段却是人类，因为人的出现不仅标志着自然发展史上的更高进程，同时又以其自身所蕴蓄的完美而体现着最高的和谐，这点前文已经说到了。这一切都充分说明，诗人在这篇诗歌的构思上是极其宏伟的。但是这又与诗人高贵的学识分不开。这里我们所以不用广大或渊博等字眼而用了“高贵”一词，是因为高贵更能显示诗人学识的卓越的性质；另外也是因为英国十八世纪的文评家塞缪尔·约翰逊在他的《诗人传》里形容戴登时就是这么用的——“戴登的学问带有更高贵的性质”。而这种高贵性质就表现在诗人在处理这样广大而复杂的题材时所流露的那种非凡的把握能力。请看,这一篇诗里包罗着何等浩博的知识。上自古希腊德谟克拉西的朴素的原子论,伊壁鸠鲁的原子激荡说、基本元素说,亚历山大里亚的托莱密的天体乐音理论;中经文艺复兴时代的人文主义思潮;(这点在诗里那么突出!)下至近代力学、理性主义以及自然神论等等那么众多而复杂的哲学思想体系。他们无不被作者以再简约不过的形式具体而微地压缩概括到一篇短诗里去,特别是一开始的寥寥十数行里去!这样高超的概括能力在全部古今中外的思想史和文学史上恐怕也是罕见的。更何况,这一切又来得那么轻松而不吃力,仿佛信手拈来一般,并无过事堆砌典实、炫弄学问的痕迹。学者文士固然能体会得更深些,一般读者理解起来也不太困难,真正做到了平易近人,雅俗共赏。正是基于上述理由,所以我们说宏伟的构思与高贵的学识是这首诗的另一大特色,而宏伟的构思又来源于高贵的学识。

下面,我们准备再从风格方面谈谈这篇作品,这就进入到它的第三个特点——纯净的形式与俊逸的格调。形式的纯净原是古典主义的行文宗旨和普遍特征。作为伊丽莎白时代、雅各宾以及嘉洛林时代文风中的不佳部分(例如臃肿累赘、枝蔓芜杂、繁缛藻饰、迂曲浮夸乃至好用晦语怪思,等等)的对立物,英国的新古典主义自一开始就以雅洁纯净、和谐匀称、讲求逻辑、符合理性当作自己在文风上遵循的目标和奉行的准则,这点在它的先驱者戴登身上就早已是如此。戴登的诗文正是这种文风的著名典范。为了力挽百余年来相沿已久的绮靡颓风,以适应新时期的需要,他在著诗为文两方面都极力提倡一种清新自然、简劲明快的新文风。在行文上必求雅正;在作诗上忌用怪思,并提出了诗语的建立问题。即以这篇诗作为例,尽管题材那么广大,意思那么复杂,但是你看他处理得却是多么完美,读来但觉交代利落,脉络清晰,层次分明,厘然有序,没有一点多余枝蔓的笔墨,没有一点拖沓纠葛的地方;在分量轻重、比例安排、连贯衔接与衬垫呼应等方面也都处处那么各适其宜,惬心贵当。这时各种杂质污秽受到祓除,更为完美精致的形式被提炼出来,最后映入眼界的则是一派纯净气氛，清明景象。但这一切又不单纯是形式主义的，绝不生硬死板：它活泼灵动，浑圆洒脱，酣畅疾迅，俊逸多姿。这事仅从篇中各个章节在音律与韵脚的运用时极富变化一点上也可以看出。

11 墓地[①]哀吟

托马斯 · 葛雷[②]

晚钟阵阵宣告着那天色将暝，
　哞哞之声一时顿起荒地田塍，
农夫拖着疲惫步子继续离去，
　这周围剩下的唯有我与幽冥。

眼下一线微明已随景物消逝，
　四野全被肃穆笼罩，一片死寂。
唯一音响只有飞虫翅羽营营，
　和着远处铃声催促牛羊睡去。

从远处藤葛密布的楼头塔尖
　也能偶尔听到鸱鸺对月兴叹，
这片净土早是它的长年住地，
　如今竟也有人敢来暄呶渎犯。

---

① 墓地在英国白金汉郡的斯托克波吉斯乡，离剑桥大学不远，诗人的母亲曾住附近，故他常从剑桥来此度假。

② 托马斯 · 葛雷(1716—1771)，英国十八世纪诗人。代表作有《墓地哀吟》(1751)、《诗歌的进程》(1757)等。——编者注

在那古拙榆树之下，杉木之荫
　盛长着多少茂密的蓬蒿野草，
就在那下面的隆隆坟冢之中
　长眠着多少淳朴的农家父老。

那破晓之前天际的芳馥清风，
　那啣泥归来檐前的呢喃燕语，
雄鸡的激越高亢，号角的嘹亮，
　都无法将陈死人从地下唤起。

对于他们一切都已成为过去：
　夜晚炉边的温煦，妻室的忙碌，
再无儿童争着跑回报他归来，
　或者拥到他的膝边分享爱抚。

嘉禾曾在他的镰下纷纷披靡，
　坚壤硬不过这健夫把的锄犁；
看他驱着牲畜下地多么快活！
　巨木也抵不住他那有力斧击！

骄者①切莫轻看这些有益劳动，
　轻看这些日常乐趣、平凡命运；
贵者也莫一听谈起穷蹙生涯
　便是讥笑讽刺，仿佛不屑闻问。

---

① 西欧文学中每喜将抽象名词加以拟人化来使用，这在欧洲文人手中久已成为传统，但译入汉语则往往显得不够自然，例如这里的“骄者”“贵者”在原文中便作“骄傲”“崇高”，现译作“骄者”“贵者”以从汉语习惯。

那纹绶的矜夸啊，权势的煊赫，
　美与财富所携来的一切一切，
都将逃脱不了最后那么一天：——
　荣华的道路也只能导入墓穴。

如果你的墓上不曾留下碑铭，
　如果从那教堂通路雕花拱顶
对你赞誉之声不曾洋洋盈耳，
　这点但愿你啊莫怪平民百姓。

骨瓮①彩绘虽美，胸像雕塑虽精，
　悠悠魂魄岂能重返它的宅邸？
荣誉岂能再使尘埃重新踊跃？
　阿谀岂能再给死者带来欢喜？

安知这些蓬蒿之下不曾沉沦
　天下多少失意豪杰，不遇才人！
论到才具完全可以兴邦治国，
　如做诗人也能感动天地鬼神。

可惜历代灿烂文物丰富典籍，
　人类全部精英都与他们隔绝；
穷愁潦倒终使他们空怀壮志，
　天生一副美才也竟卒归泯灭。

天下多少奇珍异宝醇朗晶莹，

① 即骨灰瓮。

　但却深埋海底岩下无人问津；
天下多少好花佳卉馥郁芬芳，
　但却长抛荒郊野地枉负青春。

安知这里不曾出过勇毅之人，
　抵御村上豪强，凛若那汉普丹[1]？
甚至弥尔顿与克伦威尔[2]之流，
　尽管其名不彰或者其事不传？

议会之上博得喝彩的非凡才调，
　面对威胁一笑置之的胆识气魄
能使全境之中户户殷实富裕，
　或使朝野上下处处歌功颂德。

这些，他们都做不到[3]：不仅难望
　修成盛德，就是罪过也较平凡；
他们不能凭着杀伐登上宝座，
　也不能对一切众生善门常关；

或者因为明目欺世心神不安，
　或者由于负疚深重掩面抱愧，
他们无须将那缪斯堂上馨香
　厚颜捧到荣华富贵面前献媚。

---

① 即约翰·汉普丹(1594—1643)，英国杰出的爱国者与志士，曾因反抗查理一世的横征暴敛而著名，后死于内战。
② 二人均为英国资产阶级革命时期的著名清教派领袖。
③ 此节前的四行中所述种种均为“做不到”的内容。

远离那愚昧群氓的无聊纠纷，
　他们神志清明，时刻严守正路；
他们在人生之谷的幽静道旁
　只是不声不响迈着从容脚步。

为使这些可怜骸骨免遭践踏，
　人们往往将块薄碑竖在那里，
上面雕饰纵然简陋，铭文粗俗，
　也望能使过路之人稍加致意。

碑铭措辞虽出卑俚不文之手，
　用意与那谀墓之词也无二致；
何况碑铭撰者颇曾广引经文
　目的也在晓喻人以死生之义。

当人一旦离去这里阳间苦乐
　试问有谁甘愿从此永被遗忘？
有谁离去这个美好天日之际
　能不低回却顾频频回首怅望？

垂毙之人犹望得到亲人抚慰，
　将瞑之目犹望有人为他垂泪：
天性甚至能从墓穴发出呼唤①——
　死灰之中当年炽情仍常不坠。

今日出于对你逝者一片关心，

① 意在获致活着的人的怜惜同情。

竟然著诗凭吊他们平凡命运，
他年难免没有同调素心之人，
也会怀着幽思向人把你问讯——①

或许某个白发老农会这么说：
“我们倒常见着他在破晓时光
快步走过这里，一边拂着露水，
便上了高原草地去迎接朝阳。

他最爱去远处一棵老桦树下，
那儿无数虬根把它层层屈蟠，
他常中午时分懒散直躺那里，
一边凝注着那身旁溪水潺潺。

时而倚着远树微笑，若含卑夷，
时而缘着林路低吟，披露遐想，
时而垂首不语，状若不胜茕独，
时而忧心如焚，或因失恋怅惘。

一天晨起忽不见他前来登山，
荒地老树之旁也是那般悄静；
次日到来溪边水侧仍不见他，
林中草际也都失去他的身影。

翌日突然哀乐声声伴着死者，
缓缓舁来教堂墓地盛装待殓：

① 自此节至篇末均为作者对自身死后情景的遐想，即所谓“既伤逝者，行自念也”。

且请前来亲自读读那块碑铭，
　碑铭即曾镌在一丛荆棘下面。

墓　铭①

哀哀少年，遽尔殒殂，
浮名何有？富贵无与。
出身虽微，广诵典籍，
愁神对之，亦颇怜惜。
人既慷慨，性复真诚，
天之报彼，锡赉亦丰，
每对贫窭，黯然泪垂，
昊昊上苍，直其所为，
纤介之善，何足揄扬，
毫毛之过，未宜声张，
犹自惴惴，畏遭神谴，
上帝怀中，定叨天眷。

【赏析】

《墓地哀吟》一篇实在是非常优秀的作品，对于后世曾经产生过很大影响。这首诗发表于1751年，是他平生诗作中最得意的、也是最完美的一篇。不少评论家曾誉之为英国十八世纪诗歌的压卷作，有人甚至说是全部英诗中的第一杰作。但诗的成就固大，辛苦也大，诗人自动笔以来，旋作旋辍，几经删削，凡七历寒暑方脱稿。1742年，诗人幼年同窗好友理查·威斯特去世，他悲恸逾恒，追怀旧情，倦倦难忘，这是促成他写这篇诗

① 这里乡人指点墓碑给游人观谒以及下面一段铭文也均系诗人想象之中自拟自设之词。

的缘起。但初作不过六七节的一个短篇，只是后来才陆续增添，篇幅增大，发展成今天这样一篇相当丰满的诗作。

葛雷此作在体裁上用的是一种抒发哀悼之情的挽歌，英文中称Elegy，在西方文学中久有传统。这个词在希腊文的原义是“箫歌”，原属一种战歌，间或也用以追念阵亡将士，因而逐渐有了哀伤悼惜的含意，并有了较为固定的格律体式。在英诗中，挽诗哀歌的含意更加确定，体式也渐渐发展成多种多样，不拘一格。葛雷此诗用的是五音步抑扬格的隔行押韵体，一般被认为是一种较正规与庄重的诗格，与诗中所表达的哀伤沉郁情调正相吻合。

下面我想就《墓地哀吟》这篇诗在文学上的成就简单谈谈。

葛雷这篇诗作在西方是久有定评的一流好诗，今天即使通过译文来读，诗中的许多优点仍可以大体看出：它命意高超，情感真挚，词藻富赡，表达完美；兼之原作在措辞造语上的工稳细腻，声律音韵上的精致考究，形式与内容的调协一致，等等。这一切都使这篇诗读来给人一种迥出一般的极佳感觉。首先是诗的立意较好，境界较宽，诗中所哀悼的对象并非一人一事，而是遍及广大人群；它实际上是对整个人类普遍存在的生死问题进行了范围宽阔的默想思考。诗人对于普通人，特别是穷苦农民的不幸遭遇悲苦命运寄予了深厚的同情，对于因为生活的重担与环境的限制等等而被大量埋没的英雄豪杰聪明才智感到无限遗憾惋惜，对于骄者贵者的倨傲蛮横作威作福给予了尖锐的鞭笞揭露，这一切都说明诗的作者对劳动人民具有较深厚的感情。因而这篇哀歌很不同于一般的挽诗，而实际上是借着这种诗歌的形式为平民百姓扬眉吐气，申诉冤屈，为匹夫匹妇的悲苦不幸鸣不平。正是诗中的这种“人民性”与“民主性”给作品带来了思想价值。不过需要说明的一点是，这种对穷苦人们的同情在葛雷之前及其同时以感伤主义为其特色的所谓“墓园派”的诗歌中倒也不乏其例，但是葛雷较好地继承和发扬了这个传统与倾向中有益的因素，使其中的民主性思想更为鲜明突出，再加上他诗中所表达抒发的感情的真挚——不是概念的敷衍，不是浮词滥语的堆砌，而是诗人胸臆之中对于人生的感慨与死生的看法的诚恳严肃深沉动人的迸发宣泄，这便是为什么这首诗长期以来一直能在广大读者的心中引起那么亲切的共鸣。

但是这首诗的突出成就还在它意思表达上的高度完美。完美是一个不易轻得的字眼。在一件艺术品来说，完美意味着它在总体上的十分令人满意的效果和它在各个局部上的极其佳妙的处理，因而给人留下毫无遗憾的感觉。在完美的面前，我们不但感到无法指摘批评，而且也无从赞美表扬。一切那么妥帖惬当，那么恰如其分，那么完整、透彻、深刻、确切地表达了题材之中所要说的意思，因而我们也就再没有更多的东西好说。葛雷的这首诗确实在相当程度上使人产生这种感觉。现略举几个例子来稍加说明。例如这诗开篇的第一、二节是关于墓地晚景的有名描写。从来描写墓园的诗作很少能像这里的诗句那样精练而集中地引进这种景象下应有的荒凉沉郁气氛，那样充溢着鲜明的图景之美，试看：

这周围剩下的唯有我与幽冥。

又如：

眼下一线微明已随景物消逝，
四野全被肃穆笼罩，一片死寂。

这些佳句，再配上诗中一些富于暗示性的生动细节，遂把一幅"天色将暮、晚钟声里，一切人畜纷纷离去之后荒田野地累累坟冢周遭"的凄切景象与一位孤独的凭吊者的悲怆心境那么生动地展现在读者面前，使人平添无限的感慨唏嘘……

诗中对于一些本来平常甚至人所共知的意思仍然能够表达得十分出色和值得赞美，例如"那纹绶的矜夸啊，权势的煊赫……"一节，并没有因为意思上的寻常而在表达上有所减色；正相反，它的表达是那样的坚定有力，那样的简劲直接，而赋予诗行以一种坚致完美之感。再如"骨瓮彩绘虽美，胸像雕塑虽精……"一节，意思虽也一般，但表达却极富形象，语言的运用也非常生动，很容易在人们的心中引起充满诗意的联想。

在关于民间不少人才因为得不到培养与发展机会而遭到埋没一节，

虽然没有使用什么形象语言，但是措词造语却非常准确精练，不失为优美隽秀的诗行。至于下面一节：

天下多少奇珍异宝醇朗晶莹，
但却深埋海底岩下无人问津；
天下多少好花佳卉馥郁芬芳，
但却长抛荒郊野地枉负青春。

作者在这里（原诗中）确实达到了诗歌所可能达到的极大高度！在这里，思想、诗意、辞藻、形象、色彩、音响可说达到了最理想的结合，因而给这节诗带来了一种经典式的完美。

这无疑是诗中的高峰了。但高峰之外，其他佳段秀句也还不少，例如“树碑致意”一节构思新颖别致，描述垂死人的心理那一两节也写得异样真切深刻，具有普遍的诉诸力。这一点，顺便说一句，既显示了葛雷个人诗才的卓越，同时也反映了以写普遍人性为其主要对象的古典主义文学的较一般的特征。当然处于今天的时代，我们在人性这个问题上决不应当再重蹈和返回到十八世纪资产阶级文人的旧路。

总之，表现手法上的古典主义与思想情调上的伤感主义，特别是十八世纪中期墓园派诗人的那种伤感主义，都是这首诗的一些明显特点。另外，这首诗虽严按古典主义的笔法著成，却几乎完全没有用典，这一点对于它的醇朗明净的诗风不能说是没有关系的。

12 猛虎

威廉 · 布莱克①

猛虎,猛虎,目光灼灼,
深夜莽林辉煌似火,
是什么不朽的巨眼神力
使你筋骨这般健硕?

是在什么溟海高天
曾将你那火眼炼就?
试问飞到那里敢触它的
曾是什么健翮巨手?

何等伟力,何等神技,
才能造得你那心脏?
当它激动起来,要制服它,
那副手脚该多强壮?

什么大锤? 什么巨链?
什么洪炉? 什么铁砧?
才能铸造得出它的头颅?
才能不怕被它掀翻?

① 威廉 · 布莱克(1757—1827),英国浪漫主义诗人、画家。代表作有诗集《天真之歌》(1789)、《经验之歌》(1794)等。——编者注

当那天星抛下搀枪，
周天淋湿，星泪纷纷，
难道造完他①微笑了？难道
造羊造虎，出自一人？

猛虎，猛虎，目光灼灼，
深夜莽林辉煌似火，
是什么不朽的巨眼神力
使你筋骨这般健硕？

【赏析】(节选)

《猛虎》这个名篇出自稍后的《经验之歌》，是作者的代表作，内容与形象都较前面两首诗复杂与深刻得多，它的用意也不易从字面简单窥出。传统的解释多认为，这首诗是借虎的勇猛有力来写神的天威，歌咏造物的非凡神奇。但由于载有这篇诗的集子刊出于1894年，而这时正值法国大革命的风暴最激烈的时期，因而也颇有一些人觉得这首诗并不是什么一般的宗教诗，而是热情的政治诗，是用象征手法(虎的种种)来譬喻革命暴力，于是也就具有浓烈的时代气息。据此解释，诗中“深夜莽林辉煌似火”乃系指被压迫者对压迫者的怒火，而“当那天星抛下搀枪，周天淋湿，星泪纷纷”这个极为美丽和富于诗意的句子则是暗喻当日反动贵族为革命的群众战败的事，等等。由于从诗的其余部分得不到有力佐证，上述看法也只能姑备一说，它的“真释”还得留待读者自己去决定了。不过，尽管对这首诗的解释不一，人们却公认它是一篇具有较高质量的作品：形象活跃新鲜，构想大胆奇肆，音调铿锵有力，落地作金石声，特别由于排比对偶式的结构更增强了诗的节奏效果；另外，全篇气势也极其豪放粗犷，富于刚劲雄健之美。具体些说，“深夜莽林”一节图景辉煌，色彩鲜焯；“溟海高天”

① “他”指上帝。

一节想象大胆，构思奇特；“伟力神技”一节表达生动，形象活跃；“大锤巨炼”一节，除上述各种特点外，还以浑雄刚劲的气势见长，又由于频频使用问句叠句，意思层层递进，联翩而来，文情极具动势而富波澜，更兼有对仗排比之妙与节奏音响之美；“天星搀枪”一节是全篇最美丽的诗行；它气象峥嵘，诗味浓郁，“难道造完他微笑了”情景更佳，完全达到了一切了无窒碍、纯任神行的绝高境界，因而使这首诗迥出凡庸，成为英诗中深为人们喜诵的名篇。

13　一朵红红玫瑰

罗伯特·彭斯①

我的爱人像朵红红玫瑰，
　六月初开那么清新：
我的爱人像支美妙乐曲，
　弹奏起来那么动人！

你是那么美好，可爱姑娘，
　我也爱得那么深切：
会永远爱你，我亲爱的，
　哪怕大海全都枯竭。

大海全都枯竭，我亲爱的，

① 罗伯特·彭斯(1759—1796)，苏格兰十八世纪民族诗人。代表作有《致小鼠》(1785)、《一朵红红玫瑰》(1794)、《苏格兰人》(1794)、《美好的往日》(1796)等。——编者注

岩石也被烧成灰烬；
我会永远爱你，我亲爱的，
直到生命沙漏滴尽①，

现在要分手了，最亲爱的，
我们只是小别片刻！
我会再回来的，我亲爱的，
即使我们万里相隔。

【赏析】（节选）

《一朵红红玫瑰》是彭斯最有名的一首情歌。古往今来，以爱情为题材的诗作真不知有多少，虽然各有优点，但比来较去，恐怕仍得推这首诗为第一。它曾被翻译成了多国语言，也得到了无数人的热烈喜爱。仅在我国，早自苏曼殊第一个以五言体古诗译入汉语以来，以后还有许许多多人翻译过它。今天重译此诗，主要是为了在音韵与节奏方面继续作点探索，因为彭斯的原诗在音韵与节奏上乃是极其完美的，但译为汉语时却总是不易很好传达。说到内容，这首诗明白如话，一读即懂，因而似乎没有必要作更多的说明。但是试问这么一首爱情短诗为什么会迅速传遍世界，成为诗苑名作？这就仍然值得我们加以注意。稍经思索之后，我们以为它的特殊的艺术魅力主要来源于以下一些特点：来自苏格兰方言的浓郁的民族风味；形象的鲜丽与气息的清新；情感的纯朴、深厚与真挚；意境气象的异常开敞宏阔；所描述的经验感受具有普遍意义。这里的第一个特点，即原作的民族风味，因为它主要系于和存在于原作所用语言，译入其他语言时一般不易保存，这里就暂不置论。它的第二个特点——形象

---

① 这句话相当于我国的"钟鸣漏尽"的话，亦即生命结束。古代西方与我国相似，常用沙杯计时（另外也有用水或水银的），其法为，将两只杯子一正一反装在一起，中设小孔，正杯中的沙子将不绝流入反杯之中，这样以沙子滴漏的多寡来计时间之久暂，其原理与我国的沙漏完全相同。诗中"生命沙漏"是譬喻的说法。

的鲜丽与气息的清新，这从译文中也能看得比较清楚，在诗的第一节里体现得更是异常明显，这里也就不再多说。它的第三、第四两个特点却是尤其重要的，因为正是在这些地方不少别的情诗却往往未能达到。至于在第四点上——意境气象的开敞宏阔，就更加逊色得多。不少民歌相当爽利，但却不够纯朴；相当热烈，但却不够真挚；相当顺口，但却不够和谐优美；另外其中往往杂糅了许多不太理想的东西，浅露轻浮、粗鄙庸俗的地方更是触目皆是，因而即使基本内容与整个意思大体不错，大量不佳成分的存在也会使它们大为减色，甚至严重覆盖遮掩了其中的好处，想要拿得出来，非经一番大量的删汰改制不可。另一方面，不少文人的这类作品精致虽然精致，文辞也常考究得多，但有时又不免失之纤细孱弱，不是书卷头巾气重，就是修饰雕琢过度，特别是想得太深，写得太细，意思情致也太委曲晦涩，甚至流于玄奥怪僻，远远背离一般人的正常感受和体验，因而也就丧失了它们的普遍意义，而这也正是为什么不少从内容上说那么丰富深刻，从表现手段上说也相当工致精巧的作品却仍然不免严重失败。彭斯此诗的成功就在于他在民歌的改写上有效地克服了上述两方面的缺点而保留发挥了两方面的特长：它有民歌的爽利、热烈、顺口，但却更加纯朴，真挚、和谐；它有民歌的健康与生命力而无其浅露粗鄙；有文人的精巧工致、深刻丰富而无其纤细孱弱、迂曲晦涩；它纯朴天真，浑然完美，而且意境高超，气象开阔，整个宇宙人生，海洋岩石，万里征途，全入笔底，因而使这首诗的画面与背景那么宏伟壮丽！再有，诗所描述的经验也具有较广的普遍意义，甚至连诗里所使用的许多形象，例如“海枯石烂”与“人生沙漏滴尽”等也都带有着广泛的诉诸力，不难在别的民族文学里觅到颇为相类似的表达形式，从而大大增加了它的感染作用。正是由于这些原因，这首短歌始终在世界诗苑中享有着极高地位，至今仍然吐放着它那夺目的光彩。

14　我的心啊在高原

罗伯特·彭斯

再见啊高原，再见啊北方，
那勇武的产地，道义之邦；
不管我流落何方，飘零哪里，
高原的山丘啊，我最欢喜。

我的心啊在高原，不在这里，
我的心啊在高原，驱逐鹿麋；
驱逐鹿麋啊，追赶麋鹿，
我的心啊在高原，时时处处。

再见啊群山，山上雪覆冰封，
再见啊河溪，溪下翠谷晶莹；
再见啊森林，以及葱茏草木，
再见啊激流，以及喧腾飞瀑。

我的心啊在高原，不在这里，
我的心啊在高原，驱逐鹿麋；
驱逐鹿麋啊，追赶麋鹿，
我的心啊在高原，时时处处。

【赏析】（节选）

《我的心啊在高原》代表着彭斯诗歌俊迈豪雄的一面，这里充满着作者强烈的民族自豪感与激切的故国之思。诗作于诗人 1787 年访问爱丁堡期间，产生的直接原因却是他在同年的两番北部高原之行。在这些旅行里，诗人访问凭吊了苏格兰的古战场与那里近代民族独立运动的发源地，缅思英雄，壮怀激烈，一种故土乡关之思不禁油然而生。这点在诗的第一二节里看得十分明显，但是严肃深沉之中，却又不时露出作者欢欣活泼的一面，与上面庄重的气氛恰成鲜明的对比，因而极大增加了诗的魅力。这首诗的动人处还在于：它那短促轻快的节奏所造成的音乐之美和在景物描写上栩栩如生的“画笔”，读来真有风生袖底、满纸云烟之感。这首诗同样也曾以民歌为基础。据诗人自注，诗的第二、四两段主要来源于旧有民歌，而包含着更重要内容的第一、三两节则出于诗人的自作。

15 惠斯敏斯桥上有作

威廉·华兹华斯①

大地这时实在不能更加美丽：
　如果有谁见着这样一副庄严
　景象而不感动必是迟钝难言：
此刻这座城市那么风光旖旎，
仿佛披上晨曦彩裳；空潆，静谧，
　船只，钟楼，巨厦，剧院，殿堂，塔尖，
　迤逦不绝，近至野绿，远到天边；
在这无翳晴空那么彩焕熠熠。
朝阳从来没有这般艳丽华美，
　溪谷山石都浸透着它的晶莹！
我也从未见过宁静这么深邃！

① 威廉·华兹华斯(1770—1850)，十九世纪英国浪漫主义诗人。代表作有《抒情歌谣集》(1798)、长诗《序曲》(1850)等。——编者注

桥下河水随意流着，潺湲琤琮：
天啊，连那周围屋宇全在沉睡；
真的，巨大心脏[1]也像不出一声！

【赏析】（节选）

据道洛西[2]的日记称，《惠斯敏斯桥上有作》作于1812年7月31日，亦即为诗人赴法途中路经泰晤士河时所作，故原标题中所载时间并不确切。这是一首十四行诗，在诗人同类作品中可说是一个特别秀出的名篇，长期以来深为英国人民所喜爱。这首诗的妙处在于它十分出色地描绘出了晨曦时分泰晤士河桥边的宁静秀美风光。长期以来，以这条水为题材的文学作品乃至绘画艺术真不知有多少，但很少有哪篇作品在景物的描绘上能像这首诗那样得其神髓，而同时又来得那么轻松自然！其实，这首诗的写法也并不复杂。正相反，我们倒毋宁说它相当简单。诗人对那天河上景物的幽美感受很深，于是将他自己的印象一一照直写下，而且朴素得几乎没有什么辞藻雕饰。这不仅在词汇上是如此，就是在语句的选择与安排上也都是这样，属于极平常的用法，没有任何特别繁复的结构。因此，如果要问这首诗在文体上有什么特色的话，那么我们不妨说，其中之一就在于它那词汇的单纯与语句的平常。它简直可说是十足的平铺直叙，近似逐条逐项的事实记录——一切只不过是远处如何，近处如何；城里如何，城外如何；空中如何，地下如何；桥上如何，桥下如何。它简单到看不出什么妙处，朴素到见不出什么艺术，平淡到显现不出任何特别吸引人的文学技巧，但同时它的全部妙处、艺术与技巧又恰恰来自它那简单、朴素与平淡。而且正是因为和尽管这样，它也就取得了他的诗作所特有的那种行云流水般的轻快品性。诗人在这首诗中使用了其他诗人所不敢使用的单纯手法，而达到的效果却是那么不可企及。这也足以说明，简单

① 巨大的心脏这里指大地。
② 道洛西(Dorothy Wordsworth，1771—1855)，威廉·华兹华斯之妹。——编者注

朴素的写作方法在艺术上是同样能取得成功的，只要我们能认真这样去做。当然，这首诗在技巧的运用上也还另有一些特点。首先，诗人非常善于概括，特别善于以高度凝练的语言把心中要说的意思极其集中有力地表达出来，使人一触而受到震动。作为全诗主脑的第一行诗就是这样一个例子。它看似平常，但却极有力量，具有统摄全篇的提示作用。其次，紧承的两行聪明透辟，非常精彩，它霹空而来，大有警戒顽顿的振发作用，读来不觉使人心扉洞开，耳目醒豁。第三，诗的声韵是讲求的。中间“船只钟楼”一段实物的列举正是借助词汇的顿促与连续而造成一定的音响之美，这里一系列音响的巧妙配合，它们之间的呼应、映衬，迂漾、回荡，在人读来确实能感到一种余韵悠然的神奇效果，从而使这些词汇的音、义与形融为一体，但这一切又仿佛是自然而然，并非有意为之，所以更见佳胜。

16　我像天上一片孤云

威廉・华兹华斯

我像天上一片孤云，
　轻轻飘过幽谷小山，
突然瞥见簇簇一群，
　一群美丽金黄水仙；
绿荫之下，碧湖之旁，
个个风前妙舞低昂。

恍若繁星迤逦不绝，
　闪烁明灭银河之畔；
它们也是一望无际，
　沿着海湾伸到远远：——

一眼望去万千无数，
摇摆着头翩然疾舞。

水波一旁欢乐涌动，
　但是水仙却更精神：
一位诗人来到这里，
　哪能不是满怀欢欣！
但我那时何曾想到
这副景象有多富饶：

每当我在榻上闲卧，
　不论休息还是凝思，
它们便会骤涌灵扉，
　这个正是幽居福祉①；
这时我会欣喜恁般，
恍与水仙舞作一团！

【赏析】(节选)

《我像天上一片孤云》作于1804年。据道洛西的《葛莱斯米尔日记》1802年4月15日记载，这首诗中所描写的美丽水仙是他们兄妹在湖区漫步时曾见过的。关于这点，那天日记中有几行简略描写。两年之后，诗人才想起将这次见闻写成诗歌，因而这首诗显系事后追忆之作。拿诗里所描写的内容与那篇日记相比较，诗人在写作的过程中无疑参考了那篇日记里的记叙。诗属于自然景物写生，而且写得相当优美，不愧为诗歌中的名篇，但也兼有一点哲理意味。有人评论这首诗时说，它的后面两节是多余的，因为景色的描绘在前两节中已经足够了。其实，这后两节的出现乃

① 这一联据说出自华兹华斯夫人之笔。

是必然的。主要因为这首诗不是当日看到水仙之后即刻便写下的，而只是事后经过追忆才著成的，因此很自然会出现后两节中的一番议论。这后两节主要想说，美被人发现、察觉虽然往往是刹那间事，可以此时此刻就迅速完成，但是它的充分为人领会与感受却经常需要一定的环境与时间。事实上，美的印象只有在事情过后和在人们闲暇无事的幽居静谧之中才会重新涌现在人心灵的眼睛里面。另外，也只有在这样的时刻，原来那种种纷繁复杂的记忆才会通过提炼集中，熔铸成为纯净优美的诗行，从而给人们带来更大更多的愉快。再有，这第四节那联名句正是诗人较早在《丁登寺侧感怀》第二段前十余行中曾发表过的看法。那里诗人提出，人们在心灵深处所储存的美感，日后常能给人带来慰藉与愉悦。因此，为了追求完美的人生，我们不仅要积善积德，建功立业，同时还要多多储存美好的印象、感受与经验。这样在我们孤寂抑郁的时刻它们才能给我们带来支持、鼓舞与力量。所以，这后两节虽没有加添了更多的景物之美，但在内容上却显然为这首诗增加了一点深度。

17　赞大海

乔治 · 戈登 · 拜伦①

流吧，你的宏波那么黝深蔚蓝！
千艘万艘巨舰也难和你相比；
人的破坏已使大地创痕斑斑——
但是他的天下却常及岸而止；——
至于海上，灾祸全出你的意旨，

① 乔治 · 戈登 · 拜伦(1788—1824)，十九世纪初期英国浪漫主义诗人。代表作有长诗《恰尔德 · 哈罗德游记》(1812—1818)、《唐璜》(1819—1824)等。——编者注

那里人的罪孽可都匿迹销形，
除非蓦然之间，一阵水咽浪激，
他像雨滴一般，翻身坠入沧溟，
于是，一切杳然，无棺无坟，无嗅无声。

他的步履践越不了你的险径——
你的广野并非供他诛求争逐——
你会轩然作波，把他摆脱干净；
他的地上淫威至此徒呼负负，
你会把他当胸掷入无极高处——
这时身乘飞溅着的泡沫浪花，
他早魂不附体，仰天哀号呼吁，
唯寄微命在那附近滩头港汊——
接着，将他骤往地面一摔——生死由他。

试想那赫赫骇人的炮火武备，
磐石般的坚城无不当之立陷，
其势足使敌王胆丧，敌国气颓；
试想那荡荡万斛的艨艟巨舰，
恁般修伟肋材，无尽庞硕船舷，
规模之巨，大可向你角逐称雄；
其实这些对你直如雪片一般，
纷纷溶溶在那无边浩瀚之中，

煞尽阿摩陀①的尊严，脱发迦②的威风。

雄踞你海滨的曾有多少名邦，
亚述、希腊、罗马、迦大③，于今安在？
方当自由，你曾一度臻其盛强，
嗣后君王也多拜赐你的厚赉，
那些海滨久已沦入蛮邦域外；
那些衰亡也把巨都化为荒漠：——
但是你却不然，依旧汹涌澎湃——
时光从未在你苍颜留下皱褶——
濛鸿以降，你便万古如斯，滔滔不舍。

啊，你那辉煌潋滟的浩大镜面，
上帝常趁暴风雨时从中显形：
其实他的真面时时都可窥见，
不管澜狂涛怒，还是浪静波平，
你使赤道恹恹喘热，北极凝冰；——
渺弥汗漫，浑无涯涘，何等壮丽！
你啊，永劫的象征——无形的神灵；
百怪千精无不潜踪你的深底；
你却独往独来，变幻莫测，威力无极。

---

① 亦称西班牙阿摩陀或无敌舰队，1588 年被遣征讨英国之强大舰队，为英人大败于英吉利海峡。

② 西班牙西南部海湾名，地当卡底兹港与直布罗陀海峡之间，1805 年纳尔逊率领的英国海军曾大败拿破仑的舰队于此。这里使用脱发迦，显系以地名喻（法国）舰队。

③ 迦太基之略称。

大海！我啊一向对你多么眷恋，
幼年时候便常嬉戏在你胸前，
伴随你的水花泡沫，明灭幻变，
我也正好弄潮逐波，回还转旋——
那是何等快活！但遇风紧浪欣，
造成畏惧——这只会使乐趣更深，
因为我对于你恰如亲子一般，
随你而去，或远或近，翔翔淋淋，
正像现在这样，紧紧握住你的鬣鬈。

【赏析】（节选）

《赞大海》出自《哈罗公子漫游记》卷四（179 至 184 节）。这些诗出版于 1818 年，即是当作者离开瑞士去威尼斯定居后不久。在这卷诗里，作者描写的对象主要是意大利的各地名城和古迹名胜，但也包括了一些对大自然的歌咏，例如这里的《赞大海》。这六节诗自成一个单位，往往作为一个独立的篇章被载入各类选本（有些选本也常将前面的一节与这六节置放在一起）。但是它们却被写得这样出色，不仅在这卷诗里显得极为突出，就是在拜伦的全部诗作里也是特别精彩的。

西方作家们写海而写得好的在他们的文学作品里是不乏佳例的。在小说和散文里面，洛蒂的《冰岛渔夫》、曼尔维尔的《白鲸》、雨果的《海上的劳工》等都曾给我们留下过难忘的印象。他们或以绚烂的色彩，或以深沉的气势，或以工致准确的细节将大海的各个方面，它的脾气、性格、精神、面貌、姿态、色泽，它的潮汐涨落、雨雪阴晴、险滩激流、狂飙巨澜，总之将这一切在他们的笔下作了绘声绘色、淋漓尽致的表现。它们在描写艺术上获得的成就是巨大的。在诗歌里，也是这样。柯勒律治对南极冰海的一幅幅充满着神奇与诡秘的绝妙描写，尽管纯出想象，确实是相当迷人！再如普希金在他的《咏大海》，海涅在他的《波罗的海》等有名的佳篇里所展现在我们面前的奇伟景观又是多么宏大壮阔，那里波光潋滟，溶溶澹澹，那么谲诡多变而又富于幽思！但是尽管这样，我还是更喜爱拜伦的这篇《赞大海》。它的诗笔似乎更加精练，也更有味，它篇幅有限而包涵广阔，语言通俗而气象自然，真正抓住了海的精神。在这点上，古往今来的众多诗家之中是很少有人能够和他相比并的。

拜伦这篇诗的特殊优异处，首先来自闪耀跳动在它全部诗行之间的那许多活泼而可爱的幻想和议论。这篇作品是咏海的，当然免不了要描绘种种与海有关的东西，甚至就是要描绘海的自身。但是细读这篇诗作，一件特别使我们惊异的事便是，在整个这六节诗里，除了其中的第五节确实用了较多的笔墨集中地刻画了海的形象以外，较正面和较直接地去写海的地方并不很多。涉及是涉及了，但并没有认真着意去写。在这里，出现得更多的倒是诗人对海所发的议论，或者属于海在人们心目中所引起的感触和联想。这实在是一件值得注意的情况。想到这里，如果我们再去回忆或反思一下我们曾经阅读过的关于自然景观或实际事物的许多其他描写，我们就会十分迅速地又联想起不少类似的情形，例如许多咏梅的诗篇何尝咏梅，写柳的题目未必认真写柳，说马的文章实际并非说马，谈弈的论说更远远不止是在谈弈，而很可能是在发挥什么经邦治国的大道理。但是这种现象又说明什么呢？我以为，这至少说明，人总是不满足于单纯的事物罗列，哪怕这些事物再美妙再神奇，不满足于单纯的记叙和描述，即使这类记叙和描述再工致再细腻。人总是渴求一点更超脱和更理想的东西。而这种渴求在文学这门艺术里往往能得到它最充分的发挥与满足。与绘画艺术不全相同，文学受着客观事物的限制较小，它的更大长处即在于，它在描绘客观事物的时候往往可以不过度地拘牵于我们面前比较明显的具体对象与枝节琐细。相当地脱离乃至超越常常是被允许的。在描写一件事物时往往只求得其仿佛也就完全可以了。“游乎其中”“超乎其外”的话在文学中是特别适用的，重要的是在写什么的时候能够有所发挥和有所寄寓。单纯的亭台楼阁、风花雪月的记叙又能有什么意思呢，如果不是同时而唤起某种情趣？一篇关于大海情况的类似科学报告式的资料性的记叙文章——例如它的深度、面积、水文、气象等等为如何如何，如果作为文学来读，同样也将不会具有多大趣味。拜伦的这个咏大海的诗篇正是这样。诗人没有单纯肆力于海洋本身的细致描写，没有单纯对它的风貌特色等进行外部的摹拟，而是在抒放对大海的赞慕与眷恋的同时，发为种种可喜可愕的议论。人的统治领域一段就很有些意味新颖的观察，人与海的关系一段，特别是海对人的戏弄的诗行又是多么诙谐有趣！炮火武备与艨艟巨舰一节写得那么庄严典丽而具文采，雄踞海滨一节气势浑灏，迈越今古，引人遐思，其中“时光从未在你苍颜留下皱褶”一行卓荦不群，确实不愧是光华四溢的名句，饶有诗味，顿使全篇意境大为提升。至于那最为享名的第五节，亦即关于浩大镜面的那节更是多么充满壮丽想象的辉煌灿烂的诗行，而结尾第六节中紧握鬣鬃的比譬也是极其活泼可爱的形象，使人读后余味无穷。这一连串的有趣议论与奇妙幻想的确给这篇诗带来无尽风采。

但是，拜伦这篇诗作中特别有趣的地方还在他笔下的那个相当人化了的大海。人化了吗？这话怎么讲起？难道那个充满着野性、恶意甚至狂暴，任什么也不认的大海不是往往对人逞凶肆虐，将他抛到无极的空际，然后又无情地把他摔在坚硬的地面吗？不过尽管是这样，尽管它有着这一切危险害处，它也许仍然不失为人的亲密的朋友，至少，对于英国人来说，它不是也有过许多好处吗？不是在战胜那可怕的阿摩陀与同样吓煞人的拿破仑的舰队时靠着它的轩然作波而帮过英国海军的大忙吗？历史上的一些大国名邦——亚述、希腊、罗马、迦太基等不是也都依赖它的涵育滋哺而曾经一度臻于繁荣盛强吗？另外，嗣后的众多君王不是也多拜赐过它的重锡厚赉？但是这些还不是最重要的。这里重要的是，作为自然界的景象里面最为壮观的大海，在拜伦等作家之前几乎还从来没有这样被描写过，更远没有被赋予过这么多的人的气质。希腊人早就是海上鼓楫操舟的能手，但是他们笔下的海洋只不过是“玫瑰色的”，一语带过，再无其他。俄底修斯眼里的海洋仅仅是供塞斯兴妖作怪的场所。希伯来人是一个感情激烈的民族，但是在他们的书里咆哮的海只是作为上帝发怒时的一种显现才被偶尔想到，平静的海面是不会引起他们注意的。

中世纪的人们，除了那机敏的阿拉伯人，则几乎不曾写海。文艺复兴的作家们虽也偶尔写写海，例如莎士比亚在他的《暴风雨》中，但也都非常有限，轻描淡写，语焉不详。至于新古典主义的作家们，他们早已把全部兴趣集注到了自己居住的几座蕞尔城镇，那里以外的地方他们是望不见的，而且即使稍有涉及，也都见不出什么个性。所以真正像样的咏海诗篇只能由拜伦这样的作家来完成。但是在他们的笔下，大海又是什么样的一幅景象啊！这时大海不再是千万年来那种面目呆滞、恹恹无生气的东西，不再是冰冷、阴森、死寂、孤独的可憎的地带与荒漠般的水域，不再是时时处处充满着灾难险情、死亡恐怖，只待从那里逃生出来的万恶地狱。大海开始呈现了变化。它开始有了它自己的个性、特点、脾气和面貌。它开始展现出它自己独特的风姿。它的一切特点，它的冷暖色泽、晦暝阴晴也都开始引起了人们的观察、注目、赞叹与惊奇。在那令人生怖、险恶莫测的印象之外，它又不时透露出来它的可爱的一面，它的日出是何等壮丽！它的落照是何等醉人！它的开阖起伏、明灭变幻、朝辉夕阴、气象万千又是多么辉煌壮观！天地之间又有哪种伟大景象能够与它相比！大海本身从来都是那个样子，是人赋予了它以不同。人们把他们自己的精神、面貌与色彩注入进了大海，于是它也就呈现了异观。不仅如此，人们还一股脑将自己的渴望与希冀，理想与热情，自己的不羁的个性，独立与解放的追求等等也都给予了大海，然后又在这个被他们充分人化了(还是神化了?)的大海的面前尽情地顶礼膜拜，发抒宣泄着他们那最虔敬诚悃的感情！如果说，人在神的形象中看到了他自己的面貌，那么人在这个人化了的大海里面也同样能窥见他自己的理想。每个时代的人都各有他们的安慰和寄托，而我们的这些理想主义者正是在大自然的怀抱里去寻觅他们在当日的社会中所获取不到的安慰和寄托。

到此为止，我们在对拜伦这篇作品的评述上还仅仅停留在单纯理性的说明方面。但是单纯的理性的说明还远远不是艺术欣赏的全部。我们指出了拜伦笔下的大海的一些特点，例如它具有一定的新意甚至时代精神，等等。但是理解了一些新意与精神便一定能欣赏这些作品吗？甚至我们不妨再追问一句，难道具有某种新颖的思想、感情、见解、手段以及表现方法的作品就一定能成为好作品吗？当然不是这样。单纯道理上的理解并不能代替感性上的把握，而审美上的要求更往往超出于纯理性的分析。一定的新意还必须有着形式上的较完美的配合。拜伦在他这篇诗里确实做到了这点。你看，这篇诗中的意思所获得的表达形式够多完美！首先是那体裁的形式与内容的要求的高度协调——那庄严宏伟、格局宽阔、舒展迂缓、富于变化的斯宾塞体真是太适合于用来表现大海。它那雄浑深沉的修长步武（音步）多像海的宏涛巨波！那滔滔不绝源源而来的紧密诗行多像海的叠峰排浪！那整齐划一而又重叠间错的韵脚转换多像海波的规律运行与起伏变化！那诗句的连绵接续而又停断跌顿又多像海的汪洋恣肆与奇幻性格！这一切在本诗中，特别是在其中的第五节里，简直达到了令人惊诧的完美程度。其次再看诗中的语言，那又是何等矫健、活泼、流利、酣畅的语言！它简直具有流水行云、飘风疾雨似的自然与元气淋漓、浩瀚流转般的气势。在这里，拜伦确实找到了他自己，表达了他自己。这时他已不是《哈罗公子漫游记》前一两章里在斯宾塞体诗律的重重限制之中作着循规蹈矩的学步的被动角色。此刻，他已经迈开了自己的脚步，已经有了他自己独特的风格与气度，尽管据说他这样做失掉了这种诗律应有的温馨与精娴。正是因为有了上述这一切，拜伦的这篇诗作才成为英国浪漫主义文学中令人叹服的旷世杰作。

18 致云雀

波西·毕希·雪莱[①]

向你致敬,欢乐精灵!
　凡鸟怎能相比——
从那高天,从那远处,
　声声吐放衷曲,
泉流似的溢着天籁般的妙艺。

你常飞得高而又高,
　自地凌空直上,
宛如天心一朵火云,
　向那碧霄驰往,
你啊总是边唱边飞,边飞边唱[②]。

在那金色曙光之中,
　晓日[③]还未东升,
天上已是彩霞一片,
　你正欢乐出征,
仿佛一团飞驰喜悦,无影无踪。

---

① 波西·毕希·雪莱(1792—1822),十九世纪初期英国浪漫主义诗人。代表作有《解放了的普罗米修斯》(1819)、《倩契》(1819)、《西风颂》(1819)等。——编者注

② 云雀的鸣叫一般不在栖息时而在飞入空际时,故"边唱边飞,边飞边唱"是准确的描写。

③ 晓日在这里是意译,原文作 sunken sun,实为沉落的太阳。但对前一天为落日,对新的一天便是尚未升起的太阳。

那黎明[1]的淡淡紫霭
　在你翼旁消融；
正像天上一颗孤星
　日边失去影踪，
你虽不见，你的欢声早在耳中——

欢声多像支支利镞
　发自那个银盘，
它的那盏熠熠明灯
　现已没入晓天，
此刻虽已销形，分明仍在天边。

此刻整个天地之间
　汛满你的音响，
恰似残夜依稀之际
　孤云背后骤亮，
月溢明辉，天宇也都清光荡漾。

你是什么？我说不出；
　什么才更像你？
彩虹翼边不曾落过
　这样晶莹露滴，
当那乐音自你喉中沛降如雨：——

① 这里原文作 even，一般本应译作夕暮，但云雀只啼于朝而不啼于夕，故这里 even 实应作 twilight 解，即泛指一天晨昏朦胧之际，既可是黎明，也可是黄昏，但这里则显指黎明。

正像一位诗人隐没
　思想光辉之中，
教人怀着希望畏惧
　对人深寄同情，
因为这些，人们常常无动于衷：

又像楼头名门少女
　当着隐秘时分，
正将爱情般的妙曲
　抚慰痛苦芳心，
当那音乐逸出，兰闺沁满幽馨；

又像金色萤火小虫
　闪着幽谷蜜露，
正将它那灵异色彩
　到处纷纷散布，
但它自身却早消失花草深处：

又像一朵盛开蔷薇
　叶底悄悄掩藏，
花心已被暖风摧折，
　只剩醉人浓香，
连那载蜜蜂蝶也都不胜芬芳。

春雨声声滴在草上，
　音响多么清脆！
好花瓣瓣雨后复苏，
　景色多么欣慰！

但这一切——不如你的音乐甘美。

请告诉我，你的思想
　怎竟那么芳醇？
我曾读过不少诗篇
　歌咏醇酒妇人，
那里流泉从未这么激越入神。

不少婚歌多么美丽，
　凯奏多么雄壮，
比起你的绝妙歌声
　不过空忙一场
总像缺点什么，隐隐感到怅惘。

请问天下什么事物
　是你欢歌之源？
是田野？是海波？山岳？
　还是平畴高天？
是对同类热爱？是对疾苦漠然？

凭着你的清明喜悦
　你从不知忧郁：
种种令人不快阴影
　从不向你侵袭：
你虽爱着，却从不解爱的烦腻。

死是醒来还是睡着？
　对此你的理解

比起我们凡人想的
　必定百倍深切，
不然你的妙音怎会淙淙倾泻？

我们总是瞻前顾后，
　为着虚幻怛忧：
我们最诚挚的笑里
　常有痛苦杂糅；
我们最美丽的艳歌浸透哀愁。

即使一切骄、恨、恐惧
　我们全能摆脱，
即使我们生而忘情
　从不悲伤泪落，
我们仍恐无望接近你的欢乐。

你的诗歌技巧胜过
　天下最美音律，
你对诗人启示胜过
　万卷宝贵知识，
你大地的嘲弄者啊，神乎其技！

但愿你能多少传授
　你心头的欢欣；
我的唇边也必涌出
　同样狂热乐音，
正像我爱听你，世人也将乐闻。

【赏析】(节选)

《致云雀》作于1820年，亦即诗人二十七岁时，是他平生最成功的抒情诗之一。

如果说在诗人一生的全部诗作当中，有哪一篇在思想上最成熟，在艺术上最精美，在技巧上最成功，在情趣上最清新最欢快，又无论在形象的丰富，色彩的绚丽，音韵的悠扬与想象的生动活跃与瑰奇，还是在环境与气氛的渲染上面都能够既深刻又通俗，既典型又全面，样样俱臻上乘，因而不仅曾将一个时代的脉搏气息、政治风云等不易描绘的东西捕捉准确，模拟工细，而且又能将那几乎属于无限的领域与理想的世界里的微妙景象通过眼前可感知的具体有限的实物而有力地概括和暗示出来——一句话，真正歌唱出一个时代的精神——那么，至少在短篇诗作里面，有名的《西风颂》而外(甚至在一些方面还超过《西风颂》)，便无疑要推他的这篇《致云雀》了。诗人这首诗的出现完全是时代使然，在他之前和在他之后都是不可能的。

《致云雀》从性质上来讲，不过是一篇咏物体诗。但是它又何止是一篇单纯的咏物之作？在它有限的篇幅之内，汇拢注进其中的内容还不止是上述的政治气氛与时代风云，而且尤为突出的，这里融入了诗人自己全部特有的个性、气质与精神。读其诗而可以想见其为人。正是因为这样，它才成了一篇这样为人推赏的绝唱。自首次披露以至今日，它一直以那经久的魅力，强烈地震撼激动着每一颗善感的心。真的，这篇诗是写得这么精彩，难怪那曾以同一题材(云雀)写过另一首诗的华兹华斯见到雪莱此作之后也不禁相当震惊，自叹弗如了。

这首诗是诗人对自由最热烈的歌颂。说到对自由的歌颂，这本是整个欧洲与英国浪漫主义文学一个较普遍的特征，它广泛地见于这个时代不少作家的不少作品里面，不独雪莱为然。原因是，自十九世纪后期以来，作为资产阶级政治权利与经济利益的推进与发展的直接体现物的美国独立与法国大革命①,曾经一度给欧美的资产阶级带来了某种程度的思想与言论自由。美国作家汤姆·潘恩的《人权》(1791—1792)与英人威廉·葛德文的《关于政治正义的探讨》(1793)等颇有新意的书籍的出版便是这种自由在意识领域的表现。然而好景不长,一个为时有限、稍较自由的政治环境不久就因为种种原因而被大大改变。由于雅各宾党人的激烈行动促使英国资产阶级与旧封建主的重新勾结,之后的对法宣战以及紧接着发生的拿破仑的侵略战争,等等,都使刚刚萌生的些许自由重新遭到窒息与扼杀。1815 年的滑铁卢战役宣告了拿破仑王朝的基本破产,但这并不曾携来改革与进步,它只意味着反动专制统治在整个欧洲的重新复炽与更猖獗。英国也不例外。在这一段时期里,英国政府为了扑灭人民群众争取自由的活动曾采取过一系列堪称严酷的镇压手段。公众集会受到禁止,罢工横遭冲击,政治改革行动被宣判为叛国重罪,甚至连早在 1679 年就已颁布过的"人身保障法"这时也被停止下来。种种基本人权得而复失的这一事实痛苦地压迫着各阶层的人们。正是因为,这样,对自由的渴求在雪莱写这篇诗的时候也就有着它特殊的迫切意义。而诗人不过假借云雀这个形象或象征来抒发当日英国人民和他自己在这种沉闷空气下内心的一腔郁积与对自由的强烈渴望。你看,云雀的一切不正是自由最适切的形象吗?它的心胸多么开阔,它的思想多么活跃,它的感情多么奔放,它的行动多么自由,任往任来,不受拘牵;它云端溟漠,海阔天空,时而凌霄直上,天际驰驱,时而破云而出,日边徘徊,时而伴随晓雾,欢乐出征,时而迎着黎明,奋发骧腾;它翱翔于天海之间,息翼于云影之旁,隐没于青霄之上,消融于紫霭之中。但到此为止,我们还是只见其飞而未听其唱,而当它打开喉咙,放声一唱时,那又将是何等一番景象?谁会见着它又听到它的嘹亮歌声而不自心底深深羡慕它那自由?

这首诗又是诗人对光明最激切的追求。光明的对立物是黑暗,而那

---

① 美国独立与法国大革命都发生于十八世纪,此处"自十九世纪后期以来"的说法疑为笔误。——编者注

时，也即是诗人写这诗的时候，黑暗确实曾沉重地笼罩着整个英国。英国统治阶级对机器破坏者的极刑处置，对饥饿游行群众的逮捕镇压，对要求改革议会的人们的血腥屠杀（曼彻斯特大屠杀）等等，在在都使呻吟在黑暗暴政下的人们感到透不过气来。再加上1815年英法战争结束后所带来的经济萧条与被遣散的士兵在街头造成的混乱局面，更使人们热烈渴望的光明迟迟难以出现。因此，当时人们对光明的追求是迫切的。雪莱的这首诗在相当程度上反映了人民这一强烈愿望。那高空里的云雀不是最热爱光明的吗？它总是趁着那尚未开霁的曙色，迎着正在升起的朝阳，冲破云天，穿越晓雾，鼓翼翻飞，振翮高翔，而且愈升愈高，直逼碧霄，不达日边，决不罢休，不到天上，决不止息；一团喜悦，象征着它的急骤驱驰，万道霞光，伴随着它的光亮踪影；惊风飘忽，云汉澹荡，淡淡紫霭，仿佛消失于它的彩翼之旁，支支利镞，恍如发发射自它的歌喉之内。它边唱边飞，边飞边唱，了无窒碍，一片沉酣，它会将那露滴似的晶莹音乐沛降天末，将那流泉般的淙琤妙曲遍洒人间，从而给下界尘寰携来启示，携来喜悦，携来欣慰，携来温暖。试问它不是光明的使者、幸福的化身又是什么？

再有，这首诗又是诗人对他本人的自喻和自况，是对他自己的思想感情、心胸抱负与见解主张的发抒与表述。刚才说了，云雀会将喜悦与光明等携带给人间，但是它又怎样才能做到这些呢？这就要靠它的辛勤劳动，正如一位诗人为了给人们创制一些有益的东西曾经那么艰苦。因为诗里的云雀总是要以它最大最坚毅的决心、最炽烈饱满的热情，远近翻飞，上下求索，努力把人间天上一切美好的东西全都搜集起来——天上的佳气，人间的清氛，宇宙的奥秘，存在的本质，生命的意义，欢乐的源泉，山川的精英，日月的光华，群岳的峨巍，大海的浩渺，平畴的广旷，高天的无极，草木的芳菲，林际的空明，湖边的遥岑，天隈的翠微，这些它什么也不放过，它要从这里面汲取精华。它还要将那萤火小虫翅上的色泽，少女闺阁里的幽悃，蔷薇叶底的浓香，孤云背后的骤亮，彩虹翼边的露滴，也都采撷捃拾起来，然后通过它那最善感的心灵与最神奇的技巧的一番酿制，将这一切编织成为天下最迷人的乐曲。而这些，一经谱就，必将像流云明月一样自然，像清风溪水一样动听，像滴洒在浅草上的沙沙春雨般的清脆，像复苏在夕霁下的瓣瓣香花似的娇艳。正唯这样，那最威武雄壮的凯奏，最华美绚烂的婚歌比起它的歌声来都不免显得虚浅浮夸，仿佛缺点什么，因为它们似乎都缺乏云雀的歌里那种崇高的情操。但是云雀的最动人处（这不正是诗人的自喻或自况吗？）还在它从不显露自己。它只知道把心中最宝贵的东西贡献给人，却把自己潜藏起来。正像一位素性高洁的诗人那样，尽管他曾将他那最浏亮的歌声、最奇丽的华彩汛满流溢天地之间，人们却从来窥不见他的身影。或者用诗人自己的话来说，就是他已"隐没思想光辉之中"，但是他却始终谨记着他主动加给自己身上的任务，谨记着他对世人所应承担的诗教，这即是要懂得同情，要学会怀着希望与畏惧对人体贴关怀。因为这点，说来可惜，实在是太缺乏了。另外，他还必须教会人们用这种感情来驯化粗鄙，净化人生。这种希冀通过较高洁的情操甚至升华了的感情来提高人类的思想乃是诗人雪莱的浪漫主义诗歌中一个最可宝贵的部分，值得我们很好注意。这个事实不仅说明雪莱的诗里具有很丰富的理想主义，而且也是构成他的诗教的一个重要内容。即以《致云雀》来说，这种情形在这篇诗中确实是所在多有的，诗里面理想与现实的对比也是很强烈的。在任何情形下，诗人总是不忘将他那理想的大旗擎得高高，希望凭着它引领着人们向着光明的未来前进。

只是有一个严重不足，就是他的理想主义太嫌空泛，太欠具体，也太缺乏分析，以致使人遵循无由。另外，诗人在进行他的诗教时似乎过多地强调了对现实的超脱，以为唯有这种精神才是一切幸福之源，甚至便是人生的出路，这就不能不使诗里的积极成分大大减弱。不过细读此诗，一种悲天悯人的悱恻情怀还是不期然而然地流溢于诗的字里行间，这说明他对这个世界并未能忘情。因而尽管矛盾重重，诗人一颗火热的心一直强烈地温暖着我们，它将永远赢得我们对他由衷的热爱。

19 圣安妮斯前夜[①]

约翰·济慈[②]

1

那年圣安妮斯前夜——天气真冷！
那猫头鹰，尽管周身羽毛，也已
瑟缩一团，野兔踉跄冻草之间，
打着寒战，羊栏毛茸茸的，也都
那么清冷：院中老僧[③]的手，因掐
念珠，早被冻僵，他那嘘气成冰
的鼻息就像一副古香炉里的
虔敬清烟，正在袅袅飘向高天，
尽管不见一个灵魂飞过圣母懿容。

2

诵祷既毕，这位面色憔悴、形容
枯槁的虔心善人遂跣着双足，
伸手提灯，从他坐处站了起来，

---

① 1月21日为圣安妮斯节，而圣安妮斯节前夜则为20日。圣安妮斯为罗马三四世纪间少女，303年左右以信仰殉于戴克理先统治期间，死时年仅十三岁。后为罗马天主教会封为圣人，并被尊为少女保护神。据中世纪传说，一名贞洁少女如在这个节日前夕（即每年1月20日）履行适当仪式，即可在睡梦中会见她的情人。关于这点，详本诗第六节。

② 约翰·济慈（1795—1821），十九世纪初期杰出的英国抒情诗人。代表作有《夜莺颂》（1819）、《希腊古瓮颂》（1819）、《秋颂》（1819）、《圣安妮斯前夜》（1819）等。——编者注

③ 这里老僧指为其施主家诵经的僧侣。

然后沿着教堂通道缓缓入内：
两旁死者雕像宛如被幽囚在
炼狱般的围栏，也早全都冻僵：
那里骑士美人也在默默祷祝。
当他想到他们重甲头巾在身
尚且冻成这样，心头也竟猛地一沉。

3

他从一扇小门进入，然后向北
折去，但未行得三步，一派辉煌
乐音早把这位年迈老僧浸入
喜泪之中。但他——明白这是他的
丧钟；那钟已把他的一生喜悦
全部咏出：今夜正是他的苦赎
之夜：他又走向别处，跪在残灰
之中，苦苦为着自己灵魂祈罪，
而且整夜守在那里，也为别人乞免。

4

适才那阙柔美序曲这位老僧
全都听到；因为那时门边不断
有人进出。接着银质般的清越
喇叭喧腾起来，而且愈飘愈高：
无数广室也都一副豪华气派
正待高高兴兴揖入千百客人：
就连头顶楣柱之上平日神情
激越的木雕天使，虽然那双翼
早已胸前翕合，仍不免要偷眼下瞧。

5

那璀璨的欢乐人群一拥而入，
羽饰华美，冠冕嵯峨，光怪陆离。
这些，纷至沓来，仿佛魅影袭人，
竟使许多青年人的头脑之中
盈满古代传奇般的盛大喜悦。
这些且都不提，而是单表一名
女郎，她因听信不少老媪之言，
整整一冬以来只是朝思暮想
得到爱情和圣安妮斯的多情垂怜。

6

她们告诉她说，每逢是夕，当那
甜美午夜降临之际，一个少女
常能梦见她的美丽佳期，常能
从她情人那里得到无限温柔，
只要她能严格遵守一切礼节
如仪；做法即是，入寝之前必须
施行斋戒，然后仰面朝天而卧，
既不左盼，也不右顾，而是虔心
向空凝视，但求上天惠赐心中佳愿。

7

梅达琳娜[①]此刻正是充满这种
痴思凝想：那恍如神在受难般

① 本篇中女主人公名字。

的悱恻音乐她全未听到:她的
双目紧注地下,往来衣裙游来
摆去——她也视同不见:不少多情
武士,不顾冷遇,颇曾蹑足而前,
然而无用,最后只得一一退却。
她的心思完全不在这里,而是
一心渴望着梦中佳境的迅速到来。

8

她只生硬舞着,两眼茫无所见,
嘴唇焦灼,呼吸紧促,那神圣的
一刻就要降临,这当儿但见她
连连叹息于那铃鼓中间,环绕
着她,笑的怒的舞着一群;虽然
都化着装,一切爱憎讥讪之情
仍然可见;她对这些全不在意,
一心所关注的唯有圣安妮斯,
她的未剪羔羊[①]以及天明前的幸福。

9

尽管时刻都在想着回屋,她仍
没有走开。正在这时,那年轻的
蒲菲罗[②]早一团火热跨过荒郊,
悄悄赶来;他独自个背着月光

① 圣安妮斯节日弥撒期间有献祭两只羔羊的礼节,事后所献羔羊将由教会中修女进行剪毛。

② 诗中男主人公名字。

立在门廊之下，一心唯望上天
能够使他经过这番辛苦之后
终能见她一面；也好使他放心
去对她瞻仰崇拜，甚至使他像
以往那样向她倾诉、抚爱、偎傍、亲昵。

10

他冒险进去：但愿此刻那一切
悠悠之口全都不出声息，一切
眼睛都看不见他，否则那无数
刀剑必将刺向他的火热胸膛：
对他来说，这座邸宅尽是一批
野蛮家伙、残酷仇人、凶横恶主，
就连院中獒犬对他家族也都
不免充满诅咒：的确全宅无人
对他稍存怜悯，除了一名衰朽老媪。

11

天从人愿，那个老媪恰在那里，
这时她正牙头柱仗在手，蹒跚
走来，而他这时刚刚躲在巨柱
之旁，火炬正好照不见他；至于
远处正是歌声杂沓，笑语喧阗。
他的到来使她猛吃一惊：但是
立即认出了他，于是握住他的
手道，“天啊！劝你快快离开此地；
他们今晚都在这里，那群嗜血家伙！

12

“快走！快走！侏儒希班[①]便在这里：
最近一场病中他对阖府乃至
君家房舍田亩都曾好生咒詈：
另外还有毛里爵爷[②]尽管早已
老耄，却仍毫无怜悯之心——
所以，趁人不觉，快走掉吧。”——“好妈妈啊，
这里不是很安全吗！快快坐下
说说，——”“神灵在上，这里不行；快随
我来，不然这些台阶就是你的死地。”

13

他跟着她走过一条低矮拱道，
一路用那羽饰拨着蛛网；这时
她已停下步来，连呼“天啊”不止。
他们来在一间精致小室，窗前
月色娟娟，但却凄冷有如茔地。
“快告诉我，梅达琳娜现在哪里？
凭着那神圣纺机，[③]安吉拉，告诉
我吧，尽管这个圣物除了那为
安妮斯辛勤纺织的妇女无人能见。”

14

“圣安妮斯前夜啊，圣安妮斯前夜——

---

①② 这邸宅中的恶主。

③ 这里纺机之前所以要冠以“神圣”字样，主要因为节日献羔之后还要将剪下的羊毛放在这只机上纺织。

但是这种吉日人可照样杀人。
为了逢凶化吉,你得先用女巫
魔筛盛水,这样才能制伏精灵
鬼魅。你的到来实在令我生怖。
蒲菲罗啊! 这圣安妮斯前夜啊!
今夜小姐即将行施法术①:但愿
诸神不致使她失望。不过且先
让我开口笑笑——人生实在难得一笑。"

15

接着她向残月一阵空笑。望着
炉边这带镜子的老媪,那青年
不禁深深瞅了一眼。他那迷惘
神情活像一个幼童对于一位
老妇手中一本谜书猜测不着。
但当听她说起小姐今夕意图,
眼睛顿时闪亮起来,但一想到
她竟不免受着那些冰冷法术、
陈旧传说摆布,却又不免潸然泪下。

16

蓦然一个妙想粲如蔷薇艳放,
它汎亮了他的额头,使那痛苦
心灵顿生光彩:他提出了妙计
一条,但却使那老媪骤吃一惊:
"忍心的人,你的心地太欠光明:

---

① 指为了要在梦中见到情人所必须履行的一些迷信仪式。

可怜的小姐啊，但愿她能继续
虔心祈祷，梦寐之中常得神的
保佑，而不能与你这恶人为伍。
滚吧！滚吧！原来你也并非什么善类。"

17

对此那蒲菲罗不禁抗声言道：
"圣贤在上！我决不会加害于她。
如我竟敢动她一绺鬈发，对她
妄存一丝邪念，愿我临终之际
上天拒不给我任何降福。所以
凭这眼泪，也该取得你的信任。
否则我也只好不顾一切，把我
仇人全都喊到这里，任凭他们
处置，尽管他们个个全都如狼似虎。"

18

"但是你为何要惊吓我这老妇？——
一个贫苦无助、行动不便的人，
她的丧钟或许不到天明便已
敲响；尽管这样，还是不论晨昏
照旧为你祈祷不已！"经她一说，
那火热的青年立即上前好言
相慰，但是神情之间却是那般
哀婉动人，那老妇人也就允其
所请，哪怕灾祸临头，也将在所不顾。

19

于是商定将这青年偷偷引进
梅达琳娜闺阃，然后藏入一口
巨柜之中，这样他就能够无拘
无束饱餐她的秀色，甚至与这
绝代佳丽缔盟定情。而这一切
都将发生在那精灵出没、魔法
将她陷入朦胧梦境之时。的确，
自从梅林①对那巨魔付出不赀
代价，类似今夕这种相会还未见过。

20

“一切遵照你的意思来办就是，”
老媪言道，“无如今夕佳节，种种
珍馐果肴还得我去搬运，而那
地点离开小姐绷圈绣架不远：
现在时间紧迫，我的动作又慢，
这些食品的事还得抓紧去办。
所以且先在此耐心默祷片刻。
只是一件，这个女子你可不能
不要辱她，否则我会死掉也不瞑目。”

21

说着，她已慌忙离开，此后一段
难耐时光倒也很快过去；老媪
匆匆赶回，然后带他悄悄进去；

---

① 梅林为英国亚瑟王传奇中的有名魔法师，后被其情人以他自己的法术困锁于一座林中，并在一场席卷一切的暴风雨中遭到雷殛殒命。

她的眼神透着惶惧，只怕有人
窥见。但是绕经无数暗室之后，
终于潜入小姐闺房，这时但见
绣帷垂地，一切那么幽静雅洁。
青年立即藏起，心头之喜，自不
必说，只那老媪临去却仍心有余悸。

22

那安吉拉一手扶着栏杆，蹑手
蹑脚正待下楼，这时梅达琳娜，
安妮斯的着魔女郎，正像一个
苦行僧人，突然立起，于是凭着
手边银烛与那异常关注神情，
转身将这老媪搀下楼梯歇歇。
瞧瞧那个座席；看看，她回来了，
蒲菲罗啊，快快准备恣意观瞧，
这时她更近了，活像一只受惊白鸽。

23

她进门时，烛已熄灭，一缕青烟
在那惨白月光之下慢慢消失：她
闭上门，气喘吁吁，这时房中
一切恍如精灵浮动，充满异象：
此刻必须噤不作声，否则一切
破灭，尽管她的心头那么活跃，
还是不能不强压下万千话语；
正像一只失去歌喉的夜莺，
拼命想叫，却叫不出，活活闷死巢里。

24

那绣阁的巨窗真是华美之极，
高拱三重，宽阔宏丽，上面盈满
奇花异卉以及各类瓜果雕饰，
窗棂更是绮文玲珑，璀璨晶莹，
或许粉红灯蛾翅翼上的微妙
闪动可以与这彩缋绮窗媲丽；
此外还有那计数不清的家族
纹章、昏暗圣像以及各类章饰，
盾形徽上甚至凝着帝室后妃碧血。

25

澹澹寒月此刻映满这扇彩窗，
在她酥胸之上投下缕缕绯红；
当那玉臂闭拢向空祷祝之际，
玫瑰花瓣纷纷落在她的手边。
她那银十字架幻成浅淡紫晶，
她那发鬟，光轮熠耀，俨若圣人：
甚至更像一位盛装仙女，只待
一双羽翼便将遐升：——她竟这般
纯洁无瑕，见到此景，青年不禁绝倒。

26

待他重又清醒过来，晚祷已毕，
这时但见她把发上珠冠摘掉；
接着将那贴身钿翠一一取下；
然后松松乳罩，登时芳馥溢出：

此时衣裙也已滑落，窸窣膝间：
她那半裸身段艳如鲛女一般。
稍事沉吟，似睡非睡，朦胧之中
恍如瞥见圣安妮斯已降榻上，
但却不敢回眸一顾，唯恐幻景逝去。

27

带着困惑心情，她的躯体一起
一伏，几乎昏厥绣榻之上；霎时
睡眠罂粟般的酣畅已经使她
四肢舒泰，芳魂飘去，仿佛情思
一缕，飞向明朝；她已超脱尘世
苦乐；但那沉睡之稳就像被困
异国的圣徒手中的一部紧握
经文；这时风雨阴晴都感不到，
又像玫瑰入夜紧闭，再度变成花蕾。

28

潜入这座乐园，这时惊魂甫定，
青年不禁望着那卸去的衣物
出神，一边谛听她的均匀细喘，
不知此刻是否她已进入美妙
梦境；当他听到这个，立即对此
深深祝福，甚至不免嘘出声来：
接着战战兢兢，潜出巨柜，仿佛
通过危地险境那样，屏息趋近
绣榻之前，揭帐窥视——啊，她睡得多熟！

29

天边残月正将它那渺渺灵辉
泻满榻旁，室内一片朦胧。青年
悄悄移来一张几案，然后匆匆
覆上猩红锦缎一方，各色珠宝
无算：——但愿还能乞得睡神符箓！
时已午夜，远处席上喧嚣不时
传来，箫鼓之声仍然历历可闻，
聒噪烦人，但也渐次暗弱下去：——
最后堂门扃闭，整个邸宅一片阒静。

30

这时她已在那缥青帐里睡熟，
锦褥雪白光滑，透着淡紫薰香。
青年从那柜中取出大堆果品，
林檎、榅桲、青梅、瓠瓜，应有尽有；
另有五彩酱冻，津醇胜过凝乳，
以及透明糖汁，色泽浑似肉桂；
玛纳①红枣金自菲兹②楼船舶来；
其他芳馥珍馐不是来自丝乡
撒马尔汗③，便是银杉产地黎巴嫩国。

31

这些珍馐果品他都满腔热忱

① 以色列人漂泊荒野时上帝所赐的食物。事见《圣经·出埃及记》十六章。这里不过泛指高级蜜露一类食品。

② 北非摩洛哥港口名。

③ 地在今乌兹别克斯坦境内。

一一陈放在錾花彩饰的金盘
银篮之中：处在这种幽静夜晚
更觉一切绚丽夺目，豪奢无比，
顿使这间冷艳兰闺异香满室。——
“我的爱人，我的天使，快醒醒吧！
你是我的天堂，而我只是你的
仆人：凭着圣安妮斯，睁开眼吧，
否则心力交瘁，我会困倒你的榻边。”

32

说着，那失掉自制的温暖膀臂
落她枕边。蕙帷遮掩之中她正
好梦方酣：——由于这场幻景出在
午夜，竟如冰河一样很难打破：
这时徒见那里粲粲盘盏映着
月光；绣帐流苏拖垂氍毹之上：
看来他已无计——完全无计——将那
美人从她深沉幻境唤醒起来；
于是只好沉吟片刻，耽溺遐想之中。

33

但他迅即觉来，取过她的弦琴，——
顿时一阵屏营，——然后揉动它那
幽细柔弦，奏了一阙动人古调，

这在普罗文萨[1]曾叫"无情美人"[2]：
他把乐曲移近她的耳边抚奏；——
琴惊了她，不觉发出一声呻吟：
他停下手——见她心头猛跳——但她
突然眉睫大放，双睛射出光来：
见此青年立即跪下，面如石像惨白。

34

她的眼睛已经张开，但是虽然
睁得大大，梦中幻象依然未从
眼前逸去：只是发生痛心变化，
骤发之下，几乎使她好梦破灭，
幻景消逝，绝望之余，不禁泣下；
因而一边叹息，喃喃发着呓语，
一边目不转睛，盯着那个青年；
这时他正满腔柔情，合手长跽
那里，凝注着她，既不敢说，也不敢动。

35

"啊，蒲菲罗"，她道，"即使此时此刻，
你那可爱声音仍然袅袅我的
耳际，随着万千盟誓而更感人；
你那多情目光那么清明圣洁：
但你怎么忽成这样，凄惨苍白！

---

① 法国东南部的古州，因在中世纪产生过游吟诗人而有名。

② 原为法国诗人阿兰·沙蒂埃的一首诗的标题名，其译文济兹曾于乔叟的诗集中读过。后来济兹曾以这个题目自己写过一首诗。至于他将沙蒂埃的诗归诸普罗文萨，则纯属臆测。

　　但盼你能使我再次重温你那
　　优美声音、不凋容颜、亲密倾诉！
　　快快救我出这苦海，否则一旦
你有长短，我也必将永远难见天日。”

36

　　这一番话，沦肌浃髓，会使谁也
　　神魂飞越，青年不禁一跃而起，
　　那种欢忭之情宛如天宇深处
　　碧波之中骤然涌出一颗巨星；
　　这时他已溶入她的香梦，正如
　　一株蔷薇与那紫罗兰的芳馥
　　绾在一起：但是好景不长，爱情
　　已在报危，室外骤然霜风凄紧，
雪霰打窗；天端一钩斜月已经西沉。

37

　　夜色昏黑：狂飙夹雪，愈下愈急。
　　“这不是梦，我的新娘，我的梅琳①！”
　　夜色昏黑：冻风大作，狂卷怒号。
　　“不是梦吗，天啊，只怕纵然有你，
　　我也万难逃出，唯有奄奄待毙。
　　惨哉惨哉！你会惹来何等险恶
　　之徒！不过我不诅咒，此情久已
　　属你；即使你抛弃我，就像你会
抛弃一只羽尾谯翛的可怜的鹁鸽。

① 梅达琳娜的简称。

38

“我的新娘，你的想象那么动人！
永收我作个忠仆吧！我会像只
宝盾——心状朱饰的盾——那样护着
你的美丽。啊，银般的神坛，
经过这样一番艰辛求索，叨天之幸，
我终像个可怜香客在你脚下
获得安息——虽然我已寻到你的
香巢，这里一切富贵于我何有？
我只要你。深望你能熟虑，不妄托人。

39

“听！听！这场精灵风雨来自仙境，
神气骇人，但却正是天赐良机：
快起——快起！现离天亮已经不远；——
那般滥饮狂徒恰好不会注意；——
现在就让我们火速脱开此地；——
他们个个沉酣在那莱茵美酒
之中，因此不会有人偷窥窃听。
快快醒来，快起快起！不要惧怕，
超过高沼，一个温馨家庭正等着你。”

40

经他一说，女郎虽然心怀恐惧，
却已匆忙起来。周围确实岗哨
密布，剑戟森立。他们立即缘着
广阔楼梯而下，傍着一条阴暗

小径前去；整个邸宅没有一丝
声响。这时每个门首闪着灯亮；
壁间花帷，上绣骑士鹰犬之属，
正在袭袭夜气之中飘动不已；
拖地挂毡也被门边寒风不断卷起。

41

正像幽灵一样，他们已经潜入
邸宅正厅，潜入牢固铁门之前！
这时阍人人事不省趴卧那里，
身边搁着喝空了的巨瓶一只：
那惊醒的獒犬闻声缓缓而起，
但那锐眼立即认出有本宅人：
接着梢栓一个一个被滑动开：——
门链静静拖在门限坑洼石上；
继而钥匙转动，巨门猛地一声呻吟。

42

他们去了：当然这是很久的事；
他们消逝在那漫天风雪之中。
据说那晚男爵也曾夜梦不祥，
他的武夫门客也都终宵不得
安宁，妖魔鬼怪，蛆虫毒虺纷纷
出来为祟。那安吉拉，本已年迈，
突然痉挛重发，也在当夜悲惨
死去。至于那名老僧，在他诵经
千遍之后，从此寂寂长眠冷灰之侧。

【赏析】

与其说西欧文艺复兴时代的作家往往喜欢从古希腊与罗马的著述与事物里面去寻找题材与灵感，那么对于众多的浪漫主义作者乃至后来的前拉菲尔派的艺术家与文人来说，他们的兴趣与目光则似乎更多地朝向和集注在那已渐被人遗忘掉的中世纪，以为那里面才充满着瑰丽与神秘的东西；而那里的传奇轶闻、古调旧曲曾经使不少诗人为之心醉，曾经强烈吸引过例如斯各特、柯勒律治等不止一位浪漫主义作家。济慈当然也不例外。他的这篇《圣安妮斯前夜》就是根据中世纪流传下来的一个美丽传说为基础素材而著成的。诗中故事发生的地点不消说也是在意大利——在这类故事惯常会产生的那个充满着种种动人的传说与魅力的神奇国土。这点，不待诗人明说，仅从那男主人公蒲菲罗的名氏本身也就不难觑出，尽管诗中用入了一些英国神话与德国酒名。另外，诗中第一节里便提到了的诵经老僧与圣母懿容等也都点明了故事发生的时地环境。所以诗从一开始便把我们的想象引入到了中世纪的氛围当中。故事从节日夜晚一个盛大的豪华化装舞会场面开始，接着出现的便是一位表面上冷若冰霜但是内心之中却是情如火灼的美丽少女。她草草应付并终于摆脱了一群到场的俗客的纠缠之后，怀着那急不可待的焦虑心情匆匆赶回自己房中的动人情景。她的急忙赶回是为了实现她心头的一个夙愿——能够在梦中见到她怀念已久的可爱情人与幸福佳期。就在这时，她的情人已经在邸宅中一名老媪的同情支持与巧妙安排下，悄悄潜入了她的闺房，并躲入一口巨柜之中，只待与她暗里会晤。这里平淡朴素的故事突然产生了强烈的戏剧性因素。通过将一个中世纪的传说和罗密欧与朱丽叶式的故事相结合的做法，梦里的憧憬竟在诗人的笔下化成了鲜活的现实！不仅在情节的开展上给读者带来意想不到的惊奇与快慰，也给整个诗带来动人心旌的抒情力量。紧接着，女主人公睡着了，而且睡得那么甜美安详，顿时一切被笼罩在一片异样圣洁的气氛之中。再接着是幻术的消失与好梦的打破，女郎被拉回到现实中来，但这只不过是从梦里的会晤进入到真实的会晤。尽管如此，这一震动也够不小，不过无论如何，就这样，在一种乍睹方惊、既嗔又喜，同时充满着种种焦灼与夷犹的复杂心情下，经过她情人的一再催促，终于两人冲破重重障碍，赚出宅门，消失在那漫天的风雪之中。故事到此也就告以结束。

这篇诗意境新奇，风光旖旎，词彩华艳，情韵幽美，一路读来，谁也会被它的精妙艺术所感动，而不能不深深服膺诗人在描绘景物、渲染气氛、兴发美感与制造幻觉等方面所表现的非凡的艺术才禀。尤其是描绘的具体化——而这个也正是济慈的诗才中最令人叹服的地方。这里没有什么一般的描写、空泛的词语，任何一件事物，一点意思，也不管就其自身来说是多么抽象空洞，或仅仅属于概念性的东西，无不在诗人想象的点燃下，以异常生动的图景、活跃的形象、鲜明而具体的刻画，饱满丰盛而又真实可感地一一展现在读者的面前。在这点上，他实在大大不同于雪莱，他总是处处来得那么丰腴而具体。例如他在描述一个妙思来到心头时写道：

蓦然一个妙想粲如蔷薇艳放

又如在描述蒲菲罗以满怀疑虑的神情深瞅着那老媪时写道：

他那迷惘
神情活像一个幼童对于一位
老妇手中一本迷书猜测不着。

正是凭藉着这样一只触处生花的高度形象化的彩笔，诗人遂成功地在他那以绮丽幻想织就的广阔幕布上留下了那么多最绚烂的画面。这些，论秾缛，论华美，论情感的灼烈与对比的鲜明，恐怕只有十六世纪的斯宾塞可以与之相比，而这一切在“绣阁巨窗”(24)，“澹澹寒月”(25)、“清醒过来”(26)、“困惑心情”(27)“天边残月”(29)，“缥青帐里”(30)等诗节中确实达到了酣畅淋漓之极的表现。姑举“澹澹寒月”这节为例：

澹澹寒月此刻映满这扇彩窗，
在她酥胸之上投下缕缕绯红；
当那玉臂闭拢向空祷祝之际，

玫瑰花瓣纷纷落在她的手边。

她那银十字架幻成浅淡紫晶，

她那发鬟，光轮熠耀，俨若圣人：

甚至更像一位盛装仙女，只待

一双羽翼便将遐升：——她竟这般纯洁无瑕，见到此景，青年不禁绝倒。

这里色泽的华艳、情致的绰约，乃至整个气韵情调的清迥绝俗都已达到了文字描写所难以想望的绝妙效果——这个，严格地说，只能属于绘画艺术所专擅的领域。但是济慈诗歌的妙处即在于，以文字为表现手段，他竟不觉超越出文学的范围而侵入渗透到绘画、音乐乃至雕塑与建筑的广泛的领域中去，并获取了许多其他艺术所特有的那些表达效果。这实际上是与其他艺术在竞争。在济慈的诗歌里面，人类感官方面所具有的种种感受与反应能力——听觉、视觉、嗅觉、味觉、触觉，往往在这位诗人异常灵敏的心智活动下面被高度地兴发与调动起来，被融合与统一起来，因而在我们阅读他的诗作时，映入我们心扉的往往绝不仅是这种与那种单纯意念的平静活动，而是多得记数不清的繁复形象的纷纷涌入，它们凑泊麇集蜂拥而来，音响喧腾，色彩缤纷，真是使人有心移神迷目不暇给之感。与其说柯勒律治的一些诗歌兼有着音响、画图乃至动作之美，那么济慈的作品就加倍更是这样。一句话，济慈是英国诗人中最擅长于制造这种综合效果的艺术家。另外，在制造对比效果方面，济慈也是突出的。在这篇诗里，那异样鲜明而逼真的色彩与形象的效果也在很大程度上是靠这一手法取得的。在这里衬映的原则广泛地在起着作用；明与暗、凉与热、美与丑、善与恶、宁静与喧嚣、纯真与罪孽、圣洁与伧陋、青春与衰朽……这一切都被置放在那么强烈的对比之下，这篇诗所造成的感染力确实是令人目眩的。

最后，关于本诗所用的格律再说几句。诗的章节为叙事诗中行数最多，结构也最繁复的一种，亦即斯宾塞体，它的押韵方法为 ababbcbcc（其中 b 重复 4 次；c 重复 3 次）；它的音律结构是前八行为五音步抑扬格，最末一行为亚历山大体，亦即六音步抑扬格的诗行。这是一种结构复杂、音节优美、运行迂缓，包含意思内容较多，但应用起来也相当繁难的诗体。但这一切在汉译中都不易传出，所以译文索性用无韵体，以利原文意思的充分与完整的保留与表达。

20　悲叹之桥①

托马斯·胡德②

又是一个不幸的人，
　彻底厌倦人世，
竟然这么鲁莽灭裂，
　不顾一切去死！

轻轻把她捞起来吧，
　抬时尽量慢点；
一个那么俊美人儿，
　那么年轻娇艳！

你看她那一身衣裳，
　殓布似的紧裹；
冰凉河水滴滴答答，

① 这个题目取自意大利的一座桥名，但实与之无关。意大利的那座桥坐落于威尼斯的大公殿（意为公爵的宫殿）与国家重罪监狱之间，被判罪后赴刑的人例将经过此桥。

② 托马斯·胡德（1799—1845），十九世纪前半期英国诗人、幽默作家。代表作有《缝衣之歌》（1844）、《悲叹之桥》（1844）等。——编者注

正从那里淌落；
抬起她吧，赶快赶快，
别带着恨，要带着爱。

触着她时别带轻蔑，
想到她时要沉痛些，
宽厚些，慈悲些；
她的污点，再别想它，
现在这里躺着的她
只有女性纯洁。

请别再去细细追究
她的叛逆，她的罪咎，
以及不端行为①：
她已超脱一切耻辱，
死亡不再使她不足，
而是只有优美。

不管她有天大不是，
总是夏娃女儿——
快把她的唇边揩净，
别让冷水浸滋。

快把她的鬅鬙乱发，

① 这节以及上一节诗中所以屡次提到对这个投水者的过错、罪咎和不端行为要慈悲宽厚一些和不必多加追究，主要因为自杀常被基督教会视作渎犯上帝的特别重大罪行。

　她的一头美丽乌丝
赶快拢好梳起；
　这时人们不禁要问，
她的家在哪里？

她的父亲是谁？
　她的母亲是谁？
她有没有兄弟？
　她有没有姊妹？
或者除了这些人们，
还有哪个更近更亲？

可惜普天之下，
到处这么缺乏
　基督徒的慈悲！
可惜整个城中，
到处熙熙融融，
　她却无家可归。

谁无手足情谊？
谁无父母怜惜？
　但是这些全都不见：
爱啊，凭这铁证[①]，
早被掷下峰顶，
甚至上帝宠幸

① 铁证指这个女子竟被残酷的社会与虚伪的伦理活活逼死这件事实。

也都似乎离她远远。①

遥望河边远处，
看那灯火簇簇，
　到处一片璀璨——
灯光来自四面八方，
顶楼地窖，彩扉绮窗，
她呆立着，多么凄惶，
　多么孤独悲惨！

三月刺骨寒风
　使她浑身震颤；
楼头高拱如旧，
　楼下黑水缓缓：
她从疯狂转入欣喜②，
从生之途到死之秘，
　急于了却此生——
这儿那儿都无所谓，
　离开人世就行！

站在河边，一头跃入——
　她是那么英勇，
也不管那寒冷河水
　流得那么汹涌！

① 这句话尤有强烈的讽刺意味。

② 请注意这行诗中所包含的辛辣讽刺。一般的人都以死为悲，而这个女人却以死为喜，可见她所生存的那个社会曾经对她何等残酷！

想一想吧——看一看吧，
　　你们荒淫恶人！①
饮一掬吧，洗一下吧，
　　也好赎罪清心！

轻轻把她捞起来吧，
　　抬时尽量慢点；
一个那么俊美人儿，
　　那么年轻娇艳！

趁她四肢未僵，
趁她躯体未凉，
　　快快尽点情谊；
把她弄得舒展，
为她闭上眼睑，
　　别让死者凝视！
她那凝视（令人生骇）
　　透过污泥尘埃，
正像当人一切破灭，
发出最后可怕一瞥，
　　她正凝注未来。

不堪一切轻蔑污辱，
火热疯狂，冰冷残酷，
　　终于郁郁死去，
　　从此得到安息——

① 这里显然是对当日统治阶级与万恶社会的有力控诉。

仿佛默祷以示虔诚，
快把她的纤手轻轻
在她胸前合起。

尽管她有不少缺点，
以及种种错误，
临终却将她的罪愆
还给她的救主！

【赏析】(节选)

《悲叹之桥》发表于1846年，亦即当作者逝世一年之后，是继《缝衣之歌》后的又一篇精彩力作。同上篇①一样，这首诗的内容也并不复杂，比较容易理解。另外，上篇中所提到的许多优点长处在这里也都大体具备，无须多加重复。这里特别值得一说的只是以下几点。一是在措辞造句上，这首较之前一首似乎更加富于技巧和更加简括精练，其中的妙语秀句是那么纷至沓来，层出不穷，几乎达到了精工绝伦，令人惊叹的地步。仅看那开篇的四行，那笔墨是那么峻洁而有分量！“又是一个不幸的人”——这“又是一个”真是言简而意赅和以少寓多的再好不过的例子，读者自不难从这篇诗作中找到许多类似情形。二是写作笔法的不同。前一篇诗语言现成自然，是接近于口语式的浅易表达，而这篇诗则人工雕琢和经营的痕迹较重，属于纯粹书面语的写法与文人作品，但是也都各擅胜致，并臻佳妙。而造成这种差别的原因主要与两诗所采用的体裁有关。前者使用的基本上是民歌或歌谣体，而后者则是一种特别考究的自由体诗——为作者根据内容与表达需要而特别创制的新的体式。在这里语句的使用是复杂的，省略形式与分词结构出现得很多，至于后位副词的大量而重叠地

① “前一篇”指诗人的《缝衣之歌》，敬请参阅高健《英诗揽胜》中“托马斯·胡德”篇《缝衣之歌》的赏析部分。——编者注

使用更是这篇诗作在语言上的一个尤为突出的特点——在音响效果的制造上起着不可忽视的重要作用。但这点，由于语言性质关系，在译入汉语时是几乎无法加以复制再现的。三是这首诗的抒情意味更浓，哀感的成分更大，诉诸力更强，整个诗的意境与气象也更开阔和更超脱，因而在艺术成就与感人程度上似乎尤胜于前一首诗。这种“尤胜”的出现自然也有着种种原因。首先，在体式上，这首诗就更加多种多样，也更少受拘束。它一方面格律精密严整，非常讲究；另一方面又能根据内容需要而随时屈伸盈缩，调整更动，变化多端，不拘定式，因而在意思的发挥上享有着更大程度的自由。其次，在内容上，这首诗所论述的问题本身就更有分量——涉及更为重大的生死问题与更为广阔与复杂的伦理道德与社会风习问题，这些都是最容易在人的思想与情绪上引起强烈的震动和感受的，也容易刺激诗人进行更积极的思考。作者确实也这样做了。他没有单纯地就事论事，没有浮泛地表示同情。他探询的东西更广更深。举凡一切可以思考的事物，上帝的福泽、基督的慈爱、教会的态度、道德的严酷、舆论的压力、人情的冷暖、世态的炎凉，这一切都进入了这篇诗讨论的范围，而且一一受到了诗人的重新检验，并在这种检验（实际上是批判！）中使这个可怜女子的罪名在更深广的意义上得到了真正的昭雪。

21 晚霞

阿尔弗列德·丁尼生①

晚霞落照高映城堡，
　古老雪峰璀璨晶莹：

① 阿尔弗列德·丁尼生（1809—1892），英国维多利亚时代诗人。代表作有《公主》（1847）、《悼念集》（1850）、《国王之歌》（1857）等。——编者注

万丈光练摇曳湖上，
　沐着余晖飞瀑喧腾。
吹吧，奏吧，号角，快快使那
　漫天遍野角声回荡；
应吧，答吧，回声，——但是回声
　渐渐渐渐失去音响。

多么清脆，多么幽美，
　而且愈远愈更悠扬！
当它荡漾峰巅谷底，
　恍如魔笛泛自仙乡！
吹吧，奏吧，号角，快快使那
　紫色幽谷妙音回荡：
应吧，答吧，回声，——但是回声
　渐渐渐渐失去音响。

这些回声早已消失
　林间、草际、河畔、天端：
我们心中回声却常
　从你到我①，流转回环。
吹吧，奏吧，号角，快快使那
　漫天遍野角声回荡，
应吧，答吧，回声，——但是回声
　渐渐渐渐失去音响。

① 这句话在原文为“从一个灵魂到另一个灵魂”。

【赏析】(节选)

《晚霞》作于1848年。1850年,作者的长篇哲理故事诗《公主》再版时,他曾在这部诗的第四篇前面补入过一首序诗,就是这篇《晚霞》。诗仅三节,意思也较单纯,但写作的手法却极高明,读来但觉句句飞舞,字字精神,情韵凑泊,一片神行,不仅音响铿锵悠扬,正是牧歌风情,而且色调缤纷绚烂,兼具画卷华美。尤为可贵的是,写景而不忘抒情,能将这两者很好结合起来,能将山谷之间的起伏回应与人和人在心灵上的交感结合起来——"我们心中回声却常从你到我,流转回环",而且指出这种回声比起自然界的回声还更恒长耐久,不像前者那样稍纵即逝,一去无迹。这样,诗中的韵味也就更觉隽永。总之,这首诗确实不愧是一篇在各个方面均臻上乘的抒情绝唱。正因为这样,诗出后,立即被多国音乐家谱为歌曲,流传极广。

22 公爵夫人肖像

罗伯特·勃朗宁[①]

墙上那幅肖像便是亡妻,
样子依旧栩栩如生。在我
看来,实在堪称一件稀世
珍奇:潘多尔夫修士[②]曾在
它的上面费过整天工夫,
于是才有这帧名作出现。

---

① 罗伯特·勃朗宁(1812—1889),英国维多利亚时代诗人。代表作有《戏剧人物》(1864)、《指环与书》(1868—1869)等。——编者注

② 虚构人名。

阁下端坐这里细看,是否
也会感到满意? 刚才说到
那位画师大名,也是有意
提及,因为外人每逢见到
画中那副神情,那副深邃
而多情的眼神,总不免要
——如果敢于——对我提出(因为
画的覆幛总是由我亲为
客人来揭),这里怎会出
现那样一副神色①? 所以,先生,
向我发过这类问题的人
早已不止你这一位;另外
也绝不是因为她的夫君②
在场,那团喜悦立即浮现
在她美丽粉颊:谁能保险
潘多尔夫不曾偶尔对她
讲过,"她③的斗篷把她手腕
盖得太严";或者"色彩完全
无望摹出她红透颈端的
一缕浅晕":当她想到这些
恭维的话,也就不免喜溢
眉梢。她的那一颗心——这话
该怎么说呢? ——实在太容易

---

① 指一种笑容可掬,甚至非常多情的神色。正为这个,诗中的公爵夫人竟付出了她的宝贵生命,详情见下文。

② 公爵自指。

③ 引语中的三个"她"字按现代英语用法(实际上现代汉语亦然)均应改作"你"字。这里译文仍照原诗用法未动。

被哄得高兴，太容易接受
影响：她啊真是看到什么，
就会爱上什么，而她又是
什么都愿意看。先生，什么
对她都是一样！不论胸前
我赠她的项链，夕阳西下
时的美丽锦霞，哪个殷勤
家伙从园中偷来送她的
一束樱桃，她在庭院骑着
玩的那头白骡——所有这些，
样样都能博得她的赞美，
至少引起羞涩。她对男人
总是充满感激。——当然这也
很好！只是她那感激方法——
这点我也描绘不来——却像
竟将我对她的那份厚赐
(我那九百年的尊贵姓氏[①])
与个谁的细小馈赠等同
起来。对于这类无聊琐事
谁会不顾身份多加指责？
即使你有一副绝妙口才——
(这点实在非我所长)——能够
将你意思向着这样一个
人来说清，例如“正是你的
这点那点使我特别厌恶；
你的什么什么做得不够，

① 诗中公爵自称他的家族已有九百年的受封历史，因而颇以这事为得意。

什么什么做得过分”，——而且
即使她能甘受劝诫，绝不
顶撞冒犯，更不必说哓哓
置辩——即使这样，都不免要
有失身份；而有失身份的
事情我绝不做。另外，先生，
毫无疑问，她见着我总是
笑脸相迎，但对他人不也
这样？事弄大了；我终发出
了话；笑容也就从此完全
消失。[①] 但你看那副神态不是
仍像生前一样？好了，现在
是否即请下楼会客？这里
容我再提一提，尊主伯爵
大人素以慷慨闻名，在下
这点妆奁之请[②]谅能承蒙
俯允；虽然，正如适才所说，
我的目标始终在人而不
在物。不，不，一定一道下楼。
不过顺便还请观赏一下
一尊驯马海仙[③]，的确应当
说是一件稀世之珍——殷城[④]

① 这几句话不过是公爵下命令将他夫人杀死的委婉说法。

② 诗中公爵此时正拟迎娶一位提罗尔国的伯爵女儿，并向前来的媒人，索求一笔嫁资。

③ 即罗马神话中的海神纳布琼。

④ 殷城，殷斯勃洛克城的简称。地处今奥地利西部，过去曾为提罗尔国的首都。

克劳[1]特用青铜为我铸的！

【赏析】（节选）

《公爵夫人肖像》作于1842年，是勃朗宁在人物性格刻画方面的一个小小杰作，足以代表他最擅长的戏剧独白体诗艺术。

这里戏剧独白体诗指的是这样一种诗歌，它通过诗中主人公向观众（读者）、向其他某一个或某一些听话人甚至只是向他自己独白或自言自语等方式来展示一出戏剧，一个故事，一种心境，从而达到塑造人物、刻画性格的目的，而它的重点则在揭露讲话人的思想隐秘与心理活动，因而这种写作方法乃是一种"自内出发"的方法。对此，勃朗宁自己曾作过如下说明："虽然在多数情况下，这种表达是抒情的，但在原则上则是戏剧的，那里面有着许多想象的人物的许多言论，但却并非是我自己的言论。"他还讲过："我所着重的始终是人的灵魂发展上的种种情节。"这里《公爵夫人肖像》一诗便是他这种诗歌主张的一个很好的范例。

这首诗仅有五十六行（译文当然要多出一些），在作者许多同类的题材中这是特别短小的一篇。诗是完全由独白形式表达的，即是自始至终由意大利的费拉拉城公爵自己的一篇谈话所组成，其中没有一句其他人的对话或作者的任何导言、叙述或评语。听话人是殷斯勃洛克城一名伯爵的使者，正在为上述公爵作伐，准备将伯爵的女儿嫁给他。由于这件婚事必然会涉及他的亡妻，这里公爵即结合他妻子生前的一幅肖像将她的死因向来使作了一番解释。至于这个公爵的姓氏，据人考证为阿尔封索二世，他的原配名琉克里齐亚，与公爵结婚三载，死于1561年。诗人勃朗宁此诗的根据就是这么一点点事实。

的确，诗的根据就是这么一点点东西，而写作的方法也可说是简单之极，准备续弦的公爵结合着他亡妻的肖像就她的死向媒人作了一篇并不很长的谈话，如此而已。但就是凭着这么一点有限的材料并通过这再简

---

① 克劳，诗中虚构人名。

单不过的方法，诗人在这里却十分成功地展示出了一出怵目惊心的骇人悲剧，其中讲话人（公爵）的思想感情，他的为人性格竟被解剖得那么精细入微，完全具有小说般的实在逼真与戏剧式的活跃生动，这种情形在他以前的诗歌中几乎是仅见的。

公爵的一篇谈话是从评论他妻子的那幅肖像开始的，他对那画中的妻子似乎很表赞赏，认为那不愧是"一件稀世珍奇"，但对那画所代表的活人却非如此，他对这后者看来是只有反感。不过这远远不是他谈话的要点。他谈话的要点是想要向来使说明一下她的死因，而且主要在于说明她的死亡完全是咎由自取，而与他本人无关。为了这个，他列举了他妻子的种种不是，而从未提到她的一桩好处。那么她的那许多问题照他说来又都是些什么呢？首先，画中她的那副笑容就非常不对，非常不正常，至于那理由则是，那种微笑是会对谁而发的呢？对除了他本人而外的任何一个别人发出那样难以描述的微笑该作如何解释呢？于是，为了帮助说明问题，公爵又列举了她的第二大缺点，即是她太容易受到感动，她的那一颗心"太容易被哄得高兴，太容易接受影响"，并且"看到什么就会爱上什么，而她又是什么都愿意看"。这当然会使人对她太不放心。她的第三个过错是，"什么对她都是一样"。而作为说明，公爵曾举出了一些令人难以想象的奇怪例子，比如她对美丽的彩霞也会那么多情，对所骑的白骡也有那么多的好感，——嫉妒的范围竟然达到了云彩与牲畜的身上！第四条罪状是她对男人总是充满着感激，而且感激的程度之深竟与她对他的那份厚赐（九百年的高贵姓氏门第等等）不相上下。这些，便是她的全部罪行，而这一切的集中表现就是她那幅画里的引人深思的一笑。那一笑实在是太可恶了，使这位公爵感到无法容忍，尽管她在公爵面前总是那么笑容可掬。但是这样反而引起了他的更大反感，因为谁又能保证她在别人面前不会也是同样？正是由于这副可爱的笑容而招致了她自己的毁灭。一笑而亡身，而招来杀身之祸——便是这位天真少妇的可悲结局。

这种心头的不快如果发生在一般人的身上，那也尽有更多的方法可以解决。向她提出来，向她哭诉抱怨，甚至向她发狂发怒，这仍不失为较正常的做法。但是这位公爵呢？他却绝不这样去做。他始终一点不露，一言不发，因为那样会过于降低他自己的地位身份！请注意这里的身份一词，这个他是看得特别重的，远远比世间一切别人的生命要重得多。因而他便暗地里下毒手了。

至于公爵自己在这件事上应承担什么责任呢？另外他自己是否也有什么不对的地方呢？当然他不需要承担任何不是，而他也完全没有丝毫不对。他仅仅是“发出了话，笑容也就从此完全消失”。如此而已！他对自己行为的辩护是出奇的简短，绝对不像开列他夫人的罪行时那么反复申说，不厌其详，尽管他始终未能举出一件哪怕稍能令人信服的具体事实。

尤其使人感到不安的是，公爵在缅述这一切时所用的那种若无其事的轻松淡漠口吻，仿佛处置了他那贵妇人这件事不过如同踢死一只虫豸一样的平淡无奇。这里绝对没有一丝惋惜同情，当然更谈不到追悔痛恨。写到这里，我不禁联想起我国古代豪门巨族的一些故事。石崇不就曾因为客人不肯饮酒而连斩数婢吗？这事或者差堪与我们的这位公爵遥相媲美！

另外在文化与艺术的修养上，这位公爵也应是能与那位石公相比并的。他不是在下楼的一刹那间还不忘记夸耀一下他的那尊海神铜雕，而且还表明出自某个名城的名手吗？当然他更没有忘记他的妆奁之请与待客礼貌——“不，不，一定一道下楼”，而决不允许让客人走在后面。

就是这样，作者凭着他那冷冷的笔墨为我们成功地刻画了一个栩栩如生的形象，一个多疑善妒、阴险毒辣、矜持自负、不动声色、贪贿无艺，而又极重“体面”和颇具文化素养的文艺复兴晚期南欧的罪恶贵族，一个由于严重地患着虐待狂症而使自己的灵魂变得魔鬼一般的凶残丈夫——这一切都在作者那支有如画工的妙笔下被描写得形容宛肖，毛发毕现。

上面我们在描述这首诗的过程中曾不断地使用过“揭露”与“刻画”等词语。其实这些都未必十分确切。严格地说，诗的作者并没有揭露什么，刻画什么，更不曾解剖什么。作者在这里所做的只是（当然是有选择地）

列举了一些情况，记录了一些谈话，然后全凭读者们自己去形成所可能形成的形象。这里面很少有什么主观色彩，而完全是客观记叙——作者从画面中心躲开得很远，但效果仍然非常显著。这个便是勃朗宁戏剧独白的主要精髓，是他的诗歌的独特艺术。

23　魂其安息

马修·安诺德①

快快给她盖满玫瑰，
　但却不要一束水杉；
现在她已静静安息，
　但愿我啊也能这般！

世人贪求她的色艺，
　她也沉浸欢声笑语。
但她的心早就厌倦，
　人们也就任她而去。

一生沉酣歌舞场中，
　纸醉金迷，酒绿灯红；
但她早就渴求平静，
　现在她终获得安宁。

① 马修·安诺德(1822—1888)，十九世纪中期英国诗人、批评家。代表作有《诗选》两集(1853、1855)、《文学评论》两集(1865、1888)，《文化与无政府》(1869)等。——编者注

久思冲破躯壳禁锢，
　　她曾不停作过挣扎；
今夜她是彻底倦了，
　　死神殿宇在迎接她。

【赏析】（节选）

《魂其安息》作于1853年，属于挽歌一类作品，也是作者一个有名的短篇。作者在这首诗里所吟咏的对象好像是一名歌女或舞女之类的人，至于这个女人的身世经历，她与作者有何关系以及由于什么情况而引起了作者对她的特别垂顾与惋惜，等等，则因为缺乏诗篇本身的提示与其他方面的材料，这里也就完全无从臆测。但至少这首诗对这个女子的不幸生涯与过早夭亡等表露了一定的惋惜哀怜之情，并在诗中对她的亡魂作了祝愿，认为对于像她这样一个非常不幸的人，死亡本身也许正是她在这个浊世的唯一出路与最终解脱，因而哀矜怛悼之余，又似乎不无某种程度的宽慰感觉。

在一般的现实生活当中，像这个女子的具体生涯绝不是一件美的东西，它甚至会引起相当的鄙视或厌恶。但在作者这支饶有辞彩的诗笔之下，经过一番艺术加工，一切却变得非常美丽，甚至动人，仿佛种种不洁的事物在受到圣水的浸洗后，那里面的污垢杂质全被涤除，剩下的只是那最洁白纯净的品质，因而依旧值得人们爱怜与同情。

这首诗在技巧上也是极出色的，具有经典式的精醇与完美。而这种技巧的最大特点即是在它题材处理上的高度节制与凝练。首先是节制。这一点诗的运用是好的，它紧紧地掌握住了寓多于少的原则。诗对这个女子的歌舞生涯、具体情景以及个人遭遇，等等，都是仅仅点到即是，而绝不肆笔于过多细节的描绘。这样，就效果看，由于不曾表达而暗示出的东西比起通过表达而展现出的东西也并不少，甚至反而因为较富含蓄而造成的印象更为深刻强烈，因为这会在读诗人的心目之中留下更为宽阔的想象余地。其次是它的凝练或凝聚，也就是在一个作者全部可能要进行表达的丰富意思当中，只将其中最富于感染性的一点突出表达出来，而将其余一概按下不表。这样所形成的这个聚光点就必然会是那最强点。它高度集中，熠熠夺目，灿然而有光辉。在这首诗里，这个女子的受压迫，乃至因受压迫之重以致过早厌恶人生便是这个最强点——是由她的全部生涯，特别是她生活于其中的那个罪恶社会所造成的。作者抓住了这个最强点，这样全诗的效果也就是统一的，有力量的。因此诗虽不长，读后却令人久久难忘。《魂其安息》这首诗在艺术感染上的经久魅力可能也就在此。

此外，这首诗在用字遣词上的精练考究，节奏的鲜明爽劲以及音韵的和谐自然等也都给这首小诗带来无限的美。

24 孩子的笑声

阿尔吉侬·查理·史文朋①

1

天上钟声虽然动听，
天上鸟儿虽然齐鸣，
地上流泉虽然幽馨，
地上和风虽然轻轻，
　携来一切优美音响；
有种声音却比一切更美，——
琴的悠扬，鸟的娟媚，

① 阿尔吉侬·查理·史文朋（1837—1909），十九世纪后期英国诗人、批评家。代表作有《亚特兰大在卡利顿》（1865）、《诗与歌谣》（多卷本，分别于 1866 年、1878 年和 1889 年问世）等。——编者注

晨曦林间爽籁清脆，
可爱鸣泉款语娓娓，
　以及春日和风荡漾。

2

就是这样一种声音，
那么甘美，那么动人，
人们不等响止音沉，
已知不仅世上难寻，
　就是死后也觅不到；——
既刚又柔既响又轻，
只有红霞泛满青溟，
才会这么光彩晶莹；
只有当那喜之精灵
　进入一个儿童欢笑。

【赏析】(节选)

《孩子的笑声》发表于作者1882年的一部《杂诗集》中，属于他晚期的作品。全诗共三首，这里选择了它的前两首；第三首因稍弱，略去未译。

诗的意思本身也较平常，但它的表达则颇见技巧，很有值得我们学习的地方。首先，这首诗在韵脚的安排上就相当复杂。诗每节十行，其中一至四与六至九都是四行共押一韵，而这两组韵脚又各不同。其次，第五与第十则又要押不同的韵。这种一韵贯穿四行的押法在汉语诗中虽属平常，在英诗中却不很容易掌握；但在这位大师的手下，这一切却仿佛毫不费难，给人以一种驾轻就熟的娴熟感觉。再有，全诗在音响效果上极为佳妙，充分显示了作者在音律节奏上的精湛手腕与善于模拟自然界音籁的高超本领。诗中排比对称结构的妙用也是突出的，利用头韵来制造音乐效果更是本诗的特点之一，例如第一节的第九与十行原文为：

Welling water's winsome word,

Wind in warm wan weather,

在这仅仅两行九个词中，同一头韵即出现至八个之多，这也不难看到作者在驾驭语言的功夫上是达到多么惊人的地步了！

25　冬　暮

罗伯特·布里吉斯①

白昼垂垂将尽——
　时已夕暮：
但谁也说不清
　日的落处。

黝黑小径之中，
　夜色渐浓，
这时只能听到
　归车隆隆。

庄边一辆机车
　不停哮喘；
低空中的低烟
　消入黑暗。

饱含露水枝条

① 罗伯特·布里吉斯(1844—1930)，十九世纪末、二十世纪前期英国诗人、作家。代表作有《短诗集》(1890、1893)、《美的契约》(1929)等。——编者注

彻夜淌滴，
这时滴滴水声
传至巷里。

房中一位老者，
经常掩门：
此生再难嗅到
春的芳芬。

劳顿早已使他
疲惫不堪；
即使去去草垛，
他也心烦。

此时往昔岁月，
重返心头；
面对人生夕暮，
唯有泪流。

【赏析】（节选）

《冬暮》作于十九世纪最后几年，这里转译自英美一般选本。这篇诗是他作品中传诵较广的一篇。

英诗进入至维多利亚后期已经达到了它空前完美与成熟的阶段。这时无论论思力，论辞彩，论技巧，论表现的广度与深度，它都达到了过去难以企及的高度。但是盛极而衰，它也带来了许多不很理想的东西——繁缛累赘、枝蔓芜杂、冗长拖沓、晦涩难解以及各类形式主义，等等。这些在勃朗宁、梅里笛斯与史文朋等人的手里（他们作品中一切积极有益的东西当然不在此限）确实得到了某些恶性的发展。这种情形造成的不良后果之一便是诗作变成了一种过于沉重繁难的智力游戏，炫饰矜夸有余而亲切自然不足，既失去了浪漫主义的清新热烈，也失去了古典主义的凝练简洁。一句话，它严重束缚了作者们的性灵。这种情形不仅发生在诗歌领域当中，也广泛地出现在各类散文作品里面。作家亨里与史蒂文森的返回浪漫主义的主张与做法即是对这种繁缛文风的一种明显反抗。

布里吉斯的作品即是这种反抗在诗歌领域里的一种表现。他的诗作代表了当时一些人们追求简朴作风的倾向。他认为，诗歌的写作应变得更加简洁而含蓄，反对过度复杂化和散文化，因而主张返回到英诗的质实的传统中去。这里所译的《冬暮》就是这种简朴诗风的一个很好样品。这首诗可说写得简练之极，几乎简到无可再简的程度，一切都是炼字炼句，从短从小，经济着墨，点到为止，只要把所要说的最主要的东西基本上说了出来，作者的任务也就完成，而绝不在这之外再进行任何多余的增添、追加、补充、发挥。这种写法不是将许多东西都由作者一人承担包揽下来，而是只起着一种点题破题的作用，至于那进一步的引申以至其他，则主要交付给读者自己去完成，以便他们能更充分地发挥自己的想象力。这种写法显然有时会比特别冗长的作家更能受到欢迎。在这点上，这种写法既是古典主义的又同时是现代的，而布里吉斯的《冬暮》就是这种写法的一篇代表作品。

26 我的心儿那么沉重

阿尔弗列德·爱德华·豪斯曼[①]

我的心儿那么沉重，
　那么为我好友哀伤，
多少捷足少年早逝，
　多少绛唇少女夭亡。

足难涉的广河之畔，
　这些少年永埋那里；
花开败的郊原之上，
　这些少女长眠不起。

【赏析】（节选）

《我的心儿那么沉重》也出自1896那本诗集。[②] 诗写得简短单纯之极，但却相当哀婉动人，是将简练原则推行至其极限而又取得一定艺术效果的一个成功例子，读来不禁使人记起歌德的《玛格莱特纺车》或海涅的某些小诗，或者我国六朝时期个别动人的句子，例如：

步出城东门，
遥望江南路，
前日风雪中，
故人从此去。

---

① 阿尔弗列德·爱德华·豪斯曼（1859—1936），二十世纪前期英国诗人，代表作有《夏浦郡少年》（1896）等。——编者注

② “那本诗集”指《夏浦郡少年》。——编者注

这类小诗词语淡而情味厚，取譬近而含意远，古人所谓的最得风人之旨。从这里，我们也可悟出作者诗作的一个原则，即是他写诗的重点不在扩展与发挥，而在节制与凝聚，这样只要将题材当中特别动人的一点确切找出，其他种种皆其余事，完全无须再添加一毫外在东西。这种惜墨如金的峻洁诗笔正是作者特别着意培植的一种风格。再有，这类作品虽属于抒情作品，作者却尽量使他自己较少出现，而总是将自己心中的感受假借别人之口来做间接表达。四月的乡村景色，林野风光，节日的欢愉，爱情的温馨，友谊的慰藉，乃至投向社会的冷嘲热讽，关于死亡命运的冥思默想，这一切都不是直接地依靠作者自己，而是通过村中一名少年之口而间接地透露和折射出来，从而造成艺术上的某种距离之感，同时也更好地保持住自家的身份，以免真情外露，招致自怜自怨之嫌。在这点上，这些诗作无疑体现了英人那种凡事留点余地的传统作风。因而诗中尽管也曾一再出现过“我”字，但这个第一人称已经是多少拉开了距离的第一人称，它已经带有着相当的客观味道了。

27 茵妮斯湖之岛①

威廉·勃特勒·夏芝②

我啊此刻即将动身，前往茵妮斯湖，
然后构筑茅屋一椽，上覆泥草轻轻；
房前种起几畦菜豆，养上一窝蜜蜂，

① 岛在爱尔兰西北部斯里格郡一个峡谷地带，茵妮斯湖即由此峡谷形成，这里是夏芝青少年时常居之地。

② 威廉·勃特勒·夏芝（1865—1939），亦译威廉·巴特勒·叶芝，十九世纪末、二十世纪前期爱尔兰诗人、剧作家和散文家。代表作有《苇间风》（1899）、《幻象》（1925）等。——编者注

从此便在营营林间度过一生。

我将在此获得宁静，宁静也会降临，
它将随着蟋蟀鸣处降自晨霭迟迟；
那里夜半一片迷蒙，中午一片绛紫，
　夕暮时分空中红雀弄翅参差。

我啊此刻即将动身，因为日日夜夜
湖畔跳波不时把那喧豗送来耳际；
每当我啊走在公路之侧，行人道上①，
　响声仿佛深深发自我的心底。

【赏析】

《茵妮斯湖之岛》作于1890年，是作者短篇抒情诗中最为人传诵的一个名篇。据作者自注，幼年时他父亲曾将美国作家梭洛的《华尔顿》中片段读给他听，使他颇景仰梭洛的为人，因而产生了长大以后也到林中结庐隐居的想法，这无疑是他后来写成这首诗的远因。但是具体的写作诱因与灵感则是他年轻时经过伦敦一家店铺前的喷泉所引起。那喷泉的水溅声使他猛地记起他故乡茵妮斯的湖水，于是刹那之间这首诗便在他心中形成。而且据他说，这首诗第一次传出了他一向所追求的“我自己的音乐”，可见这首诗是他自己的得意之作。

这首诗一向以它诗味的清新与意境的幽美而为人们所喜爱。诗表达的是作者对他故乡林木湖水的一种深沉的眷恋追怀之情，它的语言、情调与整个气氛也与诗的内容相一致，朴素淡澹，深邃幽静，然而素雅之中却自有一种沁人心魂的迷人之美，仿佛月下的景物那样，迷蒙氤氲，俏丽冷俊，湖光山色，如渑纸上，正是人们在这类林翳湖隈所渴望瞥见的景象。

① 指伦敦的市内市郊。

在这方面，它很像一首雪莱的抒情短歌，但它比雪莱的作品似乎更素净，更飘逸，具有一种不易捕捉的轻盈性质。在节奏上它也颇有特点，它舒缓而自然，迂徐而不粘滞，读来朗朗上口，并与整个诗的意境与情调非常吻合，确实不愧为近代抒情短诗中的一篇小小杰作。

28 海的渴望

约翰·梅斯菲尔德①

我一定要再去海上，去那寥阔的海天，
唯一要求便是一颗天星②，一艘巨船；
还有舵轮轧轧，风呜呼呼，白帆猎猎，
以及晓雾蒙蒙之中晨曦闪烁明灭。

我一定要再去海上，那里惊涛拍岸，
那么响亮，那么激越，声声都像召唤；
唯一要求便是白云乱飞，天风怒号，
泡沫翻腾，浪花迸溅，以及群鸥鸣啸。

我一定要再去海上，过那漂泊生活，
出入鸟道，出入鲸波，那里风如刀割；
唯一要求便是同船人的笑语奇谈，
以及下班③之后一场美梦，一场酣眠。

---

① 约翰·梅斯菲尔德(1878—1967)，二十世纪前半期英国诗人、剧作家。代表作有短诗集《盐水谣》(1902)、长篇叙事诗《永存的仁慈》(1911)等。——编者注

② 以便指引船的前进。

③ 十九世纪末二十世纪初船上水手的劳动尚极沉重，一般每两个小时即换一班。

【赏析】

《海的渴望》最初发表于作者 1902 年刊出的《盐水谣》，这是一部以海上生活为题材的短诗集，其中不乏佳篇，但以这篇《海的渴望》为最出色，诗一披露后即名闻遐迩，为作者赢得“海的诗人”的美誉。

这首诗倒也名不虚传，因为它真是写得太好了，一见之后使人很难忘却。英国是个海上国家，诗文中描写海的作品当然会多一些，但是像这首诗这样能将海的景象、海的精神与气氛写得如此淋漓尽致、完美成功的篇章则也并不多见，因而这首诗在英国人看来便会感到非常可贵。诗仅有三节十二行，但在这极其有限的篇幅之内，作者的成就却是巨大的。他紧紧抓住了所要表达的东西，语无泛设，词不虚抛，以他那简练之极的笔墨十分成功地取得了其他人在更广大得多的范围内也往往难以获致的佳妙效果。首先，诗的整个气象与局面就轩敞之至，开阔之至；寥寥数笔，而一副壮丽浩瀚的海景已经无比鲜明地展现出来，那里不仅具有视觉上的宏伟壮观之感与图景上的极大逼真之感，仿佛顿时自己已经置身万顷碧波之间，但见周围海天茫茫，无边无际，风涛滚滚，毕集眼前，而且音响、光泽、动作也都随着眼前景象的出现而一并发生和注入进来——舵机的轧轧声，海风的呼呼声，船帆的猎猎声，浪花的迸溅声，泡沫的翻腾声以及沙鸥的鸣啸声，这一切音响都伴随着那濛濛的晓雾与晨曦的微明而密切交融在一起，起伏动荡，闪烁明灭，色调是那么繁多、音响那么复杂，因而汇集成为一曲曲由声、光、色、味（我们在这里几乎可以嗅到那海风中的盐味！）共同谱就的最奇特和完全难以名状的“交响音乐”。这里，这个名称显然是不够妥当的，因为它并非只是音乐；它又是画面，又是明暗，又是气味，又是不知许多其他别的什么。更何况，这一切绝非是什么静止的事物。它首先就是充满着生气与活力的动的东西，它是欢踊，是跳跃，是震颤，是节奏，是运动，是旋律，是一切可以激动人心的活的生命，是大自然本身的起伏流转与人的灵魂内部的潜在律动之间的一曲复杂的交感和共鸣。在这方面，诗的外部形式的重要性是不可低估的：词语的选择，句式的配置，特别是排比对称结构的运用无疑都起着不小的作用，它们帮助形成了诗人所要制造的声韵效果。最后在个别用语的镶嵌上——例如诗中的“鸟道”“鲸波”，也具有色彩渲染的奇妙作用，增加了读诗的人美好的联想，因为这两个词的用法（在原文中）乃是从古代盎格鲁－撒克逊诗中移借来的，这在英人的耳中会有一种古意盎然的美感。

如果我们拿这首诗与前面夏芝的那首诗作一简单比较的话，这对我们更好地理解这两首诗都会是有助益的。别的且不说，至少在艺术美的类型上说，这两首诗的区别实在是太明显了。如果说夏芝那首诗具有的是一种宁静的阴柔之美，那么梅斯菲尔德的这首诗中所包含的则无疑是一种更为富于动感的阳刚之美。

第三编

小　说

一

短篇小说[1]

1　瑞波·凡·温克尔

华盛顿·欧文[2]

本篇是欧文的代表作之一。类似《瑞波·凡·温克尔》这样的故事，不知在其他民族的传说与文学中是否有过，但征之我国旧日文献，其有记载可稽者，至少有以下两三条：

1. 刘玄石从中山沽千日酒，一醉千日。

——《酒史》

2. 狄希，中山人也，能造千日酒，饮之，亦千日醉。

——《搜神记》

3. 晋，王质，入山采樵，见二童子对弈，童子与质一物如枣核，食之不饥。局终，童子指示曰，“汝柯烂矣”。质归乡里，已及百岁。

---

① 本节内容主要编选自上海译文出版社 2011 年出版的《见闻札记》、北岳文艺出版社 2016 年出版的《圣诞老人的失误——利考克幽默精华录》，以及上海译文出版社 2016 年出版的《笔花钗影录》。对于正文或注释部分个别存疑的字词、标点等，为了便于阅读，编者酌情做了修订。——编者注

② 华盛顿·欧文(1783—1859)，美国散文家、史学家、传记家，被誉为“美国短篇小说之父”。代表作有《纽约外史》(1809)、《见闻札记》(1819—1820)、《阿尔罕伯拉》(1832)等。——编者注

——《述异记》以上三条，特别是1与3两条，加到一起，便是一篇《瑞波·凡·温克尔》。但从前者发展到后者，当然会是叙述上不小的进步(尽管前者的极度简练也有其不可及的风韵与可爱)，另外后者中所包含的哲理意义与普遍性(时代落伍者及其它)则是前者无论如何难以具备的。这篇故事的又一优点是叙述上的异常完美与高度简练。故事一旦开头，便毫无枝节毫无停顿地一路讲说下去，没有因为过多的描写与说教而予人以拖沓芜杂之感。最后故事富于幽默感和描写上饶有风情等也都是本篇比较显著的特色。本篇在近代短篇小说史上的地位不能低估，几乎是后来性格小说的奠基作。

谁要是乘船在哈得逊河上作过航行，一定会记得喀斯基山的。此山属阿帕拉迦山脉一断裂分支，距哈河以西不远，然地形高亢，大有卵翼周围邻境之势。此地物候亦大有特色，四时之代谢，寒暑之更迭，乃至一天之内的不同时刻，均使此山顿呈各异之状貌，谲诡之色彩，因而对于远近家庭主妇不啻一晴雨表。具体些说，即凡遇风和日丽的美好天气，整个山峦便仿佛萦青缭紫一般，而暮夕时分则一副轮廓全映于澄碧的晴空；有时山的周围并无半丝云翳，而山巅处却偏偏云蒸霞蔚，空濛一片，这时沐浴着落照余辉，真是光华灿烂得像顶金冠。

伫足于此仙山脚下，一位旅行者自不难瞥见一缕缕轻烟自下面的村落中袅袅升起，其中不少砾石屋顶正熠熠于树丛间，而恰恰是在这里，那远山的凝紫与近村的稚绿，竟仿佛浑然一处，融入苍翠。这里乃是一座颇历年岁的古旧小村，为本地早年一些荷兰殖民者所建，亦即恰值彼得·斯托维桑①在任之初期(但愿彼魂其安息！)，其间某些住房即为当年最早殖民者之旧居，这些不过数年即行建起，所用小型黄色砖均系远自荷兰运来，规格一例为构格窗户与山形门脸，并上置风标，等等。

就在上述这样的一个乡村和村里的某一所房舍之中(这里恕我直言，

---

① 美国新尼德兰州(即今之纽约州)之最后一任荷兰总督，1645年左右任命，为欧文《纽约外史》中的重要人物。

实已因年陈日久、风剥雨蚀而破损不堪)，多年以前，亦即此地尚属大不列颠领地之时，这里曾经居住过一个其姓名为瑞波·凡·温克尔的淳朴善良的人。其父凡·温克尔，于彼得·斯托维桑时代固颇曾以勇武著闻，当年克里斯蒂堡之围攻战中①，即尝随镫总督左右。惜乎乃父一身尚武精神，于其子竟不传。正如前文所说，他是一个淳朴善良的人；此外，还是一名热情邻居，以及对其妻唯命是从之受气丈夫。的确，这后一种情况之形成自然与他天性的温顺谦卑不无关系，而他之广得人缘也胥赖于此；事实上，男人在外面能恭谨有礼的，每每是家有悍妻之结果。他们原有之暴戾习性，经此阃教中一番烈火之铸炼，殊有化刚烈为柔顺之神妙；而在培育坚忍与吃苦诸德方面，一次床头训话②亦应抵得过世上千万篇的布道说教。因此室中有凶悍泼辣的妇人一事，在某些方面，自亦不妨视作一种尚能容忍的福分；而果真如此，则彼瑞波·凡·温克尔，固亦身在福中，福莫大焉！

一点不假，他乃是村中一切妇女的贴心人，这些人，本着其阴性素多好心肠的特点，在他的家室勃豁中，历来站到他这一边；故于每晚闲话间议论起这些时，总要派给温克尔太太许多不是。村里的儿童遇见他路过，也必高兴得呼喊起来。他总是同他们一道玩耍，帮助他们制作玩具，教他们放风筝、打弹子，还给他们讲不少鬼怪女巫和印第安人的故事。什么时候他从家中溜出，在村里东躲西藏，他的身边马上围满成群的儿童，这些小家伙不是缒在他的身上，就是骑在他的背上，而且不论怎么开他的玩笑，也不会有半点儿事；甚至村里的狗见了他也不对他汪汪一声。

瑞波生性上的最大缺点即是他对一切能够产生利益的劳动有着一种难以抑制的厌烦心理。要说这也并非是因为缺乏勤奋或毅力所致；他往往便能往块湿漉漉的石头上一坐，手中一根钓竿也有鞑靼人的长枪那般

① 十七世纪中叶荷兰与瑞典殖民者间的一次争夺战。1655 年彼得·斯托维桑夺据了瑞典人在今德拉瓦河一带所建的若干殖民村镇，包括文中提到的斯蒂堡在内，致使瑞典人在此地的统治摇摇欲坠。

② 原文为“curtain lecture”，直译为窗帘教议，意译为(妻子对丈夫的)责备话。

分量，然后一钓就是一天，也无怨言，尽管一条鱼也未曾上钩。他还会将鸟枪一扛，钻进山林，跋涉于溪谷沼泽之间，往返更不知多少时间，仅为射上几只松鼠野鸽而已。再有，遇有邻人求助，活计再重，他也从不推辞，碰到村里人热热闹闹聚在一处来剥玉米皮或修筑石栏，他更是出力最多的一个；村中妇女也惯常差遣他去跑腿办事，或干几件她们的丈夫也不情愿干的零星活计。一句话，谁的事务他都积极热心，只是不顾他自家的；至于说到为他自己的家庭尽责，和将他自己的田地种好，这事他却无法办到。

事实上，他就公开讲过，在他自己的地里干活是无用的；那是远近周围所有的土地里最糟糕的一片土地；那里是件件事情都出问题，你再努力也出问题。他的栏栅就是屡建屡塌；他的牛不是走失就是进了菜地；他地里的莠草比谁家地里的都长得更快；就连雨的下法都来得特别，什么时候他正有活要在户外来干，偏偏那工夫雨也就正好来了。因此之故，尽管祖传的偌大家业在他的手下已经变得越来越少，少到如今只剩下一小片地来种点儿玉米土豆，就连这片巴掌大的地块也是周围地里经营得最不善的。

他的孩子们，也都破破烂烂，蓬头垢面，像是没爹娘的。他的儿子瑞波①，不仅长相与他父亲一般无二，就连在脾性或衣服②上，也堪谓克绍箕裘，现在身上的那件旧衣就是他父亲的。人们常常看见他像个小驹似的跟在他妈背后，穿着件他父亲早不穿了的大肥裤子，走走就要用手拉拉，正像一位贵妇遇到阴雨天气需要不时提提她的长裙。

然而瑞波·凡·温克尔却是那种天生的快活家伙，具有着一副愚而随和的好性情，他对不论什么都决不认真，对不论什么吃食都全不在意，

---

① 这里表现了父子同名的现象，这在我国极为罕见，但在英美却偶尔有之。

② 这里“脾性或衣服”的原文仅为一“habits”。所以一词而要译成两个词，甚至中间还加一“或”字，主要是因为译者以为此处作者意在双关，而这点也是首先由 habit 引起的，它本身就兼有着习惯、脾性与衣服等多种意义，这一点从紧接而来的“现在身上的那件旧衣……”即可得到证明。

只要得来不太费心思和精力就行，而且是，宁可因一便士而挨饿，也不为一镑钱去干活[1]。若依着他，这一辈子就这么一事不干优哉游哉过去，他也会完全心安理得；只是他的老婆却会在他的耳边整天数落个没完，骂他懒惰，骂他粗心，骂他家混成这样，全是他造成的。这真是自朝至暮，她的舌头一刻也停不下来，他的一言一行都要招来滔滔不绝的教训申斥。对于这一切，瑞波只有一个应付办法，而这个，由于不断使用，在他早已形成一种习惯。这便是，耸耸肩膀，摇摇脑袋，两眼向上一翻，以及闭紧嘴巴。但就连这也常常不行，这会招来他老婆的一通新的攻击；到了这时，他也就只能撤退，撤退到家门的外边——说实话，这时还能留给这类惧内者的阵地也只有这一边了。

瑞波在家里的唯一忠实随从便是一条名唤伍尔夫[2]的老狗，这条狗，跟他主人一样，也是受这女主人气的；因为在温克尔太太的眼里，这两个乃是天生的一对懒惰搭档，所以见着这狗时总是怒目相视，认定它主人的经常溜走，都是这狗给闹的。其实以狗德论，它比能随人搜山探林的其它犬类都更堪称勇敢——但是试问什么勇敢又能抵得住那没时没分、劈头盖脸的悍妇之舌？所以那伍尔夫只要一进宅门，它的气就泄了，耷拉着脑袋，夹着尾巴，走起路来鬼鬼祟祟，一副有重罪在身的脸相，一边还不断偷眼瞄瞄那温克尔太太，而且只要那扫帚或勺子一晃，便会嗖地一下，吱哇乱叫地冲出门去。

这样，虽说已经结缡多载，瑞波·凡·温克尔的日子却是愈来愈不好过；一副坏脾气是不会随年龄变温和的，一张刻薄的嘴也只会愈用愈锋利，跟别的带刃家伙不同。相当一段时间以来，每次他被逐出家门以后，他的唯一排遣的办法便是去一个类似俱乐部的地方，这俱乐部带有长期性，系由村中一些圣贤、哲人以及有闲人士所组成，其开会处即在一内悬

---

① 可谓懒汉哲学的经典式的概括。

② 原文为 Wolf，意为狼，这里不用意译，而用音译，主要出于音响上的考虑，狼作为狗名，叫起来太短小，不好听。

乔治第三棕红色肖像的小客店前的一条长凳。正是在这里，于懒洋洋的夏日，往那树荫下一坐，不是闲议村中的家长里短，就是漫话种种无聊琐细。但是这里有时出现的许多深刻议论也是非常值得政治家们枉临一听的。比如一份过时的报纸会偶尔从一名过客那里落入他们的手中。瞧吧，当着那本地教师，一名身矮色黑的饱学之士德里克·凡·布姆尔，以其慢条斯理的拖腔，有板有眼地宣读着其中的内容，而全体人员又是那么聚精会神地在认真聆听，那又是多么庄重而感人，而读报的人竟是字典里的什么奇字怪字也难不倒！再听他们对前此多少个月便已发生过的旧事又是讨论得何等富于智慧头脑！

这一重大会议上的舆情政见则全由一位名叫尼古拉·维德的人所控制，一名村中长老与旅店主人，他的座位平时即设于其店门之前，只是到时候才躲躲太阳，以就树下阴凉；但他的动作非常准时，故村人每把他当作日晷那样来判断时刻。诚然他一般很少开口讲话，而只是在不停吸烟。然而他的追随者（凡大人物都必有其追随者）却完全懂得他的意思，知道如何搜集他的意见。什么时候有哪篇东西或哪件事情他听人念了或说了他感到不悦，这时候你准会看到他那烟斗就抽得极凶，所喷的烟也短促疾迅，如带怒气；但如果觉着高兴，那烟便会往往吸得悠然而有致，所吐白雾也必轻淡而平和；有时甚至会在烟斗离嘴、香气绕鼻之际，郑重颔首，以示完全赞同。

即使这样一座坚强堡垒也保护不了这不幸的瑞波，最后还是被其悍妻从这里给赶跑了。这女人会突然一下闯入会场，致使全体陷于无策；甚至就连那年高德劭的尼古拉·维德本人，也给弄得颜面扫地，无法从这可怕泼妇的刀子嘴下得到幸免，因为她就指着鼻子骂他，怪他把自己的丈夫给调唆得游手好闲、不务正业了。

这样终使瑞波被拖到绝望境地；这时逃避地里劳动与妻子吵闹的唯一办法便是把枪一荷，溜入山林里去。在那里，他会往树下一坐，将背包里的东西与伍尔夫分食，而对它的感情也正是对一名共同受迫害者的同情。“可怜的伍尔夫，”他会这么说道，“你的女主人使**你过着非常悲惨的**

生活[①];不过别怕,我的孩子,只要我一天还不咽气,你就一天会有个友人来帮助你!”伍尔夫这时便会摇摇尾巴,带着一副希冀的眼神望望主人面孔。如果说狗也能感受怜悯的话,那么我确信它此刻便正以其全部心神在回报这份感情。

某个美好的秋日,就在这种长时间的漫游之中,瑞波竟于不知不觉间登上了喀斯基山的一处绝高地带。他是追逐他最喜爱打的松鼠跑上去的,而这里的宁静幽寂则对他的枪声断续回应。此时已经天光不早,气喘吁吁的他疲惫地往一绿色小丘一卧,丘上的花草野地,实即一绝壁之顶端。自树间俯视,数里之内一切林木尽收眼底;再向远眺,那宏伟的哈得逊河即遥在脚下,此刻正一声不响地向前庄严流去,其间一片紫云倒影,或一面归棹,也会不时熠熠于这巨川的光灿水面,并最后消逝于暗蓝色的远山深处。

从高处的另一端,他窥见了一处深邃山谷,境僻而幽,榛莽遍地,其底部积满由其崖顶跌下之碎石,落日的余辉几射不到。面对此景,瑞波不禁默思有顷;其时暮色渐渐自远而至,峰峦已将其蓝影长长泻于下面河谷;他看出,不等他返回村子,早已会是漆黑一片,再想到回去后温克尔夫人的一场风暴,不由得深深叹了口气。

就在他即将返身下山之时,他忽然听到远方一个声音在呼唤他:“瑞波·凡·温克尔!瑞波·凡·温克尔!”他回过头去,但什么也没看到,只见着一只乌鸦拍着孤零翅膀自山头飞掠而过。他想这也许只是自己的幻觉,便又返身向下走去,但这时刚才的呼唤又从那凝寂的晚空中重响起来,“瑞波·凡·温克尔!瑞波·凡·温克尔!”——就在这时,伍尔夫突

---

① 这里的原文为,“thy mistress leads thee a dog's life of it; ...”直译应为,“你的女主人使你过着狗的生活”。显然作者此处在开玩笑,因为英语中 lead(或 lead someone)a dog's life 指的是过着(或使人过着)悲惨生活。所以这句用来指人则可(相当于我们的“猪狗不如的生活”),用来指狗便成了可笑的了。但从译文讲,这里总不能译成“让你过着一条狗的生活”,因此只能牺牲这一笑话了。(本节中的着重号均为原译文所标注——编者注)

然脊背拱起，一声低嗥，便窜入其主人的脚边，然后一边偷眼望望下面幽谷，状若不胜恐惧。顿时瑞波自己也骤感一种无名的疑虑向他袭来；他忧心地也向这一方向望去，这时竟瞥见一怪物于乱石丛中缓缓寻路而上，身子已为肩头背负的重物所压弯。他十分惊奇在这种人迹罕至的荒凉地带竟然也能见着来人，但继而又想到，保不定是附近的哪个乡民在寻他帮忙，于是便匆匆跑下去济人之急。

但走近之后，这陌生人的一副相貌却使他更诧异了。来人为一身矮肩阔的老者，发粗而密，胡须斑白。他的服装属荷兰古旧式样——布制紧身短衣，腰系皮带——下裤则非止一条，其最外层者大而肥，两侧则缀以成列铜扣，膝部另有皱褶装饰。他肩头背负圆桶一只，似乎内盛酒浆之类，此刻正示意瑞波近前帮他。尽管对此新伴既怯生又不无顾虑，瑞波还是像往常那样痛快答应了他的要求；就这样轮换背着木桶，自一道山洪造成的窄沟底下爬了上去。攀登中间，瑞波不时听到阵阵的滚动声，其响殷殷，有如远处在鸣雷，而声响的来源，则是下面一道深谷，或曰罅隙，地居两峰之间，亦即此崎岖山径之通道。听到这声响，他停了停步，但想起这无非是高山上雷阵雨时的那种闷雷声音，就又继续前行。穿过此深谷，他们来到了一个凹陷空地，仿佛一小型露天剧场，周遭峭壁环峙，枝柯蔽日，头顶上的碧空晚云仅能于树隙处见之。整个攀登期间，瑞波与其伙伴始终默默未交一语；因为瑞波虽说对背此巨物上山之目的甚感诧异，但这陌生人毕竟其怪莫名，以致令人只能生畏，无法亲近。

进入剧场之后，不禁又出现新的奇观。在这里中心平坦处竟看到了一群奇形怪状的人在玩九柱戏①。这些人的服装皆为古怪的异国样式；一些人着紧身上衣，另一些穿无袖背心，腰间佩带长刀，下身则多属旅游向导的那种宽大马裤。他们的容貌也极奇特：其一须长面阔，眼小如豆；另一则鼻子突出，似即占去其面容全部，上覆雪白塔糖式小帽，另缀饰血红鸡翎一根。至于胡须，则颜色形状，各不相同。其中一人，似为这伙人的

---

① 西方一种游戏，竖立九根小木柱，用滚球击之，以每次击倒数之多寡取决胜负。

领袖。这是一名体格粗壮之老先生，带着一张饱经风霜的面孔，身着一镶有花边的紧身上衣，腰束宽带，另附“垂饰”①，其高顶礼帽；上插羽毛，另着红色袜、高跟鞋，其间遍缀蔷薇花。眼前的这一切，不禁使瑞波想起在可敬的凡·谢克(亦即村中牧师)家客厅中一幅法兰德斯②古画里所见的那些人物服饰，而这幅画还是在移民初期远自荷兰那里带过来的。

使瑞波见后尤感不可解的是，明明这些人在这里只不过是在玩乐，但一副副面孔却都是再庄严不过，那份肃静也再神秘不过，另外也是他平生见过的游客中最最愁眉不展的一批。真的除了那些球发出的声响外，这里只是死寂一片，而当这些球滚动时，它们在群山间所产生的断续回声便恰似那阵阵的雷鸣。

当瑞波及其伙伴走近他们时，他们却忽地把游戏停了下来，然后以一种只有在雕像的面部才会见到的僵死眼神，以一种既怪又野和全然缺乏光泽的罕见面容，去死死盯视着他，一直盯视得他心神恍惚，双膝打战。他的伙伴此刻已将木桶中内容倾入到一大肚酒壶之中，并示意他在一旁陪侍。这项命令当即被他诚惶诚恐地接受下来。那伙异人便也不动声色地把杯畅饮起来，并继续玩起他们那游戏。

渐渐的，瑞波的恐惧心情消除了不少。他甚至，在没人注意他的工夫，还斗胆偷尝了一口那酒，尝后深感大有荷兰上等佳酿之奇妙。其实他天生便是一名贪杯的人，一旦沾唇，自然禁不住又去再试，这样一杯一杯，竟不可止；而屡屡动此巨壶之结果，终于使他神志昏昏，不胜酒力，眼花头晕，愈来愈支撑不住，完全陷入一场深深的酣睡之中。

一觉醒来，他发现自己竟不在原来的地方，却在最初见到谷中背酒老人的那座绿色小丘上。他用手揉揉那惺忪的睡眼——正是一个艳阳高照

---

① “垂饰”(hanger)，这里特指腰间所佩弯状短刀。

② 古地区名，西濒北海，地介今日荷、比与法之间(或可谓原由此三国之部分地区所组成)。

的可爱早晨。小鸟正跳跃吱喳于丛枝灌莽之间，一头苍鹰也在迎着清冽的山风，高高盘旋天际。“不会错的，”瑞波想到，“昨天夜里我并不是都在这里睡的。”接着，他回忆起了他睡着以前的种种情景。那背酒桶的怪人——深山谷地——乱石间的隐蔽地——玩九柱戏的那帮愁眉苦脸的家伙——还有那酒壶——“唉！那酒壶！那万恶的酒壶！”瑞波心里想着——“这一切，我可又怎么向我的老婆交代！”

他四下找起他的枪来，但是找到的并不是那支干净的、上过油的鸟枪，而是身旁的一杆旧火枪，枪管锈坏，枪机脱落，连护木也已蠹蚀。他疑心是山中一些假装正经的不逞之徒捉弄了他，即先用酒灌醉了他，然后把枪骗去。奇怪的是伍尔夫也不见了，不过也许是捉松鼠或鹧鸪去了。他向它打了几声口哨，又呼了一通名字，但都无用；口哨与呼叫的回声倒不断传来，只是不见那狗。

他决定再到昨天下午的那个游戏场所去看看，说不定会见着其中的哪位，便可向其索狗和枪。他正起身就要去时，突然发现自己的关节硬邦邦的，另外也缺了往常的精力。“看来这些山地不适人居，”瑞波心想，“果真这回登山使我害了风湿，卧床不起的话，那我跟温克尔夫人可要有好日子过了。”只是经过好大努力，他才勉强下了溪谷，这时又见着了他和他那伙伴前一天晚上才奋力登上的那道沟壑，但使他大吃一惊的是，一股山泉却竟突突其下，奔腾于乱石之间，致使这谷中喧声一片。不过路虽难走，他还是千方百计地擦着坡边上攀，一路之上，不是白桦黄樟，就是一种叫金缕梅的灌丛，他不是叫那野葡萄藤给绊倒，就是给缠住，这些野葡萄已用其卷须索套将树木全都连到一起，无异行路人的天罗地网。

最后他总算到达了经过峭壁裂缝便可通入前述的剧场的那座山谷；但是其入口处却见不到半点原来的痕迹。眼前但见巨石森然壁立，无隙可入，飞瀑一道，状如羽帘，奔腾呼啸而下，泻入一宽阔深幽的盆地，至其晦冥，则全由周遭蓊郁的林木所造成。行到此处，那可怜的瑞波也只能停下步来，前面已无路可走。他再次呼唤那狗，但得到的回应只是一群闲游乌鸦的聒噪，这些乌鸦正戏舞于一株倒悬在耀眼绝壁之巅的枯树周围，自恃其高高在上，安全无虞，它们似乎竟在藐视和嘲弄我们这个可怜人的一副惶惑样子。的确，现在该怎么办？眼看上午即将过去，但瑞波却因早饭迄今无着而饥饿难耐。他实在不忍心就这样别了他的爱犬和枪；想到回去面对其妻更是惶恐万分，可他总不能就这么活活饿死在山里。他摇了摇头，把那锈火枪往肩头一扛，然后带着那颗不知是甚滋味的焦虑的心，便举步踏上归途。

快到村郊，他迎面遇见许许多多的人，只是没有一个他认得的，这事使他吃惊不小，因为照他的想法，周围附近没有人他不熟识，再有人们的穿戴也跟他熟悉的不是一个样式。人家见着他也是一样，眼睛里流露出不小的惊讶，于是只要拿眼向他一扫，就准是大惑不解地摸摸下巴。由于屡屡见着人们全这么做，瑞波也不由地跟着学了起来，而这一来可叫他大吃一惊，原来他的胡须已经一尺来长。

此刻他已进村。一大群不认识的儿童跟在了他的后面，又呼又叫，向他起哄，还对他的花白胡子指指点点。路边的狗他也全认不得，见他走过就对他汪汪起来，连村子本身也出现了变化：地方更大了，人也更多了；成排成排的新房他见都没有见过，而他熟悉的故地旧居却不见了；门牌上的姓名全是陌生姓名——窗户里的面孔也全是陌生面孔——一切都成了陌生的了。他的心神顿感不安起来；他奇怪，是不是连他自己带这周围世界全都遭了魔法的蛊惑了。这里当然就是他的本乡本土，他自己只是头一天才离开过。那山明明就是那喀斯基山——那白浪滔滔的哈得逊河也正在那远处流着——这里的每座山丘每道溪谷也都没改变半点——瑞波此时确实是心乱如麻，痛苦极了——“都是昨晚那酒闹的，”他心想，“把我的脑筋全给搅糊涂了。”

不知费了多大麻烦，他才好不容易寻回自己的家，进去时还是悄悄不敢吭半点声，生怕温克尔太太的那副尖厉嗓子一下又冒出来。可他看出房子已经破败不堪——屋顶塌陷，窗户毁坏，门也离了折叶。一只样子很像伍尔夫的快饿瘪了的狗正在那里转悠。瑞波叫了声它的名字，可这癞皮狗却只狺狺了两声，露了露牙齿，就过去了。这一下可是太伤人心了——“唉，我的狗哇，”瑞波长叹一声，“这狗把我忘啦！”

他进到了屋里。这里面，讲句公平话，温克尔太太一向还是收拾得很整齐的。可现在却只是一片空荡凄凉，显系久无人居了。见到此景，他的惧内之心顿时全消——他竟高声呼唤起他的老妻与子女来——他的声音在这空寂的室中回荡了一阵，旋即一切重归阒静。

他慌忙出来，又匆匆赶赴他的惯去之地，那村中客店——但客店也不见了。占据着原来店铺的则是一栋并不结实的木制结构，窗户大得像咧着巨口，其中一些已无玻璃，只用些废衣旧帽补着，门上则大书“合众旅舍，店主乔森纳·杜利特”。原先对这安静的荷兰小店广施阴凉的那株大树已不见了，代之而起的则是一根光净的高竿，竿顶似着一红色睡帽[①]，其下飘拂着一面旗帜——上面条纹和星星[②]配搭得挺奇特的——一切都没见过和不可理解。不过他认出了那块招牌，其上便镌着乔治国王的赭红面容，正是在这下面他曾悠闲自在地吞云吐雾；可惜就连这个也面目大变了。像上的那件红色上衣于今却变成了蓝底上配朱黄，手中持的也不再是王节而是弯刀，另外头上戴的则为三角军帽，像下并以大字赫赫书着华盛顿将军。

同以往一样，这里门边也聚集着不少的人，只是没有一个瑞波能记得起来；就连人的特点性格也全变了。出现在这里的情调是忙碌、乱哄，甚至争争吵吵，而再没了往日惯见的无为和昏沉的静悄。他想寻找尼古拉·维德，那位宽脸膛，双下巴，叼着一杆漂亮的长烟斗，平日话虽不多但却整天价吞云吐雾的老先生，或者找找凡·布姆尔，那专为人们义务朗读报纸的学校老师，可是全都寻找不见。他在这地方见到的却是一名身体消瘦、性急气躁的家伙，衣袋里揣满着传单，此刻正在慷慨激昂地宣讲着什

---

① 这里指所谓“自由之帽”(liberty cap)。古罗马风习，奴隶有重得自由者，照例予以着红色帽，以示其此后享有自由。故美国自由女神像上之所着紧帽，即由此而来。

② 显指美国国旗。

么公民权——投票选举——国会议员——自由——本克山①——七六英雄②,等等——此外还说了不少别的,可这些话在凡·温克尔听来,只令他目瞪口呆,跟当年巴比伦造塔时的胡乱语言③也差不了多少。

瑞波的突然出现,再加上他的那绺花白胡须、他的生锈的鸟枪、他的一身怪装,尤其是身后跟着的成群的妇女和儿童,立即便引起了这些旅店政治家的注意。他们一下就聚拢到他的身旁,全都以绝大的好奇心对他从头到脚地端详打量起来。那讲演的人此刻也已挤到他跟前,把他稍稍拉出几步,一边问他,他给哪边投票。瑞波听了瞠目不知所对。另一名个头不高但却颇形忙碌的家伙,一手拉着他的胳臂,一边欠脚悄悄在他耳边问道,他是联邦党还是民主党?瑞波对此也同样感到惶惑不可理解;正在这时,一名头戴三角尖帽、透着精明和自视颇高的老先生,忽然挤入人群,挤的时候简直把人们拨得东倒西歪,然后一下站到凡·温克尔的面前,这时但见这先生一手叉腰,一手撑着拐杖,那一双锐目乃至他那尖帽简直快要钻透人的灵魂,然后以一种再庄重不过的语气要他答复,值此重大选举之际,他竟肩上荷着枪械,背后跟着人众,到底居心何在,难道想要在村中造反不成?——“天哪!大人先生们,”瑞波求告道,显然给吓坏了,“我只不过是个穷苦良民,就是此地生人,一向忠于他国王陛下,唯愿上帝保佑吾王!”

此言一出,聚观的人顿时哗然——“原来是保皇党!保皇党!间谍分子!亡命徒!赶走他!叫他滚蛋!”费了好大精神,这位头戴三角军帽、自视颇高的重要人物才把秩序安定下来,然后又以一副严肃十倍的神情追询这无名罪犯,他到底来此何干和意欲何为?这可怜家伙只好十分歉卑

---

① 本克山,地在马萨诸塞州、波士顿一带。这里本克山指本克山之役,1775 年北美殖民军曾在此负于英军。

② 特指在 1776 年纽约市附近的抗英战争中战死的英雄。

③ 据说古代巴比伦各族人曾想建造一座通天塔,以给他们自己扬名。上帝看到他们狂妄,于是派下天使,“变乱”了他们的语言。这样造塔者们由于话语不通,也就造不成塔了。“巴别”一词,即是“变乱”的意思。事见《圣经·创世记》11 章 1—9 节。这里主要想说那批搞选举人的讲话他听了完全不知所云。

地向那人一再表示他来此绝无丝毫恶意，而只不过是来寻找几名邻居，这些人一向便好来这里。

“好吧——那他们都是些谁？——你且把他们的名字一一道来。”

瑞波稍一寻思，然后问道：“尼古拉·维德上哪儿去啦？”

众人静了一下，只见这时一名老者以一种细如芦管的声音答道：“尼古拉·维德吗？他可是死得有年头了！教堂墓地里有块他的木头墓碑，上面记着他的一些生平什么的，可那墓碑也早烂得寻不见了。”

“那么布鲁姆·德契尔呢？”

“噢，战争之初他入伍了，有人说他在攻占斯通尼点[①]时阵亡——也有的说是在安东尼鼻[②]脚下一次雪暴中溺死。这事我也说不清楚——不过他确实没再回来。”

“凡·布姆尔呢，那学校老师？”

“他也去军队里了，成了一名了不起的游击队司令，现在在国会里。”

听到他家庭和友人的这番变故，瑞波不禁心灰意冷，深深感到现在他在这个世界上已经是孑然一身，再无熟人了。另外别人对他每个问题的回答，由于一则涉及的时间过长，二则所谈内容他也都不明白，比如独立战争——国会——斯通尼点，等等，都使他极为头疼；——于是对于这些老友的情形再也没有勇气问下去了，而只是绝望地大哭道：“难道这里就再没人认得瑞波·凡·温克尔了？”

“噢，瑞波·凡·温克尔吗！”有两三个人齐声喊道，“怎么，哪还有错！不远的那个就是瑞波·凡·温克尔，靠着树的那个。”

瑞波看了一眼，立刻瞅见一个和他长得一模一样的人，而此刻正在步上山来；另外也显然同他自己一样的懒懒散散，一样的破破烂烂。瑞波这时可给彻底搅糊涂了。他连他自身的存在也怀疑起来，弄不清他到底是

---

① 纽约州东南村镇名，地当哈得逊河，当年为英军驻地。1779 年北美军成功攻克此地。

② 哈得逊河上一岬角，1777 年这里附近曾发生过激战。

他自己，还是已经成了什么别人。就在他这么大惑不解的当儿，那戴三角帽的人又盯问起他到底是谁，姓什么。

“天知道我是谁，”他大声嚷道，此时头脑已完全不够用了，“我已经不再是我自己——已经成了别人——不远的那个才是我自己——不——是哪个别的人钻进了我的身体——昨天夜晚我还是我自己，可我在山里睡着了，有人就把我的枪给换了，把一切都给换了，连我自己也给换了，所以我也说不清我叫什么名字，或者我是谁！”

听了这话，那聚观的人也不禁莫名其妙，面面相觑起来，于是又是点头，又是眨眼，或用指头敲敲脑门。另外一些人则私下议论起来，是否应该收缴其枪，以防这老家伙闹出乱子，听到这话，那戴三角帽的重要人物竟慌张遁去了。正在这个紧急关头，一个水灵漂亮的女人挤进了人群去仔细看看这个白须老人。女人怀里抱着一个圆胖胖的婴儿，这娃娃见了他那副样子，便哇地哭了起来。“不哭，瑞波，”女人哄叫道，“不哭，你这小傻瓜，那老人不害你的。”那婴孩的名字，那母亲的神气，还有她说话的声音，一下子便把他记忆里的一大串旧事全勾了出来。

“请问这位大姐的芳名？”

“朱迪思·加登妮。”

“那么令尊的姓氏？”

“唉，那可怜人，他叫瑞波·凡·温克尔。二十年前他就带着他的枪离家出走了，自此也再无音讯——他的狗倒是回来了；可他是自己弄死自己的，还是给什么印第安人抢劫走的，就谁也说不上来。我那时还是个孩子。”

瑞波这时只剩下一件事想问的了，可这事问得挺吞吞吐吐的。

“那你母亲呢？”

“这事情发生后没多久，她也死了；她是有一次和一个新英格兰①的卖东西的吵架时血管破裂死的。”

---

① 这里泛指美国东北部一带，犹如我国人说的东北（地区或人等）。

听到这个,他的心上倒是放宽不少。可是他再也控制不住自己的感情了。他一把将他女儿连同那外孙全都抱到怀里。“我就是你父亲!”他大声哭道,“当年的年轻的瑞波 · 凡 · 温克尔——现在的老了的瑞波 · 凡 · 温克尔! ——难道就再没人认得这可怜的瑞波 · 凡 · 温克尔了吗?”

全场愕然。只见这时一个老女人从人群当中蹒跚走出,将一手挡住额头,细细瞅了他面孔老半天,然后喊道,“不错不错,这是瑞波 · 凡 · 温克尔——是他本人! 好哇,欢迎你,老邻居——真的,这二十年你都上哪儿去了?”

瑞波的故事很快就给人们讲说完了,因为这二十年在他来说也不过是一夜的事。邻居们听了都不禁目瞪口呆;有的互递了个眼色,稍露怀疑,有的舌尖顶顶脸皮,微示轻蔑,至于那自以为了不起的戴三角帽的,刚才那场虚惊过去,就又踱了回来,翘起的嘴角也已放平,只是那头还在摇个不已——他这么一摇,在场众人也都跟着摇了起来。

然而大家的一致看法是,此事还得征求一下那彼得 · 凡得东克的意见,而此刻这人正好已经来了。他乃是史学家凡得东克的哲嗣,其父对本地早期事物曾有著述行世。彼得本人称得上是本村的最老住户,对远近发生的种种轶闻传说可说了如指掌。他一下便回忆起瑞波,并对他所讲的故事充分予以肯定证实。他对大家说,瑞波所言并非无稽之谈,而是确有其先人亦即那位史家的口碑可证,即此喀斯基山上向来便有异人出入其间。又说,据称那位伟大的亨利 · 哈得逊①,此河和此地的最初发现者,就曾一连二十年始终在那里坚持了一种守夜活动,所用人员即其新月号的水手;正是由于这样,才得以重游其建功立业之旧地,并对这些以其姓氏命名之河流与市镇长期有所观察。又说,他的先人即曾一度见过那些异人身着荷兰古装于一山凹处玩九柱戏;并说甚至连他本人也曾在某个夏日午后听见过那些球的滚动声音,那声音正像是远方的阵阵雷鸣。

---

① 英航海家,1609 年受雇于荷兰东印度公司期间,据称首次发现这条河,后即以他的姓氏命名它为哈得逊河。

长话短说吧，那聚观的人群散了，又回到他们的选举大事。瑞波的女儿随即将他带回，让跟着她住；她自己有着一个安乐舒适的住宅，一个健康快乐的农民夫婿，瑞波一见这人便想起，正是过去好骑他背脊的一个顽童。至于瑞波的儿子与继承人，和他一模一样的那个，也就是倚树而立的那个，目前则在这家的农庄当雇工；但看来也大有乃父当年特好舍己耘人的家风。

瑞波现在又恢复了他旧日的漫游与习惯；不久他便找到了不少的旧友，但岁月无情，均已老朽不堪；所以他倒更喜欢同年轻的一代交朋友了，而且很快就颇得他们的欢迎。

由于在家里也无事可做，而且从人来说又已达到了可以懒而无过的可羡之年，他于是又重新寻回到旅店门口的坐凳上去，并被人尊为和视作村中一老和“战前”[①]旧事的一部活的史乘。只是经过相当一段时间，他才慢慢跟上了别人谈话的思路和理解了一些他昏睡期间所发生过的种种奇事，比如何以发生了这场革命战争——又是怎么摆脱掉旧日英国的羁绊——以及他目前已不再是乔治第三陛下的一个臣民，而成了合众国里的一名自由公民，等等。但瑞波毕竟不是政治人才，州郡帝国的动荡变化对他始终不生多大印象；但有一种专制他却长期深有体会，那即是——裙衫统治。令人欣慰的是，这事总算告一结束；他已从那婚姻的枷锁之中挣脱出来，因而能够独往独来，出入自由，丝毫不必再惧怕温克尔夫人的雌威。不过何时夫人的大名被提起时，这时他的表情总不外乎摇头、耸肩与仰目向上；这个，既可被解释为代表他那逆来顺受听天由命的思想，也不妨视作他对自己所得解放的喜悦表示。

这个故事他对来此旅舍下榻的每位新客都要讲一遍的。但是人们注意到，起初他每次讲时，有些细节常不一样，这无疑与他刚刚才从那大梦里清醒过来不无关系。只是后来这故事才定型下来，成了上面我谈的那样，而这个，全村男女老幼没有一个不背得滚瓜烂熟。当然也有人对此事

---

① 指美国独立战争(1775—1783)之前。

颇疑其妄，并扬言瑞波已经精神失常，而且还说他一贯就有些神志恍惚。不过那些旧荷兰住户却一致坚信此事不假。直到今天，那里的人只要夏天午后听到喀斯基山里的大雷雨时，他们总是要说，又是亨利·哈得逊和他的水手在那里玩九柱戏了；不仅如此，境内一切惧内之人，每逢其日子不好过时，亦无不心同此理，唯盼也能从瑞波那能致人安宁的仙壶之中满引一觞！

2　睡谷美人

华盛顿·欧文

这篇故事长期以来一直被公认为本书中的又一篇杰作。整个作品的情调与写法都是极可爱的，尽管有着进展缓慢与描写偏多的特点（未必便一定是缺点）。在翻译的过程中，译者不由在草稿纸上写下了如下十六个字，即“有声有色，绘影绘形，笔酣墨饱，趣味浓郁”，以记叙这篇作品曾留给自己的印象。当然这类评语因过于简括，难免失之笼统偏颇，但至少它们表达出了这样两三点意思，即(1)描写充分、饱满生动而成功；(2)声响与色彩的运用极具特色，并在气氛的制造与渲染上起到了很好的效果；(3)故事幽默感极强，而且来得非常自然。如其说幽默在《瑞波·凡·温克尔》中还只是比较清淡的和更多的是骨子里的，这一品质在本篇中则已相当浓烈，并因确实掩抑不住而大量流溢散发了出来，因而予人的印象是，正如其描写的那样，异常丰富和淋漓尽致。最后仍须补充的一点是，虽然从笔法上讲，这篇作品在不少地方仍未脱出传统上“述导”(tale)的范围，但在语气神情乃至心理描写与性格刻画等方面，它同时已兼具着短篇小说的不少特点，因而又是相当现代化的了。

这里的美妙睡乡名曰黑甜，
这里的迷梦摇曳在半阖眼帘，

这里是飞逝流云的快活城堡，
流云还将夏空也染成酡颜。
——《慵懒的城堡》①

话说就在那将哈得逊河的东岸切割成锯齿斧痕般的一个宽阔水湾的深深处，就在曾被荷兰的航海家们呼之为泰盘西的一带河面骤宽的地段，另外也就在舟船一越经此处便不是卷篷收帆就是呼求尼古拉斯大圣②的庇护的这片水域附近，就是在这里，坐落着一个不太大的居民镇，或曰村镇港，这里有人管它叫绿荫堡，不过更多人对它的叫法，或者说更贴切的叫法，却是逗留镇③。据悉，此名之来最早始自其邻村的一些妇女之口，原因是她们的男人每逢集日一来到这里的酒店便总是流连忘返，淹留不归。不过不拘到底原因为何，我这里并无意证实什么，而只不过提提而已，以期所记，信而有征。距此村不远，亦即约二英里处，为一不大的河谷，或可谓一带凹地，这里崇山环抱，静极幽绝，世所罕有。小溪一湾，流经此地，其声潺湲，适足催人入梦。偶然间，鹌鹑的一声轻啸或啄木鸟的几下扑簌，或许便是能划破这无边的空寂的唯一声响了吧。

犹忆尚属孱弱之年，我的首次射松鼠之壮举即曾发生于此河谷某侧一带胡桃高林之中。我是在亭午时分蹭入到那里去的，其时整个的自然界都是异样的悄静，因而不仅因我的枪的吼声冲破了周遭安息日的阒寂，使这悄静仿佛受了惊吓似的，也使它被那些愤怒的回声弄得连绵荡漾不已。如果何时我也忽生退隐之想④，以使我能悄悄遁出这个尘世及其烦忧，而将这劫后余生只在睡梦之中安稳度过，我会再想不起还有比这个幽谷更理想的地方了。

---

① 苏格兰诗人詹姆斯·汤姆森(James Thomson,1700—1748)的诗篇名。其代表作为《四季》(*The Seasons*)。

② 纪元后四世纪活跃于小亚细亚一带的一有名主教，传说为青年人与水手之保护神。

③ 逗留镇乃实有其地，见下注。

④ 作者欧文晚年的退隐宅邸 Sunnyside(直译为“日边”)即在此逗留镇。

正是由于此地的这种疏懒闲散的气氛及其居民的那副独特的习性，而这些人乃是当年荷兰移民者的后裔，这个僻静的溪谷长期以来便有了“睡谷”之名，这里的农家子弟也被邻村各地以“睡谷娃”相称。的确，一种仿佛足以令人生困入睡的情调似乎便凝聚弥漫在这片土地的上空，把整个气氛全沾染了。据有人讲，这地方在移民的早期曾遭到过一位南日耳曼医生的蛊祟；另一些人则称这里曾是某位印第安的老酋长，亦即其部族的先知或法师一类人物据以举行其祝福礼之圣地，只是后来这一带才给亨利·哈得逊船长发现了的。一点不错，这块地方至今仍然处于某种魔法的控制之下，这在一些善良人的心上是有作用的，致使他们行起路来也常像着魔一般。他们真是什么希奇古怪也会相信，什么迷惘幻景也能碰上，而且不断见着异象，不断在空中听到音乐和声音。整个这片地区到处都充斥着奇谈异闻、凶宅怪地与蒙昧迷信；流星与陨石在这个谷里横空而过的次数也比别的地方都频仍得多，尤其那可怕的女梦魔，再加上她的九名侍婢[①]，似乎更喜欢将此地变成她们恣情欢乐的场所。

然而，接连不断为祟于这方乡土的最主要的灵魔，因而似乎也即是这里天空中一切怪异势力的总的统领，却是一个经常驰骋于马背之上的无头之鬼。据说，这原是过去一名赫斯[②]骑兵的亡灵，其头颅曾于革命战争[③]的某一无名的战役中为一炮弹所击飞，自此当地乡民不时会见着他于薄暮昏暗的时分飞驰于这个地带，迅疾得仿佛御风而行。他的出没并不限于河谷这里，而是往往远至邻近不少公路，特别是不算太远的教堂附近。真的，当地一些信实史家，那些在搜求核对这一鬼怪的有关材料及其游踪方面最称细心的人士，便断言过自这骑兵的躯体被瘗葬在教堂墓地之后，其鬼魂便往往于夜间驰赴那个战场去寻找其头；而每次穿越此河谷时所以总是那么火速飞奔，疾如夜风，乃是因为时光紧迫，必须在天晓前

---

① 女梦魔及其九名侍婢，见莎剧《李尔王》3 幕 4 景 126 行。

② 过去日耳曼中西部地区。

③ 指 1775—1783 年美国独立战争。

赶回墓地[1]。

以上便是这一传说迷信的大致旨趣，这个幽影之乡中的无数荒诞故事可说无不溯源于此，另外这一鬼怪于此地村民炉边座侧的大名则是睡谷的无头骑士。

一件堪称奇特的事便是，上文我所提到的这种幻觉倾向并不限于谷中的当地居民，而是凡曾寄寓过是乡的人都会不觉地沾染上这个特点。不论履践此地之前一个人是如何的神志清明，一朝涉入这一睡乡，那么不消多久他们准会将这里的灵气妖氛尽情吮入无疑，于是也就渐渐变得同样容易异想天开，好做奇梦和常见怪象。

我在提及这片宁静土地时总难免会有点溢美之处，这是因为正是在这类偏僻荷兰小村，而这些又零星潜藏于这伟大的纽约州，正是在这类地方，那原有人群与淳朴风习往往绝少发生变化，而那移民与改革的汹涌洪流虽已一刻不停地给这个动荡的国家的每一角落带来巨变，它在流经此处时却对上述的风习等不加闻问。那情形宛如一川疾流之滨的一湾湾积潴停潦，那里面一根麦秸、一星泡沫正在静静漂浮或徐徐旋转，仿佛港汊里的一叶小舟，全然不受疾泻洪流的丝毫干扰。因此自我首次踏入这睡谷的朦胧地境虽已迄今颇历年所，我却有几分相信我仍不愁能在此绿荫掩映下的幽谷深处重又寻找到那当年的树木和人家。

正是在大自然的这个僻静所在，和在美国历史上的一个久远时期——换言之，亦即在其三十年前[2]——这里曾居住过一位名唤易查勃·克伦的有趣的可敬先生，而他之来此睡谷寄居，或者用他的话说，"淹留"，乃是抱着教授此地的孩童之崇高目的的。先生出生于康涅狄格，而这个州，顺便插一句，乃是不仅在林业上抑且在心智上为我们这个合众国输送过先驱人物最多的地方，亦即是成批成批的边境林工和乡村教师每年均

① 西方传说，鬼魂必须趁鸡鸣之前赶回其基地，另见莎剧《哈姆雷特》1 幕 1 景 157—164 行。

② 美国历史上的"久远时期"亦即"其三十年前"！——请注意这里的幽默。

从那里源源而来。至于说起他的尊姓,克伦一词因与鹤类同义,亦不可谓不妙[①]。先生颀硕而奇瘦,窄肩,臂股皆长,手离袖口真不知有几里远,一双巨脚亦足供铲土之用,身体各部也只是被松散地连到一起。先生之头小而顶平,耳大,眼亦大,色碧而乏神,生着一副水鹫般的长鼻,故观看起来活像横插于其细颈上的一具风标,足以向人报知风向。谁要是在一个天风特盛的日子突然瞥见他沿着模糊的山路踽踽而来,一身衣服鼓胀扑腾在他背后,准会大惊那旱魃又重莅人间了,要不然就是什么稻草人从田地里溜掉。

他的教室为一溜矮房,其实这房也仅一间,不过较大,为原木建造,窗户则半由玻璃,半由旧练习簿纸糊贴拼凑而成。下课后或人不在时,室门则由一个枝条在拉手处胡乱缠住,窗口也用竖木插好;如此一番设施虽不足以防窃贼之轻松进入,但想要复出倒也并非那么顺利——这一妙计很可能便是其建筑师,一名叫攸·凡·胡顿的,从那鳗鱼罐[②]的高明手法中悟出来的。教室坐落于一处林麓地带,地僻而幽,清溪一曲,绕行其旁,屋后则为一参天白桦。每逢夏日,学童们的阵阵咿唔声便往往从这里面传出,其声嗡嗡,正像一窝蜜蜂,其间也不时为教师的尊严的话音所打断,而这时或喝或叱,其情不一;个别时候,那可怕的戒尺声也会悍然登场,这说明此刻这位先生正驱赶着他的怠惰学生朝着那学问的锦绣前程大步迈进。老实说,他也确实是个操心尽责的人,心中念念不忘的只是一条格言,"省了棍子,毁了孩子"。显然易查勃·克伦的生徒是没被毁的。

然而著者深望上面的话不致便被误解为,他便是这座学堂的暴君一个,平日只知以其臣民之痛楚为乐;恰恰相反,他的惩治是准而不猛的,亦即将那该施的处罚从弱者那里移到强者的身上。一些一见那夏楚稍动就不免要心惊肉跳的瘦小孩子往往即被从轻发落,但正义要求的满足方式

① 这里作为姓氏的 Crane,另训鹤,而克伦本人又恰为长脖长颈长臂长腿的人,故文中说:"不谓不妙。"

② 捕捉鳗鱼之工具,其进口作漏斗形,易进入而不易退出。

则是去加倍重创一些结实固执、身穿宽边衣服的荷兰顽童,这些平日便别扭骄傲,而此时在这夏楚之下就变得更加乖张阴郁了。所有这些作法他则称之为对其父母负责,而每次打完,他总是深信不疑(这对皮肉受苦的儿童也是一桩安慰),这孩子一生都忘不掉,而且到死也会感激他的。

平日散学之后,他甚至是一些大孩子的亲密朋友和游玩伙伴,遇上假日午后,他又好将一些年龄小的护送回家,这些地方不是家有漂亮姐姐,就是那做妈妈的主妇以其茶点著名。事实上与他的学生处好关系,在他来说也确实有其必要。学校所能带给他的收益本极有限,甚至连一日三餐都有些难以维持——而他的食量又大得出奇,他人虽消瘦,却无疑具有着蟒蛇般的吞噬巨物能力——不过为了不致使他饔飧不继,他遂按当地乡俗轮流吃住于其所授农户子弟的家中,如此每过一周,再换一家。就在他为此而跑遍四镇八乡时,他世间的全部财产便全都系于他的一方棉布手帕之中。

为使这事不致对其吃住的人家过分沉重,因为这些人本来就视学费为一项难堪的负担,而教师更是吃白食的,先生也自有他的种种手段,以便使自己显得不仅可爱而且有用。他会不时地帮助这些农户人家干点轻活,比如晒草、补栏、饮马、赶牛以及砍柴,等等。再有,他还懂得将他在他自己的小小王国亦即其教室内使用惯了的那套无限威严与绝对统治全都收敛了起来,而变得出奇的随和顺从。他还因为能和孩子亲热,特别和那最小的,而在一些母亲的眼里深得好感;正像昔日勇猛的狮子竟能大度地同羔羊相搂抱[①]，同样他也会一个膝头坐个儿童，一只脚下摇只摇篮，而且一摇就是半晌。

除了上述众多杂务而外，他还兼着这整个乡里的唱经师的角色，并因教授年轻人如何唱赞美诗而颇挣得几枚光荣钱。对他来说，一到礼拜日便有资格向着那唱经班的一伙歌唱妙手所在的圣台面前一站，那真是非同一般的荣耀，这时他心中非常清楚，这份体面早已从牧师那里完全转移到了他的身上。当然情形也正是这样，他的音量之宏完全盖过了教堂的全体会众；即使时至今日他那特殊的震颤声似乎仍能从那教堂里面听到，甚至可传到半英里之外，远至对面一座磨坊的池塘，如果遇上一个静悄的礼拜日早上；这时那声音据人讲就一点不假全是从易查勃·克伦的那副鼻孔之中发出来的。就这样，通过不知多少琐细手段的巧妙运用，亦即一般俗话说的那样，"不管正的歪的"，我们这位可敬的塾师先生的生活总算还过得将就，甚至被一些根本不知脑力劳动为何物的人认为，过得太舒服了。

先生在当地的女流之辈中一向也是享有些地位的，被视作接近于有闲或绅士阶级的人，情趣才艺，亦均可观，而与一般的田舍郎大不相同，仅在学识上稍逊牧师而已。因此他的抛头露面也会给某家的茶会上带来一定的震动，引起糕点碟盘的猛增，甚至在饮茶上动了银器。这时我们的这

---

① 此语来自当日一幼儿识字读本，名为《新英格兰读本》(*New England Primer*)。在字母 L 部分有如下两行诗句：

"The lion bold
The lamb doth hold."
"狮子虽勇，
却与羔羊相拥。"

而这两句诗据欧文的注家云，完全可能系由弥尔顿的另两行诗所引起：

"Sporting the lion ramp'd, and in his paw
Dandled the kid."
"戏舞中的雄狮忽作人立，爪掌之间
却抚弄着一只小羔。"
——见《失乐园》卷 4，343 行。

位文士在这么一群笑语盈盈的村姑之中也就会感到格外快活。再看当他在礼拜天的早晚祷告仪式之暇出现在这些姑娘中间时，那又是何等一副风光，这时但见他不是为她们从绕树不知多少遭的野蔓上摘回葡萄，就是为了她们高兴而朗读几句墓铭碑文，再不然就是在这粥粥群雌的簇拥下漫步在那附近的磨坊塘边，而这时，那些满面通红的年轻庄稼汉却羞得不敢过来，羡煞了他的那副神采和风度。

不仅如此，由于他生活的这种半巡游的特点，他本身就带有几分活报纸的性质，能将整批整批的当地新闻带到家家户户，所以他的到来总是受欢迎的。另外他还是一些女人心目中最景仰的学问大家，因为他不但通读过不少本书，而且对卡顿·马泽①的《新英格兰巫术史》十分谙熟。对这本书，顺便说一句，他乃是特别坚信不疑的。

以个人言，他实际上乃是短智与狡黠、简单与轻信的古怪掺和。他对一些怪异事物的渴求之殷和对这类现象的接受之快，都同样超出一般，何况又因身居此魔法笼罩之地而变得更加强烈。任凭许多传说怎么怪诞不经，也没有他不能接受的。他的癖好之一便是，每逢下午散学以后，他便往那呜咽于校旁小溪边的苜蓿绿茵上席地一卧，然后取出马泽的恐怖故事耽读起来，娓娓忘倦，直到暮色四合，眼前字迹一片模糊，方才罢休。接着，当他取道沼泽溪流乃至可怖的林地以返回其暂居的农家之际，值此不祥时刻自然界的每一声响似乎都将使他忐忑不安，想入非非；那山隈处的“惠朴威”②的吟啸声，树蟾蜍的不吉利的嘶鸣声，往往会是暴风雨的预兆的、发自鸱枭的凄厉的唬叫声，或者从枝头窝巢里突然被惊起的林鸟的扑簌声，甚至连那小小的萤火虫——这东西本来就是越黑的地方越亮，也都会不时地使他受惊，恍如耀目的白光一道，突然横在他的去路；再有，如果哪个不知轻重的糊涂甲虫在它的飞翔中不慎撞上了他，这厮准会认为这

① 原文为 Cotton Mather (1663—1728)，耶教僧侣，曾著过记叙新英格兰地区的历史与巫术多种。

② 据欧文自注，这种鸟唯有夜间才能听到它的鸣叫，其名称即来自对其鸣声之模拟。

是给什么女巫的符咒击中，于是只有静待其索命罢了。遇到这种情形，那屏念息虑、祛邪禳灾的唯一良策在他来说便是诵经唱诗；这时，当睡谷中的居民正在他们的门前休憩之际，突然听到他那鼻音特重的曲调“情意绵绵，荡气回肠”①地自远处山林或沿着幽径信风飘来，乍听之下也真令人大有毛骨悚然之感。

他的另一桩骇人的乐事则是听故事，即每逢漫长的冬日夜晚，他常同一些荷兰老妇人在炉边一坐，一边看着她们纺线或噼噼啪啪地烤苹果，一边听着她们讲说种种的妖魔鬼怪，什么地里，什么水边，什么桥头，什么院内发生过什么闹鬼的故事，尤其是一桩无头骑士的公案，或者用当地人的话说，叫睡谷的快骑赫斯。于是作为回报，他也讲了不少她们爱听的东西，比如有关巫术、占卜、异象以及空中怪响等早年流行于康涅狄格那里的一些怪事奇闻等等，另外还讲了许多把她们吓得要命的话，比如彗星流星曾是如何如何，以及地球真的就在旋转，因此有大半时间人们都是两脚朝天的！

但是，如其说这里的种种也确实不失为一番乐趣的话——因为朝这居室的炉火之侧舒舒服服地一蜷，那哔哔剥剥来自木柴中的旺火早将这里映成红霞般的一片，因而任它什么鬼怪也绝不敢在此来露面——那么这乐趣可是要以嗣后归家的路上被吓个半死为代价的。曾经有多少可怕的形影截住过他的去路，就在雪夜的一道幽暗而森人的白光之中！他曾经以怎样一副希冀的目光去探望着那射自远方窗户和流泻过茫茫荒野的每束闪烁灯光！有多少次他曾经被那雪覆的灌莽吓傻惊呆，因为这些正像身披殓布的鬼魅拦住了他的去路！有多少次也竟被走在坚硬霜地上他自己的跫跫足音给吓得缩成一团，血脉都快不流了，但又绝不敢回头一顾，怕的是真的有个狰狞的家伙就在跟踪着他！另外又有多少次他竟被从树丛中突然刮出的一阵夜风给吓得真个魂不附体，心想准是那快骑赫

① 见弥尔顿《欢愉篇》。有拙译可参考，见太原北岳文艺出版社所出《圣安妮斯之夜》页 15，1988 年。

斯在巡夜了！

然而，所有这一切，也只是黑夜里才有的恐惧，是行夜路者心灵上产生的幻象；虽说他当年见过的鬼怪真不知有多少，并在他踽踽独行之际曾被撒旦以千奇百怪的方式不止一次加以阻挡拦截，但是只要天光一亮，一切这类鬼蜮伎俩也就全都消得不见影踪，所以尽管有这种种鬼魅为祟，他还是完完全全可以过得很幸福的，如果他的人生旅程不是横遭了一个人的打劫，而这打劫者对一个活人所曾造成的灾难之大，怕是所有的魑魅魍魉加到一起，也将有所不如，而这个人便是——一个女子。

就在每周的某个夜晚都前往聚集到一起以接受他的唱诗训练的门弟子中便有一个名叫凯特琳娜·凡·塔索的，为一殷实农庄主的独生女。这是一个年方十八娇艳如花的美貌女郎，丰腴、成熟、娇媚、鲜嫩，双颊红得赛过她父亲栽的蜜桃，因此当然也就遐迩闻名，而这个还不是仅因其美，也因要价亦高。更何况天生一个风流坯子，俏姐派头，这点仅从那穿戴上便不难看出，其特点为总是能集各类新旧式样于一身，因而最能衬出她的姿媚。比如她的首饰就是她多少代的祖母自撒尔丹[①]购回的黄澄澄的纯金制品，那令人垂涎的三角胸衣也全属旧日样式，但又别出心裁地配上一件短得几乎带挑拨性的巾裙，藉以将这远近罕见的一双秀足尽情地露给人看。

易查勃·克伦对于异性本来就具有着一颗温柔而痴迷的心，所以毫不足奇，像这样一个醉人的尤物很快就会使他大生好感，特别自他正式拜访过她家之后。说起女子的老父塔索来，这正是位富裕快活、性情开朗的典型庄主。不错，他的眼界思想很少超出自己的庄园范围，但在这之内，一切却都舒适安详，有条不紊。他对自己的家业有满足感，但却不以此骄人；所得意者乃在其生活之丰腴，而不在服用之豪奢。他的贵宅即坐落于哈得逊河之滨，为一绿荫掩映、土膏肥美的窈窕深处，此类地方荷兰农家最喜选作宅第。宅边有参天巨榆，枝干浓荫蔽日，脚下泉眼一口，突突不

① 市镇名，地在当日的日耳曼西部，毗邻荷兰地带。

绝，水质至柔且甘，自一筒状浅池续续冒出，然后消失于流往盛长赤杨杞柳地带的一条小溪之中。农舍不远，为一谷仓，其规模之巨几可充教堂用，其中每一窗口墙缝似乎都在透溢出此庄户之富庶。在那里面，连枷之声自朝至暮，从不间断；各类燕雀则翻飞呢喃于房檐之下，成群的鸽子，有的翻起一眼仿佛在观天象，有的则把头缩进翅下甚至胸翮，另一些则兴致冲冲，环绕其雌，咕咕点首不停，总之都在享受檐边的可爱阳光。皮肉光滑、奇笨无比的肥猪正在堆满饲料的舒服圈里哼哼着，但不时又忽有一群要吃奶的猪崽奔向那里，鼻子呼哧呼哧，像在吸气。一群庄严白鹅泛行附近塘中，仿佛一队士官正护送着大批鸭兵；整团的火鸡正将场院上一切可食之物席卷一空，致使周围的珍珠鸡对此大为恼火，正像一些脾气极坏的主妇那样，咕咕怒叫，怨声载道。粮仓门前则高视阔步着那位雄鸡，这正是那为夫的榜样，武士的表率与士绅的楷模，此刻正鼓拍着他那耀目的翅翼，于其傲然自得之中，引吭高啼，但不时也以其足趾翻翻爪下泥土，然后便慷慨大度地呼唤他那一大群似乎永远也填不饱肚皮的妻子幼儿前去享用他发现的那顿美餐。

当我们的塾师见到了他头脑里出现的这类丰盛冬日美餐，他已经高兴得满口流涎。就在他这副贪婪之极的心目当中，每头烤猪都正腹内藏着布丁口里衔着苹果地乱跑一气；整窝鸽子都被安安生生地打发到一只舒服的馅饼中去入睡，边缘再由一层硬壳似的东西塞住；那些白鹅则正浮游在它们自己的浓汁之中；鸭子被安稳地成双配在碟里，仿佛喜结鸾俦似的，其全部资财不过一剂美味葱汁；在肥猪身上他看到的是不久即将展出的片片光溜熏肉与浇汁火腿；每只火鸡在他的眼中都将是扎制精良的一道佳肴，嗉子即藏在它翅膀下；不时地又会冒出项链般的一长串美味腊肠；甚至就连那聪明的雄鸡，此刻也不得不两脚朝天地偃卧在一张副盘①

① 这雄鸡尽管相当精明，甚至堪当不少方面的榜样、表率与楷模，等等，但是处在火鸡、白鹅之旁，恐怕也只能甘居末位了。文中“副盘”(sidedish)的话想即这么来的。

之中，仿佛这一对待全是他自寻的，而当其生时，他的骑士精神尚使他不屑于这么公开表示出来。

当着这陷入狂喜的易查勃脑海中想着这一切佳肴美味和当着他的一双巨大的绿眼睛扫视环顾着那肥美的草场，盛长着小麦、黑麦、荞麦和玉米的丰饶土地以及嘉实累累绯红一片的美丽果园，而这一切都紧紧环绕在老凡·塔索的家宅，他的一颗心登时飞到了将来定要继承这片领地的那个少女那里，而他的想象也就更向前发展，寻思着又如何将这一切都转成现钱，再以这钱投入巨量荒地的开发，然后便在那荒野中盖建起高堂华屋。不仅如此，他那活跃的想象已经在实现着他的愿望，这时但见那如花似玉的凯特琳娜，携带着一大群儿女，已经高坐在一辆运货的大马车上面，其中一切家用细物器皿无数，锅碗瓢盆尽悬其下，而他自己也正横跨于踱着慢步的高大坐骑，其后有一小驹尾随，然后便向着坎特基、田纳西或者天知道会是哪里的什么宝地进发。①

待到他进入宅院之后，他的一颗心可说已被彻底征服无遗。出现在眼前的正是那种宽阔宏敞的农家房舍，屋背为高脊，顶作一溜慢坡，建筑风格属早期荷兰移民时式样，那低矮外突的屋檐适构成门廊一座，遇到阴雨天气还可关闭。这里到处都挂满着梿枷、挽具、各类农用器皿以及网罟之类。四周则广设座处，以供夏日之用，其一侧有大纺机一具，另一侧为一奶油搅拌筒，这说明一座门廊也能派下如此众多的用场。正是经此门廊，这位满腹心事的易查勃于是进入了正厅，这实际上也即是整个邸宅的中心，为家人通常活动之地。这里成行成列的精美镴器，一例整洁排放在食柜之上，几使人有眼花缭乱之感。屋的一角堆放着一大袋待纺的羊毛，另一角为大批已出机的亚麻呢，沿壁又挂满由玉米穗、成串果脯与桃干编成的美丽悦目的花结彩饰，其间还杂以红彤彤的诱人胡椒，益发使色调热闹非凡；一张半掩的室门使他瞥了一眼那豪奢的客厅陈设，但见那里奇特

① 这两州彼时尚未进入合众国（十八世纪末时始进入）。故在当日，亦即欧文幼年时的美国人心目中，这些地方尚属边陲蛮荒地带。

的脚爪式坐椅与深色硬红木桌亮得光可鉴人，壁炉里的柴架，连同它的全套铲钳等等，也都一概光晶锃亮，几乎映出它们的笋形花饰顶盖；种种玩具橙橘与海螺贝壳缀满壁炉台面，其上则悬以各类彩色鸟卵。另有鸵鸟巨卵一枚高张于客厅中央，而屋角的那具碗柜，门却不关，显然意在展示其中的巨量古老银具与贵重瓷器。

自从易查勃的那双目光窥见了这个迷人心魄的禁地之后，他的一腔心绪就再也不得平静。此刻他的唯一念头便是如何赢得凡·塔索那宝贝女儿的芳心。然而在这件事上，他所会遇到的困难之大显然要超过昔日的游侠骑士，那些人所要面对的无非是一些巨人、巫士、火龙以及诸如此类的一战即胜的凡庸敌手而已；比如某某钢门铜户须待打破，某某坚墙硬壁须待穿透，以便深入到堡垒的牢固据点，那里他的意中人正在受着幽禁；而要做到这一切，那艰难程度通常并不比将一块圣诞蛋糕切至其中心更大多少；但此时那女郎却早已对他以身相许了。但是与此不同，易查勃所必需一路奋战以求一逞的这颗俏姐的心却不免要受到一切奇思怪想的重重蔽障，其复杂无异一座迷宫，在在都将不绝地提出种种新的困难险阻，另外他所必须应战的则是成群成帮、真正有血有肉的可怕敌手，亦即那不计其数的村中求爱者，这批人将堵死一切通路，以防你钻进她的心窝，为此他们总是怒目相视，毫不容情，但是如果何时又来了新的竞争对手，他们又会一窝蜂地合到一起，以便共同对付这个新到来者。

然而群雄之中，那最难对付的当属一个体格结实、性好喧哗、咋咋呼呼的浮夸家伙了。他本名亚伯拉罕·凡·克伦——或者按其荷兰式的叫法，那亚伯拉罕即简化为伯朗——为这附近一带的公认英雄，素以其膂力和结实而闻名远近。他生得肩宽臂阔，骨节灵活，一头鬈曲黑色短发，面孔平直，但不难看，只是一脸的顽皮与傲慢神气。他那赫拉克勒斯[①]式的体格和矫健有力的四肢，使他赢得了“伯朗骨”这一有名气的绰号。这人精娴骑术，马背上的功夫殊不下于鞑靼人。一切走狗斗鸡之事，罕有其

① 希罗神话中人物，以勇武闻。

匹，因其强力，村中遇有争执，也多靠他裁决。这时但见他歪戴其帽，一言既出，少有敢忤其意者。另外他既好与人争斗，也好与人嬉闹，但以其脾性而言，其中玩笑似更多于恶意；所以虽然往往表面粗鲁，不无以势压人味道，但骨子里不过在滑稽取笑罢了。他的周围自有好友数人，这些人事事均以他为榜样，于是带上他们，他也就到处横行无忌，方圆数里之内，无论玩乐纠纷，样样都缺少不了他们。每逢寒冷天气，他的外部标志常是一顶毛皮小帽，上饰一狐尾飘带，因而乡人集会期间如突然自远处看到这一有名的冠饰飞驰于一小群不顾命的骑手中间，他们大概都准备着看场乱子。有时深更半夜忽然听到这批人从庄户附近呼啸奔驰而过，仿佛一队哥萨克骑兵似的，这时被从梦中惊醒的老妇人们准要悄悄听上一阵，直到人叫马嘶那阵乱哄完全过去，这才舒口气道，"又是伯朗骨那帮家伙！"当地乡邻对此人的态度是，畏惧之中又略带几分敬重甚至好意，而当附近发生什么无聊耍闹或粗野吵骂时，人们总是大摇其头，心想这背后原因又是那伯朗骨。

最近一段时间我们这位浪荡英雄却相中了这如花似玉的凯特琳娜，将她视作自己的公开追求对象，另外虽说他的那些类似玩笑般的粗俗求爱举动不过是狗熊式的亲热抚爱，然而据人背后传说，女方对他的一番用心并未深拒固闭。其实，他的这些进攻举动对于那些并不想与狮争爱的对手来说，本来便是应当急流勇退的信号了；所以无论哪个礼拜日的晚上，只要一见他的那匹坐骑还拴在凡·塔索的栅边，那当然便是他的主子在那里边在求爱，——或用他们的话说在"冒火"——这时无论哪个好汉也只能叹上口气，悻悻然走掉，或者把这战火再引向别的地方。

这个，便是这易查勃·克伦所必须与之争雄的那个可怕劲敌，而这个，如从各个方面细加考虑之后，一位更坚强的人是会毅然从这一战场中及时撤出的，而一位更聪明的人也会因此废然而返。但他却不然，因为在性格上他乃是柔与坚的最美妙的结合；在形体上和在精神上他都是藤条一根，易弯而性韧，能曲而不能折，虽然最微弱的压力也能把他弄弯，但只要压力一撤——你瞧吧，他又嗖地一下腰杆挺得直直，头也抬得高高！

想要同这样一个敌手在阵前公开交锋显然是迹近疯狂，因为这样的人是不容他的好事横遭阻拦的，正像当年狂暴的阿喀琉斯[1]那样。因此那易查勃的战术乃是悄悄混入，徐图进展。凭藉身为唱诗教师这一身份，他遂得以不断出入其家；所以如此，倒不是因为她父母那方面有何可虑之处，因为这些人的过多干涉往往正是拦截于情人之路上的一大绊脚石。可巴尔特·凡·塔索却是个平易宽厚的人，对女儿的爱甚至超过他的烟斗，而且正像一切通情达理的人和最慈祥的父亲那样，事事都但凭她的高兴。他那尊贵的娇小妻子也是同样，常因家务桩桩需要操持和家禽天天需要喂养而忙得不亦乐乎；她的一句名言即是，这鸭呀鹅呀全是愚蠢家伙，所以非人操心不成，可女孩子是有头脑的，会自己照料她们自己。因此，就在那忙碌的主妇奔波于农舍周围，或在门厅一端的纺机前匆匆赶织她的布匹时，那诚实的巴尔特也正坐在那里的另一端抽着他饭后的那袋烟，一边端详着一名不大的木雕武士的英雄事绩，这武士双手各持一剑，正勇武非凡地向着仓库尖顶的天风作战。好了，每逢这类时刻，这易查勃不是正躲在榆下泉边向他的女儿倾诉衷肠，便是趁着薄暮时分在周遭双双漫步，这时分，又是喁喁情话的多好机会！

我承认我讲不清，一个女人自她被求爱到被征服，这过程是怎么回事。对我来说，这类事体不是让我不解，就是让我吃惊。一些人似乎只有一处弱点，或曰一处可以攻陷，而另一些人则入门通道不下千万，因而擒获之法便也千殊万别。能做到对前者取胜，自也称得起是不小的办事本领，但能制服这后者，那才不愧为名副其实的将帅之才。理由是，在这一堡垒的攻夺战中，一门一窗都得费尽周旋。一个能攻下千百颗普通的心灵的人当然理应荣获相当高的声誉，但是那能在一名风流女的心上保持着无可争辩的地位的人才够得上头号的英雄一个。说到这一节，这荣誉当然并不属于那威风凛凛的伯朗骨；因为自易查勃·克伦染指于此事后，

---

① 事见荷马的《伊利亚特》，其公开主题即在歌咏阿喀琉斯之愤怒。这一愤怒主要是因希腊军方面主帅亚伽门侬将已分配于阿之女俘夺走所引起。

那前者的好处已经在锐减，礼拜天的夜晚已再见不到他系马门栅了。情形既已如此，此人与睡谷教员间的一场火并也就猝不可免。

伯朗这个其天性之中多少带有几分侠气的人，总想将这件事公开一战解决，亦即将这位女士的最终归属问题诉诸那些思路最简单的人的方式，或曰古代游侠骑士的方式——一对一的当面角胜；可易查勃则因深知其对手的厉害而偏不接受他的挑战。他就听到过伯朗的一句大话，说他“要把教书先生折成几段，然后放在他学校的搁板上去”，所以这种机会他决计不能轻易给他。可是这个死死紧抓不放的和平对策却又实在令他十分恼火，临到头来没了办法，这伯朗也就只有乞灵于他那滑稽的天性了，去向他的敌人使出几着捉弄人的粗野把戏。于是易查勃便成了伯朗及其一伙野蛮骑手的疯狂迫害对象。一向平静无事的领域受到了他们的骚扰作践；他们偷偷堵了烟筒，致使教歌的屋子烟气腾腾进不去人；夜间破门砸窗，袭击了教室，尽管前面说的那套不简单的措施，而且把那里糟蹋得一塌糊涂。难怪这倒霉的教师见状心中好生诧异，莫非一切妖魔鬼怪真的在这里召开过什么会议。但更其恼人的是，伯朗总是抓住一切机会当着那美人的面去羞辱他，比如伯朗便畜有恶狗一只，专教它作可笑的嚎叫，然后把狗带到这女人面前，硬要这狗同易查勃比试比试，说是要看看哪个更能胜任她的唱诗老师。

事情就这样拖扯了一段时间，但并未见对这双雄间实力的消长产生多大影响。一个晴美的秋日午后，易查勃正凝神危坐于他的宝座之上，从这里，他那小小王国中的一切事物均逃不脱他的明察。他一手挥动着戒尺，那统治权力的象征；那正义之杖则横置于座位后的一个上有三头铁钉的器物之上，做坏事的一见就要头疼；面前的教桌上则布满各类的违章私货与犯禁凶器，全系自那些犯事的顽童身上收缴所得，内容计有，啃剩的半个苹果、儿童气枪、旋转木马、苍蝇笼子，以及成批的纸糊斗鸡，等等。显然这里不久前发生过骇人的施罚举动，因为这里的学生人人都专心致志于自己的书本上面，即使只躲在书背后耳语一两句，也以一只眼睛瞄着先生，于是室中但听得一片诵书的宁静之声。但是这宁静却猛不丁地叫一名黑人的突然出现给打破了。但见这人上下一身生麻，头戴一顶溜尖小圆帽，仿佛商神[①]头上戴的那个，胯下骑的则是一头又乱蓬又野性和就快给累垮了的小马驹，因没缰具，就用一根绳子扯着。他格登格登地来到室门，邀请易查勃当晚去参加一个游乐会或什么说不清的会，宴请人即其主人凡·塔索先生；当来人以他那再庄重不过的神态和尽可能漂亮的语言——一名黑人在被派去办点芝麻大的差事时最好如此作态——传达了这口信后，立即二话不说，一溜烟地越河穿谷而去，以充分显示其使命之重大与紧迫。

不久之前方才平静了下来的课堂此刻却仿佛一下炸开了锅。课本上的内容突然被大段大段地赶了下去，细节处就不讲了；那机灵的学生更是整页整页地跳了过去也没有事，而一些脑筋慢的可没少吃家伙，以使他们加快速度或记住难字。课一停下，书就随手一丢，再没工夫放回书架上去，而且墨水洒了，凳子翻了，放学时间也比平时早了一点多钟，这时但见一帮小鬼一下子就呜呼喊叫地冲向草地上去，庆幸今天这么早就得到解放。

说到我们这位豪侠而多情的先生，他此刻在化妆上至少比往常多花费了半小时的工夫，不仅对他的最漂亮的但实亦即唯一的那身棕褐色外衣又刷又擦，整个面部也就着墙上的一角破镜着实修整了一番。最后，为了使自己的仪容在情人面前真正显示出其骑士风度，他还特地从他暂住的那家农民，一个名唤汉斯·凡·瑞波儿的急躁的荷兰老头那里，借下了一匹可以骑乘的马，就这样，威风凛凛地跨上坐骑，他便也像古代的游侠骑士那样，开始外出去寻求其奇遇了。不过按照传奇笔法的一般惯例，我这里自少不得对我们的主人自己及其坐骑的一番形容佩戴，稍稍停下来补叙几句。首先，他胯下的这头牲口就只不过是仅堪充作耕地用的驽马一匹，目前已老得除了倔强之外，别的好处已一丝不剩了。在外形上，它

---

① 指罗马神话中的商神，其传统形象为，手持羽杖，脚后有翅翼，头戴边沿飞翘的溜尖小帽。

又瘦又脏，生着一只母羊式的脖子，脑袋像柄铁锤；那暗灰色的鬃毛和尾巴也全都乱糟糟的，里面还粘着刺球牛蒡之类的东西；它的一只眼里已经没了瞳仁，看上去空悠悠的，好不吓人，但另一只却仍然贼光四射，鬼气十足。不过想当年它也准会是一头火暴矫健的好马，这点只须想想它这黑火药的名字，就能知道。事实上它就是他的主人，那火爆的凡·瑞波儿最疼爱的，而这人可不是个慢吞吞的骑手。说不定他早就把他自己的那副烈性子传染给这马了，因此虽说此刻它外表上已经老迈驽骀不堪，但骨子里那股精气神怕是村子里不少牙口小的也赶它不上。

这样的一匹好马也就正适合易查勃这样的一位骑主。这马的脚镫极短，因而使他的双膝几乎快够得着那鞍的前桥，他的棱角森然的肘节简直像只蚱蜢那样直挺挺的，一根鞭子直竖手中，如持节杖，这样随着马的步步前行，一双手臂的动作也几乎与那鸟的振翅无异。一顶毛绒小帽紧贴在他鼻的上端，实亦即其额头；至于外衣的下摆早已拖至马尾。总之，这便是易查勃及其坐骑自那汉斯·凡·瑞波儿的宅门出发时的真实记载，这光景，谁如果即使是大白天价撞上，也会以为是遇见鬼的。

此时的天气，前文已经提过，正是一个可爱的美好秋日，天宇澄澈而宁静，弥望色泽浓郁，一片金黄，见后不由人不把这一切与那丰赡富庶相联系。远处层林已渐著其棕黄素装，那稚嫩的，也因乍染秋霜而被幻成更绚丽的橙紫猩红。野凫早已高高列阵成行于头顶上空，松鼠的嘶鸣声开始在山毛榉或核桃林间微有所闻，从附近的茬地里也偶尔传来一两声鹌鹑的焦虑的轻啸。

小鸟正在举行它们的告别宴。席间狂热欢畅之际，它们也就恣情尽兴地翻飞、喊喳、嬉戏、追逐起来，林间灌丛，鸣声一片，完全被这异常富丽与变幻多端的无边秋色所陶醉了。这里面就有那老实的欧鸲那种，连没经验的人也能一打就中的鸟，正在高声唠叨；有吱吱不休的燕八哥，一飞就黑压压的一片；还有翅作金黄的啄木鸟，具有冠红、颈黑而阔与羽毛美丽的特点；还有杉鸟，那翅尖红、尾梢黄、冠戴西班牙式猎户小帽的鸟；还有蓝樫鸟，那性好喧嚣的纨绔子弟，那内穿白衫外罩淡蓝亮色外衣的家伙，真是吱喳叫啸，点头哈腰，一刻不停，仿佛同树林中每位歌手都关系混得不错。

就在易查勃策马前行、蹇蹇途中的时候，他的一双眼睛既久饫饱餍于那么多可供美味佳肴的无比丰饶，不禁深深为着这快活秋日的优渥财富而欣喜无量。放眼一望，四处都是多得难以计数的红艳艳的苹果，有的仍然累累树间，害得枝条都快给压弯，有的已经盈筐入篋，行待运往集市，有的则堆积如山，专供酿酒之用。远处则是大片玉米，金黄的穗子早已抽出叶面，预示着那将要到口的盘盘糕点与奶油布丁；下边则横躺斜卧着大批南瓜，腆着滚圆的肚子在晒太阳，见到这些，那最丰盛的馅饼仿佛已到嘴边；不久，马已越过芳香的荞麦地，顿时一阵阵的浓香便从那里的蜂房扑鼻而来，见此那精致可口的煎饼烤糕不觉又令人齿颊流香，何况这些涂满奶油和用糖浆蜜汁盖浇的美味又都出自凯特琳娜那双秀气和有小手窝的纤纤十指。

一心之中浸透了这些甜蜜思绪和“糖渍念头”，他已沿着一带逶迤山路徐徐行去，这时展现在他脚下的则是那浩瀚的哈得逊河的一派最壮观的景象。天际的一轮红日已经冉冉西沉，那泰盘西的广阔腹地静静偃息在那里，一动不动，熠熠耀目，只是偶尔才似乎微见起伏，致使那远山的蓝色暗影伸得更长。几片琥珀色的彩云飘浮在没有一丝风的晴空。远方地平线处一抹金黄，渐次转成嫩苹果绿，又慢慢溶入中天的湛蓝。一缕斜阳延宕于陡耸河面的峭壁林梢，使得山隈处的深褐与绛紫色更形转暗。另见小舟一艇，徘徊河上，渐渐随着退汐而模糊不真，一面孤帆，斜拖桅杆，于是当寂静水面上的回光倒影反映于高空时，那景象恰似悬垂于天半的一只画船。

待到易查勃抵达凡·塔索先生的宅门，已是傍晚时分。此刻但见里面已云集了附近乡里的一切体面漂亮人物。这里的老农，大都一张干瘦粗皮般的面孔，身着粗布衣裤、青袜巨靴，附加特大白镴扣箍。他们的瘦小干瘪但却精神的妻子，一律头戴带褶紧帽，上身宽腰短巾，下身手纺围裙，不论剪刀、针插以及鲜亮的花布口袋等等全都缀在外边。再有那丰满健康的年轻姑娘们，若论打扮也并不比她们的妈妈行时到哪里，只是偶尔一顶草帽、一段丝带，以及或许一件雪白上衣才多少透出一点城里的新式样。最后说到小伙子们，则是人人一身下摆宽阔的短外衣，上缀成排巨大铜扣，也大都按照那当日的时尚蓄着一条辫子[①]，而如若他们能为此而讨得鳗皮一张，就更为理想，因当地一般人每以为，这类鱼皮对于护发或固发一事特具效验。

然而伯朗骨却成了这个场景中的主角，他是乘坐其爱马厉鬼来的，而这畜生，正像他的主人，浑身都是顽皮胡调，除开他没人能够驾驭。实际上他就专爱喂养那种好捣乱生事的劣马，这样的马骑起来，唯其危险万状，才最有刺激性；因为照他的说法，太驯顺的马就不太对他这类不平凡人的口味。

下面著者实不能不暂时撇开故事主线而费点笔墨去描绘一下此书主人公步入塔索家客厅时撞入其眼帘的那个奇幻世界。这里主要想介绍的倒还不是那群美丽村姑花花绿绿的热闹场面，而是值此富饶喜庆的秋收季节中一点地道的荷兰农庄茶点上的那种千姿百态。但见那堆积如山的大盘小盘中的品种繁多乃至描写不来的各式糕点，其名目之复杂大概唯有最有经验的荷兰主妇才叫得上来！这里既有那硬邦邦的炸面圈，又有松软的油酥糕；又有发酥发脆、到口即碎的油煎饼，又有那甜饼、脆饼、姜饼、蜜饼，乃至饼类大全中的一切品种。再有便是派类，内中计有苹果派、桃派、南瓜派等，不一而足，再有是火腿片与熏牛肉，再有是诱人的整碟整碟的蜜饯食品，比如糖渍的梅、桃、梨和榲桲等，这还不提铁排鲱鱼和烧烤子鸡，至于乳类奶油更是溢满杯碗，所有这一切，尽管我已列举了不少，又都与散发自座席中间的一把慈母般的大茶壶里的氤氲水气杂遝一处——真是上天赐福，太丰盛了！著者何尝不想暂停下来认真缕叙一下这席上的一切该写之物，只是又不能搁下故事不顾。幸好易查勃·克伦此刻毕

① 留辫曾为十八世纪欧美各地的有名时尚，属当日中国热的一部分。

竟还不似他的史家[1]那般匆忙，因而尽有余裕来细心尝遍每一种可食的美味。

这真是一位心地宽厚、懂得感谢的好人，随着每一道珍馐美味的入肚，他也就登时心花怒放起来，那一番兴高采烈，正像人们饮了酒以后那样。另外就餐中间他也禁不住将其一双大眼扫视了一下四周，并暗自庆幸，说不定将来哪天，他终必成为眼前这难以想象的荣华富贵的真正主人。继而他又想到，对他那破旧校舍掉头不顾，当着汉斯·凡·瑞波儿乃至任何别的吝啬主顾的面打个榧子，再将那些竟胆敢自许为其"同志"的巡回教师全都毫不客气地踢出门外，想来这一切也都将指日可待！

这工夫，那老巴尔特·凡·塔索则一直出入于众宾客中间，一张面孔溢满喜悦舒畅，圆满亮堂得宛如收获时节的一轮明月。他的待客方式倒也简而有力，无非限于握手、拍肩、笑笑以及极力劝客进食和让人别客气而已。

此刻客厅已经乐声大作，邀人进去跳舞。乐师为一名首发斑白的老黑人，半个多世纪以来一直在附近一带走村串乡为人演奏。所携乐器也古旧残破得和他本人无异。大部分时间他也只在两三根弦上去摩擦[2]，而且手中弓子每动一下，那头也就跟着摇动一下；再有每次一对新的舞客进入场中，他也总是几乎一躬到地，以示敬意，并且还要在脚下做个声响。

易查勃还是一名舞蹈大家，他对自己跳舞技巧的自负程度殊不下于对其声乐造诣。一旦跳将起来，便仿佛那浑身上下的每一块骨头、每一根神经，都在出力使劲，各臻其妙；所以你如亲眼见着他那一大堆胡乱连缀到一起的松散构造突然大动起来，弄得满屋价咕噔咕噔作响，你准会认为

---

① 史家这里显系此篇作者之自称，自然意在谐谑。

② 这里似在暗示此乐师的琴弦已经不全，因提琴的琴弦应为四根。至于摩擦一词则更非恭维语。

圣维图斯[1]本人，那舞蹈艺术的保护神，真的在你的面前显灵了。事实上易查勃就恰是室中一切黑人的仰慕对象，这些来自附近农庄年岁个头不一的人；每个门边窗口都挤满了他们的光净面孔，正在转睛露齿兴致勃勃地观赏着这幅场景。试想这位顽童的鞭笞者此刻又怎么可能不是兴高采烈，欣喜若狂？他的心上人这时就正面对面地同他翩翩舞在一处，并对他的每道多情的眼神无往不复，频频报之以高雅的微笑；而环顾此时的伯朗骨，只是孤闷闷地向隅一坐，妒恨交集，痛苦达于极点。

舞会甫告结束，易查勃即被一伙年高德劭者所引去，那凡·塔索也在其中，他们往那游廊一端一坐，吸烟之间，不觉话起旧来，这样竟讲出不少战争故事。

这附近一带，当时(亦即上述战争故事发生之时)正是各方势力趋骛竞胜之地，因而事迹人物，两不缺乏。独立战争期间，英美双方阵线均距此不远，以故争夺掳掠时有发生，各类逃难亡命、游击战争[2]乃至边境行侠使气之事，更是不胜缕叙。幸好那时间刚够每位说故事人于其讲述之余多少添进点虚构成分，于是追忆当中每个人也就全都成了每桩每件义行壮举的主要英雄。

其一便是杜非·马特灵讲的故事，此人为一体高蓝须的荷兰人，当年险些即擒获英国战舰一艘，所凭家伙也不过一管普通老枪，如若不是打到第六发子弹时枪筒发生炸裂。另有老先生一位，其尊姓大名这里似应享受避讳——理由为对于如此富人，在涉及其姓氏时自当格外慎重——昔年怀特平原战役[3]中极善防守，曾用短刀截住毛瑟枪的子弹一枚，据云他确实不假地感到那弹丸在其刀口上飕了几声，然后才从刀把处滑脱；为了

---

① 基督教早期教士，殉教于罗马戴克理先大帝统治期间。十七世纪时日耳曼某些地区复以他为健康之保护神，其法为在其圣像前以舞蹈祈求，致使此教士之名又与舞蹈之神相联。

② 此处原文作 Cowboys，但这里并不作通常之牧马仔解，而作美国革命战争中之老兵解，属游击战士一类。

③ 美国革命战争中的一次战役，发生于 1776 年 10 月 28 日。

证实此点,他的那柄稍弯的宝刀便时刻也不离其左右,借以向人展示。另外几位其战功也都同样显赫,这些人大概无一不认为,当年的胜利所以能如此顺利取得,他本人的一份勋绩自然不可埋没。

但是这一切若比起后面讲的那许多鬼怪故事,就会又完全算不得什么。这附近一带正是这类事物的无尽丰富渊薮。奇事轶闻和传说迷信在这种定居已久的远乡僻壤往往最形活跃,但在构成我国绝大部分村镇的那类变化不定的流动人群当中,这些东西却常给践踏脚下。再者,我们的多数村镇对鬼的生存均极不利,因为它们往往还不暇在墓中多打个盹儿或翻腾几下,它们那些尚存的老友便早已远去他乡;所以偶遇其出来巡夜时,每感再无旧人可以拜访。这正是为什么除了这些安土重迁的荷兰庄户外,其余各乡都很少能听到鬼的故事。

然而造成怪异故事在这一带特别流行的直接原因却是睡谷这片地域。这里的气流本身便仿佛有着一种传染的作用;这里的气氛当中饱孕着种种迷梦幻想,因而不能不影响着全境。今晚出席凡·塔索家晚会的就不止一名来自睡谷地带,自然也就免不掉会像往常那样絮叨开种种荒唐的神怪传说。讲得较多的是有关一个名叫安德烈的不幸少校①的送葬事情,在他被送往一株大树所在地时,那出殡的队伍有多么长,嚎啕之声又有多么凄惨等等,而那株树就离这里不远。也有人提到最好出没于乌鸦岩这一带暗谷的一名白衣妇女,每逢冬夜常听见她在暴风雨里哭嚎,因她原来就冻死在那里的雪地里头。不过人们讲得最多的主要还离不开睡谷的一怪,那无头的骑士,这东西最近曾多次有人见着乘马出来巡夜,而且据说还把马系在教堂墓地,云云。

这里教堂所在的这带幽僻之境历来便是一切冤魂屈鬼的爱去之地。教堂坐落在一个小丘的顶端,四周遍生刺槐高榆,其典雅粉墙自树荫间不时透出,恰如在昭示基督圣洁,给这隐逸之地带来光辉。有缓坡一道,下抵一光晶水面,周遭则高树密匝,自树丛间远处哈得逊河边一带紫峰隐约

---

① 即约翰·安德烈(1751—1780),英国军官,美国革命战争中以间谍罪被处绞刑。

可见。再回顾教堂内蔓草遍地的庭院,阳光在这里竟睡得这般静悄,见后不免令人觉得,死者在此至少将永享安宁。教堂一侧为一带广阔林谷,其中呼啸着一道不小水流,咽呜激湍于断岩乱石与落木枝干之间。离教堂不远,在一水深色暗的地段,过去曾架过木桥一座。通往此桥的路径,乃至此桥自身,均笼罩于一片枝柯交横的浓荫之中,即使白昼期间,也常晦冥荫翳之极,入夜之后就更令人生怖了。这里即是那无头骑士最好出没之所,也是他最常为人撞见的地方。这个故事讲的是那老布鲁威,一个自命从不信鬼的大胆狂徒,讲述他是如何在这骑手一次劫掠回来退入睡谷之时撞上那个鬼的,因而也就不能不尾随这鬼,以及他们又如何一道驰过灌莽树丛,跨过丘陵沼泽,直到最后来在桥边,这时只见那骑手忽地变为骷髅一具,将老布鲁威猛投河中,然后一声霹雳,自树顶化烟而去。

紧接着的是伯朗骨讲的一个比这更神奇十倍的他自家的经历。在他看来,那赫斯只不过是个低劣骑师。他讲道,某个夜晚当他正从一个叫星星的邻村归来的时候,那疯癫骑兵竟也追赶上来,于是伯朗他本人便提出要与它赌赛一下马术,赢者将得潘趣①一觥,而且他自己是肯定会稳操胜券的——它那蹇马又岂是厉鬼的对手!——但是就在他们奔上桥头之时,那个赫斯却突然不战而退,在一阵火光中仓皇遁去。

所有这些故事,都是在这样的环境下讲述的,即说的人既在暗处,话也困倦而低沉,听的人的脸上也只是在烟斗猛吸时才从那里照见点亮——但这在易查勃,却是句句流入其心坎,对他影响极深。于是,为了切切实实做点回报,他也就不吝从他的宝贵作家卡顿·马泽那里大段大段地引述了不少内容,以飨听众,并辅之以种种搜自其故乡康州的怪事奇闻和他自己在睡谷一带夜行期间的目睹异象。

晚会终于慢慢散了。不少老农开始传点其家人,纷纷登车而去,那轮蹄喧哗之声很久还从空荡的村径乃至远山之间不绝地传来。年轻村姑则各自高坐于其情郎的鞍后,蹄声笑语,混杂一片,应着林路的寂静回声,也

---

① 一种混合酒,系由柠檬汁、糖与葡萄酒调制而成。

都越来越弱，直至再听不见——而适才的一派热闹景象，至此又重归阒寂。但易查勃却逗留未走，因为按照乡俗，许可以其情人的身份与那女继承人进行一下密谈，而他心中也把握十足，自信这件事他此刻确已大功将成。但是这次晤谈的具体情形著者我自己却不敢妄说，实际上我也并不知道。不过，我担心，总是出了问题，因为当他从那里面冲出时，而且进去的时间就不很长，那副神情可是够颓唐沮丧的。唉，这种女人！这种女人！难道是那女孩子一直在玩弄她那些手段把戏？难道她对这可怜塾师的一番鼓励，只不过是种掩饰，以便更好擒住他的对手？这事或者只有天才知道！不过只说一句也就够了，当晚易查勃从那地方悄悄溜出时，他的一副神气活像怀里面“揣回一个鸡窝”①，而不像装回美人的心。这时他对最为垂涎的农家财富竟连再看一眼也顾不上便直奔马厩而去，然后三掌两脚将马揍醒，而这马本来正舒舒服服做着在饲料山牧草谷里大饱口福的美梦呢！

正是在这个精灵浮动、鬼魅显形的不吉时刻②，那心情沉重、嗒然若丧的易查勃正踏上他归村的途程，而这条蜿蜒于逗留镇上方高山的崎岖石径，他下午来时曾是何等愉快，这时刻却仿佛也像他自己一样的打不起精神。脚下深处正展现着泰盘西那溟濛而黑魆魆的浩瀚水面，其间错落着停泊于岸边深处的点点桅杆。在这个万籁俱寂的阒黑午夜，他甚至能听到哈得逊河对岸的犬吠声，但声音却那么模糊不真，不难想象那狗离他会有多远。不时间，受惊荒鸡的一阵长鸣也会从远处，极远处的山中某家农舍喧腾起来——不过模糊得无异耳边梦呓。环顾左右，仿佛再没有了一丝生命，只是偶然间才传来一两阵蟋蟀的唧唧悲鸣声，或者附近沼泽地里牛蛙的寂静得带闷气的呜呜声，仿佛没有睡稳所引起的。

于是刚才晚间听到的一切妖魔鬼怪故事此刻似乎猛地一下全都涌上了心头。夜色愈来愈浓，星星也愈来愈沉向远方天际，或给流云遮住。他

---

① 此为原文“sacking a henroost”一语的直译，但文意则极明白。

② 此语见《哈姆雷特》3幕2景406行。

从来都没有感到这么孤寂难过。何况他现在又趋近了这个好出乱子的不祥之地。路的中央高矗着一株硕大无朋的郁金香树,以故不啻某种天然地界。其枝柯瘤瘿蟠曲,不可名状,粗细足抵通常树干,而且下垂上翘,入地通天。而此树复与安德烈的不幸遭遇相连,其人即曾在附近见俘,因而亦即以其名称呼此树。村人见此树时每每是景仰与迷信之心兼而有之,这固然出于对其同名者[①]之同情,但也未尝不与此地特多异象与悲剧有关。

易查勃行经这棵可怕的树时,他打了一声口哨。他觉着他好像听到了哨音的回应——其实不过是风击干树枝而已。更往前行,他又觉着他看见树中间飘着件白的东西;再细看时,发现那不过是树遭雷击后留下的一道伤痕,所以里面白肉露着。突然他听到了一声呻吟,登时牙齿打起战来,膝头哆嗦得连撞马鞍;原来只是一条大枝在风中和别的枝叶摩擦所生。这棵树他总算安全过去了,但新的危险却还等在前头。

距离此树可二百码处,一道小溪横路而过,然后流入一湿润浓密的箐丛谷地,当地人称之为威莱沼泽。几根粗木并排一放就是此地的过河桥。就在溪水入林这边的沿路附近,那里遍长着橡栗等树,并与野葡萄藤纠葛得密不可分,荫翳一片,恰是这个给这条溪上笼罩了类似岩穴之内的那种幢幢暗影。所以过桥本身就是一道很不小的考验。事实上那不幸的安德烈就是在这里给生擒的,前去捉拿他的壮丁就隐藏在那林子里。自此之后这条河便被人以祸水目之,小学生天黑后一个人要从这里过时那份害怕心情是可想而知的。

行至河边,他的心忽地突突跳了起来。不过他鼓了鼓勇气,又向马肋蹬了几脚,打算一跃过桥;可这执拗牲口却没往前走,而是将身子一横,向着路边栅栏跑去,这一耽搁更加重了他的恐惧,于是猛从另一面去反拉缰绳,又用对面那只脚来踢回这马。但一切全归无效。不错,那马动了起来,可是这回却又冲着路的对面那边奔去,结果窜入进野蔷薇丛和赤杨矮

---

① 即安德烈。

林里去了。此时塾师的皮鞭踵刺真是潮水般地落到黑火药的饿瘪的肋条上面;它这才向前冲去,一边呼哧鼻息不断,可一到桥头,却又忽地停住,但因停得过猛,几乎把它的骑者掀翻在地。恰在这时,桥边的一声啪嗒脚步响却突然送入他敏感的耳朵。接着,就在林荫深处,紧贴水边,他窥见了个东西,状怪,色黑,高耸在那里。它一动不动,仿佛黑暗中的一头巨兽,正准备纵身一跃,扑倒前来的旅人。

塾师此刻早已惊得毛发倒竖。怎么办?掉头逃跑,已来不及,再说要真的是鬼怪,谁又能逃得脱?鬼怪是能乘风驾雾的。鼓足勇气,他终于壮着胆子,抗声问道:“你到底是什么人?”但没有回答。他又以更加激动的声音重复钉问。还是没有回答。他再一次痛击黑火药的肋条,然后两眼一闭,竟不由自主地哼哼起赞美诗来。恰在这时,那可怖鬼影动了一动,然后匆忙一跃,耸立在路的中央。虽说此时夜色晦暗凄其,但那神秘的形影还是能辨得出几分的,即来者为一名身材魁梧的骑手,所乘黑马亦躯干庞硕。另外这来人既不前来干扰,也无友好表示,而只是悄悄于路的一侧,亦即徐行于黑火药眇其一目的那一侧,而说起这匹骞马,此时也已惊魂稍定,不再执拗。

易查勃自然无意夤夜搭此怪伴,加之又记起伯朗骨与赫斯骑手等事,于是策马疾驰,企图将其甩落后面。然而那神秘骑手却又纵马赶来,与之并驾齐驱。易查勃又降低骑速,只是缓缓其行,意在蹉跎其后,但那厮也跟着把马慢了下来。易查勃的精神垮了。他想再次唱诗祛魔,但舌头似乎已干得粘在了上腭,一个音也哼不出来。那顽固同行者的阴阴沉沉、一声不吭就是使人忍受不了的恐惧。不过这个谜倒也迅速解开了。奔上一座高冈之后,而这地势终于使同行者在天幕的映衬下,一切都更清楚——个子高大、身蒙一斗篷,易查勃却因看出这骑者真的就是无头而顿时毛悚骨栗!再看到那头颅现竟然被双手捧在马鞍前头就更吓得魂不附体。恐怖已使他豁出一切。再一次拳脚暴风雨般地落在黑火药的身上,以使它一跃而逃脱掉那鬼骑——但鬼骑也纵身跟上,一步不差。就这样,两马风驰电掣,没命奔去,马蹄过处,碎石飞溅,火星乱迸。而当他把那又长又瘦的躯体俯身马背仓皇逃命之际，他的一身单薄衣服正像一面破旗似的一直在风中猎猎不已。

现在两匹乘马都已来在一个三岔路口，其一即通往那睡谷；但黑火药却仿佛跟了魔鬼一般，非但不继续顺路前去，反而掉转方向，一头向那左方的山麓窜去。这条路行经一带砂质谷地，两边林木夹道，长可四分之一英里，这时即到达了鬼怪故事里常说的那座桥，再前行不远，一苍翠小丘巍然矗立，这也即是那白色教堂所在。

迄此为止，由于塾师那马极度恐惧的关系，所以骑主虽技不高明，还是使他在这场奔命中极占优势；只可惜砂谷方才跑过一半，马鞍的肚带却忽然出了毛病，不断往下滑脱，他设法将它勾了上来，打算把它握紧，可是无效，他甚至险些给滑到马下，如若不是及时搂紧黑火药的脖颈，因这时那鞍子早已跌到地上，而且还听到被后面的来骑践踏在蹄下。顿时他对汉斯·凡·瑞波儿的一腔怒火的恐惧又猛掠心头；这还是人家拜日才肯一用的马鞍哪！不过这些小事他已经怕不过来；这鬼骑已经紧撵在屁股后头，所以——尽管骑术全谈不上！——他还总算百计千方，没有跌下马来，时而滑向右侧，时而又溜到左边。时而更干脆给颠簸到马的脊椎的高骨节上，而那动作之剧烈，真叫他担心把马给劈成两截。

林间一处空旷地的出现鼓起了他的信心，这表明那通往教堂的桥已经在望。水湾里荡漾着的一缕星光也证明他没弄错。教堂的白墙已经隐约可见于树丛。他想起了这就是伯朗骨的鬼伴遁去的地方。“只要我能赶到那桥上，”易查勃思忖着，“我就得救了”。[①] 正在这时他忽听到那黑马在他的身后喘吁大作；他简直就感到了它的滚烫鼻息。他又发癔症似的往马肚一踢，把马逼上了桥，然后便桥板一阵乱响，然后便赶到桥的对头；只是这时易查勃才回头一望，看看那追赶者是否也将按照规定，在一阵电光石火之中，倏然而灭。但这时忽见那妖物猛地从马镫上挺直身子，正在

① 西方迷信，女巫乃至不少鬼怪均无法蹚河过水，故其威力每每遇水而止。英诗人彭斯《汤姆姗特》中之女巫即未能追踪汤姆过桥。

举起他的头来击他。易查勃想要避开，但已躲闪不及。只听一声巨响，那骷髅恰中他的头颅，把他一个筋斗，打落马下，至于那黑火药、那鬼马及其鬼骑手全都一阵旋风似的便不见了。

翌晨，人们发现这匹已经没了鞍子、笼头也给踩在蹄下的老马正在他主人家的门外静静地吃着青草。早饭时候，易查勃没有露面，吃午饭时，还不见他。孩子们聚集在教室里等他，又到溪水边寻了一通，只是不见他们的教师。汉斯·凡·瑞波儿渐渐对这易查勃的命运以及他自己的马鞍不安起来。侦察开始了。经过勤奋调查，终于找到了他的有关线索。在通往教堂的路上找到了那具马鞍，此刻已踩在泥里。另外深深印入在路径上的蹄痕——说明当时骑速之猛——一直可追寻到桥头，再过桥之后，在溪流既深且暗的一带的岸边，又寻到了不幸的易查勃的帽子，并在帽旁发现摔碎的南瓜一只。

溪水受到细致搜索，但并未发现塾师的尸体。汉斯·凡·瑞波儿，作为他遗物的处理人，于是检视了他的世间全部财产均在其内的那个万宝囊。内容计有，衬衫两件半、脖套二个、毛线长袜几双、旧灯芯绒短裤一件、发锈剃刀一柄、赞美诗曲调集一册，其中不少篇页有折角处，以及破损的律管[①]一支。至于教室中的书籍家具，则属集体财产，除了以下几种书，即卡顿·马泽所著的《巫术史》、《新英格兰历书》以及一册讲解梦与占卜的书；这后者中还夹着涂抹得很厉害的诗笺一纸，原意献给凡·塔索之女继承人，但卒因未能成篇而作罢。所有这些魔书歪诗全被这瑞波儿付之一炬，而他也自此之后，再不送其子女入学，他委实看不出读书写字有何益处。至于这位教师的全部钱款，包括几日前才领到的那笔季度薪俸，料想他失踪之时必曾带在身上。

这件怪事次日教堂礼拜时自然引起了人们各式各样的猜测。教堂墓地、木桥边，还有帽与南瓜发现之地，到处都有成群成群的人在围观议论。一时间，关于布鲁威、伯朗骨乃至整套整套的神鬼故事不禁全又泛上心

---

① 即今之定音笛一类定音调高低之音乐用具。

头，而当人们十分认真思索了这一切，并将这一切与眼前这桩案件的种种迹象细加比较之后，他们不禁摇头叹气，认定易查勃是叫那骑马游乡的赫斯给劫走了。不过他既一无家室，二无欠债，也就再没人去多操心他。不久学校改迁新址，教席也自有人前来执掌。

一件确实不假的事便是，几年之后一名前往纽约做客的老农，而且正是多亏了他上述这桩鬼的故事才赖以得传，曾带回消息说那易查勃·克伦仍然活着，而他所以自行引去，一方面固然是因为对那妖物以及汉斯·凡·瑞波儿心存畏惧，但也和他因受拒于女继承人而不堪其辱不无关系，于是只得远去他乡，另行择地而居，并于办学之余，兼习法律，然后便是当律师、做政客、搞竞选、为报章撰稿，等等，并终于在一个十镑法庭①任起一名推事。至于伯朗骨（紧接着其情敌亡逸后不久，便与那如花似玉的凯特琳娜好事得遂），每当人们在他面前讲起易查勃那件事时，总是一脸的神秘表情，而且一提到南瓜更是笑不可抑，这就不免使一些人产生疑心，觉得在这件事上他了解的恐怕决计不止表面这些。

然而村中年长的姑婆们，这些人对这类事本来就最在行，却至今坚持易查勃是让鬼怪给拐走的，而这段公案也就成了这一带冬日炉火边最爱讲的故事。这座木桥自此就更成了人们的敬畏迷信之物，也许正是为了这个缘故，后来去教堂的路不再经由那桥，而沿着磨塘直接过去。原来的校舍既为人放弃，也就很快荒废；于是据说也就成为那塾师的鬼魂光顾之地；庄稼汉们于静悄夏日夜晚缓缓归来时，常常感到仿佛能从远处听到他的声音，听到一曲凄凉的赞歌飘游回荡于睡谷的幽寂的旷野之中。

---

① 十镑法庭：指当日一种受理其纠纷不超过十英镑之小法庭，其审理即由当地治安推事或其它地方官兼任。

3 我的金融生涯

斯蒂芬·利考克[①]

每次走进一家银行，我马上就犯起毛咕。那里的办事员叫我毛咕，柜台窗口叫我毛咕，钱款票子叫我毛咕，那里的一切都叫我毛咕。[②]

一旦我跨进了银行的门槛，要在那里办点什么，我会马上成了一个没了主心骨的呆子。

这个早先我不是不知道，可我的薪金已提到了月五十元，所以觉着只有银行这地方才好存放。

我不太利落地走了进去，怯生生地望了望那些职员。我当时的认识是，要在那里开个户头得先找经理。

我去了上面标有“会计”字样的窗口。会计是个高个头的冰冷的家伙。一见着他我就毛咕起来。我的话语已经不成人声。

“我可不可以见见经理？”我问道，同时十分庄重地补上了个“单独地”。我也闹不清为什么要补上这个。

“当然可以，”会计说着，已把经理带到面前。这时我那五十元已在口袋里攥成一团。

前来者是一位严肃冷静的人。

“您就是经理先生？”天晓得我并不怀疑他是。

“不错。”

---

① 斯蒂芬·利考克(1869—1944)，加拿大幽默作家、政治学家、经济学家、历史学家。代表作有《小镇艳阳录》(1912)、《阔佬的牧歌式历险》(1914)等。——编者注

② 《我的金融生涯》是作者的一篇名文，曾被广泛收录进各种选集、课本。但这第一段在某些选本中却常被删掉。这当然是一件极小的事，不过也多少反映出一个问题，即有些选家的幽默观似乎过于偏雅了些，因而除了较峻洁冷静的含蓄性的幽默外，更多的戏谑调笑便概在排斥之列。换言之，幽默对于他们，首先不是一个欣赏的问题而是一个容忍的问题——在多大的程度上能被容忍！

“我可以见见您吗，”我问道，“单独地？”我的确不想再说这个“单独地”了，不过就是不说，横竖还是这么回事。

经理略显不安地打量了下我。可能他猜想我准有件了不得的秘密要向他透露。

“请这边来。”他把我带进了里面的一个密室，顺手把门锁上。

“好了，这里可以不受干扰，”他道，“请坐。”

坐下之后，互望了望。这时我已经快上不来气儿了。

“您是从平克顿①那边来的？”

或许他从我那神秘的样子判断出我是一名侦探。我明白他此刻的心思，但这一来可把我弄得更狼狈了。

“不，不是从平克顿那边来的，”我回答道，言外之意，也未尝不可以是从别的方面来的——别的同行公司。

“说实话吧，”我接着道，仿佛在这之前有必要去讲假话。“其实我根本就不是什么侦探。我来这里只是为了开个户头。我打算把我的全部钱款都存到贵行里面。”

经理的神情缓和了下来，但仍较严肃；八成他把我想成了拉斯乞尔德②家族的哪位少东家，或是古尔德③的什么继承人。

“想必是不太小的一笔款数吧？”

“还算不小，”我的声音已经很小了。“我准备这一次先存上五十元，以后每个月定期存五十元。”

经理站了起来，打开房门，向着刚才那名会计喊道。

“蒙特哥马利，”声音几乎大得不够客气，“这位先生要开个账户，存五十元。再见。”

---

① 即 Allan Pinkerton，1819—1884，美国 19 世纪著名的私人侦探，曾办有侦探公司，文中提到他的名字显然只指其所办公司。

② 即 Rothschild，欧洲著名银行世家姓氏名，其创建者原为德人，自 18 世纪以来，其家族成员虽国籍屡变，但一直控制欧洲诸国乃至美国部分银行业迄今。

③ 指 Jay Gould，1836—1892，美国 19 世纪金融大亨。

我也站起。

一扇大铁门正在房间的一边开着。

“再见，”我一边说着，走进了那保险柜。

“出来，”经理冷冷地嚷道，命令我走另一边。

我来到会计的窗口，把那揉成了团的钱像个球似的抽冷子地一下捅了进去，就像在变戏法。

我的脸色煞白。

“这个，”我道，“我的存款，”那话听起来就像在说，“快让我们了结了这桩头痛的买卖吧，趁着这股子劲还没过去。”

会计收下钱，递给了另一个人。

那人要我在一张单子上填上所存款数，然后在另一本什么上签上姓名。这时我已不清楚我自己在干什么。整个银行在我眼前摇晃起来。

“存上了？”我问会计，声音发空和发颤。

“存上了。”

“我还想支取出一些。”

我是想支取出六元供我眼前之用。于是其中一人隔着窗口把支票簿递了过来，另一个人教给我怎么填法。银行里的人此刻的印象可能会是这位大富豪的脑筋出了毛病了。我在支票上填了几下，就又退回给那会计。他检查了一下。

“怎么，你又打算全都取走了？”他吃惊地问道。这时我才弄清，原来我刚刚填的不是六而是五十六。这一下我可乱了。我心想这事没法跟人解释。这时只见一屋子的人全都停了下来，眼盯着我。

事情闹成了这样，我也就豁出去了。

“不错，全部。”

“你把你的钱从银行提取回去？”

“一分不留。”

“你是下了决心不再存了？”会计再次订对，惊疑未消。

“决不再存。”

这时我唯一的希望便是，人们能够认为，或许是在我填表的时候，有哪句话刺伤了我，因而使我改变了主意。于是我尽量做出一副怒容，仿佛我这人可不是个好脾气。

银行的人要点钱了。

“怎么个付法？”

“什么？”

“怎么个付法？”

“噢”——我懂了他的意思，想也不想地顺口应道——“五十元要个整的。”

他付给了我一张五十元钞票。

“剩下的六块？”问的人冷冷的。

“六块一张的。”①

钱一到手。我立刻直奔大门。

转门还没转上，室内已成哄堂，回声之大，连房顶也快给掀翻。自那以后，银行是再不去了。整票裤子兜里一揣，零的兑成银币，就塞在袜筒算了。

4　陌生友

斯蒂芬·利考克

列车上。他走进了我这间包厢，这是间吸烟的包厢，里面只有我一个人。

他身着一件镶着皮领的大衣，手提一只五十多块钱的那种昂贵皮

---

① 这里显然应当作“六张一块的”，哪可能有“六块一张”的？

箱[1],然后把它放在座位上。

他的目光与我的相遇。

“好哇！好哇！”他因为马上认出了我,一脸的欣喜简直像朝阳焕发。

“好哇！好哇！”我也这么应承着。

“我的老天！”他说着,与我有力地连连握手,“谁会想得到遇见的是你?”

“是的,谁会,”我心里说。

他更仔细地瞧了瞧我。

“你是一点也没变,”他热情地说。

“你也一点没变,”我也热情地说。

“你可能是有点发胖了,”他品评起来。

“不错,”我答应着,“是有点,可你自己也有点。”

当然这样一来我的发胖也就不突出了。

“不,”我口气更有力和更坚决地增补了一句,“你看起来跟你过去完全没有什么两样。”

这工夫我一直在纳闷,这人到底是谁。我根本就认不得他。他的情况我一丝也记不起来。这话并不是想说我的记性不行。正相反,我的记性倒是出奇的强的。不错,我往往很不容易想起别人的姓名,而且不止一回,实在记不住谁谁的面孔,再有,这种情形更时有发生,这就是我连一个人是什么什么一副长相也常追忆不起来,至于他穿的戴的这种事当然就更注意不过来了。但是除了这些细节之外,我是从来不会记不得一个人的,并每每以此而自豪。不过,万一什么时候哪个人的姓名或面孔我真的一时想不起来了,我也从来不会乱了套的。这种情形我懂得如何应付。这时只要能冷静和有点头脑就够了,并于是而万事大吉。

我这友人坐了下来。

“自上次见面时间可不短了,”他道。

---

① 20世纪初的50美元或加元当然是个很不小的数目。

“可不短了，”我重复道，言下仿佛还略有伤感之意。甚至希望此意能为他所知晓。

“可时间过去得也太快了。”

“快得就跟闪电似的，”我欣然表示同意。

“要说也真够怪的，”他接着道，“怎么闹着闹着谁就都见不着谁了。变化得厉害。这事我也常想。有时候我常纳闷，”他接着道，“那些老伙计都上哪儿去了。”

“我也有同感，”我应承道。事实上，这会儿我也就真的纳闷起来。我常觉着，每逢这类场合，一个人迟早要谈起那“老伙计”“老相好”“老搭帮”的。也就是在这个节骨眼上最能够猜出谁是谁来。

“你后来就再没有回过那老地方了?”他问道。

“再没回过，”我斩钉截铁地回答道。这个可丝毫含糊不得。我的认识是，除非我弄清楚了那个地方是个什么地方，那“老地方”是决计不容许再进入话题的。

“不错，”他接着道，“我料你也决不想再去。”

“至少目前不想，”话讲得稍委婉其词一点。

“我能理解。恕我刚才说话冒昧，”他说道，之后是一阵沉默。

至此，我可说初战告捷。看来这世上还确实有着这么一处无意再去一游的老地方。而这个正是今后谈得来合得拢的客观基础。

没隔多久他又有了说的。

“一点不假，”他开始了。“我有的时候还真的见着过这个那个旧人。刚一谈开，他们就提起你来了，都不清楚你现在的情形。”

“倒运鬼，”不过只是心里念叨，并没出声。

我觉着是时候了，该打出一招稍猛点儿的。于是就用起了我的那惯用伎俩。我兴致勃勃地捅出了下面一句。

“我说！那比利现在可哪儿去了？你没听着他什么消息?”

这显然是一种再稳不过的打法。哪个老搭帮里头没个比利！

“对对，”我友人应声道，“没错——比利到蒙大拿开牧场去了。就是今年春天我还在芝加哥见过他——一身肉二百多磅——你见了也认不得了。”

“当然会认不得,”我心里说。

“还有皮特,他又在哪儿?”我接着问道。这也是安全牌。皮特也是到处都有。

“你是指的比利他兄弟?”

“正是,正是,比利他兄弟皮特。我也常念叨他。”

“嗬,”那陌生人回答道,“老皮特可全变了——再不折腾了,”说着他呵呵乐了起来,“嘿,皮特娶了女人了!”

我也跟着笑了。处在这种情形下,如果说起了谁谁娶了个女人,那当然只能是件非常滑稽的事。老皮特(且别管老皮特是谁)娶亲这事按道理当然是应该笑死个人的。我自己一琢磨起这个也就自个儿呵呵了个没完。我真巴不得我能一直这么不停地呵呵下去,一直到火车停了。我再有五十里就要到站。而呵呵上它五十里应当说不是难事,只要你会呵呵。

但即使是这样,我那友人好像还是觉着不大称心。

“我一直想给你去上封信,”他的话又来了,话音变得更加近乎,“特别是在听到你的不幸以后。”

我半晌没有吭声。什么不幸?亏损了钱财?如果亏损了钱财,亏损了多少?而且因为什么亏损的?连我也疑惑起来,这事是否已经闹垮了我,至少部分地闹垮了我。

“像这样的不幸谁也会吃不住的,”他语气庄重。

不用说我算是触了霉头了。但我一语不发,进入了掩体,静待他的火力目标。

“的确是的,”这人接着道,“死亡总是件悲惨的事。”

死亡!哈哈,原来他指的是这个,是吧!我差点儿没笑岔了气。这就好办多了。谈话当中应付一下死人的事,那又有何难哉!这时要紧的是先沉住气,等弄明白死了的是谁再说。

“一点不错,”我低下声去,“是挺惨的。不过这事也常有它的另外一面。”

“的确如此，特别是，当然是，在那么个年纪。”

“诚如你所说的，在那么个年纪，而且是在经过了那么样的一生之后。”

“结实硬朗、清楚明白，直到那最后一刻，想必是如此吧，”他接着道，不胜其同情之至。

“正是这样，”我道，觉着这一来又稳当了。“不但在床上能坐得住，而且一直到故世的前几天还能吸烟。”

“什么，”他迷惑起来，“怎么你的祖母居然——”

我的祖母！祖母就祖母吧，又有何不可？

“恕我用词不准，”我解释道，恨透了我自己的愚蠢；“我说吸烟，意思是说，能坐起来，被吸烟，这成了她的习惯——让人念点东西给她听，让人吸口烟给她闻——这样才能稳住她的情绪——”

说话间，耳边不断传来火车驶过信号装置和岔道口时的咔嗒咔嗒声，接着便缓缓停了下来。

友人马上向窗外望了望。

他的面孔骤然紧张起来。

“我的天！”他叫喊道，“到了接轨处了。我误站了。我本该上一站就下。喂，列车员，”他朝着过道大叫道，“这里车停多久？”

“停两分钟，先生，”传来那人的声音。“车晚点了，得赶一下！”

友人一跃而起，掏出一串钥匙，忙不迭地去开皮箱的锁。

“我得下去打个电报，什么的，”他气喘吁吁地说，“该死的锁——钱全在箱子里头。”

我此刻的唯一担心是他恐怕来不及下车了。

“这儿，”我从口袋里掏出了一把钱给他，“甭管那锁了。拿钱走吧。”

“谢谢，”他一把便把我手里的钞票抓过去了——匆忙中他抓了个齐全，一张没给留下——“这就时间刚好。”

他跳下车去。我眼见他过了窗户向着候车室走去。他好像走得并不太快。

我在等着。

列车员喊了，“上车！上车。”铃声当当，气流嘶嘶，车开了。

“傻瓜，”我心里想，“他误了。”那五十多块的皮箱还在座位上。

我等了等，又向窗外望了望，心中更加诧异，这可是个什么人哪。

没过一会儿，我又听见了那个列车员的声音。像是在带着什么人穿行列车。

“快寻遍全列车了，先生，”他念叨着。

“那东西我放在了我老婆坐的那节车厢后面了，”讲这话的人是个没见过的面孔，说时还怒气冲冲。他穿戴阔绰，这时正把头探进我的车厢。

接着，那张面孔，也因为认出了什么而顿时大放光彩，只不过这次认出的并不是我，而是那只五十多块的皮箱。

“原来在这儿，”他大叫道，一把抓起，就提走了。

我惊呆在座位上。

那“老搭帮”！皮特的老婆！我老祖母的死亡！还有我的钱！我一下全明白了。那家伙是在跟你“没话找话”，存心捉你冤大头的。

我给叮了！

所以以后在车上又跟哪位生人拉扯起来时，我可再不敢大耍我的聪明了。

5　巴特先生的信念

斯蒂芬·利考克

巴特先生平生的一大信念便是他活在世上为的是行善。对他来说，无论行善让他花费多少时间，给他带来多大麻烦，他都绝不推辞。对他人来说，不管人家愿意不愿意他帮忙，这种忙他都会一律去帮而且一帮到底。

他的时间、友情和建议是留给每一个人的，不论是有求于他的，还是，至少从表面上看，并无此意的。

你不难看到巴特出现在一切在生活上遇到了细小麻烦的朋友们的门前时的那副容光焕发的面孔。每当巴特得悉他的哪位友人正在搬家换房、置办家具、变卖家具、寻找保姆、辞退保姆、物色司机、起诉管道工或者选购钢琴什么的——你瞧吧，这工夫他人已经去了。

所以当某个晚上我在俱乐部的衣帽间见着他又在忙着穿雨衣膝鞋，一张脸上洋溢着他那特有的兴奋时，我就准知道，他这是又去发扬他的美德去了。

“上楼来吧，”我故意说，“打打台球。”我从他的外貌判断，我这建议绝无任何不妥。

“我的好伙伴啊，”巴特答道，“但愿我能办到。但愿我能有这工夫。我知道要能这样，你会非常高兴的。可我必须外出。”

“你这是要去哪儿啊？”我问道，我明白他要的就是我这一问。

“我是要去看爱弗莱－琼斯夫妇，——你认得他们吧？不认得？——刚刚迁到城里来的，听说了吧，才搬进他们的新居，塞尔顿姆大街。”

“可是，”我提出，“那地方已经是郊区了，离铁路线还有三四里吧？”

“差不离。”

“现在已经快十点了，又下起雨啦——”

“那有什么，”巴特兴致不减地说，一边调整了下雨靴，“我从来不怕下雨——下雨对人只有好处。说起他们那新居，我的确还没去过，可我一找就能找着。我对夜间寻找人家是有我的一套的，去那附近挨家挨户去敲敲门，最后总能打听出来。”

“可现在去拜访人家是不是太晚了些？”我不太赞成。

“我的好心人，”巴特热情地解释道，“这在我倒完全没什么。我是这么看这件事的。一对年轻人嘛，刚刚结婚没几个礼拜，刚刚搬进一个新家，肯定一切都乱得个底朝天的，而且只有他们两个，再没个人去鼓励鼓励他们，”——说着已经连抻带拽地钻进了雨衣，同时一腔忠义也已升至狂热——“老天作证，我也是刚刚在饭桌上才听说他们迁到城里来了，不然的话，好几天前我就会去了，好几天前——”

说时他已经冲进雨里，路灯映照出他的一脸善意。

次日午饭时我在俱乐部又见到巴特。

“喂，见着琼斯他们家了？”

“见着了，”巴特回答道，“我敢起誓，我很高兴我去对了。找那房子真还没少麻烦——不过我不在意，我早想到了——至少敲了二十家的门才寻着。那地方黑得厉害，又水汪汪的——目前还没路灯。我挨户敲打就是了，过一会总会有个人提着灯出来；每到一家我都是这句话，‘你们知道爱弗莱－琼斯家的地址吗？’可他们都不知道。‘没关系，’我对他们讲，‘回去睡吧。不会让你们再下来了。’”①

“不过最后我还是找对了地方。已熄灯了，听到敲门声，琼斯的头伸出窗来。‘哈罗，’我往上喊道，‘是我巴特。’‘可真对不起，我们已经睡了。’‘我的好小伙子，’我回答道，‘完全不必道歉。把你钥匙扔下来就行了。我等着你们穿衣服。我没关系。’”

“你想想吧，”巴特继续道，“这对可怜家伙才十点半就睡下了，太寂寞单调了！我敢起誓，我算是去对了。‘瞧，’我心里说，‘也该让他们稍得点鼓舞，让那地方多来点光亮吧。’”

“说着他们已经跑了下来，于是我们往那些家具箱子上一坐，就聊了起来。琼斯太太想给我煮杯咖啡。‘我的好姑娘，’我说道（我自他们俩一小就认得他们），‘我完全不用你去费事。我自己来。’他们不让我去。我坚持去。我去煮了——厨房一塌糊涂，我一连打开了至少二十来个罐头才找见了咖啡。最后，咖啡煮好了。‘好的，喝吧。’他们说一小时前喝过了。‘荒唐，’我说道，‘喝。’就这样我们一直坐着聊到午夜。他们一开头打不起精神，所以话就得我一个人说了。可我下了决心要把话谈好。我是健谈的，你知道，如果我想谈。不久午夜到来，他们似乎来了点精神。

① 欧美一般人的卧室在二层楼，故云。

琼斯看了看表。‘我的天，’这时他活跃起来，‘过了十二点了。’我想这是对这个夜晚的过法感到满意。在这之后，我们就谈得更惬意了。每隔一会，琼斯就会念叨一句，‘天啊，都十二点半了，’‘都一点了，’等等。

“我当然注意到了我不能待得太久。不过临走时我跟他们讲我第二天还去，好帮他们收拾东西。他们谢绝了，可我不答应。”

这一天巴特又去了郊区，去帮助他们家整理家具。

“我整整忙了一个后晌，”他事后跟我讲起，“上衣一脱就大干起来了。第一件事就是把画儿都挂上——其实他们上午就自己挂上了。我去了后各个都得摘下来重挂——没有一个挂得对的。‘全摘下来，’我指挥道，然后就一心一意扑到这件事上。”

几天之后，巴特又向我做了新的报道。

“不错，”他兴奋地说，“家具是全启箱了，也全搬腾出来了，可我看不上那家具，好些都不大合我心思。我不是不想劝琼斯干脆卖掉再买新的。可我一时还拿不很准，不便贸然从事。”

在这之后，巴特好像忙得厉害；所以有相当一段时间我在俱乐部里没遇见他。

“爱弗莱－琼斯家最近如何？”我又见着巴特时问道，“他们在新居中过得好吗？”

巴特听了只是摇头。

“情况不妙，”他回答道，“这个我从一开头就有所担心，如今果不其然。我现在正把琼斯搬得离城区近些。今天一上午我就在跑个单元房；一旦选好合适的我就要把他搬了进去。我更喜欢单元房而不喜欢单个住宅。”

于是过了一段时间琼斯家就给搬出去了。在这之后巴待又忙着选购钢琴，以及告诉他们如何粘贴墙纸和张罗木工活等。

他们迁入新居还没多久，新的麻烦就又来了。

“你听说爱弗莱－琼斯的近况了吗？”巴特一天向我问起，说时面带忧色。

“没有听说。”

“他病了——发起烧来了，可怜家伙——已经有三四天了，可一直没告诉我，也没叫人去找我。还是那一贯的硬骨头——想一个人硬挺过去。我马上就得过去。”

从此我每天都能从巴特那里得到有关琼斯病况的及时报道。

“我每天每天都要在他床边陪侍相当时间，”他对我讲，“可怜的家伙，昨天有一阵子病得还很不轻——神志不清，净说胡话。我从隔壁都能听见，仿佛是觉着有人在追捕他。‘那该死的老傻瓜滚蛋了吗？’这是我听他亲口说的。”

“我马上就跑进去安慰他。‘别怕，这儿再没别人，我亲爱的小伙子，’我对他讲，‘再没别人，只有巴特。’他翻过脸去，哼哼开了。琼斯太太求我快离开他。‘您看起来也累过头了，’她恳求道，‘到外面得点儿新鲜空气吧。’‘我的好琼斯太太，’我回答道，‘这对我又算得什么？’”

长话短说吧，多亏巴特无微不至的关怀，爱弗莱－琼斯终于转危为安。

“是的，”巴特几周之后对我讲道，“琼斯目前是好过来了，可这场病拖得时间不短。自他病倒，我就一个晚上也没安生过。可我现在得到了回报，先生，得到的回报比我出过的力要大得多。这不是一个人，是一对人，对你的感谢——简直叫你没法相信。那情景但愿你也能有幸见着。你说，那个小女人因为生怕我累过了劲竟然劝我去彻底休息一下，办法是到什么地方去做一次长途旅行，为这事她起初建议我去南方。‘我的好琼斯太太，’我笑道，‘那种地方我可是不想去的。热这东西我受不了。’她听见了连犹豫都没犹豫。‘那就去北方，’她接着道，‘去加拿大吧，或者最好去拉不拉多[①]，’说着已经查找起交通图来，看看铁路最北可以把我运送到哪里。‘在那之后，’她接着道，‘你还可以穿起雪鞋继续前进。’此刻她已查

① 加拿大东北部半岛名。

出，每年春天都有开往乌恩加沃①的航班，于是建议我就搭上条船去吧，等明年它返航时再随船回来。”

“那一定会开心极了，”我支吾道。

“真会这样，真会这样，”巴特热情地接过话去，“有了这个，我再辛苦也值得。人家已经厚报了我。我一个人在世上能有什么，有的就是友情。每当我想起我的那些朋友，不管是这里俱乐部的，还是城里的，什么时候也是那么高兴见我，什么时候对我的那些细小好处总是推推托托，可什么时候缺了我的建议、我的看法又会感到缺了什么，每当我想起这些，我实在是太感动了。”

“就拿琼斯说吧，”他接着道，“这事你听说了吧，一件毫不含糊的事——这里的门房就跟我说过——每回爱弗莱－琼斯来这里俱乐部的时候，他第一句话就是要先问明白，‘巴特先生在里面没有？’想到这个，怎么不叫人暖透心窝。”说到这里，巴特感动得说不下去了。人们肯定会讲，他眼里全是泪水。而果真如此，透过他的镜片反射出的仁爱光芒就真会跟透过春雨的朝阳那样。说着他离开了我，进衣帽间了。

他刚离开大厅，一个没见过的人走了进来，消瘦温顺的面孔上带着股担惊受怕的神色，他进来时，蹑着脚步，目光四下里直寻，好像生怕遇见什么似的。

“巴特先生在里边吗？”他小声地问门房。

“是的，先生，他去了衣帽间，先生，要不要我——”

闻言，来者一步就冲出大门。人不见了。

“这人是谁？”我问门房。

“一位新会员，先生，爱弗莱－琼斯先生。”

---

① 加拿大魁北克的地区名。

6 圣诞老人的失误

斯蒂芬·利考克

圣诞节前夕。

布朗与琼斯是邻居。这天晚上布朗一家人便在琼斯家里用饭。

饭罢，布朗与琼斯仍在桌边饮酒和吃核桃。这时其他人已上了楼。

“你们过节打算给那男孩儿送件什么东西？”布朗问琼斯。

“小火车，”琼斯道，“一种新玩意儿——自动的。”

“让我瞧瞧，”布朗说。

琼斯从柜子里取出一个小包，一边打了开来。

“真是设计得妙极了，”琼斯说，“能够自己在轨道上走。孩子们就是特别爱玩小火车。”

“一点不错，”布朗点头称是，“可这轨道怎么给固定住？”

“我来教你，”琼斯说道，“帮我把这些杯盘挪到一边去，台布也卷起来。瞧见了吧，就这么着，轨道放好，两头拧紧就行了，这它就——”

“好的，我明白了，还真能行，你说不是？真是哄孩子的好玩意儿，我嘛给威利买了一架小飞机。”

“那东西我见过，太妙了。爱德温上次过生日我就给他买的是飞机。不过我觉着这次我得给他买辆火车。我跟他说，圣诞老人这回要送他一件跟过去都不一样的东西。当然爱德温对圣诞老人的信仰可是没的说的。你瞧这火车头，那锅炉房里是盘发条。”

“快上起来，”布朗的兴趣来了，“让它走上一圈。”

“好的，”琼斯说道，“垫上三两个盘子或什么东西好让轨道的一头高些。好了，你瞧它先要嗡嗡上一阵才往前走。给孩子玩可真是妙了。”

“没错，”布朗说，“你说！瞧，还有条绳子来拉那汽笛！天哪，还嘟嘟的，还真跟真的似的！”

“好，布朗，”琼斯接着道，“你挂好那些车厢我就开动。我就是司机。”

……

半个小时过去了，布朗和琼斯还在餐桌上玩那小火车。

但他们的老婆这时正在楼上的小客厅里，已经快把他们忘掉了。她们有她们感兴趣的事。

“噢，这真是再美不过了，”布朗太太赞美道，“多少年都没见过这么可爱的娃娃了。我也得给乌尔温娜来上一个。克莱丽莎见了怎能不给迷住？”

“一点不错，”琼斯太太答道，“她可就能高高兴兴地给她穿戴打扮了。孩子哪有不喜欢这个的。你瞧！一个布娃娃有三套小衣服，有意思吧？全都是剪裁好了的，缀上一两针就行。”

“真是没法再美了，”布朗太太大声夸奖道，“我看这件紫红色的穿起来最合适，最配她那金头发。你瞧，那领子再翻回来一些是不是更好？这么着，再缀上一条带子——这么着！”

“好主意！”琼斯太太说，“现在就办。等一下，我去取个针来。我就告诉克莱丽莎，这是圣诞老人亲自给她缝的。那孩子对圣诞老人的信仰可是没的说的。”

……

半个小时过去了，琼斯夫人和布朗夫人因为忙着缝布娃娃的衣服根本没听见餐桌上小火车的隆隆声，也弄不清那四个孩子都在干什么。

孩子们呢，也早忘了他们的妈妈。

“妙透了！”爱德温·琼斯对小威利·布朗说，这时他们正坐在爱德温的小卧室里面。“一盒就一百支，带过滤嘴的，盒边上还有个琥珀烟嘴。送给爸爸好极了吧？”

“好东西！”威利表示赞赏。“我给我爸爸买的是雪茄。”

“我清楚，我也想到过送他点雪茄。男人就喜欢雪茄和纸烟。你送他们这东西准错不了。喂，你也来上一两支试试？咱们可以从盒底下抽出一两支来。你会喜欢这东西的，这是俄国货——比埃及货强得多了。”

“谢谢，”威利回答道。“我特别想来上一支。我是这个春天才学会的——我十二岁生日的时候。我觉得一个人抽得太早是件蠢事。抽得早了不长个儿了。所以我一直等到我十二了才开始的。”

“我跟你一样,”爱德温说,这时两个都点起烟来。“实际上如果不是为着爸爸,我也不会花钱去买。可我总得借口圣诞老人送他件东西。你晓得,他对圣诞老人的信仰是没的说的。”

……

就在这事进行的时候,克莱丽莎正把她给她妈妈买的一副带盒的绝妙精致小桥牌拿给小乌尔温娜看。“这些记分器多漂亮!”乌尔温娜赞美道,“这种荷兰式的图案谁不喜欢——或许应当说是佛莱芒式①的?”

“是荷兰式的,”克莱丽莎判定道,“不是挺古雅的! 不是再妙不过了——打牌时来放放钱? 其实这东西我也不是非买不可——人家就是牌和盒零卖的——可我总觉着打牌而不赢钱太没意思,你觉着呢?”

“那就太恶心了,”乌尔温娜发起抖来,“不过你母亲好像好打不输钱赢钱的空牌,是不是这样?”

“我妈妈! 啊,我的天哪,她真的是这样。妈妈在这方面不太精明。不过我可以告诉她圣诞老人可是强调钱要放进那钱匣这头。”

“我觉着她是相信圣诞老人的,就跟我妈一样。”

“那没说的,”克莱丽莎道,接着又补了一句,“那我们就先玩上一局怎么样! 来‘明家’的,法国式的,挪威式的,都行。那样两个人就能打。”

“那就这样,”乌尔温娜表示同意,于是眨眼工夫,两个人已经陷入牌局,手边各自堆着一小摞零钱。

……

大约半个小时之后,两个家庭的全体成员又都回到了客厅。当然没有一个人提起礼物的事。也许这是因为他们全都忙着观看一部精美的巨

---

① 即 Flemish,Flanders 一词的形容词。Flanders 通译佛兰德,为中世纪时欧洲的一个国名,其地包括今天比利时的大部分、法国与荷兰的一小部分,所以这里说是佛莱芒式的,也还着边。

型《圣经》,里面有不少地图,这是琼斯夫妇为家里的老爷爷买的。看后大家一致认为,凭借这些地图的帮助,老爷爷不管什么时候想要寻找巴勒斯坦的什么地方肯定会一索即得的。

但是在楼上,就在老爷爷自己的休息室里,老爷爷正以一副充满着深情的目光凝注着身边的一些礼物。其一是一只美丽的长颈酒瓶,外面银丝细细,里面美酒盈盈,这是要送给琼斯的;另一是一个镍片精制的个头挺不小的犹太竖琴,是送给小孙子的。

……

又过了许久,时已深夜,那位你称之为活人也好,称之为气氛也罢,称之为任它什么什么也都行的圣诞老人,于是将所有的礼物全都收拢起来,然后将它们放进了各自的长筒袜里面。

但是,由于这位神人老眼昏花,而且历来就是如此,他又把该给的东西给了不该给的人——事实上他这次就全给错了。

第二天圣诞清晨到来之际,终于真相大白,正像过去千百年来那种情形。

于是,十点钟时,布朗先生与琼斯先生已经玩起小火车来,布朗夫人与琼斯夫人已经缝起布娃娃的衣服来,两个男孩子已经抽起纸烟来,克莱丽莎与乌尔温娜已经打起桥牌来,赌资即是她们的零用钱。

而楼上——就在他们的头顶上——老爷爷也正一边饮起威士忌酒来,一边弹起那犹太竖琴来。所以这个圣诞节,正如过去千千万万个圣诞节那样,也就一切吉祥如意,皆大欢喜。

7　我们是怎么过母亲节的——据其家中一名成员口述整理①

斯蒂芬·利考克

在这些年兴起来的形形色色的新花样当中，再没有比这一年一度的母亲节想得更妙的了。我毫不奇怪，五月十一这天现在会成了全美最受欢迎的节日，而且肯定很快就要传到英国。

特别是在我们这样的一个大家庭里，这东西一来我们就接受了。所以我们决定要好好过上个母亲节。我们觉得这想法太妙了。这会使我们认识到，这些年来母亲为我们做了那么多的事，因为我们的缘故付出了那么多的努力和牺牲。

所以我们决定这一次要大办，办得就跟家里过大节一样的隆重，而且要尽一切努力使母亲高兴。父亲决定从公司请上天假，好帮助闹过节的事。姐姐安和我也留在家里，不去大学了。玛丽和弟弟也留在家里，不去中学了。

我们的计划是把这个节办得跟圣诞节或别的重大节日一样，所以我们决定把家里用鲜花装饰一下，每个壁炉台上也点缀点格言什么的，和别的什么的。这装饰点缀我们就让母亲去干了，因为每年圣诞节就是她干的。

两个女孩觉着要过这么大的节日就要穿好衣服，所以都买了新帽子。母亲给帽子都镶了花边，这就更好看了。父亲给他自己买了一条绸子的，叫“四处飘”的新领带，也给我们两兄弟各来了一条，好用来庆贺咱们的母亲。我们也不是不打算给母亲来顶新帽子，可不知是怎么闹的，她好像更

① 这是作者为人转载得最多的一个名篇，其特点之一是作者较好地传达或模仿了那“口述者”的一口“学生腔”，这个简括起来即是：语句单调，词汇贫乏，语病多，重复语多，表达粗糙，观察浅薄，等等。

喜欢她那个灰色的旧帽子，不一定喜欢新的，那两个女孩也都说，那旧的她戴着就特别合适。

好的，早饭后我们原打算给母亲来点惊喜，就是租上辆汽车带她风风光光地去野外兜上回风。母亲从来就没有过这讲究，原因是我们家只雇了一个女佣人，所以家里的事一天到晚还得母亲一个人去忙。当然乡下这时候正是最美的时候，所以要能带她上午出去玩玩，坐着车跑上它好几十里，对咱妈也真是了不起的事。

可就在这天的早晨，我们的原计划又改变了一点，原因是父亲忽然觉着，一件比带上母亲去坐汽车兜风更有意义的事就是带上她去钓鱼。父亲说，既然那汽车是租的又花了钱，与其把它开进田野里去还不如把它开进山里去，山里就有水。正如父亲讲的，如果你只是开车出去而没有任何目标，你就产生一种无目的的感觉，但如果你出去是为了钓鱼，那你面前就有了一个明确的意图，这样就可以增强你的乐趣。

所以我们也就都觉得最好让母亲有一个明确的意图；而且不管怎么说吧，也不知是怎么搞的，父亲头一天还就真买下了一个新钓鱼竿，这就跟钓鱼的想法更合适了，还有他说了，母亲就可以用这钓鱼竿，如果她想用的话，事实上他就说了，这钓竿实际上就是专去为她买的，只是母亲说她更愿意看着他钓而不愿自己去钓。

所以出行该准备的东西我们全都准备好了。我们叫母亲给我们做了一些三明治，还做了一顿午饭，好中间饿了吃，当然下午我们回来后还得再吃一顿更丰盛的，就跟圣诞节和新年时一样。母亲把做好的饭放进一只大篮子里，准备上车时带去。

好，当车开到门前时，也不知是怎么搞的，车里的地方没有我们想得那么大，因为我们没有把父亲的钓鱼竿、钓鱼篮子和午饭篮子计算进去，所以非常明显，我们没法都坐进去。

父亲说那就别管他了，他说他留在家里不去也完全一样，而且他敢说他可以把这时间投放在园子里的劳动上。他说那里头有好些粗笨脏活他可以干，比如挖个沟埋埋垃圾什么的，那就省得花钱去雇人干了，所以他说他宁愿留在家里。他还说,我们不要让一连三年他都没有好好过个真的假日这一事实拴住了我们的手脚。他要求我们只管前去就是了,还要高高兴兴地好好玩上它一天,而不用去管他。他说他能留在家里吃上一天苦。其实他就说了,他如果认为还会有什么节假日让他来过,那他可是个大傻瓜了。

不过当然我们都觉着我们是无论如何不能让他老人家留在家里的。谁不明白,那样他是会给你捅娄子的。两个女孩,安和玛丽,也都心甘情愿留下不走,还能给女佣人帮帮厨,只是这也太可惜了,都戴上了这新帽子,又是这么一个好天气。不过她们倒也都说了,只要母亲能发句话,她们照样会高高兴兴留了下来,在家干活。威尔和我也都宁愿放弃这次机会,只可惜我们留了下来,做饭也都帮不上忙。

所以最后决定,还是让母亲留在家里,可以在家里到处转转,好好休息上它一天,另外再做做饭。不知是怎么搞的,也不管怎么说吧,母亲也就不太想去钓鱼,再说户外的空气也就是太凉了点,风也太大了点,尽管挺可爱的,阳光也挺多的。另外父亲也就非常担心,万一出去着了凉了,可怎么好。

父亲说道,如果他把母亲硬拉到野外,结果染上了重感冒,而这段时间她本来是可以在家里安享清福的,那他可会一辈子都原谅不了他自己。他说我们的责任就是要竭尽一切努力去使母亲得到充分的静养休息,她已经为我们大家操劳一辈子了。另外他还说,这也恰恰是为什么他非常赞同出去钓鱼的想法,目的就是要留给母亲一点清闲时间。他说年轻人往往不大理解安安静静对一名老人是多么重要。至于他自己嘛,他还扛得住,可他只盼能护着点母亲,别让她受罪。

于是,在对母亲的三声欢呼声①中,车开走了。母亲站在宅门不远的

---

① 三声欢呼的原文为"With three cheers for Mother."这"three cheers"指的是将"hip hip hip hurrah"一语(通常对人)重复喊上三遍;也有的将"ping ping play"重复三遍。

台阶高处一直目送着我们,而父亲也频频向她挥手,最后连手也碰在后窗框上,接着说,母亲这会儿已看不见我们了。

好的,——你可以想象我们那天在那些山里头玩得有多带劲,而父亲也就真的钓上来了些大家伙,他说他敢肯定,母亲就是来了和钓上了,她也把它们拖不上来的。威尔和我也都钓了,可都没有父亲钓得多。那两个女孩呢,来的路上就碰见她们的不少熟人,到了河边就又遇到了一些年轻朋友,于是就跟他们聊了起来,所以我们全都玩得痛快极了。

我们回来的时候时间已不早了,快七点了。母亲也就猜着我们早回不来,所以也就没打算太早开饭,好让我们一回来时,饭也刚好,能趁热吃。只是母亲先得给父亲弄来毛巾肥皂,再拿来干净衣服让他换上,因为他每次钓鱼回来就要满身泥水,一塌糊涂,这就让母亲忙活了一阵;忙了老的,再忙小的,两个女孩也给弄干净了。

但是最后什么也都收拾利落了,于是全家都坐到了那最丰盛的餐桌面前——烤火鸡以及数不清的好吃东西,跟过圣诞节一样。吃饭中间母亲也是一直坐不下来,一会起来取个这个,递个那个,忙个没完,但最后父亲看出来了,于是说道,其实这种事她根本就不必去做,他要的就是她能省点心,说完他亲自起来把一盘胡桃从餐具柜上端了过来。

晚饭吃了挺不短的时间,你笑我乐,开心极了。最后都吃完了,大家全争着收拾东西、擦洗盘子,可母亲说她非常想自己去干,所以我们也就由着她了,也全是为了再一次哄她高兴。

等一切全都弄利落了,时间也就真不早了,于是临睡前我们一个个吻了母亲向她问安时,只听她讲,她一生数今天过得最幸福,而且我就看出她眼里还噙着泪花呢。所以我们全都了却了心愿,深感我们为她所做的一切总算得到了不小的回报。

二

长篇小说

笔花钗影录（节选）

威廉·索莫塞特·毛姆①

第十一章

以上正是在等阿罗依·基尔的工夫我想起来的。但是抚今追昔，当年爱德华·德律菲尔尚属默默无闻时的这桩无聊细事如果同他日后的煊赫名声联系起来细想的话，确实也令人堪发一笑。我不知道，是不是因为他作为一位作家，在我幼年时期被我周围的人们过于小看的关系，所以我对于他的某些惊人的长处总是看不出来，而这些恰是后来批评界的高手们所推崇的。他的文字一向被人认为写得很糟，的确他给人的印象是，他仿佛是用着一支秃铅笔头在进行写作；他的笔调是艰涩吃力的，在文白的融合上，也是忽雅忽俗，极不自然，至于书中的道白，更是活人的嘴里听不

① 威廉·索莫塞特·毛姆（1874—1965），英国小说家、剧作家，代表作有《人生的枷锁》（1915，）、《月亮与六便士》（1919）、《面纱》（1925）、《笔花钗影录》（一译《寻欢作乐》，1930）及《刀锋》（1944）等。——编者注

到的。只是到了他的晚年——这时他已经用了口述方式写书，这样他的文章才因为具有了某种口语的闲适，而逐渐变得清通流畅起来；可一般的批评家还是认准他壮年时的东西，声称他那时的文字才是最简劲和有味的，恰与其题旨相适应。他的壮年本是文坛上藻饰之风正盛的时候，于是他的一些描写文字也就被选入不少散文集子。他的几段关于海上风物、肯特林间春景以及泰晤士河下游落日的描写都是很有名的。但我读起来却总是觉得好不舒服，这不能不引为平生憾事。

在我年轻的时候，他的书虽然销售数量有限，其中有几种，图书馆甚至还不让出借，但是能够欣赏他的东西仿佛已经被人认作是一种文化高的表现。在一些人的眼里，他的风格是豪放真实的，他的作品是抨击俗物市侩的有力工具。接着某位人士更独具慧眼，忽然发现他笔下的水手农民具有点莎士比亚式的生动性，于是当着这批先觉分子聚集到一起时，他的那些乏味而粗俗的庄稼汉便博得了上述人士的啧啧称善与高声颂扬。而这路货色爱德华·德律菲尔最不愁源源供应。但是每当我被他引入到一条航船上的水手舱或某家客栈里的酒吧间时，我的一颗心就会猛地咯噔一沉，我明白这下完了，我又得硬着头皮去忍受那连篇累牍的闲文杂评，而这些，不论是有关人生道德还是不朽问题，都一律是用一种貌似滑稽的方言写成的。说实话，我本来就觉得莎士比亚戏里的那些丑角够乏味的，至于由此而衍生出来的无穷变种，那就更加令人难以消受了。

德律菲尔最擅长的当然是写他熟悉的那些社会阶层——农家、雇工、店员、厨娘、酒保、船长、大副、水手，等等。但是一旦写起社会上层人物，这时不难想见，即使最崇拜他的读者也必然会产生某种不自在的感觉；他的那些风雅人物实在未免太风雅了，他的那些高贵女士也都太高贵和太纯洁太善良了，因而讲起话来也就难怪只能都是那么文绉，那么庄严。他笔下的女性也都和真正的活人隔着一层。不过这里我不得不重复一句，这只能说是我个人的私见；广大读者和高明的批评家尽可以认为她们正是英国妇女的风范，英武果敢，志行高洁，足堪与莎剧中的巾帼英雄相媲美。可我们大家也都知道好多女人是有秘结毛病的，但是如果在小说里竟把她们写成仿佛就绝无排便之类的事时，那也只能是对她们崇拜得太过度了。事实上不少女读者竟对这种写法毫无异词，这真是令人够奇怪的。

不错，批评舆论界可以硬使广大读者去重视一位比较平庸的作家，而广大读者也有可能对一个并无多大特长的作家产生过度狂热，不过这两种情形都不会太经久的；因而我不能不认为，一位作家如果能像爱德华·德律菲尔那样，在文坛上维持得这么长久，想必他有着相当才具。高雅人士每每对作品走红这事心存鄙薄；他们甚至认为这事本身便说明它是一部平庸之作。但这些人忘记了我们的子孙后代如果进行选择时，他们所得以挑选的还是一个时代里的知名作者，而不是那不闻名的。很有可能一部真正的杰作按道理本应当不朽，但因自一出印刷厂后便已湮没无闻，后人想要知道也将无从得知；也有可能后人会把我们今天的所谓畅销书籍全部抛弃，但毕竟还是得在这些中间来进行挑选。而爱德华·德律菲尔则是至少已经参加进了这批中间。他的长篇小说曾经使我厌烦；我总觉得它们冗长得难以卒读；他书中的那些悲欢离合式的热闹情节，在他来说本来是为着刺激起读者的胃口的，但在我却毫无反应；不过他的态度还是很诚恳的。在他最好的作品里确实有着一种生命的悸动，另外不论在哪本书中作者的那副哑谜般的性格都会使人不能不察觉到。在他写作的前期，写实笔法曾经是他受到褒贬的主要原因；于是随着批评者的高兴，不是因为被认为写得真实而备受颂扬，便是因为被视作粗俗而横遭非难。然而时代变了，写实与否已不再引起人们多大注意，因而今天的一般读者早已把作品里有着点写实性的东西全不当回事，而这些如果挪到三四十年之前，人们还是会拼命回避的。本书的读者们大概还能记起德律菲尔初逝世时《泰晤士报文学副刊》上刊出的那篇社评。以爱德华·德律菲尔的小说作品为依据，社评作者笔下的这篇东西与其说是一篇悼文，倒不如说更像是一阕对美的赞歌。谁拜读了这篇几乎可以说直追杰雷米·泰勒[①]当年雄风的宏文之后，能够不被它所感动呢？那抑扬顿挫的周密文句，那不胜依依的崇仰虔诚，那高雅之极的思绪感情，更何况这一切又都表达得那般精彩，因而以文章论，确可以当得起是藻丽而不伤之繁缛，妍美而不流于纤弱。它本身便是一篇绝美的东西。如果有人提出爱德华·德律菲尔不妨被视作一位幽默作家，因而这篇颂扬文章中如能稍杂戏谑成分，读起来就要更轻松些，对此人们必会回答，毕竟这篇文章属于祭奠辞令。再说谁也明白，美神对于俳优的怯懦殷勤向来便很少赞许。罗依·基尔在和我谈到德律菲尔时，曾坚持说，不管他有多少缺点，那流溢于其篇篇页页之间的美便把那一切全补救了。现在回顾我们那次谈话，我觉得，正是他的这种说法最使我感到怒不可遏。

回想三十年前，写上帝曾经是文学界里的唯一时尚。在那时，有了信仰就是有了体面，于是上帝一词便成了每个新闻记者行文时的头等手段与必要装饰。但接着上帝的气运式微（可怪的是竟与板球和啤酒一道式微），而由牧羊神代掌文坛。一时间，在小说的广阔原野上，几乎没有一片绿茵不给他的神蹄弄得印记斑斑。不仅诗人们于其昏晓之际在伦敦郊野不时窥见他的踪影，萨里与新英格兰许多雅好文学的淑媛，这些工业时代的女仙，也都不顾清白，悄悄接受他的抚爱，并自此而在精神上呈现异样。不久牧羊神站立不住了，他的地位又被美所夺据。登时在人们的眼睛里，不论是鸟、兽、虫、鱼，也不论是语言、动作、举止、服饰，又都变得无一不美。至于年轻的女人们，本来这些人个个都写过本了不起的小说，更是群雌粥粥，大谈特谈起美来，于是何为隐约之美，何为刁钻之美，何为激切之美，又何为妩媚之美，真是无所不包，刺刺不休。年轻男人当然也不落后——这些大多是牛津新毕业生，他们的身后依然拖曳着那里荣耀的云霓——他们也全都在各个刊物上谆谆告诫我们应当如何对待艺术、人生、

① 杰雷米·泰勒（1613—1667），英国著名散文家，具有比兴繁富、音韵悠扬与华美等特点。

宇宙等等，一边把美这个词异常轻率地胡乱塞进他们那密密麻麻的篇页之中。于是美遂给他们弄得遍体鳞伤。唉，他们把美糟蹋得太过分了！理想本有许多名字，美不过是其中之一而已。我很怀疑，这番喧嚣只不过是那些在我们这个英雄的机器世界无法适应的人的一声长叹，另外这些人对美，对我们这个不光彩时代的小耐尔[①]的这种钟情也不过是种很浅薄的感情。说不定到了下一时代，由于那时的人对生活的紧张已经完全适应，他们汲取灵感的方法便将不再是逃避现实，而是积极地去接受它。

我不知道别人是不是也和我一样，但我却觉得我无法对美长时间地凝注不放。在我看来，济慈在他的《恩底弥翁》的第一行里所写的那句话[②]实在是十足的谬论一条。每当一件美的事物在我的身上引起某种神奇的感觉时，我的心思也就很快离开了它；所以每逢人们对我讲起，他们是如何一连多少个小时如痴如狂地凝注着一片景观或一幅画时，我对他们的说法总是将信将疑。美是一种癫狂；但它也和饥饿一样简单。它往往使人没有什么议论可以发挥。它仿佛蔷薇的香味那样：你嗅到了，于是也就再没有什么好说。正是因为这个缘故，所以许多艺术批评文章，除非其中很少谈美因而也就很少涉及艺术，总是那么让人读着厌烦。姑以提香[③]的《基督之葬瘗》为例——这幅画也许正是世上一切画作里最能体现所谓纯美的无尚典范，但关于这帖名作批评家们又能告诉你什么呢？无非是劝你自己去看看罢了。至于他们的其他议论，便也只可能是历史、传记等等。实际上人们早已把许多别的东西添加到美的上面，例如崇高、温柔、爱情、人的因素，等等，原因是美久已不再能够满足他们。美意味着完善，而完善的事物就会使我们在一览之余不再对它更多注意，而这也是人性如此，无可奈何。有位数学家曾因观看《费德尔》[④]后提了个问题[⑤]，而惹

---

① 英国小说家狄更斯《老古玩店》中天真可爱的小女孩，这里用作美的化身。

② 那第一行诗是：“一件美的事物是一个永恒的喜悦。”

③ 提香(1477—1516)，意大利著名画家。

④ 《费德尔》，法国17世纪著名剧作家拉辛的代表作之一。

⑤ 这问题是：“它证明了什么？”

得人们评说到今,其实他也未见得便像一般人想的那么愚蠢。试问谁又能讲得清为什么帕埃斯图姆[①]的多利斯式[②]神殿便比一杯冷啤酒更美,除非是生拉硬扯进一大堆与美毫无关系的东西? 美是一条再出不去的死胡同,一座一旦登上之后再也无路可通的绝壁孤峰。这也正是为什么我们终于还是觉得,埃尔·格列柯[③]要比提香、不够完美的莎士比亚要比精妙绝伦的拉辛,更能带给我们一些系人情思的东西。美已经被人评论得过于多了,所以我也就索性再多谈几句。美属于那种能够餍足我们身上这类天性的事物。但问题是,谁又会喜欢单纯餍足? 只有蠢汉才会认为餍足就是美餐。让我们正视这个问题吧:美是有几分讨人嫌的。

当然批评家们对爱德华·德律菲尔的种种议论都不过是些胡乱恭维而已。德律菲尔的最大长处既不是给他作品带来气势的写实笔法,也不是给他作品里注入的什么美,既不是他对水手形象的那些逼真的刻画,也不是在状摹盐沼、风暴、平静的水面或掩映的村落等方面具有如何的诗才;他的最大优点是他比别人都活得长。对年齿尊长的尊重本是人类社会中最可贵的一种品质,而这种品质在我们民族则表现得尤为突出。当这种对年长者的敬畏心理在其他国家中往往不过是纯理想式的,在我们这里则是很实际的。试想除了我们英国人,谁还会挤满科文特花园歌剧院去听一位已经哼不出声的当年的歌剧女主角? 再如,也是除了我们英国人,谁又肯买上票去观看一位实际上已经衰老得快动弹不了的男舞蹈演员,而一边还要不胜感慨地赞美道:"真是的,先生,您知道人家都已经六十多了吗?"不过若将这些人与政界人士或作家们相比,那他们又往往只是年轻人了。所以我常觉着,一位年岁不同的法国总理,如果一想起一旦他年届七旬,便不能不从此引退的话,而这个年纪对于许多公务人员和作家还仍然是大好时光,这时他也是不可能不有点悻悻然的。要知道,一

---

① 帕埃斯图姆,古希腊城镇名,地在今天意大利南部。

② 古希腊建筑柱式之一种,风格以古朴著称。

③ 埃尔·格列柯(1541? —1614?),生于克里特岛的西班牙画家。

个四十岁时还不过是个普通政客的人，一旦年届七旬就会成为一位政界伟人。另外一旦达到这样的高龄，也即是说一旦衰老到无论什么花匠、职员或治安人员全都干不了的时候，他也就有资格来治理国家。这事细想起来，也是无足怪的。老年人不是自古以来就好对年轻人讲，他们更聪明吗？这话年长日久，也就非常深入人心。等到年轻人开始看穿这套谎言时，他们自己便也都不太年轻，因而为了自身利益也就乐得把这种假话继续传播下去；更何况，一个人只要在政界稍稍混混，就不可能看不出来（至少实际情况证实了这点），原来治理国家这事并不需要有什么头脑。但是说到作家方面，为什么他们愈老便愈受人尊敬，这事我却一直感到非常困惑。一度我曾这样解释这个问题，这即是，年轻人所以好对那些已经有二十年写不出精彩东西的作家大加恭维，主要因为这些人不害怕那些老的能同自己竞争，所以歌颂一下他们并无任何危险；再说，谁不明白，去对一位在竞争上你毫不畏惧的人大加颂扬一番，往往正是你对一个心怀恐惧的人的一种最妙的打击办法。但这种看法实在未免对人性贬抑过低，以致贻人以肤浅刻薄之讥，这也是我不情愿的。经过更深入的考虑，我最后得出的看法是，世人所以好对那些寿数特长的作家齐声颂扬（并借以宽慰其晚景）的真正原因在于，一个聪明人一过三十便不再读书。正是因为这样，他们年轻时候看过的书就会在他们的回忆中变得光彩十足，而且越到后来，这些书的作者在他们心目中的价值也就越加增高。当然一位作家必须不断写作下去；他必须使他自己不从读者面前消失。那种认为只要能写出一两部杰作便可以从此搁笔的想法是不切实际的；他必须拿出四五十部哪怕极平庸的东西，以便供人崇仰。这就需要相当时间。至于他的著作，如其不能以其风采取胜的话，至少也能凭那数量把人压倒。

如果，如我所说，长寿即是天才的话，那么在我们这个时代里很少有谁在这方面能比爱德华·德律菲尔更占优势。当他还是六十岁时（有修养的人们早已把他胡乱评论够了，并从此再不睬他），他在文学界的地位也只是还说得过去而已；个别高明的批评家装饰过他，但也很有节制，较年轻的对他几乎是流于轻薄了。大家倒也认为他有才能，但谁又会梦想到他会成为英国文学的光荣？接着他七十大寿。日子到了。这时文坛上开始不安起来，那情景宛如东方的洋面上一场飓风即将到来，近海地方已经波澜迭起。情况非常明显，原来在我们中间早就存在着一位大小说家，只可惜我们至今尚未发现。于是不仅各地的图书馆纷纷竞购他的书籍，布卢姆斯伯里、切尔西[①]等等凡有文人雅集的一切地方，无不立即摇起笔杆，根据他的小说撰写起或长或短，亦庄亦谐的赏析、研究、论文和专书来。他的书籍立即以全集、选本等形式赶排重印，至于书价有贵有贱，各不相等。他的风格、哲学、技巧等也都各有专人一一加以辨识、考察与剖析。等到再过五年，也即是当他七十有五时，人们已经众口一词公认他是天才。八秩高龄时他更被推崇为英国的文章泰斗，人伦楷模。这一崇高地位一直荣享至没世不衰。

今天当我们环顾左右，发现再没有人能够接替他的这个位置时，我们难免会产生某种凄凉之感。当然此刻好几位耄耋之辈早已又爬了起来，显得很有精神，自感完全可以补此空缺。不过显而易见他们又全都缺点什么。

以上这种种回忆现在把它们重写出来当然是很费时间的，但是当这一切掠过我的头脑时却只不过是瞬息间事。它们的到来也是乱纷纷的，往往是一桩小事又接连着几句闲话，而且也都是些陈年旧事了。我现在把这些有条有理地记录下来自然是为了读者看着方便，但也因为我的头脑比较清楚。因此尽管时间已经隔得很久，我现在仍能记得谁是什么长相，谁又都大致讲了些什么；只是他们都穿的什么，却早已变得非常模糊，这实在是够奇怪的。我当然知道，在人的特别是女人的穿戴方面，四十年前的样式已经和今天的大不相同。所以说在这件事上我如果还能有所追求的话，那印象也主要是好多年后从图画或照片中得来的，而不是我真能记得。

突然间，门外的出租车声和一阵铃声驱走了我头脑中的遐想，紧接着

---

① 伦敦区名，以上两地区均为文人雅集、书店林立的地方。

是阿罗依·基尔的哇刺哇刺声音，告诉门房他和我有约会。然后这个大高个子便兴头冲冲地闯了进来；只一下，我那凭着渺茫的过去所构建起来的虚幻楼阁早已被他的一团精力击得粉碎。就像阵呼号着的三月厉风似的，他把那咄咄逼人和无可逃避的现实带进屋来。

“我刚刚还在心里琢磨，”我开口道，“谁有可能接替爱德华·德律菲尔来做我们英国文学的文章泰斗和人伦楷模，你的到来正好能帮助我来回答了这个问题。”

他十分高兴地笑了起来，但眼角里却马上泛出一派狐疑。

“我觉得现在还找不出人，”他回答说。

“那么阁下如何？”

“可是，天啊，我今年还不到五十。但愿天可假年，再让我活上二十五岁。”他笑道，可一双眼睛紧紧盯着我的目光不放。“我说不清你是不是又在开我玩笑。”他突然将目光向下一扫。“当然一个人有时候也不可能不考虑一下自己的前途。目前所有那些爬到树顶上的人差不多都比我大上十五到二十岁。他们不可能长期留在那里。一旦他们离去以后，又该轮到谁呢？当然奥尔德斯[①]要算一个；他比我年轻得多，只是身体不够结实，另外我觉得他也不太注意保养。除非发生特殊情况，我的意思是说除非一位绝世的天才突然冒了出来，把我们全都杀败，那么再过二十到二十五年，文坛盟主这个位置也未必便完全不能落到我的头上。因此重要的问题是，你是不是能继续坚持下去和活得比别人更长。”

说着罗依的矫健身躯一下子坐到我女房东的一把安乐椅上。我递给了他一杯加水的威士忌。

“不，六点以前我是不喝烈性酒的，”他谢绝了。他向四周扫了一眼。“这个住处还真不错。”

“不错。你今天找我不知有何贵干？”

“我打算和你当面商量一下德律菲尔夫人邀请的事。有好多话在电

---

① 指奥尔德斯·赫胥黎(1894—1963)，英国小说家与散文家。

话上是说不清的。不瞒你说，我准备写德律菲尔的传记。”

“原来这样！那么上一次见面时你为什么并没吐口？”

我对罗依已经再无反感。使我好笑的是，我那天就怀疑过，他请我吃饭恐怕不仅仅是为了和我叙叙友情。果然我没有冤枉他。

“那时候我还没有完全定下来。德律菲尔夫人非要我干这件事不可。她要在各方面尽量给予协助。她已经把一切材料都给了我了。这些都是她多年以来的辛勤积累。写传这事不是件轻松的事，另外干不好是绝不行的。不过要真能写好，对我也会大有益处。人们常常希望一位小说家偶尔也能出点严肃东西，这样就会赢得他们更多的尊重。我的那些批评作品就是写得很辛苦的，虽然卖不了钱，我也从来并不后悔。它们给我带来了某种地位，而没有那些，这种地位是完全得不到的。”

“我觉得你的想法不错。最近二十年来你比谁都更熟悉他。”

“这倒不假。不过我开始认识他的时候，他已经年过六十。我写信给他，说我对他的大作多么佩服，于是他也就答应我去见他。可是我对他的早年生活了解很少。德律菲尔夫人过去倒也经常让他谈谈那段时期的事，然后把他谈的全都详细记载下来。他的一些零星日记也是有用的资料。当然他小说中的一些材料也都具有一定的自传价值。只是需要加以填补的空白还是很不小的。关于这本传的写法我也可以告诉给你。我打算把它写得轻松亲切一点，内容包括许多详细情节，这样人们读起来会有更多的亲切之感，同时再把真正像样的详尽批评文字编织进去，当然不一定搞得过于沉重，但同情却是不可少的，另外尽量透辟和……细腻一些。自然这事还得实干一番。德律菲尔夫人也认为我能胜任。”

“当然你能胜任，”我插了一句。

“我也觉着没有什么不可以的，”罗依继续道。“我是搞批评的，我又能写小说。显然在写作方面还算稍有资格。可是要想干成，那么所有这方面能帮助我的人肯帮助我才行。”

我明白我此刻的用途了。但表情上仍然装作不甚解其意的样子。罗依探过身来。

“我上次问过你，你是不是也准备写点有关德律菲尔的东西。你说你不准备写。这话我能信靠吗？”

“当然可以。”

“那么你不反对向我提供你的材料了？”

“天哪，我并没材料。”

“这话说的，”罗依这时态度可爱极了，那口气正像一位大夫让小孩子张开嘴来检查喉咙时的说话方法，“过去他居住在黑斯太堡时，你一定没少见他。”

“可那时候我还只是个孩子。”

“不过你总会对这种不同寻常的经历有所感受。不管怎么说，一个人只要稍稍接触过爱德华·德律菲尔，都不可能不受到这个非凡性格的强烈感染。即使一个只有十五六岁的人也不会看不到这点，更何况比起一般这种年龄的人，你一定会更加善于观察和更敏感得多。”

“我很怀疑他的性格会显得那么非凡，如果不是靠着他的名气。你想想看，假如你现在扮作一个普通丘八或者什么会计师的角色到西部疗养院去走走，用那里的矿泉水治治肝病，你能使那里的人信服你就是个了不起的大人物吗？”

“我想，不用多久他们就会看出，我这个会计师毕竟不是那么普通的，”罗依笑道，这一笑把那话语里的自负全抵销了。

“我能够告诉你的不过是，那些年月里最使我头疼的就是他的那条灯笼裤，他穿起来实在太俗气了。我们还常常骑车出去，不过叫人看见总是觉得怪不自在。”

“今天听起来当然够滑稽的。他过去都谈过些什么？”

“这我就说不清了；好像什么也没大谈过。他对建筑很感兴趣，也好谈谈种田的事。如果什么酒店门面好看，他就会建议停几分钟，进去喝上杯酒，然后就跟那店家聊起庄稼、煤价之类的事情来了。”

我一口气地谈了下去，可我已经从罗依面孔的表情上看出，他对我失望极了。他听是在听，但已微感厌倦。这时我还看出，他一感到厌倦时，那脸色是难看的。虽然我已记不清楚在我们那些长距离的骑车途中他都讲过些什么值得一听的东西,我对那时许多事物的某种真实感受却依旧异常鲜明地留在我的记忆之中。尤其是黑斯太堡。虽然那地方前面就是大海,背后还有一带很不短的海滩和沼泽,你只要向内陆深入半英里多地,迎面看到的便是肯特郡里最茂密的盛长庄稼地区。四通八达的公路到处蜿蜒曲折于大片广阔的绿色沃野与蓊森巨硕的榆木之间,这一切给人的印象是那么厚重殷实,那么端庄淳朴,实在和那里肤色红润、体格健壮的农家妇女没有两样,这些人就是靠着天天吃上鲜蛋鲜奶而长胖的。也有时候路仅一条,但两旁茂密的山楂绿篱与青葱的榆林枝柯交横,浓荫翳日,偶一昂首,你会突然瞥见一线天的幽景。在这种惠风和畅的日子里,你如果骑车跑到那里,你会觉着整个世界仿佛全都停了下来,于是永生便从那里开始。尽管你把车子蹬得那么用力,你却觉着你自己似乎一点也没有费劲。这时虽然没有人说一句话,你也会感到很愉快的,如果其中一位兴头来了,突然把车猛蹬几下,冲向前去,大家也只是大笑一阵而已,而你也就会骑得更加起劲。这时人人都会变得那么天真,不是调侃调侃别人,就是自我嘲笑一番。沿路我们也不时见到一些茅舍,屋前大都有小园一座,里面广莳蜀葵、卷丹之类花木;公路附近则是农舍所在,包括广阔粮仓和啤酒花烘晒场房;我们还常穿过种植这种作物的农田,那里成熟了的忽布像花环似的到处垂悬。那些地方的酒家也是平易近人的,并不比许多茅舍更加矜持,门廊处照例爬满忍冬藤蔓。至于那店名字号更是平庸之极,无非快活水手、欢乐农家、冠与锚、红狮之类。

显然这一切对罗依都毫无意义。他打断了我的话问道:

"难道他就再没谈到过文学?"

"我觉得他没谈过。他不是那种文学不离口的作家。他对自己的写作当然是不会不考虑的,只是从来没提起过。过去他常借给一个副牧师书看。冬天和过圣诞节时,我差不多每天都去他家吃茶。有时候那副牧师也和他谈起书的事来,可是刚一开口,我们就把他们的嘴给锁住了。"

"你还想得起他讲过些什么吗?"

“只有一件。而这一件所以还能记得,也主要因为他说的东西我没读过,给他一谈,我才读了。他说起过,莎翁荣归故里,有了地位以后,他过去写的那些戏如果说还多少使他系念的话,他仍感兴趣的也不过两出,那就是《一报还一报》和《特洛伊罗斯与克瑞西达》。”

“这话我看也未见得就如何精彩。比莎士比亚更晚近的一些作家他就再没有评论过吗?”

“至少那时候没有,这点我是记不错的;不过几年前我有一次和他共进午餐时,我却听到他讲过亨利·詹姆斯[①]连世界史上的一桩大事——美利坚的崛起——都不暇一顾了,为的是他能有工夫在英国别墅的一些茶会上有点杂七杂八的东西好讲。德律菲尔管这叫 il gran rifiuto[②]。使我奇怪的是这老先生竟用了句意大利话,另外感到好笑的是,在场的人中除了一位精神十足的大个子公爵夫人之外,大概谁也弄不懂他在说些什么。他讲道:‘唉,这个亨利,他的代价也太高了。他是置身后万世声名于不顾,而只知围着一座漂亮的花园团团打转。但是那围墙太高,他什么也看不见,人家吃茶的地方也离他太远,他也听不清某个女伯爵在讲什么。’”

罗依仔细听了我讲的这段轶事。但紧接着却又满腹思虑地摇起头来。

“我看这个材料我也没法使用。亨利的党徒会要围攻我的……不过那些日子你们晚上都干些什么?”

“我们打惠斯特牌,德律菲尔读那些他准备写书评的书。有时候他也唱唱歌。”

“那倒是挺有趣的,”罗依说,一边把头兴冲冲地伸了过来。“你还记得他都唱过些什么吗?”

“当然记得。《一直爱大兵》,还有《快来喝便宜酒》。他就爱唱这些。”

“是吗?”

---

① 亨利·詹姆斯(1843—1916),美国小说家,平生多年旅居英国。

② 意大利语,意为“这是很大的浪费”。

我看得清楚，罗依又失望了。

“你难道非要让他唱舒曼[①]吗？”

“那倒也并无不可。至少那样会显得好些。不过我倒宁愿他唱点水手起锚之类的歌或旧日乡间小调什么的，那种在集市上常听到的——盲乐师的弹奏和农村男女在打谷场上跳起舞来时唱的那类东西。我是不愁根据这些来写出篇漂亮的文章的。不过我确实不能让德律菲尔满口低级流行歌曲。既然我们是在给人画像，去取之间就得有个分寸。如果我们把什么乱糟糟的东西也塞了进去，整个印象就破坏了。”

“可是就在这之后不久，他不是还逃跑过，结果把谁都骗了？这事你是知道的。”

听了这话，罗依足足有半晌没有吭声：只把一双眼睛盯着地毯寻思。

“不错，过去确实发生过些不愉快的事情。德律菲尔夫人也并没隐瞒这点。不过据我了解，自从他们买下佛恩院，在那里定居以后，那些旧债也就偿清了。所以我觉得，再去强调这些对他的整个一生来说毕竟居于小节的东西，也就无此必要。再说，这也是快四十年前的事了。这位老人的身上确实有着一些让人觉着古怪的地方。按常理讲，他在成名之后，要选个地方安度晚年，也绝不会找这个曾经有过小小丑闻的黑斯太堡附近，更何况那里还会暴露出他的卑微出身；但他对这些似乎全不在意。他仿佛认为这一切都不过是玩笑一桩。他甚至会把这些事当面讲给饭桌上的客人听，结果弄得德律菲尔夫人好不自在。其实你应该和艾米[②]多交往交往。她实在是个很了不起的女人。当然，老人的那些主要作品完成在他认识艾米之前，但是我看谁也不能否认，最近二十五年来他在世人面前所呈现的那副宏伟庄严的形象却是艾米一手造成的。在这方面她对我什么都讲。她能做到目前这样实在不是一件容易的事。这个德律菲尔身上有不少怪癖，她不知费了多少精神才使这老先生出落得体面了些。他在好

---

① 舒曼(1810—1856)，德国作曲家，所作歌曲极其雅致优美。

② 艾米，即德律菲尔的第二个夫人。

些地方执拗得很，换个性格软弱些的女人，恐怕早就灰了心。比方说吧，他吃完盘子里的东西时，总好用片面包把那盘子揩得光光净净，然后再把这面包吃掉。光是这个习惯，艾米就不知费了多大精神才帮他克服掉。”

“你明白他这习惯是怎么来的吗？”我问罗依，“这说明长期以来他的吃食非常缺乏，所以有了些吃的，他一点也不敢浪费。”

“很有可能是这情形，不过对于一位文学名流这个习惯总有几分不雅。在饮酒方面，他也有毛病；他不是在家里喝，他好去黑斯太堡的熊与钥匙或是什么酒吧去喝。当然这事也没什么，但总是有点过于招眼，尤其是在夏天，那种地方的游客多得很哪。他同人谈话也从来不分对象。他总不明白他得维持一下自己的身份。你没法否认，在刚刚同一些光彩人物，例如埃德蒙·戈斯①和柯曾勋爵②一道午宴之后，紧接着就同酒吧里的什么铅管工、面包师或卫生检查员聊起天来，这也的确是够难堪的。当然这也不愁找个说法。他是在追求地方色彩和不同人物类型。但是他的一些习惯也确实是很难改的。你知道吗，艾米每次想让他洗上个澡有多困难吗？”

“这与他小时候的环境有关，那时候的人还认为洗澡太多对身体有害。我想他五十岁以前家里还没有过洗澡的房间。”

“一点不错，他就讲过他从来就是一个星期才洗回澡，所以他不明白为什么到了他这年纪，他还要再改习惯。艾米还坚持要他每天换一次内衣，这个他也反对。他说这些他都是一周才换一次，所以每天都换纯粹是胡闹，这样什么也要给洗坏了。德律菲尔夫人想尽一切办法让他每天洗上次澡，还要用些药用盐和香水之类，但结果完全无效。年纪更大以后，他甚至一个星期也不洗一次。艾米就跟我说过，他生命的最后三年期间，他就连一次澡都没洗过。当然这些话都只是你我之间私下谈谈，不便传出去。我说这些不过是想表明，在写他的传的时候我不能不格外谨慎。

---

① 埃德蒙·戈斯(1849—1928)，英国诗人、批评家与传记家。

② 柯曾(1859—1925)，英国政治家，曾任驻印度总督。

看来有些事情也确实一点不假;他在花钱方面大手大脚,在心理上非常偏执,特好结交一些下层的人,另外某些个人生活习惯也是够讨厌的。不过我倒认为这些绝不是他的主要方面。我并不想说假话,不过有好些情况还是以不提为妙。"

"那么索性来得彻底一些如何,什么疮疤瘤子,全都画上,那样岂不更有读头?"

"只可惜无法从命。艾米会跟我闹翻的。她所以要我来写这传记,主要是因为她还信得过我。我是不能太出格的。"

"要写作而又要不出格,这太难了。"

"不过这倒也不一定完全不行。再说呢,一般批评家的脾气你也不是不知道。如果你实话实说,你只能落个尖损刻薄的罪名,而落个这样的罪名,对一位作家会是很不利的。当然我并不否认,如果我真的不顾一切豁出去写,我是能弄出本很轰动的东西来的。这样读起来也会更有意思——既对美的事物那么狂热,又对自己的责任义务很不认真,既对自己的文章那么讲求考究,又对个人卫生毫不注意,既对人生充满理想追求,又好在那些烂酒吧里一醉方休。不过讲老实话,这样去写有好处吗?人家只会说你在学斯特雷奇[①]。不,我要在暗示、风致、委婉(这个你当然懂得),还有温柔等方面更胜一筹。我常常认为,一个人在写出一本书来之前,先要看到这书。所以此刻我看到的这本书正像梵戴克[②]的一帧肖像画那样,很有气氛,又很庄重,还具有某种贵族式的高贵品性。你能体会我的意思吧?至于字数嘛,写上它十万多字。"

一时间他完全沉醉在他那美感的兴奋之中。这本书已经放在他的眼前:秀气轻柔,书的天地宽阔,纸张上乘,楮墨精良,封面光滑,黑地金字,等等。不过阿罗依·基尔毕竟不是神仙,所以美所产生的那种狂喜或兴奋,正如我在前几页里提出的那样,在他也同样不能维持多久,而只不过

---

① 斯特雷奇(1880—1932),英国著名传记家与散文家。

② 梵戴克(1599—1641),佛兰德画家,长期旅居英国。

是瞬间的事。紧接着他开诚布公地向我苦笑道：

“只是德律菲尔的那位前夫人可怎么办？”

“那个丢人的人，”我嘟囔道。

“这位夫人实在太不好处理。她嫁给德律菲尔的时间长了。艾米在这个问题上的看法非常固定，所以我也常常觉得不太好办。你瞧，她的态度是露西·德律菲尔对她丈夫起了很大的毒害作用；她曾经无所不用其极地在道德、身体与经济等方面毁坏了德律菲尔；她在各个方面，至少在智力和精神方面，都配不上德律菲尔。只是因为他在才气和精力上得天独厚，他才侥幸活了下来。这的确算得上是不幸婚姻一桩。不错，露西已经亡故多年，现在重新翻检出这些多年前的丑闻，再度在众人面前播弄一番，实在也是够难堪的；但是难办的事是，德律菲尔的全部伟大作品却都是在他和露西一起生活的那一段时间里写出来的。我对他后期的东西当然也很喜欢，而且说实话对其中的那种纯真的美我比谁都更加敏感，那里面的节制和某种古典式的冷静的确是很动人的；不过实话实说，他早期作品里的那种辛辣、气势、味道，还有生活的躁动等等后来却不见了。所以在我看来，他前夫人对他作品的有利影响似乎也不便于完全否定。”

“那么你准备怎么解决？”

“怎么解决？关于德律菲尔的那一段事迹，我看还是可以尽量写得含蓄委婉一些，而同时又不失其为刚劲坦率——这点不知你能否理解？这样一方面不致招人反感挑剔，另一方面还能读起来相当动人。”

“这个要求可是很不低的。”

“在我看来，这事也不必来得过分拘谨和小心翼翼。问题只在于我们是否能够把话说得恰到好处。当然可说可不说的地方我还是以少说为妙，但是暗示的部分却可以大做文章，这样不愁读的人不能自己领会。因为，不管一件事情本身如何不雅，如果你的笔法相当庄肃，你还是能够把那不愉快的地方缓和几分。不过除非我能掌握全部情况，在这件事上我仍然会一筹莫展。”

“当然巧妇难为无米之炊。”

罗依的这一番话讲得可谓流畅而又自然之极，充分表现出了一位长于口才之人的十足本领。听了之后，我也巴不得自己一是讲起话来能够同样妥帖有力，在用字上从来不会卡住，在造句上完全不暇思索；二是听起话来不致因为自感藐小，便仿佛不足以代表更多的热心听众，而此刻罗依分明已经不自觉地对着更多的人在讲了。不过这时他还是停了下来。于是但见一副和蔼目光掠过他的面庞，而这张面庞不仅早已被他的满腔激情弄得绯红，而且也因为天气过热而涔然汗下了，另外他的一双迄此为止把我钳得紧紧的威严目光也就一笑而变得柔和起来。

“所以这就是你该帮忙的地方了，老朋友，”这时他的语气非常受听。

但我却还是我的那条（从生活中总结出的）老主意；没有话说的时候便不说话，不知道怎么回答的时候便闭住嘴。我默不作声，而只是态度友好地向他望望。

“你对他在黑斯太堡的那段生活比谁都了解得更多一些。”

“这点我倒说不太准。对他在黑斯太堡那段稍有了解的人肯定绝不止我一个。”

“那倒很有可能，不过毕竟他们不是什么重要人物，所以这些人的看法无足轻重。”

“那么我明白了。你的意思是说，只有我才能捅出点背后的玩艺儿。”

“大体上就是这个意思，如果你非要用这种滑稽的词来表达。”

看得出来，罗依这时完全没有心思去欣赏我的幽默。对此我倒也毫无所谓，我说了笑话人家不笑，这种情形我早已见得多了。所以我常觉得，天下最纯真的艺术家大概就是那种能够自得其乐的人。

“我敢说，你后来在伦敦的时候还是常见着他吧？”

“是的。”

“也就是说，他在下贝尔格拉维亚一带赁房子住的时候。”

“他住的公寓在皮里柯街。”

罗依不自然地笑了一下。

“我们就不必争那居住地区的具体名称了吧。你那个时候大概跟他很熟。”

“还算是熟。”

“那一段有多长时间?”

“大概有两三年吧。”

“那时候你多大了?”

“二十岁左右。”

“好的,那么现在就请你帮我个忙。这事在你也用不了多长时间,但对我来说那价值可太大了。我希望你能把你头脑里关于德律菲尔的情形,还有你对他妻子和他同他妻子的关系等等的回忆,尽可能详细地全写出来,不止伦敦这段,也包括在黑斯太堡那个时期。”

“天哪,我亲爱的朋友,你这要求可是太过分了吧。我现在手头就有不少事情要干。”

“这事费不了你多长时间。我的意思是说,你只要写出个大概的东西就行。你不必管那文字,你明白吧,以及诸如此类的东西。真正的文章可以由我最后来写。我现在要的只是情况。这些只有你才了解,别的人就不清楚了。我倒不一定非要把这一切弄得如何冠冕堂皇,不过德律菲尔究竟不是个平常的人,所以不论对英国文学负责,还是对他本人负责,你都不能不把你知道的东西讲出来。本来这件事我也可以不必求你,可前几天你曾亲口讲过你不准备写他。如果这么一大批材料你自己既不打算使用,又不让别人使用,这岂不是有点像那马厩中的犬了?”

就这样,我的责任感、我的勤奋、慷慨和正直等等无一不受到他的冲击。

“可德律菲尔夫人为什么非要我到佛恩院去住上几天?”

“关于这件事情,我们已经商量过了。那所房子住起来非常舒服。德律菲尔夫人待人向来厚道,另外现在也正是到乡下去的最好时候。德律菲尔夫人觉得,那个地方清幽极了,特别适合你来写回忆录。当然我讲了这事我也无法保证,不过一旦到了黑斯太堡附近,不少情景就会使你不由得想了起来,不然人们是想不起来的。再说,住在他的家里,周围尽是他的藏书和遗物，也会使旧日的一切变得更加真实。我们大家也能常谈起他，这样谈着谈着，许多往事也就都勾引出来了。艾米这人又机灵勤快。好多年来她对德律菲尔的谈话总是有闻必录。因为往往有这种情形，一个人在讲话时忽然说出了什么，但事后却很少再动笔去写，可艾米早已把这些全记录下来了。另外我们还可以打打网球和游游泳。”

“我最不喜欢到别人家里去住，”我说道。“我最不喜欢每天早上都得按时起来，只是为了不误九点那顿早饭，而吃的东西我又常不喜欢。我也不喜欢跟人出去散步。我对别人养的小鸡也没兴趣。”

“可她现在一个人相当孤单。你如果能去一下不仅对她是件好事，对我也是件好事。”

我不免沉思起来。

“好吧，我现在就告诉你：我可以去黑斯太堡，但不用你们来接。我自己去。我也不住在你们那里，我要住在熊与钥匙。你在的时候，我可以过去看看德律菲尔夫人。至于爱德华·德律菲尔，你们整天整夜去谈，我也不管；不过我听腻了，就走开，绝不奉陪。”

罗依十分友善地笑了起来。

“好啊，这办法行。那么你答应了，把你认为可能对我有用的东西，一想起来，就全都记下来？”

“我试试吧。”

“那么你什么时候去？我星期五就过去。”

“我可以跟你一起去，可你必须答应我，火车上别啰唆我。”

“好吧。坐五点十分那趟最好。到时间我来接你吧？”

“不用，我可以自己去维多利亚车站。我们站台见吧。”

我说不清罗依是不是还在怕我变卦，只见他忽地一下便站了起来，把我的手紧紧握了一阵，这才告辞出去。临走的时候还一再叮咛我千万别忘记带上游泳衣和网球拍子。

第十二章

一旦应承下了罗依，我的思想不由得又返回到了我伦敦的早年生涯中去了。

明天午后正好没事，我忽然来了个念头，想去看望一下我旧日的房东太太，同她一起喝上杯茶。这位房东名叫赫森太太，这个名字还是我这个没有经验的年轻人初到伦敦找房子时，圣路加医学院的一个秘书告诉我的。这位太太在文森广场有所房子。我在她那里曾一住五年，住的是二楼的两间房子；住在我客厅上面那间的则是威斯敏斯特公学的一位教师。我的房租为每周一镑，他是 25 个先令。赫森太太个子不高，但却是个非常活跃和充满生气的女人，一张焦黄的脸上长着一个鹰钩鼻子，至于那眼睛，真是我所见过的最黑、最亮和最有精神的眼睛了。她还长着一头碧油油的黑发，每逢下午和礼拜天，她总是额前飘着刘海，颈背盘个高髻，完全是旧日照片上吉西·莉莉[①]那副模样。她有着一颗金子般的真纯的心(尽管当时我并不太能体会，一个年轻人总是把别人对他的好处视作理所当然)，另外烹饪的本领相当高明。她制作的奶酥蛋卷是谁也比不过的。每天清早她都按时起来，先把各位房客作息室里的炉火挨个生好，生怕他们吃早饭的时候给冻坏了，一边还念叨着“今天早上还是真够冷的”；再有，如果她没有听到你洗澡的声音(这澡盆是个扁底的锡铁盆，平时放在床下，头天夜里舀好了水，以免第二天洗时太凉)，这时她就会说：“你瞧，楼上那个人还没起来，他上课又该要迟到了，”说着她又会匆匆跑上楼去，一边捣门，一边尖声喊道：“如果你还不马上起来，你就来不及吃早饭了。我已经给你做了一条最好吃的大头鱼。”她每天从早忙到晚，一边干活，一边唱着，什么时候也是有说有笑，高高兴兴。她丈夫的年龄比她要大得多。他在一些体面人家当过管事，留着两撇胡子，仪表相当不错；后来在附近

---

① 英国著名女演员。

的教堂里当了个差，很受人们尊重，另外也常伺候酒筵，捎带做点涮靴洗涤的事。赫森太太的唯一消遣是在伺候房客吃罢饭后（我六点半吃，那位教师七点钟吃），走上楼来同他们聊上几句。我巴不得我当时就能有那心计把她的谈话记录下来（正像艾米对待她那有名的丈夫那样），因为赫森太太实在是一位伦敦土话的幽默大师。她的那副天然生就的应对本领确实使人什么时候也难不倒她，她的句子来得那么流畅地道，用词那么恰当而又富于变化，种种滑稽的比喻和精彩的话语更是脱口而出，源源不绝。她在各个方面都不愧是礼貌规矩的典范。只是她的这所宅子从不接受女性房客，她没法对她们的行为保险（“这些人的嘴里总是整天男人、男人、男人个没完，而且一会儿要茶，一会儿又要奶油面包，奶油又是多了厚了不行，又是开门关门不停，又是按铃要水，又是天知道还要什么。”）；不过谈起话来她倒也并不完全避讳使用一些当时人们认为的脏字。我们这里完全不妨拿她用来形容一个叫玛利·劳埃德的女人的话来形容一下她：“我喜欢她，因为她能叫你开怀大笑。有时候她那话再多说半句，就要成下流笑话了，可妙在她就是刚好不捅破。”赫森太太对她自己的幽默是得意的。我觉得她所以特别好和房客们聊天，主要因为她的丈夫是个性情严肃的人（“这也是免不了的，”用她的话来说，“既然干了教堂差事，整天管的尽是些婚丧之类的事。”），不太能够欣赏什么幽默。“我对赫森就常好讲，能有机会笑笑就笑笑吧，等到黄土埋了你的脖子，你就是再想笑也笑不成了。”

赫森太太的幽默属于那“累积式”的，即一点一点，慢慢来的。她和那住在 14 号、也出租房子的布契小姐间的一番宿怨新仇实在够得上一部非同凡响的伟大滑稽史诗，而且那历时之长真是你多少年也讲不完的。

“那真是个讨尽人嫌的老妖精，可我敢保险，如果上帝哪天真的把她收拾了去，我还是会想念她的。只是上帝将要怎么去对付她，那我就说不清了。她这一辈子真是天天能让你笑破肚皮。”

但是赫森太太的牙齿却相当不行。是不是该把它们全部拔掉，另换上一副假牙，光这件事她便谈论了两三年，而且每次谈时都是滑稽透顶，花样百出。

“就是昨天晚上我还和赫森说起过这件事，只听他讲道，‘那就快着点吧，全部拔掉，这事也就了啦。’果真这样，我可就再也没有什么好谈的了。”

自那时以后，我曾有两三年时间没再见过赫森太太。我最后那回去她们家是应她的一次吃茶之请。那请柬上面写道：“下星期六恰值亡夫赫森逝世三阅月，谨备薄茶恭候。乔治与海斯特附笔致意。”乔治是她与其亡夫所生，那时已接近中年，在乌里支兵工厂工作。多少年来他母亲一直在讲他不久一定会娶上一房媳妇回来。至于海斯特，那个样样能行的女孩，则是我在赫森太太家居住的后期她雇下的，至今说起她时赫森太太仍然是口口声声“我那个傻丫头”。尽管我租她房子时赫森太太早已年过三十，而这又已是三十五年前的事了，此刻当我漫步穿过通往她家的格林公园时，我却丝毫也不怀疑她这时还会活着。她在我青年时代的记忆中已经成了一个不可磨灭的部分，正如一些人工湖的水边少不了塘鹅之类的东西似的。

我走下了地下室的台阶，前来开门的正是这海斯特，这时她已年近五旬，身体肥胖，但那腼腆好笑的面孔上仍然带着股当年傻丫头般的嘻嘻哈哈的神气。我被引进地下室前面房间时，赫森太太正在给乔治补袜子，这时她马上取下眼镜，仔细瞅了瞅我。

“天哪，该不是阿显敦先生！谁会想到能见着你？水开了吗？海斯特，快坐下来好好喝杯茶吧！”

赫森太太的体态此刻已比我最初见着她时笨重了些，行动上也比那时来得缓慢，但头上却仍旧见不着什么白发，一双眼睛还是那么乌黑晶亮，洋溢着戏谑味道。我坐在了一张已经相当陈旧的栗色漆皮的小扶手椅上。

“一向好吧，赫森太太？”

“我倒是没有什么好抱怨的，只是不像过去那么年轻了，”她回答道，“我已经干不了你在时那么多的活了。所以对那些先生们，我现在也就只管早饭,不再管午饭晚饭了。”

“你的房间都还出租吧?”

“是的,总算运气。”

由于物价上涨,赫森太太的房租收入已比我住的时候好了一些,因而以低标准说,她这时也还算过得不错。只是今天人们的要求全都高了。

“说起来这事也真是够吓人的。第一,你得给人家修盖洗澡房间,接着,安装电灯,再接着,便是非给安电话不可。至于以后还得闹些什么,你真是说不上来了。”

“乔治就说过,赫森太太也该考虑一下自己的退休问题了,”海斯特在给我递茶的时候插嘴说道。

“少管闲事,我的小姐,”赫森太太对她毫不客气。“如果真的退休,那就退休到坟地去吧。你想想看,一天到晚除了乔治和海斯特外,再没个人可以谈谈,这日子谁受得了!”

“乔治就说过,赫森太太最好到乡下弄所房子,自己去住算了,”海斯特继续插嘴道,根本不管赫森太太的申斥。

“再别跟我说去乡下的事了。今年夏天大夫还劝我到乡下住了一个多月。你猜怎么着?真是差点要了人的命。那声音简直把你吵死。又是鸟叫,又是鸡叫,又是牛叫,一天也不能让你安生。我再也受不了啦。如果你这些年来也像我一样的安静惯了,你也一样受不了那整天价吵吵嚷嚷。”

其实,离这里几户人家之外就是热闹的沃厅桥路,在那上面一天到晚都是那铃声不断的电车的当啷声,公共汽车的隆隆声,出租汽车的喇叭声。这一切赫森太太没有听到吗?但她听到的却是那可爱的伦敦的声响,它宛如母亲口里的咕哝声,只会使烦躁不安的孩子安然睡去。

我环视了一下这间舒适、破旧而又普通的小客厅——赫森太太已经在这里生活了这么久了。我这时心里真是巴不得能为她干点什么。我注意到了这屋里有只留声机。除此之外我再想不出什么别的了。

“有什么你想要办的事吗,赫森太太?”我问她。

她把那亮晶晶的眼睛向我凝注了一晌，然后充满思虑地讲道：

“我说不清，不过你既然提起这个，也可以说只求身体和精力再维持一二十年，这样我还能再干一段。”

我知道我自己平时不是个好动感情的人，但是她的这句话，也许是因为来得突然和太典型了，竟使得我几乎哽咽起来。

到了该告辞的时候，我问赫森太太能不能再看看那间我曾经住过五年的房子。

“海斯特，上楼去看看格雷姆先生在不在。即使不在，你上去看上一眼也不会有什么的。”

海斯特匆匆跑了上去，接着气喘吁吁地下来说他出去了。赫森太太陪我上了楼。进屋之后发现，那床还是我曾经在那上面大睡高卧的那只窄钢丝床，衣柜还是那旧日的衣柜，面盆架也是那原来的面盆架；一切几乎没有变样。但是那间客厅里却来了股体育家的粗犷热闹的气息；墙壁上挂的是板球队和穿着短裤的划船队员的照片，墙角竖着高尔夫球棍，壁炉架上胡乱堆放着烟斗、烟草罐和学院的院徽，等等。我们那个时候却是为艺术而艺术的信徒①，具体做法是，我总不免要在壁炉前面铺块摩尔地毯，挂起漂亮的哔叽窗帘，上有褐色枝叶饰物，周围四壁上则尽是佩鲁吉诺②、梵戴克与霍贝玛③的复制作品。

“你那时候也是挺艺术的，是吧？”赫森太太评论道，话里不是没有揶揄的味道。

“不错，”我嘟囔道。

一想到自我离开这个房间又是那么多年过去了，以及其间遭逢的种种变故，我心上竟不由得一阵绞痛。正是在那张桌子上我曾经高高兴兴地用我的早餐，清清苦苦地吃我的午饭，阅读我的医书和我写的第一本小

---

① 上个世纪的后十年正是斐德与王尔德等人的唯美主义大行的时期，为艺术而艺术的口号盛极一时。

② 佩鲁吉诺(1446？—1523？)，意大利画家。

③ 霍贝玛(1638—1709)，荷兰画家。

说。正是在那把安乐椅上我才第一次读了华兹华斯和斯丹达尔、伊丽莎白时代的剧作和俄罗斯小说,读了吉本、鲍斯韦尔、伏尔泰和卢梭。我不禁纳闷后来哪些人又住过这里。肯定还会是些医校学生、临时雇员、寻找职业的年轻人、从殖民地退休回来的或者因为离婚分产而一时无家可归的上岁数的人。这个住处,如果用赫森太太的话说,确实使我觉得古怪透了。试想这里曾经产生过多少希望——对未来的鲜明憧憬,对幸福的火热感情;多少悔恨、失望、厌倦和无可奈何;在这间房子里所曾感受到的东西是那么多,多到人生的酸甜苦辣全部包括进去,而且那感受者的数目又是如此之大,所以这间房子也就仿佛染上了某种令人困惑不安和诡秘难解的奇特色彩。我也说不清是怎么回事,但这时我的脑海里确实浮现出一个女人,她站在十字路口处,一只手放在唇边,然后转过身来,用那另一只手向人招呼。可怪的是,我内心深处的这点独得之秘,或曰腼腆感受,不知怎的竟也传到了赫森太太的心里,因为这时她发出了一声会心的笑,一边以那特有的姿势揉揉她的鼻子。

"我总觉得,人实在是太滑稽了,"她说道。"说起我这里的好多房客先生,我敢说,就是我把他们的一些事情告诉了你,你也很难相信的,他们真是一个要比一个滑稽。所以有时候躺在床上一想起他们,我简直会笑出声来。可话说回来,一个人如果连偶尔笑笑的机会也没有,这个世界也不免太乏味了。可是,天哪,这些房客也真是太好笑了。"

第十三章

在赫森太太家住了将近两年,我才重又见到德律菲尔夫妇。那时我的生活是很规律的。白天我在医院里忙上一天,六点左右才返回文森广场。路过兰百斯桥时,总是买上份《星星晚报》,一直读到晚饭开出。饭后我一般都认真读上一两个小时的书,以提高自己的知识水平,而我那时确实是个勤奋好学的热情青年。然后再动笔写点戏或小说,便入睡了。也是事有凑巧,六月末的一天下午,我刚好离开医院的时间较早,于是忽然想起去沃厅桥路走走。我喜爱那里的喧嚣嘈杂,乱乱哄哄之中,仿佛别有一种诱惑力量,非常慰人,因而使你觉着似乎时时刻刻都将会有奇遇在你眼前发生。我做梦一样地漫步走着,竟不料突然听到有人在呼叫我的名字。我停下步来张望了一下,这时使我吃惊的是德律菲尔夫人已经站在了我的面前。只见她嫣然一笑,向我问道:

"你不认识我了?"

"认得,认得,德律菲尔太太。"

按说此刻我已不再是个小孩子了,可我深深感觉到,我这时还和我十六七岁时一样害羞得一塌糊涂。我的样子狼狈极了。凭着我的那套早不时兴了的维多利亚式的道德观念,我对德律菲尔夫妇在黑斯太堡的逃债行为确实至今都接受不了。这在我的眼中始终是桩龌龊行径。在我看来,这种羞愧之感他们也必然会少不了的,但此刻她却不害怕碰见了解他们丑事的人,实在不能不使我感到吃惊。这次如果是我先见着了她的话,我一定会立即把脸掉转,因为照我的想法,她准会设法避开这番相见的痛苦的;可她并没有,她伸出手来握住了我的手,全然一副高兴样子。

"我真高兴能见到一个黑斯太堡的面孔,"她说。"你知道我们那次走得匆忙。"

说着她笑了起来,我也只好陪着她笑。只是笑和笑不同;她的笑是愉快和天真的,我的笑,我感到,则是够勉强的。

"我听说,他们发现了我们跑掉之后曾经很乱哄了一阵。我常想,台德如果听说了这个,他一定会笑死的。你伯伯对这事是怎么看的?"

幸亏我的头脑很快便转过弯来。我主要是不想让她觉得我这个人完全不懂幽默。

"你还不了解他吗?他的观念太陈旧了。"

"一点不假,黑斯太堡的毛病就在这里。是需要去唤醒的。"她向我友好地望了望。"自从分手以后,你长高多了。瞧,你的胡子也留起来了。"

"不错,"我回答道,一面把那几根胡子尽量地拈了拈。"我已经留了好长时间了。"

“时间过得多快！四年前你还是个孩子，现在你已经是大人了。”

“我当然会是的。”我的回答很有几分傲慢。“我已经快二十一岁了[1]。”

我细看了看德律菲尔夫人。只见她头戴一顶带有羽饰的小帽，身穿浅灰上衣，袖口是那羊脚式的，裙尾拖得很长。一副神气相当俊俏。以前我也一直认为她长得不错，但这时我才真正认识到了她的漂亮。她的一双眼睛比我原来想象的更加蔚蓝，她的皮肤像象牙一样白净可爱。

“你知道吗，我们就住在这拐角附近，”她告诉我。

“我也离那儿不远。”

“也就是说在林帕斯路。自离开黑斯太堡以后，差不多就一直在这儿。”

“我在文森广场这里也住了将近两年。”

“我知道你在伦敦。乔治·坎普告诉过我，只是我不知道你住在哪儿。怎么样，现在就跟我回去？台德见着你会高兴的。”

“好吧。”

去的路上，她告诉我德律菲尔现在已是一个周报的文学编辑。他最近一本书比以前的销路都好，所以下一本书的稿酬可望大大提高。她似乎对黑斯太堡那里发生的事情全都清楚；这使我马上想起，过去人们怀疑乔治帮助德律菲尔夫妇潜逃的话，并非毫无根据。我猜想乔治至今仍不断同他们有书信往来。路上我注意到一些迎面过来的男人常盯着德律菲尔夫人看，想必也都认为她是个美人。想到这个，我自己也就不觉地扬扬得意起来。

林帕斯路是一条笔直宽阔的长街，正好与沃厅桥路平行。路边房屋都很相像，一例属灰墁墙垣，色暗质坚，门廊厚重。我想这许多房屋原系为市中心的阔人而建，但后来这条街却渐次零落下来，至少已不大能招来像样的住户；于是门庭衰败的同时，又难免有股假充豪奢的样子，那情景

---

① 二十一岁在英国被认为是达到成年的年龄。

不禁使人记起一些家道中落的人，尽管此刻已经不堪一提，酒醉醺醺之中，仍旧斯斯文文地在追叙往日光荣。德律菲尔夫妇目前住的这所房子为暗红色。这时德律菲尔夫人已把我引进一个光线不佳的狭窄穿堂，一边开门说道：

“请进吧。我去告诉台德你来了。”

我进了客厅。她向着穿堂的另一头走去。

德律菲尔夫妇租了这座楼的地下室与一楼两层，女房东住在他们上面。我走进的这间屋子给人的印象是，那里面的家具全是从拍卖行新抬来的，带着刮垢磨光的明显痕迹。只见厚重的天鹅绒窗幔上面装饰极盛，花穗、圈环、彩结等件件不缺，家具表面全部敷金，锦缎靠垫一律作杏黄色，而且扣袢重重，室中央设有奥托曼式长椅一只。靠墙角处另有镀金柜橱，陈列着陶瓷、木雕、象牙制品、印度铜器等等摆设玩物，四壁则悬有大型油画多幅，内容多为高原溪谷与猎手麋鹿之类。不过只一晌，德律菲尔夫人已将她的丈夫领来，并向我亲热问候。德律菲尔上身穿了一件旧驼羊呢衣服，下面是灰裤子；胡子刮了，但嘴唇上下蓄有短髭。这时我才第一次注意到了他的身材确实非常矮小，但气派则比以前大了。另外神情之间却不知怎的来了股异国味道；我完全不曾料到一位作家会是这样。

“你对我们的新居印象如何？”他问道，“这回阔了些吧？我看它会给人带来信任感的。”

说着，他环顾了一下左右，面有得色。

“台德在后面收拾了一个小窝，这样可以安心写作；我们在地下室也有了自己的饭厅，”德律菲尔夫人讲道。“房东考莱小姐多少年来是给一位贵夫人当伴友的，所以那夫人过世后就把自己的家具全赠给了她。你一定看得出来这些家具都是很考究的。完全是上流家庭里面的东西。”

“露西一见到这个地方就爱上它了，”德律菲尔说。

“你不也是一样，台德。”

“我们的确在苦环境下住太久了；现在一旦奢侈起来，也真是有点新鲜。比如蓬巴杜式①的发型和这类讲究东西。”

离去之际我受到了希望我继续前去的盛情邀请，另外知道了他们的会客日是每周星期六下午，到时候不少我渴望一见的人都常会去的。

第十四章

我去了。我很满意。于是也就一去再去。入秋返回伦敦去圣路加医学院上课之后，周末去德律菲尔家在我已经成了一种习惯。这正是我步入文艺界的开始。不过我对自己正在悄悄埋头写作这个秘密却一直瞒得很紧，不曾透露半点。使我激动的是，我遇到的人们当中也有搞写作的。这时听听他们的议论，尤其让人着迷。前来参加这类聚会的人实际上是各行各界都有，这一方面是由于彼时周末之举尚不普遍，另外高尔夫球也还为人小看，于是一到星期六下午许多人便感到无法排遣。我倒并不认为凡前来的都是了不得的人物；至少我在德律菲尔家所见过的那些画师、作家和音乐家当中，至今我还想不起有哪位后来还站得住脚。不过尽管这样，这对人还是大有益处的，给人带来文化与生气。在这里你不愁获得许多见闻：你会碰到正在寻觅角色来扮的年轻演员、抱怨英国这个民族缺乏音乐素质的中年歌手以及跑到德律菲尔那架土钢琴前面奏奏自己作品的音乐家，一边悄悄声明，除非上了音乐会的大钢琴，他曲子的妙处是完全出不来的。另外还会见到诗人在被邀请朗诵新作，画师在物色代销人员，如此等等。偶尔一位有爵位的人也可能为这里增添一点光彩。不过这种情形并不多见，原因是彼时贵族阶级仍然行事比较拘谨，因而如果其中哪一位忽然结交起文士或艺术家来，那不是因为他个人在离婚问题上弄得名声败坏，就是因为在牌桌上过于失利，以致使他（或她）在其本阶级中有些混不下去。但是这种情形目前已不存在。义务教育所携来的最大好处之一便是使写作一事在整个贵族与士绅之间得到广泛普及。过去霍

① 一种往上梳拢的发式。

勒斯·沃尔波尔曾编过一部《王室贵族文学典》,专门记载这方面的作者与文学成就,这类便览如果今天重编的话,那就至少得是一部百科全书的规模。一项爵位头衔,哪怕仅仅是荣誉性的,也完全足以使任何一个人在写作上立即成名。因此我们几乎可以十拿九稳地讲,要想在文坛上获得声名,有了爵位实际上也就有了一切。

事实上我自己就经常考虑过,鉴于贵族院的终必废除已经是为期不远的事,那么是否可以在法律上明文规定,将来文学这一行业便统由这个阶级的成员及其家室子女来加以承担。既然爵爷贵胄已将其世袭特权交让出来,英国人民作为回报,给予他们这点补偿也是完全说得过去的。这样,不仅对那些(相当可观的一些)再无财力蓄歌女、赌赛马、玩铁路股票的人,不失为一种补救之道,另外对其余种种由于自然选择关系,除了充当大英帝国官吏之外,再也干不了别的事情的人,也能够欣然俯就。不过目前毕竟到了专门化的时代,因而我的这项建议如果幸蒙采纳的话,则文学中的各个不同门类似亦可按照贵族间的各个不同等级而专门予以分配。据此,我将建议将文学领域中较为卑微的部门给等级上亦较低下的贵族执掌,亦即将新闻与戏剧主要交给子、男这两级。小说日后即将成为伯爵这级的专门领域。事实上这个阶层的人在这门艰难的艺术上既已显示出如此才华,且人数上又如此众多,因而在这方面一定不愁不敷供应。对于侯爵吗,文学上那一部分向来称之为美文(belleslettres)的生产我们尽可以十分放心地委托给他们。当然从赚钱角度考虑,这个行业未必非常有利,不过它的品位颇高,对于一位这类美爵艳称的拥有者来说倒也不算十分亏待。

不过文学的冠冕却是诗歌。诗歌乃是文学的极致与目的。诗歌正是人类心智的最辉煌的表现。诗歌的成就即是美的成就。散文的作者遇到一位诗人经过时,便只能趋避让路;他会使得我们当中最优秀的人物也要相形见绌。因此,显而易见,写诗的事只能由具有公爵身份的人来承担,另外我十分希望看到这项权利能受到保护,僭越者则处之以峻法严刑,因为设使这一最高贵的艺术不能由最高贵的人去操持,这将成何体统?但由于在这里专门化同样也已形成风气，故我的看法是，公爵们也必将效亚历山大后人之所为，将诗歌这一领地做重新划分，于是衮衮诸公各凭其家学与禀赋之所长，而仅专攻其中一项：据此，则曼彻斯特之公爵分掌教诲与伦理诗；威斯敏斯特之公爵专擅颂歌，以阐发帝国之义务与责任为主；德文郡之公爵将以普洛佩提乌斯[①]之诗风编写些情歌挽诗之类；最后轮到马尔波勒公爵，则尚可以其牧歌式之情调，就诸如家室之乐、兵役之事乃至安于所遇等题材而有所发挥。这后一分配虽略卑微，也是势所难免。

不过假如你听了这段话后大叫道，我的上述说法太过分了，于是提醒我说，缪斯的步履并不仅有其威武雄壮的一面，有时也尽可以是“玉趾飘逸轻捷”[②]；再有假如你，由于记起某位哲人的一句名言，即他更关心的并非是谁制定了某个国家的法律，而是谁写出了这个国家的诗歌，于是向我提出：在以诗配乐，以便餍足各种焦灼的灵魂的某种渴求这方面，这事又将由谁来承担(你的想法一点不错，以公爵之尊而屈就此事，确有许多不便)？——那么我的回答便是(显然也不可能不是如此)，公爵夫人或女公爵。我当然认识到，时代确实变了。过去罗玛那[③]的农民曾吟唱塔索[④]的诗行给他们的情人去听，汉弗莱·沃德夫人也曾将《俄狄浦斯王和罗诺斯》[⑤]中的合唱歌念给摇篮里的小阿诺德听。类似这样的事情今天再也不会有了。我们今天所要求的是更加符合于时代的新东西。因此我建议，那些家庭型的公爵夫人可以写点赞美诗或儿歌之类的东西，而一些更活跃的，也即是更喜爱交际应酬的公爵夫人则可以替喜歌剧写点抒情诗，给滑稽报刊作些幽默诗，或为圣诞贺片和饼干匣撰写点箴言题词等等。这样，由于其高贵出身而长期在英国公众心目中所享有的荣耀地位也会永

---

① 普洛佩提乌斯，古罗马哀歌诗人。

② 英国诗人弥尔顿语，见其《欢愉篇》。

③ 意大利地名。

④ 塔索(1544—1595)，意大利诗人，史诗《耶路撒冷的解放》的作者。

⑤ 希腊悲剧家索福克勒斯《俄狄浦斯王》的续篇，其中的第一合唱歌尤有名，被誉为抒情诗的典范。

远保持不衰。

正是在这些星期六午后的聚会上我才发现爱德华·德律菲尔原来已经成了一位大名鼎鼎的人物。这一发现真是使我吃惊匪浅。此刻他已经写了大约二十本书;尽管他从中挣到的金钱极为有限,他的名气已经相当可观。不仅那些最有眼力的批评家非常赞美他的作品,来访的友人们也都众口一词地表示不须多久他必将获得举世公认。他们痛斥一般读者认不出这位伟大天才。既然抬高一个人的最好办法便是压低其他的人,于是他们对凡是在声名上掩盖过他的别的小说家便采取了一概骂倒的办法。的确,如果我那时对文坛的了解能有后来那么透彻的话,那么仅凭巴登·特莱福德夫人的频频来访一节便已能够看出,那重要的一刻已经到来,于是这时的爱德华·德律菲尔正像一名长跑运动员那样,突然一下将那一小撮辛辛苦苦的伙伴们全都甩开,而独自一个向着那终点猛冲过去。我并不否认,当我第一次被介绍给这位女士时,她的大名完全不曾引起我的半点注意。至于我呢,德律菲尔的介绍不过是,我是他在乡下时的一个邻居,这时在念医学。女士给了我甜甜的一笑,柔声慢气地嘟囔了个汤姆·索耶①的词,随手接过了我递给她的奶油面包,便继续同她的主人谈了下去。不过我看出了她的到来给予人的印象很不一般,就拿谈话说吧,本来那么热热闹闹,她一入门便立刻变得鸦雀无声。我悄声地问了问周围的人这是谁呀,这时我才发现,我自己的无知也是真够瞧的;原来正是她才"造就了"某某、某某、某某以及某某。半小时后,她起身告辞,十分客气地同一些熟人握了握手,便步履轻盈地翩然而去。德律菲尔将她一直送至门外,搀扶她上了马车。

巴登·特莱福德夫人那时已经是五十许人;身材生得小巧玲珑,只是头部未免偏大,这就显得与其身躯稍不相称;头上覆着一蓬银白鬈发,大有米罗的维纳斯之风范,因而年轻时候也颇曾是位美人。服装上,她一身

① 美国文豪马克·吐温的著名儿童小说及其主人公名字。按这里特莱福德夫人可能把阿显敦视作类似汤姆·索耶式的儿童。

黑绸，相当考究，脖颈间则丁零作响地悬挂着一些珠贝饰物。据说她初嫁时遇人不淑，婚姻很不幸福，这些年来她才十分美满地与巴登·特莱福德重新结合，其夫君现供职内务部，兼为史之专家。这位夫人给人的最奇特的印象便是，她的周身上下仿佛棉团一个，柔若无骨，因而不免使人觉得，如果你用手掐一掐她的皮肤（当然出于对其性别乃至威严的尊重，这事是断乎做不得的），你的两个指头几乎会碰到一处。如果你握一握她的手的话，那也会像片鲽鱼卷一样柔软。她的一副面庞，尽管比例稍大，却具有着某种神情飞动的地方。而一旦她坐下时，那身体内部好像并无脊椎骨来支撑，仿佛一只大靠垫那样，全凭里面的天鹅绒衬料才不致垮下来。

夫人的妙处全在一个柔字，她的音韾笑语，可说无一不柔；她的眼睛，尽管小而偏淡，却像鲜花一样柔美；她的仪态，也是沙沙夏雨般的柔和。正是由于这种非同寻常的特质乃至丽质，才使她成为不少客厅中的头等嘉宾。另外她享有的这种非凡名气也都无不与此有关。当时夫人与我们这位伟大小说家的一番友情早已家喻户晓，尽人皆知（几年前他的逝世曾给整个英语世界带来不小震动）。今天我们几乎人人全都拜读了他给夫人写过的那大批信札，这些，为了勉副众望，业已于其死后，迅速刊出。展读遗书，小说家生前对夫人美貌的仰慕之深，和他对夫人见解的倾倒之甚，可说处处溢于言表；他对得之于夫人的种种鼓励、同情、裁断乃至斡旋等等的一番感激之情，颇有一种言不尽意的意味；因而，如果说其中个别用语由于热情过高，难免会如某些人所担心的那样，要使其夫君巴登·特莱福德先生读起来产生某种复杂的感受，那也只会使这部书札的人情味道更加浓郁。不过巴登·特莱福德先生却是个能够摆脱庸俗偏见的人（他的不幸，如果确有其事，也必属于古今伟人颇曾以其哲学态度临之的那种），于是竟能将其奥理涅克①燧石与新石器斧头等研究暂搁一旁，而毅然肩负起为我们这位小说家修传之重任；在这本传记中，先生即曾直言不讳地明确表示，我们这位大师相当部分的成就便曾得力于先生妻子的

① 法国南部村庄名，其地颇曾有史前遗物发现。

襄助。

但是巴登·特莱福德夫人的一腔文学兴味与艺术热情并不曾因为她所鼎力相助的某位友人(这往往远非一般等闲的帮助)业已名垂后世而便剧告衰竭。夫人实在是一位于书无所不窥的人。谁的作品只要稍有可观,她都不会认不出来,另外还特别善于同崭露头角的年轻作家建立个人关系。自那本传记问世后,她的名气既已大到如此程度,她自己也十分自信,只要她对谁伸出援引之手,任何人也会毫不迟疑地欣然接受。因此不消多久,她的那副交际长才便又寻新的施展机会,原也是意料中事。所以每逢她读到什么使她感动的东西,她的那位笔下颇能来得的夫君便马上替她发去快柬一封,热情赞美之余,兼请那位作家前来用顿午餐。午餐既毕,夫君又到部里去上班,那客人便单独留下来与夫人继续长谈。类似这种情形,绝非一起半起。事实上大凡前来者,当然都是有本事的人,但这并无关重要。重要的是夫人自有她一副非凡的眼力,并对这种眼力居之不疑;而且正是这种眼力才使得她一直在期待着奇迹的出现。

夫人的行事既素以谨慎著称,所以后来在约斯波·吉朋斯这位先生的身上几乎险些失之交臂。过去的文献记载经常告诉我们说,某某作家曾经一夜成名,但在我们今天这个稳健的时代,这类事情已经绝少听到。批评家们总想继续观观风势,看看一些作家是如何跃法,读者方面也因以往受骗过多而不大敢贸然轻信。但是约斯波·吉朋斯的情形却有些特殊,他确实是一点不假地一跃而成了大名。时至今日,他既早已全然被人抛在脑后,那些曾经吹捧过他的批评家何尝不想赖掉他们原来的许多说法,怎奈这些言论在不少报社的办公室里早已历历在册,改动不得;不过回想一下当日他的第一卷诗刊出时所引起的那番轰动,确实使人难以相信。当时全国各大报刊无不以他们报导悬赏拳击的大版篇幅来刊载他诗作的书评;一切重大批评家们也都一哄而起,以打破脑瓜的劲头,争先恐后地去竭诚欢迎这位诗家。他们把他比作弥尔顿(因他素体诗的堂皇音调),把他比作济慈(因他具体形象的富腴丰赡),把他比作雪莱(因他诗才的俶诡飘逸);这还不够,他们并继续以他为大棒去对他们早已厌倦的一些偶像乱打一通；于是在他的名义下，丁尼生勋爵[1]那干瘪得没肉的屁股上不知着了他们多少下响亮的捶打，罗伯特·勃朗宁[2]那光秃的脑门上也着实挨了几个清脆的巴掌。至于广大群众，那就简直像耶利哥城的塌陷[3]那样，全倾倒了。登时他的诗集不胫而走，一版接着一版地畅销出去，于是约斯波·吉朋斯那装帧精美的集子不仅在梅法区[4]一些伯爵夫人的闺阃内室中，在南北各地每个牧师的休憩室里常能见到，甚至在像格拉斯哥、阿伯丁、贝尔法斯特等边远郡市的不少老实而有文化的商人家庭客厅里也都能见到。最后据说连维多利亚女王陛下也从那忠诚的出版商手中接受了这本诗集的一部为她特制的精装本，并以一部题为《高地札记》的书作为回赠（只不过回赠的是出版商，而非回赠诗人本人），这消息一传开来，全国简直是群情激动，一片沸腾。

谁能料得到，这么轰动的局面居然在瞬息之间便出现了。以前古希腊曾有过七城邦争夺荷马出生地的轶事，而如今，尽管约斯波·吉朋斯的出生地非常明确（沃尔索耳市），因而再无可争，还是有两倍于七的批评家去转争他的“发现人”；这样几十年来一向在各个周刊上互相吹捧的不少文坛名士竟为了这件事而翻脸火并起来，厮杀得不亦乐乎。另外广大社交界也都不吝对他予以公开承认。于是约斯波·吉朋斯的茶会饭局也就连番接踵而来，宴请他的也尽是些公爵未亡人、阁员夫人和主教遗孀等上流显贵。据人讲，英国文士当中，哈理逊·恩兹渥斯[5]算是第一位能够出入于上流社会而受到平等对待的人（我有时也不免诧怪，何以出版界的精明人士竟想不到因此而出上他的一套全集）；但我确信约斯波·吉朋斯却是第一位能使其大名登上一些“会客”请柬的诗人，从而使他能像一名歌

① 丁尼生(1809—1892)，英国桂冠诗人。

② 勃朗宁(1812—1898)，英国著名诗人。

③ 耶利哥为古代死海北部迦南人的城市。据《圣经》记载，以色列人在进攻该城时，遵照上帝的神谕，一连七天绕城吹角，并大声呐喊，城墙终于塌陷了。事见《旧约·约书亚记》第六章。

④ 梅法区，伦敦西区中高级豪华住宅区。

⑤ 哈理逊·恩兹渥斯(1805—1882)，英国历史小说家。

剧演唱者或腹语师的艺名那样而起到极大的招徕作用①。

在当时的情况下，想要由巴登·特莱福德夫人一人而独占了这位诗魁还是不可能的。她还只能在竞技场上进行一般的较量。我说不清她曾使用了什么样的高明策略，什么样的奇妙手腕、勾引媚术、攻心办法以及什么样的拉拢话语，这一切，惊异之余，我也只能但凭臆测了；但事实是，她收服了吉朋斯。不消多久，他已经在夫人的闺阃之内被豢养起来。她的气派也实在是令人叹服。她不仅在宴请要人的时候一定要他在座，以增加其结识机会；她还在会客的日子让他在英国最有名望的人物面前朗诵他的作品；她还把他推荐给当日的名演员以便他有脚本好写；她还指导他一定要将他的诗作刊印在恰当的地方；她还出面向出版商进行接洽，替他争来写作合同，这一手连不少内阁大员也将自叹弗如；她还设法使他仅仅接受那些经由她批准同意了的邀请；她甚至不准他同他的妻子见面（这点不免稍嫌过分），尽管他们结缡十载，伉俪极笃，而理由则为，在她看来，一位诗人如想忠于他自己及其艺术，便不应受到家室之累。这样，如果最后垮台到来，巴登·特莱福德夫人完全可以有话好说，她已经在人力所能达到的范围内为他尽了最大努力。

而垮台却真的到来了。约斯波·吉朋斯又出了一卷诗作；比起那第一卷来，这本诗是既不更好也不更坏，实际上同那第一卷完全一样。诗出版后倒也受到尊重，但批评家们在赞词上已经有所保留，个别人甚至还挑剔起来。这个集子失败了。另外销路上也出现颓势。更糟糕的是约斯波·吉朋斯此刻已沾染上了酗酒的毛病。本来他过去手里就没有花过什么大钱，对于人们所提供给他的种种奢侈玩乐他就更是不太习惯，更何况他可能还有点想念家里的那个可怜妻子，因而好几次在夫人的餐桌上便曾出现过某种失态的情形，这时在座的人如果不是像夫人那么见识宽广，或

① 这句话的意思是，一些发出会客请柬的人会把这位诗人的大名（正像把一些名演员或魔术师的艺名）印到这些请柬上面，以便表明届时这位诗人也将在场，这样前来的人可以有幸见得到他。

者那么心地纯良，一定会认为他已经是人事不省，烂醉如泥了。夫人倒也委婉地向席上客人作了解释，诗人那天身体有点不适。他的第三卷诗也失败了。这一回批评家们对他可不客气了，不仅把他撕裂得体无完肤，把他打翻在地，而且还踏上一只脚；说到这里，就正用得着爱德华·德律菲尔最喜爱的那首歌里的词儿了：他们把他打得满地翻滚，他们全都跳到他的脸上，等等。他们这么气恼也是很自然的，他们竟把一名舞文弄墨的平庸角色错当成了不朽诗豪，而这事全是他造成的，这回让他吃点苦头，也就完全应该。紧接着这约斯波·吉朋斯又出事了，他以酗酒和败坏风纪罪在皮卡迪利遭到拘捕，于是巴登·特莱福德夫人又得夤夜赶到宛茵街去，将他保释出来。

处在这种难堪时刻，巴登·特莱福德夫人的行事的确令人钦佩。她并没有怨天尤人。她连一句刻薄话也没讲过。如果她这时流露出某种不满，人们也会完全原谅她的；她曾经倾注了那么多心血的这个人竟然完全辜负了她。但她没有。她还是和以前一样地温柔、和蔼和充满同情。她的确是个最能理解别人的人。不错，她甩掉了他，但绝不是像甩掉块滚烫的砖或热白薯那般甩法。她甩掉他时甩得极有礼貌，甩得无限温柔，温柔得就像甩掉她自己的泪珠似的，因为她既下决心来做一件全然违背其善良天性的事情，她是不可能没哭过的。但到底她甩得那么巧妙，又甩得那么富有感情，结果那约斯波·吉朋斯或许还不大知道他自己已经被人甩掉。不过甩掉这点却是绝无含糊。她没有再说他丝毫不是，事实是她再也没有议论过他；万一别人提起他时，她也只是笑笑，惨淡地笑笑，和叹上口气。但这一笑却能致人于死命而有余，而那叹气更将使他永世不得翻身。

但是巴登·特莱福德夫人对文学的热情确实是太诚挚了，她不可能让这样一种挫折长期影响着她自己；所以尽管打击沉重，她毕竟是一位性情相当超脱的人，绝不会甘心自己种种得天独厚的手腕、同情心和理解力等就这样地衰竭下去。她像往日一样，继续活跃在文学界里，各地的茶会、晚会和家庭聚会里面都少不了她的踪迹，而且每次露面总是那么迷人，那么可亲，听着别人讲话时也总是那么一副聪明样子，可内心里面却在观察盘算，以便一旦看准之后（如果我能把话说得直截了当一些），再培植赞助个有前途的。正是在这种情形下结识了爱德华·德律菲尔，并对他的才情很有好感。可惜的是他已经很不年轻，不过他至少不会像约斯波·吉朋斯那样完全垮下去。她向他伸出了友谊之手。而他也不可能不被她深深感动，特别当她以她那特有的温柔方式告诉他说，他的那许多绝妙作品长期以来只能传播在一个很小范围，这事实在太不合理。他听到后，自然会感激涕零了。谁会不高兴自己被人当作天才！她告诉他，巴登·特莱福德正在考虑给《学术季刊》撰写一篇评论他作品的长篇论文。她邀请他去参加她家的午宴，以便他能在那里结识许多在水平上和他相当的人。有时候她还带上他到切尔西岸边转转，一边谈谈旧日的诗人以及爱情和友谊等等，然后便在 ABC 茶室饮上杯茶。所以，到了她每星期六下午去林帕斯路的时候，那神情，已经活像一只神采奕奕的蜂后，只待飞升到高空去举行婚礼。

巴登·特莱福德夫人对待德律菲尔太太的态度也是无疵可挑的。和蔼可亲又不居高临下。她的感谢的话总是挂满嘴边，而且讲得那么动听——感谢德律菲尔太太允许她前来看她，还常夸她长得漂亮。如果夫人当着德律菲尔太太的面说了她丈夫什么长处，比如她就常带着几分艳羡的口气讲过，能有这么一位伟人在自己身边是件多么荣幸的事。夫人这么讲时也肯定是出于好心，而绝不是因为她非常清楚，想要激怒一名文士的妻子的最好办法就是当着她的面去讲她丈夫的好话。另外夫人在同德律菲尔太太谈话时总是寻找些简单的题材，这样她那比较简单的头脑也可能会感兴趣，比如谈点烹饪、用人、爱德华的健康以及她该如何照料他等问题。总之夫人对待她的态度正不折不扣地是通常一位出身于苏格兰上流家庭的贵妇人（而夫人正是这种出身）对待一名酒吧女郎时的态度（只不过后来一位知名文士糊涂地娶下了她）。夫人总是半诚恳半玩笑，但又非常和气地想让她别太显得拘束。

奇怪的是露西竟忍受不了她；的确，就我所知，露西如果公开表露过她厌恶谁,那还就是这巴登·特莱福德夫人。那个时候即使是酒吧女郎也绝不是动不动便“妈的”、“鸟的”用些脏字,尽管这些早已变为我们今天不少最有教养的女性口语里的一个组成部分。我自己就从来没听见露西用过一个会使我的伯母苏菲听了摇头的字眼儿。谁如果讲的笑话里头稍微有点那个,她会登时羞得脸红至耳根的。可是每次提起巴登·特莱福德夫人,她总是管她叫“那老妖精”。她的不少好朋友拼命劝她才使她对那位夫人客气了些。

“你可别糊涂,露西,”他们讲道。这些人都好叫她露西,于是慢慢地,尽管还有点羞怯,我也就跟着他们这么叫了。“她如果想让他出头的话,就能让他出头。所以他不能不奉承她。这种事情只有她能来得。”

虽然德律菲尔的多数客人只是偶尔来来,比如每隔两周甚至三周才露次面,有一小伙人,我就是其中之一,却几乎是每周必到。我们这伙人仿佛是批死党似的,总是到得最早,走得最晚。这些人里头那最忠心耿耿的便是关丁·福特、哈理·赖特弗得与里昂奈耳·希利尔。

先说关丁·福特,这是个矮小结实的人,头颅长得不错,属于后来银幕上一度受人欢迎的那种头型,另外鼻子修直,眼睛很俊,发色淡灰,剪得齐齐,上唇蓄着黑髭;如果身材再能高上四至五吋,那实在是舞台上的一个标准反面角色。据说他的“社会关系”颇为不恶,家中也很富有;于是其唯一好尚便是扶持艺术。每逢新戏首演或绘画预展,这些场合都少不了他。他具有着非专业人员的那种苛刻,在对待其同时代人的作品上很有点貌似客气而实际上横扫一切的味道。我发现,他到德律菲尔家来并非是因为仰慕台德的天才,而是因为露西长得漂亮。

回首往事,我对这类本来是十分明显的事但还得由他人来向我解说,实在也感到不胜惊异。当我最初认识露西的时候,我对她的美与不美这件事就连想也没有想过;五年以后再次见到她时,我确实看出了她长得很美,我注意是注意了,但也并没有更多考虑过。我只是把这件事当成某种外界的自然现象来看待,仿佛北海海面或坎特伯雷教堂顶端的日落那样。因而当我听到人们谈论起露西的漂亮时,我甚至感到有些突如其来,另外当这些人在爱德华面前夸奖她美，而他也向她瞥了瞥时，我的目光也不禁跟了过去。上面提到的里昂奈耳·希利尔是位画家，很想请露西坐下来让他画画。一次他谈起他想要作的这帧画时，曾向我讲过他在露西的身上看到了什么什么，但我却听得非常糊涂。岂止糊涂，我简直给他搅昏了头脑。另外那个哈理·赖特弗得认识一位当时很红的摄影名家，于是高价谈定之后，便带露西去拍了次照。一两周以后玉照送来，我们大家都先睹为快。我从来还没有见露西穿过夜礼服。相片上的衣服是一身白缎，肥袖口，长拖裙，胸口部分裁得低低；头上的发髻更是比平日做得考究十倍。那样子看上去实在和我最初在喜巷见到的那个戴硬壳草帽穿浆领衬衫的结实女子大不相同。可里昂奈耳·希利尔见了后马上好不耐烦地把它扔到一旁。

"糟糕透了，"他骂道。"照相怎么能表现出露西的长处？她最妙的地方全在她的肤色。"说着转向她道："你知道吗？露西，你的肤色真是我们时代的头等奇迹！"

她望了望他，没说什么，但那丰腴猩红的唇却顽童般地笑了。

"只要我能把那妙处多少传出几分，我也就真真地可以不朽了，"他接着说，"那时不管多有钱的股票经纪人老婆也准会双膝跪在地下求我去给她们画像，就像给你画那样。"

不久我听说他真的给露西画起像来。我过去从来没有进过画室，总以为那里是最浪漫的地方，所以希望他准许我哪天能进去看看那幅画的进行情况。希利尔的答复是，他暂时还不想让人看。希利尔那时三十四五岁，穿戴打扮非常花哨。他看上去简直热闹得仿佛梵戴克笔下的一个人物，只不过高贵气息不足，仅仅性情还算善良罢了。他个子中等稍高，细长身量，一头乌黑长发，秀髭飘飘，胡须溜尖。他平日最爱戴顶墨西哥阔边帽，外加一条西班牙式披肩。他以前侨居巴黎多年，谈起莫奈、西斯莱和雷诺阿[1]总是赞不绝口（尽管我们从来没听说过），但对我们心目之中

---

① 以上三人均为近代法国画家。

特别崇仰的弗德烈·雷顿爵士、阿尔玛-塔德玛以及盖·弗·瓦兹[1]等人却是充满鄙夷。我一直弄不清他后来混得怎样。他在伦敦住了些年,希望闯出条路,但我猜想他失败了,以后便去了佛罗伦萨。我听说他在那里办了一所美术学校。若干年后偶然的机会使我去了那座城市时,我还到处打听过他,可惜没有人能说得上来。看起来,这个人肯定是有点才能的,他给露西·德律菲尔所作的那帧肖像至今还使我历历难忘。那帧肖像今天又到哪里去了? 是被毁了,还是给弄丢了,画面朝墙地丢在了切尔西的哪个旧货店的阁楼上了? 果真这画能在哪个地方美术馆里找到个挂处,那才算得上是万幸哩。

当我后来被允许去看那幅画时,我也给弄得狼狈透了。希利尔的画室在富汗姆路,像他那样的房子在一排店铺后面不知有多少座,你进去时还得穿行一条又黑又臭的过道。那天正值五月的一个星期日下午,天空倒还蓝湛湛的,我于是从文森广场出发,穿过几条行人稀疏的小街,步行去了。希利尔就住在他的画室里面,一条长沙发兼作他的床铺,画室后面还有一间小屋,可以做些早餐和洗洗画笔之类,总之一切都得他自己来干。

我进屋时,露西身上穿的还是上面提到的那件夜礼服,此刻正在同希利尔喝茶。希利尔起身为我开门,一边拉着我走到那幅画布前。

"这就是她,"他道。

画布上的露西是一幅全身像,比起真人来仅略小一些,身上穿的则还是那件白缎衣服。那幅画看起来与我以前在一些展览馆里所见过的肖像画似乎大不相同。一时我也不知道说些什么才好,于是顺便问了一句:

"什么时候就画完了?"

"已经完了。"

我羞愧得满面通红,我丢尽人了。我当时的确过于幼稚,还完全没有学会像今天我所具有的那种应付现代画家作品的全套本领。所以这里我

---

① 以上三人均为近代英国画家。

很想占用本书的一点篇幅来向我们的门外汉们传授几条简要的秘诀，以期他们对于面前众多画师的多种多样的艺术表现能够比较像样地应付一下。根据我们的经验。一声强烈的“天啊”可以表示看画人注意到了那无情的写实主义画家的劲健笔力；“这么惊人地真实”适合于在别人拿给你一帧某市参议员遗孀的彩绘的情况下，来遮掩你的不安时使用；一阵响声不太大的口哨用以表达你对后期印象派的赞美；“太好玩了”是用来对付立体主义派的；一个“哦”字表示你被彻底征服，一个“啊”字表示你给惊得透不过气，如此等等。

“真是再像不过，”我实在说不出更高明的话了。

“对你来说，恐怕还是不如巧克力匣上的美人漂亮。”希利尔道。

“我觉得真真是很不错的，”我为了替自己声辩，急忙补了一句。“这幅画你准备送到皇家美术院吗？”

“天哪，恐怕是不！不过我倒有可能送到格罗夫纳画廊去。”

接着我从画中的露西到真正的露西，又从真正的露西到画中的露西来来回回地端详了一遍。

“再做做你被画时的样子，露西，”希利尔命令道，“好让他再细看看你。”

露西再次上了那模特台子。我凝神看了看她，又看了看她那肖像。这时不知有股什么样的滑稽感觉突然来到了我的心里。那感觉就像有谁在我的心上轻轻捅了一刀似的，不过并不特别难受；疼是疼的，但奇怪的是倒还惬意，于是猛地一下几乎站立不住。今天我已弄不清楚我记忆中的露西是那画中的她，或者就是她自己本人。因为每当我记起她时，我脑中浮现的既不是我第一次见到时穿着衬衫戴硬壳草帽的她，也不是那时或以后穿着任何其他服装的她，而只是希利尔笔下那个一身白缎、头上打着黑色天鹅绒蝴蝶结的她，以及按照希利尔的指示而装模作样的她。

我从来闹不清露西的确切年龄，不过一年一年地推算上去，她那时也应该有三十五岁了。但看上去却一点不像。她的脸上没有一丝皱纹，皮肤也仍然柔嫩得像个孩子。我倒并不认为她的面孔如何的美。它显然缺乏一些贵妇人的那种高雅气派，这点我们从许多店铺里售卖的那些照片上都不难见到；她的容貌实在够不上精致。她的鼻子短粗了些，眼睛稍细了些，嘴又偏大；但那双眼睛却是矢车菊般的蔚蓝，她的嘴唇，那么猩红、富于肉感的嘴唇，有时简直笑成一团，而她的笑，实在是我平生见过的最快活、最温暖和最甜美的笑了。她的神情本来偏于沉郁一类，但笑起来时，那沉郁却又会顿时变得无限迷人。她的脸上血色不多；一般为浅棕色，只是靠近眼底部分色泽才稍深些。她的头发属淡金色，按照当时的样式在顶上盘着高髻，额前飘着长长的刘海。

“她实在是太值得一画了，”希利尔评论道，一边朝着她和那肖像来回打量着。“你瞧，她整个是块金子，面孔也好，发鬓也好，可她给你的效果却不是金，而是银。”

我能理解他的意思。她是有光彩的，但却是淡淡的，更像那月光而不像日光；如果说还像日光，那也是晨曦之际白霭纷纷时的日光。希利尔在画布上使她处于居中的位置，这时，但见她亭亭玉立，双臂下垂，掌心向前，头部微微后仰，这样站法，她的一副颈与胸的珍珠般的光泽之美全都充分显示出来。她那姿势很像一位正在接受采访的女演员，一时不免被那突如其来的热闹赞赏弄得有些发昏，但是她周身上下的那股纯净的气息竟是那么强烈，初春般的明媚风光又是那么动人，上面的那个比譬也就难免有点不伦。这个天真无邪的女子是从来不懂得浓妆艳抹与舞台灯光的。她只是像个满怀柔情的少女那样，一动不动地站在那里，仿佛是在执行大自然的使命似的，将自己的全身毫不踌躇地奉献给前来爱她的人。她那个时代的人一般还不曾因为稍稍胖些就怕得要命，而她自己，虽然还很苗条，乳房已经相当发达，臀部也已够丰腴了。后来巴登·特莱福德夫人见着这幅画时，她的评论是，那画中的露西活像一头拉到祭台上的肥犊。

第十五章

爱德华·德律菲尔爱在晚上写作,露西无事可做,也就乐得和这个或那个朋友一起出去走走。她喜欢豪华,而关丁·福特又很富有,于是常叫上辆出租车,带她到凯特纳或沙沃依等餐馆吃饭,这时她也为他穿上自己最气派的服装。至于哈理·赖特弗得,尽管衣兜里从没有几个先令,却偏要摆阔,常用双轮马车带上她四处兜风,请她在罗曼诺或苏荷区里一些近来很时髦的小饭店里用餐。他是个演员,而且是个很不坏的演员,只是太不好将就,因而常常丢了工作。他三十岁上下,长着一张可爱却又难看的脸,说话常好漏掉一些音节,听起来让人觉着怪滑稽的。露西很欣赏他那种在生活上满不在乎的态度、穿着伦敦最上等裁缝制作(但尚未付钱)的衣服时那副自鸣得意的样子、身无分文,却敢在一匹马上下五镑赌注的那种莽撞做法,以及一旦赢点钱,便大把扬出去的冒失举动,等等。他快乐、迷人、虚浮、爱吹牛而又不管不顾。露西告诉我,有一次,他当了手表带她出去下馆子;又从请过他们看戏的演员经济人那儿借了几镑钱请他和他们出去吃晚饭。

露西也同样喜欢和里昂奈耳·希利尔一起去他的画室,然后吃着他们自己做的排骨,一聊就是一个晚上。但她和我一起吃饭的时候却并不太多。常常是我先在文森广场吃过了饭,她和德律菲尔也吃完后,这才前去接她,然后乘上公共汽车去音乐厅。我们到处都去,不是去巴维龙,就是蒂沃丽;有时,大都市剧院上演了我们喜爱的节目,我们也去那里,但最爱去的地方是坎特伯雷。那里票价便宜,节目也好。然后便要上一两瓶啤酒,我再点上支烟。这时环顾着被伦敦南部的居民挤得满满的、昏暗而又烟气腾腾的大厅,露西显得特别高兴。

“我喜欢坎特伯雷剧场,”她说。“这里最不拘束。”

我发现她挺能看书。她喜欢看历史书,当然只是某一类的历史书,比如记载王后或王室成员情妇的书,她常用略带稚气的好奇口吻告诉我她读到的种种奇闻。她很熟悉亨利八世的六位王妃，而对菲茨哈伯特太太[①]和汉米尔顿夫人[②]的事也几乎无所不晓。她的喜好极广，从卢克西亚·博尔吉亚[③]到西班牙菲力国王的王妃以及一大串法国皇室的情妇，所有这些人和她们的一切，从阿格尼丝·索拉[④]到巴里夫人[⑤]，她全都了解。

“我爱读真实的事情，”她说。“不太喜欢看小说。”

她常谈起黑斯太堡的事儿，我想也许是因为我和那个地方的关系，她才愿意和我出来。她对那里所发生的事好像全都清楚。

“每隔一个星期左右，我总去看一次妈妈，”她说。“不过每次只住一个晚上。”

“到黑斯太堡吗？”

我大吃一惊。

“不，不是去黑斯太堡，”露西微微一笑。“我知道至少现在我还不想去那儿。我到海弗珊。妈妈到那儿和我会面。我就住在过去干过活的旅馆里。”

她从来不太好多说。每逢夜色很美，我们从音乐厅返回时，总是不再坐车，而是走着回去，这工夫她往往一路也不开口。可她的沉默却是亲密慰人的。这种沉默并不使你感到她在思想上和你有距离，而是使你沉浸在一种浓浓的幸福之中。

一次，我和里昂奈耳·希利尔谈起她来。我说我不明白她是怎样从我在黑斯太堡最初见到的那个挺俊的女孩子一下变成了个大美人的，这点今天差不多已经人人承认。(当然也有人有保留看法。“不错，她的身材可以，可我不太喜欢她那长相。”也有人说：“噢，是啊，是个美人。只可

---

① 威尔士亲王(日后的英王乔治四世)的秘密妻子。出身于天主教的古老家庭，曾在法国的女隐修院中受教育。

② 英国海军名将纳尔逊的情妇。

③ 教皇亚历山大六世的私生女，意大利女公爵，艺术奖掖者。

④ 法国国王查理七世的情妇，小贵族家庭出身。

⑤ 法国国王路易十五最后的情妇。她是私生女，父母属于下层阶级。早年曾在隐修院中受教育。

惜不够高雅。”）

“我半分钟就能给你解释清楚，”里昂奈耳·希利尔说。“你第一次见着她的时候，她只是个水灵丰满的少妇。美是我给了她的。”

忘了我当时是怎样回答他的，肯定我那话很不客气。

“行啊，这正说明你太不懂美啦。过去谁重视过露西？是我指出了她像个闪着银光的太阳。我给她画了像，人们这才见出了她的头发是世上最美丽的。”

“难道她的脖子、胸脯、她的体态、她的骨骼也全是你给她造出来的？”我问。

“是的，混账，这些确实全是我的作品。”

每次希利尔当着露西的面谈起她时，她总是面带微笑地认真听着，苍白的面颊上不时泛起红晕。我想他起初对她谈起她的美时，她觉得他不过是在捉弄她罢了。后来发现他并不是在开玩笑，还把她画得银光似的，她也完全没把它当回事。她只觉得倒还有趣，当然也很高兴，还稍稍感到有些惊讶，但并没有忘乎所以。她认为他有点荒唐。我常纳闷他们之间是什么关系。我对自己在黑斯太堡听到的有关露西的传闻以及在牧师的花园里亲眼看到的情形总是忘记不了；对关丁·福特，还有哈理·赖特弗得我也是这种感觉。我常看到他们和她在一起。她对他们的态度并不十分亲昵，倒更像一般的朋友；她总是当着大家的面，公开和他们约会；她看他们时，脸上则是那种顽皮、稚气的微笑，这微笑，我现在发现，原来有一种神秘的美。当我们肩靠肩坐在音乐厅里时，我也偶尔张望一下她的面孔；我倒不觉着自己爱上了她，只是喜欢体味体味静静地坐在她身旁、注视着她淡淡的金色的秀发和肌肤时产生的那种感觉。显然，里昂奈耳·希利尔的说法不错，她最妙的地方就是这种金色给人的是一种月光下的异样感觉。她的宁静只有当最后一缕幽光从那没有云翳的碧空渐渐隐去时的夏夜可以比拟。她的宁静，那么深沉，没有丝毫沉闷的地方，它宛如八月骄阳下肯特郡岸边波光粼粼的宁静海面上所蕴藏着的活泼生机。她令我想起古代一位意大利作曲家的一首小奏鸣曲，沉思中跳动着都市的轻率,轻快的涟漪中荡漾着哀婉的叹息。有时,察觉我盯着她,她便转过头来,睁大眼睛看我一阵,一句话也不说。我实在闹不清她在想些什么。

记得有一次我去林帕斯路接她,女仆对我说,她还没有穿戴好,让我在客厅稍候。她进来时,穿一件黑丝绒礼服,戴着配有鸵鸟毛的阔边帽(我们正准备去巴维龙剧院,她这次穿得非常正式)。我站不住了。她那晚的衣饰最能使一个女人显得高雅,华贵的礼服充分衬托出了她纯洁的美,使她看上去格外动人(有时她简直就像拿波里斯博物馆里的那尊爱神雕像)。我觉得她身上有个特点一般恐怕不大多见:眼皮底下淡青的地方总是蜜露似的。我往往不信那会是天然的。一次我问她:是否常在眼睛下面搽凡士林,因为那才能产生这种效果。她笑了,掏出手帕,递给了我:

"你擦擦看,"她说。

不久一个夜晚,我们从坎特伯雷剧场散步回来。把她送到家门口时,我伸出手和她道别,这时她忽然笑了,虽然只是一声浅笑,一边探过身来。

"你真傻,"她说。

她吻我了。不是匆匆的一下,但也不是特别动情。她的嘴唇,那红润饱满的双唇,久久地和我的贴到一处,它的轮廓、它的灼烈和温柔,我全感觉到了。接着她停了下来,同样不慌不忙,然后一声不响地开了街门,进屋去了。她的举动把我给吓坏了,一句话也说不出来。我呆呆地让她吻了自己。我一直是被动的。我转身走了回去,耳边依旧回响着露西的笑声。不过那倒不是轻蔑或怀有恶意的笑,而是坦诚、充满深情的笑;她笑我也许正是因为她喜欢上了我。

第十六章

那之后的一个多星期,我没有和露西一起出去。她到海弗珊和她的母亲过了一个晚上。她在伦敦有各式各样的约会。后来她问我是否愿意和她一起去草市剧院看戏。那出戏相当叫座,好票不易买到,因此我们只在后排看了。我们先在蒙尼加酒吧吃了牛排,喝了杯啤酒,便挤在人群当中。那时人们是不排队的，门一开，便是一阵狂拥乱挤。当我们终于被推推搡搡地挤进座位时，早已满头大汗，气喘吁吁，简直吃不消了。

我们穿过圣詹姆斯公园散步回家。那晚夜色太美好了，我们便在一条长凳上坐了下来。星光下，露西的面孔和金发泛着柔美的光辉。她仿佛是全身都溢满着一种既真挚而又温柔的友情。（我表达得十分拙劣，可我不知该怎样描述她带给我的那种情感。）她好像夜晚的一束银色花朵，只知对月光奉献自己的芬芳。我将她轻轻揽在怀里，她的脸转向了我。这次是我吻她了。她没动，柔软、红润的嘴唇平静而又热烈地接受着我的吻，仿佛一湖碧水接受着日光的爱抚。就这样不知过了多久。

"我饿坏了。"她猛然说了句。

"我也是。"我笑了。

"找个地方吃些鱼和炸薯条，怎么样?"

"好极了。"

那些日子，我对威斯敏斯特地区十分熟悉。那时这里还没有成为议员和其他有教养人士的社交场所，而是个邋里邋遢、贫民窟似的地方。我们走出公园，穿过维多利亚大街。我把露西带进了渡马巷的一家炸鱼店。这时天色已晚，除了我们，店内的顾客只有一个车夫，他的四轮马车就停在门外。我们要了些炸鱼、炸薯条和啤酒。一个弱女子走进店来，买了两便士的杂拌，用纸包着走了。我们吃得津津有味。

送露西回去的路上，经过文森广场，路过我的住处时，我问她道：

"不进去坐会儿？你还没有见过我的房间。"

"你的房东太太会怎么说？我不想给你惹麻烦。"

"怕什么，她睡觉最沉。"

"那就进去坐会儿。"

我用钥匙轻轻打开街门。过道很黑，我便拉着露西的手领她进去。我点着起居室的煤气灯。露西摘下帽子，用力搔着头发。接着她想找个镜子照照。但因为我嫌那里的镜子太俗气，早把它从壁炉架上摘走了，因此，室内无镜子可照。

“到卧室去吧，”我说。“那里有个镜子。”我开了门，点起蜡烛。露西跟了进来。我举起镜子，这样她就能够照见了。她梳头，我一直从镜子里细瞅着她。她取下几个卡子，用嘴含着，又拿起我的梳子，把头发从脖颈往上梳了起来。她卷了卷头发，又轻轻拍了几下，然后别上卡子。当她专心弄头发时，她的目光和我的在镜子里相遇了，接着便是一笑。当最后一枚卡子别好时，她转过身来，面对着我，一句话也不说，只是悠闲自在地望着我，蓝色的眼睛中依然闪烁着那亲切的微笑。我放下蜡烛。我那房间很小，梳妆台紧贴着床边。她抬起手，轻轻抚摸着我的面颊。

此刻我真是后悔我起头不该用这第一人称单数的形式来写这本书了。倘若你能把自己表现得亲切感人，那么用此种形式来写当然是再好不过；如果运用得当，再没有比适度的夸张或感人的幽默更能打动读者的心了。当你写了自己后能够看到读者的睫毛上闪烁着晶莹的泪珠，嘴角流露出温柔的微笑，那当然是非常诱人的事，然而当你不得不向读者展示一个彻头彻尾的愚蠢的你时，那滋味可就不同了。

前不久，我在《标准晚报》上读到伊夫林·沃先生①写的一篇文章，其中他提到用第一人称写小说是个可鄙的做法。我当然希望他能解释一下原因，可是他抛出这个观点的方法完全是当年欧几里得进行其著名的平行直线观察时用过的方法，只是信不信由你罢了，态度轻率得很。我苦思之余，只好请阿罗依·基尔（他是什么都读的，甚至他为之作序的那些书他也读）推荐几本有关小说创作的书。在他的建议下，我读了波西·洛伯克先生的《小说技巧》，从那里我了解到，原来写小说的唯一方法就是亨利·詹姆斯的那种写法；之后我又读了爱·摩·福斯特先生②的《小说面面观》，又懂得了原来写小说的唯一方法便是爱·摩·福斯特先生的那种写法；我又读了爱德温·缪尔先生的《小说的结构》，结果更没收获。在这些书中我都找不到与上述论点有关的章节。这种根据虽然找不到，但对为

---

① 伊夫林·沃（1903—1966），英国小说家。

② 爱·摩·福斯特（1879—1970），英国小说家。他的《小说面面观》极有名。

什么某些作家，例如笛福、斯特恩、萨克雷、狄更斯、艾米莉·勃朗特以及普鲁斯特等等（当日非常有名，但今天肯定早已完全被人忘掉）偏要使用伊夫林·沃先生不赞成的办法，我却能够找到一条理由。随着年龄的增长，我们对人类的复杂多端、前后矛盾以及种种不讲情理等等逐渐有了更清醒的认识；一些中老年作家为什么不把注意力集中到更重大的事物，而却把精力花费在一些虚幻人物的细节上去，那理由恐怕正在于此。如果说对人类的研究应从本身入手，那么很明显，最好的做法倒是去研究小说中那些不变的、真实而却是有意义的人物，而不是研究现实生活中那些荒谬朦胧的人。有时，小说家感到他自己仿佛就是上帝，于是简直可以告诉你他小说里人物的各个方面；可也有时候，他并不这样，因而并不向你讲述他的人物的一切，而只讲给你他所了解的那点东西。既然随着年龄的增长，我们会感到自己越来越不像上帝，因而当我们看到一些年纪稍大的作家越来越只喜欢写他经验范围之内的东西，这事也就不足为怪了。第一人称单数对这种有限度的目的，正是一种十分有益的表现手法。

露西举起手，轻轻抚摸着我的面颊，我说不清自己当时为什么竟会出现下面的情形，按说这本来是不会有的。我紧绷的喉咙里爆发出一阵呜咽。不知是由于害羞和寂寞（不应该是肉体上的寂寞，我整天都在医院里和各种各样的人打交道，而只能是精神上的寂寞），还是欲望太强烈了，我当时哭了起来。我真是感到无地自容；极力想控制一下自己，但就是控制不住；泪水泉水般地涌满我的眼睛，只管往下滴。看见我这样子，露西也紧张起来。

"天啊，宝贝儿，怎么啦？出了什么毛病？别这样，别这样！"

她搂住了我的脖子，也哭了起来。她把我的嘴唇、眼睛和湿面颊全吻遍了。她解开了胸衣，把我的头靠在她胸脯上，抚摸着我光滑的脸。她来回地摇动着我，仿佛在摇动怀里的孩子。我吻了她的乳房和雪白的脖颈；接着她脱下背心、裙子和衬裙，但还穿着围腰，我已经把她抱住了。接着，屏住呼吸，围腰也解下了。她就这样穿一件薄衫立在我的面前。我的手摸到她腰边时，还能感到胸衣勒出的印子。

“吹灭蜡烛。”她低语道。

当晨曦透过窗帘，将笼罩在迟迟不肯退去的夜色中的床和衣柜的轮廓呈现出来时，是她，她的吻，叫醒了我。她的头发落在我的脸上时，怪痒痒的。

“得起床了，”她说，“我不想让你的房东太太看到我。”

“还早着呢。”

不一会，她下了床。我点起蜡烛。她对着镜子束紧头发，然后在镜子里望了望自己裸露的身躯。她天然生就纤腰，发育虽好，仍然非常苗条；这样一副身躯天生就是为着享受爱的。在与那渐渐泛白的天色争辉的烛光衬映下，她浑身上下完全是熠熠耀目。

我们默默地穿上衣服。这次她没有再穿围腰，只把它卷起；我拿了一张报纸替她包住。我们蹑手蹑脚地穿过过道，出了街门，一跨上大街，晨光便像只小猫跃上台阶似的飞快地来迎接我们。广场上空旷无人；太阳已照射在窗上了。我觉着我自己这时浑身充满朝气。我们肩靠肩地向前走去。一直走到了林帕斯路拐角处。

“别再送了，”她说。“谁知道会碰上谁？”

我亲了亲她，目送她走去。她走起来实在是太不快了，仿佛乡下女人那样脚步挺重，一边还要试试脚下的松软泥土，她那身子也挺得直直。我已无意再回去睡觉，便漫步去了泰晤士河外滩。河水完全笼罩在晨曦的彩焕之中。一条褐色的驳船正顺流而下，穿过沃厅桥。另一条小船上两人在划着桨，已快靠岸。我突然感觉饿了。

第十七章

自那以后一年多的时间里，每逢露西和我一起出去，回来时她总要到我房间来，有时停留一小时，有时则要等到破晓的晨曦提醒我们：女用人就要擦洗大门台阶了。我至今还能记起那些温暖明媚的早晨，伦敦懒洋洋的空气中散发着令人喜悦的清新；能记起我们踏在空旷的街道上时发出的清脆的脚步声；在挟裹着雨霰的寒冬到来时，我们挤在一把雨伞下，怀着愉快的心情默默赶路时的情景。这时站岗的警察会瞅上我们一眼，那目光是带怀疑的，但有时候也闪现着点理解的神情。偶尔我们也会看到一个蜷缩在门廊下睡觉的流浪汉，于是我把一块银币丢在他们破烂的膝盖处或皮包骨的手上（主要是想表现一下，以给她留个好印象，尽管我自己也没多少钱），这时露西总是亲切地抓紧我的胳膊。露西使我感到非常幸福。我已深深爱上了她。她总是那么随和自在。她的一副宁静性格感染着她周围的每一个人；你每时每刻都能分享她的欢乐。

在我成为她的情人之前，便也常常想过，她是不是也是其他人的情妇，比如福特、哈理·赖特弗得、希利尔等等。后来我向她提出了这个问题。她亲了亲我说：

"别那么傻。我喜欢他们，这你是知道的，我只是喜欢和他们一起出去罢了。"

我很想问问她是否曾是乔治·坎普的情妇，但却不曾开口。虽然我从没见她发过脾气，但我觉得她也许是有脾气的，并隐隐约约感到这个问题会使她发起怒来。我不想让她说出非常伤人的话，结果弄得自己恨起她来。我还年轻，刚刚二十一岁多些，而关丁·福特和其他人都比我老；所以，在露西眼里他们只不过是些一般朋友，这也是很自然的。一想到自己竟然成了她的情人，我实在感到非常自豪。每当星期六下午喝茶时，看到她与各式各样的人又说又笑，我完全沉浸在自我陶醉之中。我想起了我们在一起度过的不少夜晚，但对我这个天大秘密，他们竟完全被蒙在鼓里，也实在让我心里十分好笑。不过有时候，我觉得里昂奈耳·希利尔看我的神气有点特别，仿佛内心之中是在嘲笑我什么似的，我便又会突然不安起来，心想露西是否向他透露了我们的事。或许是自己在举止上暴露了什么问题？我后来对露西讲，我疑心希利尔看出了什么，她听后只是用她那仿佛随时会笑出来的蓝眼睛瞄了瞄我。

"管他哪，"她说。"那人心地不够光明。"

我和关丁·福特的关系从来都不太亲密。在他眼里我只是个迟钝无聊的年轻人罢了(当然我也的确是这样)。虽然他表面上对我也讲礼貌,但从没有把我当回事儿。也许是自己的错觉,现在他对我比以前更冷淡了。有一天,哈理·赖特弗得出乎意料地要请我去吃饭看戏。我把这事告诉了露西。

“那好哇,你当然要去。他这个人最有意思。哈理这家伙,他讲起话来简直把我笑死。”

于是,我便和他一起去吃饭了。那天他的态度挺友善的。他讲了许多男女演员的事,给我的印象很深。他的幽默常常带挖苦的味道,嘲弄起关丁·福特时尤其好玩;他是讨厌他的。我极力想引逗他谈谈露西,可他却没说什么,他似乎是个浪荡家伙。他淫声浪气地向我暗示,他对付女子的一套本领可不得了。这不禁使我怀疑,他今天请我吃饭是不是因为他知道了我同露西的关系,所以借此表示他对我的好感。可如果他知道了,其他人自然也都知道了。但愿我自己没有暴露,可从内心讲,此刻我对这些人已经有了种居高临下的感觉。

接着冬天到了,一月底,林帕斯路上突然冒出了一张新的面孔。这就是荷兰犹太人贾克·库依伯,一名阿姆斯特丹的珠宝商。他因前来伦敦办事,在此小住几周。我不知道他是怎样认识德律菲尔夫妇的,或许是出于对作家的崇敬使他前来拜访,但可以肯定,他第二次来可就未必是那个原因了。他长得又肥又大,肤黑秃顶,鹰钩鼻,五十岁上下,相貌相当魁梧,具有着性情果断但好纵欲和好玩乐等特点。他毫不掩饰他对露西的爱慕。显然他很有钱,天天给她送玫瑰花。虽然她也责怪他太铺张,但也感到得意。我实在看不惯他,他说起话来,总是大吵大叫,太吵人了。我讨厌他谈起话来那滔滔不绝的古怪腔调(尽管他英语讲得还不错);讨厌他总是对露西夸得过分;讨厌他对他的朋友所表示的那种热情。我发现关丁·福特也和我一样不喜欢他;这一来倒把我们拉到一起。

“幸好他还不会待长,”关丁·福特又是噘嘴,又是耸眉,他苍白的头发和灰黄色的长脸使他看上去很有绅士派头。“女人总是这样,她们喜欢粗人。”

“他太俗不可耐了。”我抱怨道。

“这正是他的妙处。”关丁・福特说。

在以后的两三个星期里，我几乎见不到露西。贾克・库依伯每天晚上都带她出去，去高级馆子，去剧院看戏。这深深刺伤了我。

“他在伦敦没有一个熟人。”露西极力想安抚我被激怒的情绪。“他不过是想趁此机会四处看看。老让他一个人出去总不太好吧。他只再待两个星期。”

我实在看不出她作这种牺牲有何必要。

“你不觉得他俗气吗？”我问。

“正相反。我觉得他很风趣，总逗我笑。”

“你看不出他已经完全迷上你了？”

“唷，随他的高兴吧，这对我又没损害。”

“他又老又肥，太可怕了。我见着他就起鸡皮疙瘩。”

“我倒不觉得他那么坏。”露西说。

“你总不致和他发生什么吧，”我的态度十分坚决。“我是说，他实在是个俗物。”

露西挠了挠头。这也属于她的不良习惯之一。

“能体味一下外国人和英国人的不同，也是怪有趣的。”她说。

谢天谢地，贾克・库依伯最后总算回了阿姆斯特丹。

露西答应过我，他走后的第二天和我一起吃饭。作为一件难得的乐事，我们约定去苏荷。她租了辆双轮马车来接我，我们便出发了。

“你那位可恶的老头走啦？”我问。

“嗯，”她笑了。

我搂住了她的腰。（我曾在什么地方说过，在这件既愉快又几乎少不了的人类接触当中，双轮马车实在要比今天的出租汽车方便得多，这里不赘述。）我搂住了她的腰，又吻她，她的嘴唇真是春花似的。到苏荷后，我把帽子大衣（大衣身长腰细，领子袖口都是天鹅绒的，非常时髦）挂好后，让露西把她的披肩也递给我。

“我不脱,”她说。

“那太热了,你出去会感冒的。”

“没关系。这是我第一次穿,漂亮吧？看,还配着手笼呢。”

我瞟了披肩一眼。是皮的,但还不知道是貂皮。

“倒是挺讲究的。你买的?”

“是贾克·库依伯送的。昨天他临走前,我们一起买的。”说着摸了摸那光滑的皮子,高兴得和小孩拿到玩具似的。“猜猜多少钱?”

“说不清。”

“二百六十镑。我一辈子都没买过这么贵重的东西。我跟他说,太贵,不用买了。可他不听,非要让我买下。”

露西咯咯地笑了,眼睛放着光彩。但我感到我的脸绷紧起来。脊梁沟一阵发冷。

“德律菲尔不觉得这事荒唐么,库依伯居然送了你这么贵的披肩?”我说话时声音尽量放得自然一些。

露西的眼睛顽皮地转来转去。

“台德是什么人,你还不清楚吗？他什么也看不出来。就是他问起来,我也会说是花了二十镑从当铺弄来的。这类事他一点不懂。”她一边把脸在领子上来回蹭着,“多柔软啊,谁也看得出来这东西是值点钱的。”

我这时已经没了胃口,只是勉强吃而已,另外,为了掩饰内心的痛苦,只是口不应心地胡乱找些话说。好在露西倒也并不关心我讲些什么,她一心想的只是她那披肩,而且每隔几分钟都要向她腿上的手笼望望。那副目光深情之中还有股贪图享受和悠然自得的味道。我气坏了,觉得她实在是太愚蠢,太俗气了。

“你高兴得就像个猫吞了只金丝雀似的,”我不免挖苦起她来。

但她只是咯咯地笑,全不在乎。

“真是这样。”

二百六十镑对我来讲可是个相当可观的数目。我真不敢相信有人竟肯为一个披肩花这么多钱。我每个月不过靠十四镑钱过日子,而且过得还不坏；如果哪位读者一下子还计算不来，我甚至可以替你算好，一年一百六十八镑。我很难相信一个人送这份重礼只是出于单纯的友谊；难道这是因为贾克·库依伯在伦敦时每晚和露西过夜，于是离开之前，付她笔钱？而她怎么也就收下了？难道她看不出这会使她多么掉价？难道她看不出送人这么贵重的礼物有多么庸俗？显然她是看不出来，因为你听她的说法：

“这在他真是一番好意，不过犹太人也就大方。”

“他不过是出得起钱罢了，”我说。

“一点不假，他的确有钱。他讲了，他走之前一定要送我点东西，于是问我想要什么。我说，能有件披肩和配套的皮手笼就行了；可没想到他会买这么贵的。我们走进商店，我让店员拿了件仿皮制品看看。可他说，不，要貂皮的，最上等的。一看到这件披肩，他便硬要我买下。”

这时出现在我头脑中的却是，她那光净的身躯，那乳白的皮肤，正在一个满身肥肉的老光头的怀抱里面，受着他那又厚又松弛的嘴唇亲吻的情景。接着我又意识到过去我一直不愿相信的疑虑可能全是真的；意识到当她和关丁·福特，哈理·赖特弗得以及里昂奈耳·希利尔一起出去吃饭后，她便也像和我那样，和他们一起过夜。可这话我讲不出口；因为一开口，就会伤害了她。我这时的心情与其说是嫉妒还不如说是沮丧。我觉得我受到了她的十足愚弄。我拼命控制自己才没说出刻薄话来。

我们又去了剧院。这时我已经无心看戏。唯一的感觉便是我胳膊旁的光滑的貂皮披肩，唯一的印象便是她的手不停地在抚摸那只手笼。这事如果说是别人，我倒还能容忍几分；但居然是贾克·库依伯，这可太让人受不了。但她怎么竟能受得了？看来人穷是会志短的。我真希望，如果我有了钱做后盾，我就能告诉她，她要是把那令人恶心的披肩退还给他，我一定送她一件更值钱的。她终于注意到我的沉默。

“今晚你的话很少。”

“是吗？”

“没有不舒服吧？”

“我好得很。”

她用眼角扫了我一眼。我没看她的眼神，可我知道她的目光中还会是我非常熟悉的那种顽皮而又充满稚气的微笑。不过她也没再说什么。看完戏后，因为下起雨来，我们便叫了辆双轮马车，我一边把她在林帕斯路的住址告给车夫。车上她一直没说什么，直到到了维多利亚大街，她才问我道：

“你不想让我去你那里吗？”

“完全听你的。”

她打开车门把我的住址告诉了车夫。然后她抓住我的手，紧紧握着，但我却没有表示。我满怀怒气严肃地直视窗外。到了文森广场，我扶她下来，默默地把她让进屋去。我脱掉帽子和大衣，她也把披肩和皮手笼扔在沙发上。

“干吗生这么大气？”她问道，向我走来。

“我没生气，”我答着，避开了她的目光。

她用双手捧住我的脸。

“你怎么会这么傻气？怎么能因为贾克·库依伯送我件皮披肩，你就发这么大火？你又给我买不起一件。”

“我当然买不起。”

“台德也买不起。你总不能要我拒绝一件价值二百六十镑的皮披肩吧。我早就想要这么一件。可对贾克一点也不算什么。”

“你总不会要我相信他只是出于友谊才送你这礼物的吧？”

“那也完全可能。无论怎么说，他已经回阿姆斯特丹去了。天知道他什么时候再来？”

“另外，他也不是你唯一的吧？”

这次我可是正眼看着露西，目光中充满了怒气、怨恨和委屈。但她却只是向我笑笑。真希望我能描述得出她美丽的微笑中所蕴含的甜蜜和亲切；她的声音温柔极了。

“嗳，亲爱的，何苦为别人费心思？别人的事对你有什么妨害？难道我不是尽力在使你高兴吗？你和我在一起的时候，你不感到快乐吗？”

“非常快乐。”

“这不就得了。好管闲事和爱嫉妒最不好了。为什么对自己能得到的幸福老不满足？照我看，有机会享受就尽情享受；百年之后我们也就全都死了，到那时，再说什么也没用了。还是让我们趁能享受的时候尽情享受吧。”

说着她搂住我的脖子，使劲吻起我来。我的怒气全消了。整个身心都沉浸在她的美丽和浓浓的温柔之中。

“你明白吧，你不能对我要求过高，”她低语道。

“好的。”

第十八章

整个这段时间我的确很少见到德律菲尔。编辑工作占去了他白天的大部分时间，晚上他又要写作。当然，每星期六下午聚会的时候他会在场，这时他总是和人亲亲热热，有说有笑，但也带点调侃的味道，他似乎很高兴见到我，常爱和我说东道西地聊上几句；自然他的注意力更多地集中在那些年龄地位都比我高的人们身上。但我有一种感觉，他和人的距离变得疏远了；他已经不是我在黑斯太堡见到的那个快快活活，甚至有点俗气的好伙伴了。也许这只是我慢慢形成的感觉，仿佛在他和那些他好嘲弄的人们中间产生了一道无形的障碍。他似乎更多地生活在想象的世界里面，这样一般的日常生活反而显得虚幻、不够真实。他常常被邀请在公共聚餐上发表演讲。他参加了文学俱乐部，开始结交许多超出了他那狭窄的文学圈子以外的人。他越来越多地被许多女士请去赴宴吃茶，这些女士总是好把一些知名作家聚集在她们周围的。露西当然也在被邀之列，只是她很少参加；她说她对这些集会不感兴趣，而实际上她们也并非真想要她去，她们要的只是台德。我想她所以有此想法主要是因为她有些怯生，另外怕感到孤独。或许那些女主人便已经不止一次让她感觉到了，她们深感有她在场，晚会将是多么乏味；于是在迫于礼貌邀请了她之后，她们又因为受不了这礼貌带来的麻烦而冷落了她。

正是在这个时候，爱德华·德律菲尔的《人生之杯》问世了。这里我完全不准备评价他的作品，何况后来人们写了数不清的评论，想必足以满足一般读者这方面的需求；但我想稍稍一说的是，《人生之杯》虽不是他最负盛名、最受人喜爱的作品，但在我心目中却是最有趣味的一部。书中流露出的那种冷峻无情的笔调在全部英国的言情小说中确实能够脱开陈套，别具特色。它笔锋犀利，令人耳目一新。那滋味就如吃酸苹果似的，除了让人牙根发酸之外，另有一股淡淡的苦中带甜的味道，格外迷人。在德律菲尔的全部小说中，这是唯一一本我巴不得自己也能写出的作品。孩子惨死那一场更是写得极其伤痛，读来大有撕心裂肺之感，但却绝无半点孱弱造作的地方，紧接着发生的那件怪事也是很精彩的；所有这些谁读过后也会永远难忘。

恰恰是书的这一部分给可怜的德律菲尔带来了一场狂风暴雨般的灾难。书刚出版的头几天，一切正和他的其他作品那样，进展似乎完全正常，也就是说，人们会为它写出许多有分量的书评，会对它基本上加以赞扬，但也稍有保留；在销售上也会过得去，但也不是太多。露西对我说她估计可以从中挣得三百镑，还打算在泰晤士河边租间房子去避暑消夏。最初的两三篇评论态度已不够明朗；接着公开猛烈抨击便在一份晨报上刊载了出来，而且占去了整整一栏。不仅书被说成是对社会的无端冒犯，因而是淫书一部，连出版商也因出这种书而遭到严厉申斥。人们还对它可能给英国青年带来的可怕后果作了绘形绘色的骇人描写。另外它被认为是对女性的极大污辱。评论家声称要防止这样的作品落入天真无邪的男女少年之手。其他各报也都一哄而起，争相仿效。有些糊涂人甚至提出应当将这本书进行查禁，另一些人则板着面孔建议，这类情形检察官是否应当适当加以干预。总之责难铺天盖地而来，即使偶尔也有个别熟悉欧洲写实主义小说的作家勇敢地起来为他声辩，说这本书是爱德华·德律菲尔的最好作品，人们也并不予理会。人们只会将他诚恳的意见看作是哗众取宠，迎合低层读者趣味。不仅一般图书馆封了这本书，车站书店一些出租人也都不再进它。

这一切对德律菲尔自然是件不快的事，但是他颇能以一种哲人的心胸冷静对待。他耸耸肩说：

“他们说它不真实，”他微微一笑，“见鬼去吧。但它的确是真实的。”

是他朋友们的忠诚支持他度过了这场劫难。结果造成的局面是：能够喜爱《人生之杯》便标志着你有很高的审美能力，而对它感到骇怪则意味着承认自己完全没有文化。巴登·特莱福德太太曾经毫不迟疑地宣称这是一部文学杰作，尽管当时巴登的文章不适合在《学术季刊》上刊载出来，但她对爱德华·德律菲尔的未来却丝毫没有丧失信心。现在如果我们重读一下这部当年曾经弄得满城风雨的作品，我们一定会感到够奇怪的（和很有益的）；因为全书之中实在没有一个字会使我们这些善良人引起丝毫羞愧，也没有一处地方会使我们今天的读者感到半点不安。

第十九章

六个月之后，围绕《人生之杯》一书的风波当然早已平息下来，德律菲尔也早已投入了他的小说创作之中，这部小说后来以《凭借他们的果实》为名发表，而我自己这时也已经是四年级生，兼一名住院部的外科手术助手。有一天轮到我值班，当我在医院正厅等候查房的外科医生时，我扫了一眼放信的架子。有时，人们不知道我在文森广场的住址，便把信写到这里。我惊奇地发现有我的一份电报。上面写着。

> 请务于今天下午五时来见我。非常紧急。
>
> 伊莎贝尔·特莱福德

我想不出她会找我有何事情。在过去的两年多时间里，我的确见过她十多次，但她却从来没有注意过我，我也从来没有去过她家。我知道平日下午喝茶的时候，一般总是很少有男士在场，遇到这种情形，当主妇的或许会觉得,能有个医学院的年轻人作陪总比没人要强。可电报的语气又分明不像是一般的聚会。

我为他做助手的外科医生是个啰里啰嗦的人。所以直到五点多我才脱开身,又花了二十多分钟才赶到切尔西。巴登·特莱福德太太住在泰晤士河外滩的一所房子里。当我按过门铃,询问她是否在家时,这时已是将近六点。我被带进客厅,正想解释迟到原因,她打断了我的话说:

"我们想到了你可能是脱不开身。没关系。"

她丈夫也在家。

"我想他也许想喝杯茶吧。"他提议道。

"可喝茶是不是太晚了些?"她温和地看看我,那柔和而又漂亮的眼睛里充满着善意:"你不想,喝杯茶吧?"

我这时又渴又饿,我的午饭不过是一块黄油烤饼和一杯咖啡,可我不愿这么说。便谢绝了。

"你认识奥古德·纽顿吧?"巴登·特莱福德太太指着一位男子问道,当我进屋时他坐在一把扶手椅里,这时已站起身来。"我想你在爱德华家也许见过他。"

我是见过他。他不常露面,但他的大名我早听到过,对他的长相也很熟悉。我的印象是,他常使我感到非常紧张,但不记得和他搭过话。虽然他现在早已完全被人遗忘,但在过去他却是英国最有名气的批评家。他身材高大肥胖,脸面白皙而略显发胖,只是那金发碧眼看上去已经变淡变灰。他常系一条淡蓝色领带,以充分衬托出他那双眼睛的湛碧。他对在德律菲尔家碰到的作家们向来十分亲切,当着他们他总会有几句漂亮和奉承的话好讲,可刚一转脸,他便又会对他们挖苦起来。他说话时,语调平板而低沉,但措辞极其巧妙;三言两语便能把个好朋友搞得名誉扫地。

奥古德·纽顿和我握了握手后,极富同情心的巴登·特莱福德太太想让我放松一下,便拉着我的手,让我和她并排坐在沙发上。茶点这时还在桌上,她拿起一块果酱三明治,十分优雅地细细品味着。

"最近见到德律菲尔夫妇了吗?"她向我问道,口气仿佛是在闲谈。

“上星期六我还去过他们家。”

“后来再没见着他们？”

“没有。”

巴登·特莱福德太太的目光从奥古德·纽顿身上转到丈夫身上，仿佛在默默地向他们求援。

“不必再搞那迂回委婉的做法了吧。伊莎贝尔，”纽顿用他稳当而又准确的口气说道，眼睛里还微微闪着一丝幸灾乐祸的味道。

巴登·特莱福德又对我说：

“那你可能还不知道德律菲尔太太已经和别人走了。”

“什么？”

我一下惊得完全讲不出话来。我简直无法相信自己的耳朵。

“奥古德，这一切还是由你亲自讲给他听吧。”巴登太太说。

批评家直起身来靠在椅子背上，先把两只手握在一起，然后津津有味地讲述起来。

“昨天晚上，我有事要找德律菲尔，是为了我给他们撰写的一篇文章。晚饭后，夜色很美，我步行去了他家。他正在等我，我知道，除非有市长宴请或学术界的聚餐这类十分重要的活动，他晚上一般从不出门。所以，你不难想象出当我走近他家，看见他的门开着，爱德华出现在门口时，我的那种惊讶，不，我那完全不知所措的样子。你们当然都听说过康德就有每天在某个固定时间外出散步的习惯，而且总是准确得那么分秒不差，以至于柯尼斯堡的居民都据此去对他们的表。一次他提前了一小时散步，这一下周围的居民全吓坏了，以为一定发生了天翻地覆的大事。他们猜对了：康德刚刚接到巴士底狱被攻占的消息。”

说到这里奥古德·纽顿略作停顿，以观察一下这段轶事可能产生的效果。巴登·特莱福德太太向他投去了会心的一笑。

“看到爱德华匆匆向我跑来，我当时倒也没有估量到会是爆发了上述那种震撼世界式的灾难，可我马上意识到了某种不吉利的事情正在萌发。他没戴手套也没拿手杖。身上只穿着那件工作服——那件早有了些年代的黑羊驼毛的外套,头戴一顶阔边呢帽。他的神态看上去是一副疯狂样子,举止动作也是十足的颠倒错乱。因为我对他们夫妻间的那种时好时坏的关系早有耳闻,当然不免暗自思忖,是夫妻间的纠纷使他匆匆跑出家门,还是仅仅因为他急于去邮筒发上封信。他那奔跑的速度,完全是赫克托耳式的。那最尊贵的希腊勇士,他似乎并没看见我,于是也就使我顿生疑心,我向他大喝一声'爱德华',他听了猛地一惊。我敢发誓他那时完全弄不清我是谁。

"'是什么复仇女神逼得你十万火急地奔驰于匹姆里柯[①]林木之间?'我问道。

"'没想到是你呀。'他说道。

"'你准备去哪儿?'

"'哪儿也不去。'"

我心想,如果照这速度讲述下去,奥古德·纽顿的故事恐怕永远也讲不完了。但赫森太太却会因为我吃饭可能要迟到半个小时而对我发脾气的。

"我说明了来找他的目的,并提议回他家里去,在那儿他能够更方便地谈谈这个令我感到不安的问题。'我心烦得很,不想回家,'他对我讲,'我们走走吧。你可以一边走一边跟我谈。'我顺从了他的意思,于是转身和他并排走着。可他的步子实在过于快了,我不得不请他放慢一些。即使是约翰生博士那样健谈的人,如果在弗里特街上用特别快车的速度散步,他恐怕也没办法和别人边走边谈。看到爱德华的表情那么异常,态度那么激动,我觉得最好还是把他带到比较偏僻的街道去谈更为妥当。我向他谈了自己的文章。这时萦绕在我脑海里的题目比原来想象的更加丰富,所以我感到用一期的篇幅是否能把它谈得充分。我把这个问题详尽而又公允地摆在了他的面前,并征求他的意见。'露西走了,'他这样回答

① 匹姆里柯,伦敦西南部地区名,位于惠斯敦斯与切尔西之间;伊丽莎白时期为旅游与射猎胜地。

我。我一时听不懂他在说些什么，但随即意识到，他是在说那位身材丰满而又并非不迷人的女子，她偶尔也为我递递茶什么的。从他的语气中，我猜测到他这时渴望从我这里得到的是慰问而绝不是祝贺。"

奥古德·纽顿又停了下来，蓝眼睛闪闪发光。

"讲得太好了，奥古德。"巴登·特莱福德太太恭维道。

"不能再妙了，"她丈夫附和着。

"意识到在这种场合下人们最需要的是同情，我便对他说：'亲爱的朋友，'但是他马上打断了我的话：'我收到了最后一趟邮班送来的信，她跟乔治·坎普勋爵跑了。'"

我听了张口结舌，什么也讲不出来。特莱福德太太飞快地扫了我一眼。

"'这乔治·坎普勋爵是什么人？''是黑斯太堡人。'他回答说。我这时无暇考虑，便干脆实话对他讲了。'这么说，也彻底甩掉她了。''奥古德！'他哭了起来。我停下脚步，把手放在他的肩上。'你必须明白她和你的那些朋友都在欺骗你。她的所作所为早已成了一桩公开的丑闻。亲爱的爱德华，我们必须面对现实：你那妻子不过是个普通的烟花女子罢了。'听了这话他一下子便挣脱开我的手臂，发出了一种低沉的吼叫，就像婆罗洲森林里的猩猩被人夺走了嘴里的椰果似的。我还没来得及阻止他，他已经甩开我，飞快跑掉了。我这时早给他惊呆了。除了耳朵里头灌满了他的哭声和脚步声，我是一点办法也没有了。"

"你不该把他放走，"巴登·特莱福德太太说，"在那种情形下，他很可能会跳进泰晤士河去的。"

"我也这么想过，不过我注意到他没有往河边跑，而是钻进了大街旁边的一个小巷子里。当时我还想起，文学史上还从没有过哪位作家会在作品没有完成的时候，去自杀的先例。无论遇到多么大的不幸，他都不会给后代留下一部没有结尾的作品。"

听到这消息，我感到震惊和沮丧；同时我还感到非常烦恼，因为我弄不清特莱福德太太为什么要把我请来。她既对我毫不了解，也不知道我对这事会有什么兴趣,总不会是专门把我请来听段新闻吧。

“可怜的爱德华,”她说道,“当然,谁也不能否认这或许会因祸得福。可我担心他会为此忧伤过度。值得庆幸的是他还没有做出轻率举动。”说着她转过身来对我说:“纽顿先生一告诉我这件事,我就马上去了林帕斯路。爱德华不在,不过女仆说他刚刚出去;这就是说,他在离开奥古德以后,到今天早晨这段时间,他回过家。你大概很想知道请你来的原因吧。”

我没回答,我想等她自己解释。

“你是在黑斯太堡第一次结识德律菲尔夫妇的吧?你可以告诉我们这个乔治·坎普勋爵是个什么人。爱德华说他是黑斯太堡人。”

“是个中年人,已经有妻室和两个儿子,儿子们的年龄都和我这么大了。”

“我一直猜不透他是个什么样的人。在我国和法国的名人录里都没查着他。”

我差点笑出声来。

“咳,他并不真是什么爵爷,他只是个当地煤炭商。黑斯太堡的人这么叫他主要是因为他平日喜欢摆谱。这只是个玩笑罢了。”

“这些乡巴佬的幽默也未见得就十分好懂哩,”奥古德·纽顿评论道。

“我们一定要尽我们的一切努力去帮助亲爱的爱德华,”巴登·特莱福德太太发话道,一边把沉思的目光对准了我。“如果坎普和露西私奔了,他一定把他妻子丢在了家里。”

“我想会是这样的,”我答道。

“你愿意做一件好事吗?”

“尽力而为吧。”

“你能不能亲自去一趟黑斯太堡,了解一下这件事的准确情况?我觉得我们应和他妻子取得联系。”

我向来最怕干预别人的私事。

“我闹不清该怎么办。”

“你不能去见见她吗?”

“不行。”

如果说巴登·特莱福德太太感觉到了我的回答过于生硬了些，她可并没有表露出来。她只是微微一笑。

“这件事可以暂时放一放。最要紧的是先查清坎普的情况。今天晚上我就去看爱德华。一想到他还得一人待在那个要命的屋子里，我实在太难过了。巴登和我已经商量好让他搬到我们这儿来住。这里有空房间，只要稍加布置，他就能在这里写作。奥古德，你是不是也觉得这样对他最好？”

“那太好了。”

“其实就是长期住下来又有什么不可以的？至少先住上几个星期，然后就跟我们一起去消夏。我们打算去布列塔尼。我敢说他一定会喜欢那儿的。这样也可以使他彻底换换环境。”

“当务之急是，”巴登·特莱福德用眼睛瞟着我说，这时那目光已经快和他妻子的一样和蔼了。

“这位年轻的手术大夫是否肯去黑斯太堡搞点调查。我们一定要心中有数，这是最重要的。”

巴登·特莱福德为了不突出他自己的考古学者身份，所以态度显得特别热情，说话也尽量滑稽通俗。

“他不会不答应的，”他妻子说。温柔的目光中带着祈求的味道，“能答应吧？这件事太重要了，只有你能帮我们。”

她哪里知道，其实我和她一样急于弄清这件事情的真相，当然她也不清楚一腔妒火是怎样在刺伤着我的心。

“可是星期六以前我从医院走不开呀。”我对他们说。

“迟些也可以。那就太谢谢你了。爱德华的朋友们也都会感谢你的。你什么时候能回来？”

“星期一一大早就得返回伦敦。”

“那你下午就来和我们吃茶吧。你知道我们会急切地等待你的消息。感谢上帝，问题总算解决了。现在就得去稳住爱德华。”

我明白这是在送客了。不过奥古德·纽顿也起身告辞，和我一起走下楼来。

“我们的伊莎贝尔今天的举止雍容大度，实在小有阿拉贡的凯瑟琳①之遗风，”当我们掩门出来他便嘟囔道。“这可是一个千载难逢的绝好机会，我们深信我们的朋友不致错过这个机会。这真是有着一颗金子般心的迷人女性。”

我不明白他这句话在指什么，因为我给读者讲述的巴登·特莱福德太太的种种情况也都是我后来才了解到的，但我意识到他的话里对她隐含攻击，甚至在开她的玩笑。于是我也报之一笑。

“我想你这年岁还是喜欢乘坐我的好狄兹在不走运的时候称之为伦敦的贡多拉②的交通工具吧。”

“我打算去坐公共汽车，”我的回答直截了当。

“是吗？要是你想坐辆双人马车，我倒有心思让你捎我一程，不过你如果要去乘坐那种我这老脑筋至今还喜欢管它叫昂尼巴斯③的平凡的运输工具，我这一团死肉就得改乘那四轮马车了。”

说着他招手叫来一辆，然后把他松软无力的两个指头递过来让我握了一下。

“下星期一我还要来听听你出访的结果哩，亲爱的亨利④将会把它称之为一次异常微妙的出访。”

第二十章

然而我再次见到奥古德·纽顿却是几年以后的事了。因为我那次一到黑斯太堡，便收到了巴登·特莱福德太太的信（她早已细心记下我的地

---

① 阿拉贡的凯瑟琳(1485—1536)，英王亨利八世之后。

② 贡多拉，威尼斯的一种平底船。所谓“伦敦的贡多拉”这里显然指公共汽车。

③ 昂尼巴斯，英语公共马(汽)车的音译。

④ 这里亨利可能指伊莎贝尔的丈夫。

址),要我回来后不必去她住处找她,而是下午六点在维多利亚车站的一等候车室里与她见面,至于这样做的原因她说见面后再告诉我。于是星期一从医院出来后,便匆匆赶到车站,工夫不大,就见她来了。她步履轻快地走到我的面前。

"情况怎么样了？让我们找个安静的角落坐下来谈谈。"

我们找到一个安静的地方。

"我必须解释一下为什么我要你上这儿来,"

她开口道。"爱德华现在和我们住在一起了。起初他不肯来,是我说服了他。可是他很紧张,身体又有病,情绪也极不稳定。我不想冒险让他见到你。"

我把一些基本情况向特莱福德太太做了回复。她听得非常仔细,还不时地点点头。当然我并没打算让她知道我在黑斯太堡看到的那种骚动。整个城镇全乱套了。由于这是多年不曾有过的稀奇事件,人人都在谈论它。汉普提·顿普提跌了大跤[①]。坎普勋爵确实逃之夭夭了。一个星期前他还声称要去伦敦出差,但两天后他便接到了要求宣告其破产的起诉书。看来他经营的房地产没有成功;他要把黑斯太堡建成海滨胜地的建议也未引起任何反响。他不得不想尽一切办法去筹措必需的资金。小城里流传着各种各样的谣言。相当一部分普通居民把自己仅有的一点积蓄都托付给了他,可现在都面临着失去一切的危险。具体情况我并不太清楚,因为莫说我伯父母对生意一窍不通,就是我对这些事情也似懂非懂,隔行如隔山嘛。乔治·坎普的住宅已经做了抵押,家具也成了卖契。他的妻子从他手里一个便士也没得到。他的两个儿子,一个二十岁,一个二十一岁,原来也都在干煤炭生意,这次也被卷进了这场灾难。乔治·坎普把他所能搞到的全部现金都带跑了,据说约有一千五百多镑,至于他们是怎么知道的,我就不清楚了。据人讲,警方已经对他发出了拘捕令。人

① 汉普提·顿普提是英国儿歌中的一个长相很像鸡蛋的矮小家伙,一跌倒后就将摔成碎片,无法收拾。

们猜测他此刻已出了国;有的说去了澳大利亚,有的说去了加拿大,众说不一。

“真希望能抓住他,”伯父道,“判上他一辈子徒刑也不冤枉他。”

这种不满实在是太普遍了,而且也是大有理由的。他过去也确实是说话声音太高,总是吵吵嚷嚷的;总是拿人取笑,也太好替人们开销钱,太好筹办园会,也太好驾着他那辆漂亮马车奔跑,还匪里匪气地歪戴着顶褐色的毡帽招摇过市,所有这一切,谁能原谅?不过最严重的事要算星期日的晚上,做完晚祷之后,教会执事在祈祷室里向我伯父捅了出来。两年以来,坎普几乎每周都去海弗珊和露西·德律菲尔幽会,然后便一起在客栈过夜。那客栈老板曾在乔治勋爵的投机生意中投过一笔钱,后来发现这笔钱已无法追回,便把他们那些事全都给抖搂了出来。如果乔治勋爵哄骗的是别人,那他是能容忍的;但他这次哄骗的却是个为他帮过忙、又被当成朋友的人,实在是太过分了。

“我想他俩一块逃走了,”伯父说。

“这不足为奇,”教会执事答道。

晚饭后趁女仆们收拾桌子的工夫,我跑进厨房向玛丽-安打听这件事。她刚才也在教堂里,所以也听到这些话了。我想那天晚上,听众不会很专心地去听伯父布道的。

“听牧师讲他俩是一起跑的,”我说,假装其他什么也不知道。

“那还用说,当然是这样。”玛丽-安答道,“露西的心里只有他一个人。他只要稍稍透点意思,露西是谁也舍得甩掉不顾的。”

我的眼皮耷拉下来。内心的痛苦实在难以言喻;我对露西气愤极了,我觉得她有些对不起我。

“恐怕以后我们再也见不着她了,”我挣扎着说出这句话。

“恐怕会是这样,”玛丽-安说这话时心情非常快活。

当我把我认为需要让巴登·特莱福德太太知道的一些情况向她做了交代之后,只见她叹了口气,至于这叹气表示的是喜是忧,我就无从得知了。

“好了，无论如何，露西的事也就到此为止。”说着她站起身来，和我握手告别。“这些文人的婚姻怎么都闹得这么糟糕？这真是太惨了，太惨了。非常感谢你为我们帮了这么多忙。现在一切全清楚了。最重要的是不能让这件事影响了爱德华的写作。”

她的话听起来似乎和我没有半点关系。事实是，我完全明白，她根本就没有关心过我。不过我还是招呼她出了车站，又扶她上了一辆开往切尔西区国王路的公共汽车，这才步行回我的住处。

第二十一章

我和德律菲尔失去了联系。我总是不大好意思上门去找他；另外我当时也正忙于考试，而考试结束后，我又去了国外。我只隐约记得在报上见过他和露西的离婚消息。这之后就再没有听到她的情况。她的母亲偶尔会收到数额不大的汇款，一般一二十镑不等。是用盖着纽约邮戳的挂号信寄来的；可上面既无地址，也没有留言。据推测只可能是露西寄来的，因为除她之外，再没有人会给干太太寄钱。后来露西的母亲在享尽天年之后也去世了；可以想见，死讯不久就不知以何种方式传到了她那里，因为自那以后再也没有汇单邮来。

第二十二章

按那天的约定，阿罗依·基尔和我在星期五到维多利亚车站去搭五点十分开往黑斯太堡的列车。我们斜对着角、舒舒服服地坐在一个吸烟间里面。这时我才从他嘴里得知妻子出走后德律菲尔的大致情况。过了一段时间，罗依便和巴登·特莱福德太太打得火热。既深知他的为人，又没有忘记她的那些习惯，这事在我看来也就在所难免了。所以当他谈起他是如何同她和巴登一道游历了欧洲大陆，又是如何分享了他们对瓦格纳、对后期印象派绘画以及巴罗克建筑的一番狂热，我也就丝毫不以为怪。他时常奋不顾身地在切尔西的公寓里和他们共进午餐，而当后来，由于年岁和身体关系，特莱福德太太已经走不出客厅时，不论他的工作多忙，他还是每周定期要去看望她一次，和她聊聊。他的心肠确实是太好了。她死后，他还特别撰文去纪念她，文中他以异常可贵的热情对她的襟怀识力等伟大天赋着实给予了极高的评价。

一想到他的这番仁义举动终必得到其应有的乃至非所预期的回报时，我自然也甚感欣慰，因为巴登·特莱福德太太给他讲述过的许多爱德华·德律菲尔的情况，这对他目前正从事的这项爱的事业肯定会不无裨益的。巴登·特莱福德太太凭着她那软中有硬的手段，不仅在德律菲尔的妻子弃他而去之后（至于他那时的一副惨状，只能靠罗依用过的“无依无靠”一词加以形容），将他强迫拉入她的住处，而且使他一住就是将近一年。她使他真正感受到了情人般的关怀、无微不至的爱护以及聪明颖悟的理解，这一切都可谓集女性的机敏与男性的气魄于一身，既有着一副金子般的心肠，又有着那种能够抓住关键时机的准确眼力。正是在她的寓所里他完成了题为《凭借他们的果实》的创作。所以她将这部书看作她自己的作品，似乎也没什么不合理的。而德律菲尔在这本书的扉页上将它题献给她，正好是他不曾负恩的有力证明。如上所说，她带他游了意大利（当然是和巴登同行的，因为特莱福德太太对人心的险恶岂会不知，故绝不给那些好事之徒以把柄可抓），于是，凭着罗斯金①的一卷大著在手，她把那个名邦的种种永恒之美全都给爱德华·德律菲尔细细讲了。回来后，她又在伦敦的法学院附近替他觅了住处，并在那里不时举办小型午宴，公然以女主人的身份出现。以便他可以在此接待因他日益增大的名气所吸引来的客人。

必须承认，他日后声名的鹊起在很大程度上都应当归功于她。他那巨大的声望虽然只是在他久已搁笔不写的最后几年中方才到来，但其基

① 罗斯金（1819—1900），英国文艺批评家，他的《威尼斯之石》体现了他对意大利建筑的精辟研究。

础却无疑是特莱福德太太的不懈努力所奠定的。她不仅鼓励巴登(难保其中她也亲自撰写了几段,因为她下笔也颇来得快)写出了终于刊登在《学术季刊》上的那篇文章,正是在这家刊物上,首次出现了德律菲尔应与英国小说界的巨匠齐名的提法,而且每逢他的新作问世,她都要举行庆祝宴会。她四处奔波,拜见所有的编辑,至于各个大报要刊的负责人,更是访问的重点;同时积极筹备文艺晚会,凡是稍有用处的人均在被请之列。她说服爱德华·德律菲尔前往一些大人物的府上进行朗诵义演。她还设法使一切附有插图的周刊登他的照片,并对他的每一次会见的记录都要进行审查。十多年来,她一直是一位不知疲倦的宣传员。是她使他能够出现在公众面前。

这一段时期巴登·特莱福德太太过得相当称心如意,但她并没有因此而趾高气扬。事实上,对他的任何邀请如果缺少了她便将办不成;他会拒绝参加。每逢她、巴登和德律菲尔被邀请去赴宴,他们三人总是同来同去。她从不让他越出她自己的视线。也许那些女主人会对此气得发疯;她们当然完全可以不理她的这一套,但是一般来说她们还是接受了下来。如果说巴登·特莱福德太太也会偶尔有点脾气时,这点脾气也将是借着他而发作出来;所以尽管她此时仍然可以不失风度,爱德华·德律菲尔的态度却不免显得太生硬了。她非常清楚如何才能使他开心见肠地大谈特谈;而当周围尽是名流显贵时,她也知道怎样使他才华横溢,震惊四座。她对待他的一番态度确实堪称表率。她从不向他隐瞒,她从心底里坚信他是当代最伟大的作家;她不仅在每次谈到他时总是口口声声称他为大师,而且当着他面也这么称呼,或者这里面也掺杂着些许玩笑意味,可听起来却是那么使人舒畅。总之,终其一生她都一直带着几分调皮神气。

接着一桩意想不到的厄运突然降临了。德律菲尔染上了肺炎,病情十分严重;一度几有生命告危、良医束手之势。作为与他有着这等关系的一名女人,巴登·特莱福德太太确实可说尽了她的最大努力。她甚至提出要亲自去护理他。但她毕竟体力不支了,她此刻已年过六旬;因而这事便只能交给专职护士。后来当他终于拖过险期,医生要他去乡下疗养;考虑到身体仍很虚弱，大夫坚持由一名护士陪同前往。特莱福德太太有意安排他去邦莫斯市，因为这地方不远，她每个周末都能去看看他一切是否顺利。可德律菲尔却想去康沃那，医生也认为那儿比潘扎斯镇气候温和，适于养病。写到这里，人们或许会说，像伊莎贝尔·特莱福德这样一位敏锐过人的女人，此时她不会没有几分不祥的预感吧。但遗憾的是，她一点预感也没有，她放他去了。临行之前她向那护士殷殷做了嘱托，明确了她所承担的任务之重大，因为这时交付在她手里的，即使不是英国文学的前途与未来，至少也是它最杰出的现存代表的生命和幸福，因而确实够得上无价之宝。

三个星期之后，爱德华·德律菲尔竟然快书一封，向她告知他已获得特许[①]，与那护士结婚了。

我想巴登·特莱福德太太在这种场合下所呈现的一副面目实在最足以显示她灵魂的伟大了。她大骂犹大、犹大了吗？她一头栽倒在地上，打滚撒泼，又哭又闹，又揪头发，歇斯底里地大发作了吗？她斥责巴登，骂他是头号大傻瓜了吗？她疾言厉色地痛斥男人的不忠和女人的放荡了吗？或者，为了平息自己受伤害的感情，而提高嗓门喊出一连串据精神病专家说连最贞节的女子也都熟悉的淫话了吗？完全没有。相反地，她给德律菲尔去了一封感人的贺信，又写信对新娘说，一想到她从此将有了两位，而不是一位知心的朋友，她是多么高兴。她恳请二位回伦敦时一定要去看她，并和她住在一起。她逢人便讲这段佳姻使她感到如何欣慰，因为爱德华·德律菲尔已经慢慢上了年纪，确实需要有人照顾；在这事上又有谁能比医院的护士更合适呢？每当谈起德律菲尔的这位新夫人，她口中总是充满着赞誉之词。这新夫人的确谈不上是漂亮，她这样对人讲，但脸蛋儿还很不错吧？当然也不是什么贵妇人，不过太高贵了，爱德华也会吃不消的。所以这样一个老婆对他倒也正相般配。我觉得，公平地讲，巴登·特莱福德太太的所作所为早已全然超出了人之常情。但我仍认为，如若

① 结婚特许证为坎特伯雷大主教所签发，不必再经普通手续即可结婚。

说人之常情中也有不乏尖酸刻薄的话，那么这里正好是最典型的一例。

第二十三章

当我们，罗依和我，抵达黑斯太堡时，一辆既不过分豪华又不特别寒伧的汽车已在恭候着他。车夫递给我一张便条，是邀请我次日和德律菲尔太太共进午餐的。我钻进一辆出租车，去了熊与钥匙。我从罗依那里听说那地方新建起了一座海上旅馆，但我并不打算因为现代文明的享受而放弃我青年时代的故地。一下火车我就发现这里发生了变化，但是熊与钥匙却没有变样。它依旧以它那昔日的寒伧冷漠地迎接着我：门前空无一人，车夫放下我的行李便开车走了；我叫了一声，没人应答；我走进酒吧，看见一个剪着短发的年轻女子正在读一本康普顿·麦肯齐①的小说。我问她有没有空房。她略带怒容地望了望我，回答说可能还有，因她说完后便不再答理我，我只好又客气地问她是否有人能带我进去。她站了起来，开开一扇门，尖声叫道："凯蒂。"

"什么事？"

"这里有位房客。"

不一会，出来了一个穿着邋遢印花布衣服，蓬头垢面，瘦削憔悴的老女人。她带我上了两段楼梯，把我领到一间又小又脏的房子里。

"能不能给找间更好些的？"我问道。

"跑买卖的一般都住这种房间，"语气中带着股不屑的味道。

"再没有别的房间了吗？"

"单人的没有。"

"那就来间双人的。"

"我得去问问布伦福特太太。"

我随她一起到了二楼。她敲了敲一间房子的门。门被打开时，我瞥

---

① 康普顿·麦肯齐，英国当代小说家。

见了一个肥胖女人，灰白的头上烫着考究的发式。她也正在看书。看来熊与钥匙这里人人都对文学感兴趣。凯蒂对她说我对七号房间不满意时，她淡淡地扫了我一眼。

“那就带他去五号房间，”她说。

这时我方才认识到，自己高傲地谢绝了德律菲尔太太的邀请，又没有接受罗依要我去住海上旅馆的建议，实在是有点欠考虑了。凯蒂又领我上楼，把我带进一个稍大点的房间，从那里可以俯瞰下面的长街。一张双人床便占去了大半个房间。窗户想必整整一个月都没开过了。

我表示满意，然后询问起吃饭问题。

“你想吃什么都行，”凯蒂答道，“我们这里东西不全，但需要什么我可以去买。”

我了解英国客栈的情况，所以便只要了一份炸鳎鱼和烤肉排，吃罢便出去散步。我一直跑到海滩，发现那儿已经修起了一条滨海长堤；记忆中的那片荒凉空地此刻已是一排排有凉台的平房和别墅。但是这里的一切又都是污秽破旧不堪，因而我想，尽管多年过去，乔治勋爵要把黑斯太堡变成海滨胜地的想法并未实现。一名退役军人，一个上了年纪的妇女这时正在那低劣的柏油路面上慢慢踱着。这里给人的印象太凄凉了。冷风吹过，便觉丝丝雨意从海上吹拂过来。

我又返回城去。所谓城里，也即是在熊与钥匙和肯特公爵之间的一带地方。尽管天气极不暖和，人们都三五成群地站在露天地。他们的眼睛全是淡蓝色的，高高的颧骨上泛着微红，同他们的父辈一模一样。奇怪的是一些身着蓝色紧身衣的水手耳朵上居然戴着小金耳环，不但老水手如此，就是一些不到二十岁的年轻人也是这样。我沿街走了下去，不久又来到了堤岸边，那家文具店依然如此，过去我常在这里买些纸和蜡，以便和一位偶然相遇的名作家搞拓片；两三家电影院和它们耀眼的招贴仿佛给那古板的街道突然带来了一股放浪的味道，正像一位年纪大的规矩女人竟也不免贪起杯来。

我所在的那个客栈餐室阴冷而又凄凉。我在一张可供六人用饭的大桌上独自吃着。伺候我的还是那个邋遢的凯蒂。我问她能不能生个火炉子。

“现在六月份了,不行了。”她说,“四月以后就禁止生火了。”

“那我出钱如何?”我还坚持着。

“六月不行。得等到十月以后。目前无论如何不行。”

饭后我走进酒吧,想喝杯葡萄酒。

“这里好清静,”我和一个短发的女招待说。

“是的,是很清静,”她回答道。

“我估计,一般到了星期五晚上,这里的人一定会大大增多吧。”

“不错,的确可以这么估计。”

这时一个头发灰白,留着平头,脸色微红的胖子从后面走了进来。我猜他是这家旅店的老板。

“是布伦福特先生吧?”

“嗯,是我。”

“我和令尊认识。来杯葡萄酒吧?”

我向他通报了我的姓名,按说我这姓名,在黑斯太堡妇孺皆知,他小时候就对此很熟悉,但是使我懊丧的是,我的姓名并没有勾起他对往事的半点回忆。不过他还是接受了我的葡萄酒。

“到这儿出差?”他问道,“我们这儿总是有些客商光顾。我们也尽量为他们提供一些方便。”

我告诉他是来看德律菲尔太太的,至于来的目的就完全由他猜了。

“过去我倒时常见着这老先生,”布伦福特继续道。“他一直特别垂青我们这里,喜欢进来喝杯苦啤酒。不过您别误会,我不是说他贪杯,他只是喜欢坐在这酒吧里和人聊天。他能一聊一个钟头,而且和谁都能聊到一块儿。德律菲尔太太是不大高兴他上这儿来的。他总是谁也不告诉,悄悄溜出家门,就晃晃悠悠地上这儿来了。你瞧,对他这岁数的人,这截路也不近了。当然,一发现他不在了,德律菲尔太太就知道他去哪儿哩,于是马上打来电话询问。接着她就开车过来,进门找我老婆。‘布伦福特太太，请你进去把他给叫出来，'她总是这个说法；'我不想自己去酒吧间，尤其是当着那么多男人。'我女人只好就进去了，然后又是那句，'德律菲尔先生，您太太开车来接您了，赶紧把酒喝完，跟她一起回去吧。'每次德律菲尔太太打电话来问他，他总想让我女人说他不在，可我们当然不能那么做，他毕竟是上了年纪的人，再加上其他因素，我们是担不起这责任的。你听说了吧，他就生在本教区。他那前妻是咱们黑斯太堡人。已经死了好些年了。不过我并不认识她。可老先生倒是挺有趣的。难得的是，没有架子。据人们讲，在伦敦他还是挺受人推崇的，所以死了以后，各个报上登的全是他的事情。可当时谁又能想到这点呢，不然也会有意找他谈谈。本来他也完全可能是个无名之辈，就像你我这样。当然我们总是尽量让他舒适一些，坐坐我们那些舒服座位，可是他偏不，非要坐在这里；他说他喜欢把脚放在这栏杆上。我相信他在这儿比在哪儿都快乐。他老是说他喜欢酒吧间。说在这儿他能接触生活，还说他一直热爱生活。他真是个有意思的人。我一看见他就想起我父亲来，只是那老人一辈子没念过书，天天都得有一瓶法国白兰地，最后活了七十八岁。他平生第一场病就要了他的命。德律菲尔死了以后，我挺想念他的。前几天我还跟老婆讲，什么时候我也想看看他的作品。人们说他好几本书写的都是咱这里。"

第二十四章

第二天上午，天气又潮又冷，但没下雨。我沿着长街向牧师宅走去。我又看到了那些铺面招牌上的店家姓氏，好久以来早就刻记在那上面的纯肯特的姓氏——姓干的，姓坎普的，姓卡伯斯的，姓依格尔登的，等等——只是没有碰上一个我认得的人。这时我感到自己仿佛是这条街上的一个游魂孤鬼似的，以前这里的人我差不多全都认识，至少见了面都认识，即便并不说什么，彼此也都很眼熟。突然间一辆破旧的小车从我身边开过，随即停下，又倒了回来，只见车里的人正用惊奇的目光打量着我。

接着一位高个笨重的老人下了汽车，向我走来。

“您是威利·阿显敦吧？”

我认出了他。这正是那医生的儿子，我过去的同学，我们共同度过了年复一年的学生时代，我已经知道他后来继承了父业。

“还好吧？”他开腔道，“我刚刚顺路去牧师宅看望我孙子。那里现在办了所预备学校。这学期一开学，我就把他送进去了。”

他的衣着破旧邋遢，但却有张英俊的面孔，这足以证明他年轻时一定是很漂亮的。奇怪的是我过去就没有注意到这点。

“当爷爷了？”我问他。

“当了第三回啦，”他笑了。

这话使我一惊。我心想，我面前这个人自他呱呱落地之后，又慢慢进入成年，然后便是结婚，便是生育孩子，孩子们又有了他们自己的孩子，如此等等；从他的外貌神情可以看出，他这一辈子没少操劳，但却始终难脱贫穷。他的言谈举止完全是一副乡村医生的样子，率直、热心而又圆滑。他的人生道路已经走到尽头。而我自己却仍然是满脑子的著书写戏计划，对未来充满着种种美妙的设想；仍然觉着我前面的道路上还有着数不清的活动和乐趣在等待着我；然而，我又想，在他人眼里，我恐怕也正像他在我眼里那样，早已是一个没有希望的老年人了。这种想法深深震动了我，一时竟没了心思去问询问询他的兄弟（那些曾是我儿时的伙伴）以及故旧的消息，只胡乱应付了几句便走开了。我继续向着牧师宅走去，那是一所宽敞但比较分散的住宅。对于今天这些比我伯父当年更加认真的现代牧师来说，这处住宅离交通沿线确实太远了一些，按今天的生活费用考虑，也有点大得住不起了。它外面是一个大花园，周围全是绿色田野。一块四方布告牌上写着这是一所为绅士子弟开办的预备学校，并附有校长的大名和学历。我隔着木栅向里望去，花园污秽不堪，过去我常去钓斜齿鳊的池塘也早已填平。整个地面已被划成一方方的建房用地。崎岖不平的小路上蜿蜒着一排排小砖房。我穿入喜巷，这里也盖起了许多新房，大都为面海而建的平房；旧日的通行税收所这时也成了一爿利落的茶馆。

我漫无目的地到处走着。似乎这里的每条街都盖起了无数小黄砖房。谁也弄不清住在那里边的都是些什么人,因为四周根本见不到人。我又去了海港,那里也没有人。只有一个流浪汉在离码头不远的地方躺着。两三个水手坐在一家货栈门口,我走过时,他们盯着看了看我。采煤业已经垮掉,矿工再也不到黑斯太堡来了。

应该去佛恩院看看,于是我先返回熊与钥匙。店主告诉过我,他有辆戴姆勒牌汽车可以租用,等我到旅店时,车已停在门口,那是一辆布鲁姆式旧车,看上去破旧不堪;汽车启动了好一阵子,才吱吱扭扭、咕咕隆隆地跑了起来,不时地把人猛孤丁地颠得左摇右晃,我实在担心它是否能把我送到目的地。但最奇怪的就是这车的气味竟和我伯父当年用的那辆老式四轮马车完全一样。那本是从马厩的腥臭味和铺在车底的烂草味发出来的;我实在想不明白,何以隔了这么多年,这辆车里也会出现这股气味。但是天下再没有什么比香味甚至臭味更能勾起往事的了,所以尽管眼前掠过的景物全非,我仿佛一刹间又重新回到了我幼时的马车前座上,一旁放着教堂的圣餐盘,对面坐的则是散发着科隆香水的淡淡清香,身着黑丝绒斗篷、头戴插着羽毛小女帽的伯母,以及一身长袍,宽阔的腰围上束着一条罗纹绸带,胸前悬着一副挂在颈项上的金十字架的伯父。

“威利,今天你可得规矩些。脑袋不要转来转去,要端端正正坐在你的位子上。主的殿堂里是不允许懒懒散散的人进入的。你必须记着要给别的孩子做个榜样,他们可没有你这样的优越条件。”

抵达佛恩院时,德律菲尔太太正和罗依在花园散步。我一下车,他们便迎了上来。

“我正让罗依看我的花呢,”德律菲尔太太边说边和我握手。接着又叹了口气:“现在我的财富就这些了。”

她看上去比我六年前见她时一点不显老。她身上的丧服也给人以素静高贵之感。衣领和袖口都是一色白绉绸镶边。罗依,我注意到,则是一身藏青西装配黑领带;想来也是意在对这位已故名人聊表敬意。

“你们先去看看我那些各式各色的花坛吧,”德律菲尔太太道,“然后我们就该吃午饭了。”

我们四处走着。罗依实在是知识渊博极了。园中的花草他没有一个叫不上来,那些拉丁名词更是脱口而出,就像制烟机里出香烟似的那么轻松。他还不断建议德律菲尔太太应该再从哪里弄些新品来,这些品种都是她的花坛不可缺少的;并告诉我们哪些花特别可爱,等等。

“我们就从爱德华的书房进去如何?”德律菲尔太太提议道,“那里一切如故,我完全按照他生前的样子布置的,一丝也没变动。你们恐怕想不到会有那么多人前来瞻仰他这故居,当然,人们首先想要看的就是他的这间工作室。”

我们从一扇敞开着的落地窗户进去。书桌上装饰着一盒蔷薇,扶手椅旁的小圆桌上放着一册伦敦的《旁观者周刊》。大师的烟斗依旧躺在烟灰盒里,墨水瓶里的墨水也依稀可见。一切都布置得十分完美。只是说不清为什么屋子里竟是死一般的沉寂;房间里散发出博物馆常有的那种霉臭气味。德律菲尔太太走到一排书架前,飞快地捋了一下好几本用蓝色封皮重订的书背,一边向我微笑道(其中既带玩笑,也有伤感):

“你知道爱德华是很爱你的这本书的。他常常一遍又一遍地看你的作品。”

“那真是太荣幸了,”我礼貌地回答。

其实我非常清楚,上次我来的时候,这里还没有我的那些书。于是仿佛并非故意似的,我顺手取出了一本,用手指轻轻在上头擦了一下,看看有没有尘土。真的没有。我又拿下一本夏洛蒂·勃朗特的书,一面假装和他们搭话,一面又做起试验来。同样也是没有。这里的每本书全都纤尘不染。试验的结果表明,德律菲尔太太确实不愧是一名杰出的管家,另外她的那个女用人也非同一般。

我们终于一起进入餐室吃饭了。这是一顿丰盛的英国式饭菜,吃的是烤牛肉和约克郡布丁什么的,我们边吃边谈起罗依写传的事。

“我总是想尽我的可能来给罗依减轻些负担,”德律菲尔太太说,“我一直在亲自汇集一切有可能收集到的材料。当然,这件事十分艰苦,可也挺有意思。我找到了不少旧日的照片,很有必要拿给你们看看。”

饭后我们去了客厅。从那里的一切,我再次发现德律菲尔太太布置安排的本领的确高超。不过从室内陈设来看,与其说是适合于一个普通家居过日子的妻子,倒不如说它更适合于一位文坛名士的遗孀。那些各式各色的印花布;一盒盒的百花香以及德累斯顿的陶瓷人——这一切都隐隐给人以一种凄凉哀惋之感,仿佛在忧郁地诉说着这里往日的光荣。我真希望这么阴凉的天气,壁炉里能生个火,然而英国这个民族如果不是太保守,那就是太能受罪了;他们往往不惜以别人的不舒适为代价来维护其原则。我很怀疑德律菲尔太太是否也曾想到过在十月一日之前可以生炉子。她问起我近来是否见到过曾经带我去她们家吃午餐的那位女士;从她略带尖酸的语气中不难想见,大概自她那有名的丈夫去世后,上流社会从此就对她再不关心了。我们刚刚坐下来谈论起死者,德律菲尔太太和罗依便以各种方式提出诸多问题,以便促使我把记忆里的东西全部和盘托出,而我也赶紧打起精神,以防把一些绝不想谈的事情泄漏出来。正在这当口,一个衣着整洁的客厅女用人突然用托盘送进来两张名片。

“太太,有两位开车来的先生希望参观一下这所宅院。”

“真烦人!”德律菲尔太太大声道,不过语气却相当兴奋。“刚才我就想说那些想来参观的人够多滑稽,我是一会儿也甭想安生。”

“那好办,说你抱歉无法接待不就行了?”罗依说。语气间不无狡猾味道。

“我不能那么做。爱德华会不同意我那么做的。”她瞅了瞅名片,“忘记戴眼镜了。”

她把名片递给我。一张写着“亨利·比尔德·麦克杜格,弗吉尼亚大学”;下面用铅笔写着“英国文学副教授”。另一张名片写着“吉恩·保罗·安德希尔”,下款是他在纽约的地址。

“是美国人,”德律菲尔太太说,“去告诉他们,我非常欢迎。”

说话间女用人已经把客人带了进来。两个人全都是体大肩宽、肤色黝黑的年轻人;全都是一副憨厚的神态,刮得精光的脸膛上长着一双漂亮的大眼睛；全都戴着角质架的眼镜；全都是浓密乌黑的大背头；他们全都是一身英国式服装，显然是刚刚买回来的，他们俩都显得有几分拘束。他们解释道，他们正做一次有关英国文学的考察。作为爱德华·德律菲尔的崇拜者，他们很想趁前往莱镇瞻仰亨利·詹姆斯故居的机会，顺路在这里作短暂停留，以期能获准参观一下这个充满着种种美丽联想的胜地。不过刚才他们提到去莱镇的话，德律菲尔太太听了可是不太舒服。

“那地方的高尔夫球场倒还不错，”德律菲尔太太这样回答他们。

她把两位美国客人给我和罗依做了介绍。罗依应付场面的本领实在令我钦佩不已。他好像就在这个弗吉尼亚大学做过演讲，并同这个大学的某位知名人物相处过一段时间。那真是一段令人难忘的经历。他简直说不清，是那些迷人的弗吉尼亚人对他的那番盛情的款待，还是他们对文学艺术所表现的浓厚兴趣给他留下更为深刻的印象。他一连串问起了许多人；他谈起当年的那些终生难忘的朋友；似乎他在那儿遇到的每一个人都是极为聪明、极为良善。所以，没有多久，两个年轻的教授便告诉罗依，他们是多么喜爱读他的作品，而罗依则自谦地向他们宣布了他每本书各自的意图，但同时说明他的这些意图没有得到充分的贯彻，差距又是如何之大，等等。这期间德律菲尔太太一直带着一种富于同情的微笑在一旁听着，不过我察觉到，她那微笑变得越来越不自然了。罗依似乎也感觉到了这一点，因为他突然把话题煞住了。

“我的这些东西恐怕早已经把你们给搞厌烦了，”他以他那特有的热热闹闹的方式高声讲道：“我到这里来，主要是应德律菲尔夫人之邀，将把为爱德华·德律菲尔修传这件光荣重大的任务接受下来。”

这话一出口，两位来访者的兴趣自然一下子被推入高潮。

“这的确是件不轻的活儿，不瞒你们说，”罗依拿出一副十足的美国人腔调。“值得庆幸的是在这件事上我能得到德律菲尔太太的大力帮助。她不仅是一位贤惠的妻子，同时也是一名令人羡慕的书记和秘书；她向我提供的材料是那么丰富而又完整，令人惊讶。我只要充分利用她的勤奋，她的——她的深情和热心，这事也就会差不多了。”

德律菲尔太太谦虚娴静地低下了头，只顾望着脚下的地毯。两位美国人那又大又黑的眼睛马上集中到了她的身上，从目光中我们看到，全是一派同情、关注和敬佩。在他们又稍稍谈了一阵之后——既谈文学，当然免不了也要谈谈高尔夫球，因为来访者们也承认了他们想要到莱镇去打几场球的愿望。听到这话，罗依马上又来了精气神儿，不仅告诉他们在球场上应该当心这样或那样的问题，而且提出如果他们去了伦敦，一定能同他本人在日照谷球场打上几场——我再说一遍，也就是在又说了这一席话之后，德律菲尔太太这才站起身来，提出要带他们去参观一下爱德华的书房以及卧室，当然还有那花园。罗依马上站了起来，显然是想陪同他们前去参观，但德律菲尔太太却一笑止之；那笑是客气的，但是十分坚决。

“不必劳你大驾了，罗依，”她说，“我带他们四处看看，你就留在这儿陪阿显敦先生好了。”

“噢，对对，当然可以。”

两位客人道别之后，罗依和我又坐到了包着印花布的扶手椅上。

“真是间不坏的房子，”罗依开始道。

“不坏。”

“艾米真是花费了不知多少心血才把它弄成这样。你知道，老人是在他们结婚的两三年前买下这幢房子的。她劝过他把这房子卖掉，可他不肯。在有些方面他也是挺固执的。这幢房子的原主是一个叫沃尔夫的小姐，德律菲尔的父亲曾在小姐家当过管家。德律菲尔说过，他从小就梦想将来自己能拥有这所房子，后来既然弄到手里，就不能不保存下来。人们或许会认为，他大概是最不愿意住在一个人人都知道他底细的地方。一次艾米雇女用人时差点儿出了问题，因为她不清楚这用人就是爱德华的小辈亲戚。艾米初来这里的时候，整个宅院从顶楼到地窖，全都是一色的道登姆院路的那种装修方式；这你当然是懂得的，也就是土耳其地毯、红木餐柜、客厅里的长毛绒罩家具，还有现代镶嵌细工之类的东西。这就是他脑子里一名绅士之家应有的样子。艾米对这些当然大不赞成。可这老人一点也不许人改变他的意图。所以她也只能采取徐图之的办法了，她讲了她实在在这里住不下去了,而且下了决心非把这一切搞得妥当才成。所以她也就只能一件一件慢慢改换,他也就不注意了。她跟我说过,最让她难办的就是他的那张写字台。不知道你注意过没有他书房里的那张写字台。那是件相当不错的旧式家具;要换了我是绝不肯扔掉它的。可他原来用的是张要命的美国式的拉盖书桌。他使用了不少年头,又在那上面写下了十几本书,这样他就一点也和它离不开了。在这类事情上他是分不出好坏来的;只不过是用的时间长了,他也就慢慢对它有了感情。你一定要让艾米讲讲她最后是怎么处理那桌子的。那真是再妙不过了。她的确是个了不起的女人;她是想干什么就能干成什么。"

"我刚才已经领教过了,"我说。

不是罗依刚刚露出了点想陪来访者去转转的念头,艾米不费吹灰之力就把他打发掉了吗? 听了我这句话,他马上疾扫了我一眼,会心地笑了。看来罗依也绝不傻。

"你对美国的了解赶不上我,"他说道。"他们总是宁要活鼠也不要死狮的。这也是为什么我喜爱美国的一个原因。"

第二十五章

送走朝圣香客之后,德律菲尔夫人进来时腋下夹着一个大纸夹。

"这个年轻人真是不错!"她赞叹道,"英国的青年要是也都这么喜爱文学就好了。我送给他们一张爱德华去世时的照片,他们又向我讨了一张我自己的,我也给他们签上了名。"然后转身宽厚地对罗依道:"你给他们留下的印象太好了。他们说这次见到你实在荣幸极了。"

"那是因为我在美国做过不少演讲,"罗依谦虚地说。

"不止这些。他们还读过你的书呐。他们说他们最喜欢的是你作品里的那种雄健的气势。"

大纸夹里有不少旧日的照片,一张是小学生们的相片。里面一个头发乱蓬蓬的小家伙原来就是作家本人,我能认出他来也是夫人告诉我的。

另一张是德律菲尔参加球队时的照片，这时他已经长大了一些。接着是一张穿着运动衫和对襟短衫的年轻水手，那是他逃到海上那段时期拍的。

“这里有一张他第一次结婚时的相片，”德律菲尔太太指给我们看。

照片中的人蓄着胡子，下穿黑白格裤，驳领上佩着一朵白玫瑰，身旁桌子上放着一顶高高的礼帽。

“这就是那新娘了，”德律菲尔太太面无笑意地说。

可怜的露西，在这张四十多年前由一个乡村摄影师给她拍摄的照片里，那副模样实在像个活鬼。但见她硬挺僵直地呆立在一幅绘有高堂华屋的布景前边，手持鲜花一束，身穿百褶长衫，腰间紧束，下用裙撑。额前刘海齐至眼睛，香橙花环高高别在一团发髻上，然后再由一方长长的面纱向后甩去。恐怕也只有我心里明白，她那时候实际上绝不难看。

“看上去她太平常了，”罗依评论道。

“是太平常，”德律菲尔太太哼了一声。

我们又看了看爱德华的其他一些照片。有刚刚成名的时候照的，有蓄起胡子的时候照的，还有他后来的好些照片，每张照片他的脸上都刮得精光。而且你很快就会发现，他越来越瘦，皱纹也越来越多。此时前期那股倔强平庸的神气早已被一副精力衰退的老成神态所代替，这些照片真实体现出岁月沧桑、功成名就等等带给他的种种变化。我的目光再次落在了他那张年轻时当水手的照片上。我感到他的脸上透着那么一种淡漠的神情，这在他后来的照片里表露得更加明显了。而这一点，多少年前我就已经隐隐约约从他身上感觉到了。你所看到的这张面孔只是一副面具，而他所表现出来的种种动作也都全无意义。我对他这位先生本人的看法是，面具背后那个真正的人——一个始终让人莫名其究竟而又异常孤独的家伙，只不过是飘忽游离于那些书的作者和实际生活中的他之间的一个幽灵；只不过是被世人误以为是爱德华本人的两具木偶。我十分清楚，迄此为止，我笔下所刻画出的这个角色绝非是一个活生生的人，一个站得起来，有血有肉，办事有行为有逻辑的人；我甚至也就没想这么去做。我完全乐得能把这件事留给阿罗依·基尔的那支生花妙笔。

接着我又看到哈理·赖特弗得——也就是那个演员——给露西拍的几张照片，还有将里昂奈耳·希利尔为她做的肖像拍成的照片。我猛地又是心头一痛。这才是我记忆中的她。虽然说是一条旧式的长裙，可当时的她却是一个活人，满腔的炽情使得她浑身颤抖。她仿佛随时都在准备着迎接爱的袭击。

“她给人的印象完全是结实的村姑，”罗依说。

“或是挤牛奶的那种女人，”德律菲尔太太应了一句。“我觉得她倒更像个混血黑鬼。”

这原来是巴登·特莱福德太太给她的爱称，但露西那厚厚的嘴唇和宽宽的鼻子，倒也使这个酷评带有几分令人恼火的真实。但是她的一头金发怎么金里泛银，那银白的皮肤又怎么银中焕金，他们就全都不知道了；她的一笑怎么那般令人神魂颠倒，他们更不知道。

“怎么把她和混血黑鬼扯到一起？”我抗议道，“她纯洁得像黎明曙光，美艳得像青春女神。她简直就是一朵白玫瑰花。”

德律菲尔太太笑了，然后和罗依交换了一个意味深长的眼神。

“巴登·特莱福德太太过去没少跟我讲过她的情形。不是我心存刻薄，只是我实在没法把她说成是个很善的女人。”

“这你可能就错了，”我反驳道，“她正是个很善良的女人。我从来都没见她发过脾气。你只要跟她说你需要什么，她马上便会满足你的要求。我从来都没听见她讲过别人一句坏话。她有着一颗金子般的好心。”

“那是个邋遢得要命的女人。她的房间什么时候也是堆得乱七八糟；椅子脏得叫人没法坐，屋角旮旯就更不能看了。她本人也是这样。一条裙子从来穿不利落，里面的衬裙一边能露出二英寸多长。”

“她主要是不太在意这些事。但这并未妨碍她的美。岂止是美，她还善良。”

罗依扑哧一下，笑出声来。德律菲尔太太也手捂着嘴，强压着笑。

“天哪，我的阿显敦先生，你这可是有些言过其实了。得了，我们大家也别遮遮掩掩的了。她干脆就是个女色情狂。”

“我认为这个词用得非常不当，”我继续反驳。

“换个说法也未尝不可。不过既然她能这么对待爱德华，也就不是个好女人了。当然，这也算是因祸得福。假如她不从他身边跑掉，这个沉重的包袱他也就不得不一辈子背到底了，这样一来，他也就休想达到他现在的地位。不过事实还是事实，她的不忠谁不知道！从人们对她的议论中也可以看出，她实在是够乱的了。”

“这个你不懂了，”我辩护道，“她只是个很单纯的女人。她的本性天真健康。她只是想给人们带来点欢乐罢了。她喜欢爱。”

“你管这叫爱吗？”

“那就叫成爱的行为也行。她是个天生的情种。只要她喜欢上谁，和他过夜也是常事。她很少深思熟虑。所以这在她来说，也不是淫荡，只是她的天性罢了。这就跟太阳放热，花儿有香一样自然。这能给她带来快乐，她也把这快乐给了别人。这并不影响她的为人，她还是诚实的，不虚假，不造作。”

德律菲尔夫人听了这话简直就像喝了口蓖麻油似的，于是拼命吮吸起手里的柠檬来，以除去嘴里的怪味。

“我是不理解的，”她说道，“不过我完全承认，我自始至终也不清楚爱德华到底瞧上了她哪点儿。”

“爱德华知道不知道她跟好些杂七杂八的人都有关系？”罗依补了一句。

“我敢肯定他不知道，”她一口封死。

“你这可是把他想得过于蠢了，德律菲尔太太。我不这么认为。”我反驳道。

“那他为什么要将就她呢？”

“这我倒还可以给你说说。你知道，她并不是那种能够在人的心里激起爱情的人。只是好感罢了。所以，去嫉妒她是可笑的。她就像是树林里一潭清澈的深水，能跳进去一下当然是再妙不过，可它绝不会因为有哪个流浪汉、吉卜赛人或是猎场看守人跳进去过，就把它的清凉或晶亮全给毁了。”

罗依又放声大笑起来，这次德律菲尔太太也不加掩饰地轻轻笑了。

“看到你这么诗兴大发，也是够有趣的，”罗依讽刺道。

我强压下了一口气，没叹出来。我曾注意到，每当我特别严肃时，人们反而会嘲笑我，再有，每当我隔上一段时间，将自己那些发自肺腑的文章重读上一段时，我又会不由自主地嘲笑起自己来。很有可能，一段真情里面本身就包含着某种荒谬的东西，尽管为什么一定会是这样我想象不出；除非是，人类这种本属于一个平凡星球上的朝生暮死的家伙，尽管毕生奋斗不已、痛苦无穷，到头来也只不过是那个永恒的心灵的一个玩笑而已。

看得出德律菲尔太太这时心里头有个问题想要问我，因而显得有点局促不安。

“依你看，假设说她今天还肯回心转意，那他还会再次要下她吗？”

“你比我更了解他，我认为是不会的。我的看法是，当他已经把自己的感情耗尽以后，他是不会再对那曾经激发起这种感情的人发生丝毫的兴趣。在我看来，在这个人的身上，强烈的热情和极端的冷酷可以说两样都有。”

“真没想到你会说出这种话来，”罗依大声说道。“他是我见过的最慈祥的人了。”

德律菲尔太太一言不发地凝视了我一阵，然后耷拉下眼皮。

“我很纳闷她去了美国以后混得怎么样？”罗依又问了一句。

“她肯定嫁给了那坎普，”德律菲尔太太答道。“听说他们后来换了名字。当然他们是绝不敢在这儿露面了。”

“她是什么时候死的？”

“大概十年以前。”

“你是怎么听说的？”我问道。

“从他的儿子哈罗德·坎普那里；他这儿子现在就在梅德斯通镇上做点生意。这些事我从来没对爱德华说起过。这女人在他的心里早已死去多年了。所以也就没有必要再让她勾起这些往事。能够设身处地地为别人想想，对自己也会有好处的。我心里常想，如果我是他的话，我也会不愿意听人提起我年轻时候哪件不愉快的事情的。你说我这么做对吧？”

第二十六章

德律菲尔太太非常客气地提出要用车把我送回黑斯太堡，不过我宁愿自己步行回去。我答应第二天和他们在佛恩院里共进午餐，借此机会我可以把和爱德华·德律菲尔常常见面的那两段时间的情况尽量追述下来。当我沿着那弯弯曲曲的无人小路返回时，我已经开始寻思我该写些什么。人们不是常好讲吗，文章之妙全在一个“省”字？果真这样，我这次一定能写出一篇相当不错的东西，但是如此妙文却只能给罗依去充当素材，委实是太可惜了。我心中暗笑，要是我愿意的话，我这次是能够抛出一颗炸弹来的。看来目前也只剩下了这个人能够把有关爱德华·德律菲尔和他第一次婚姻的全部情况公诸于世，可这一节，我只准备藏在心里，秘不示人了。他们以为露西已经死去；可他们错了。露西仍然活得很好。

不久前我为了剧本上演的事来到纽约。由于经理的那位精力充沛的报界代理人向社会各界做了广泛的宣传，一天我突然收到了一封来信，那上面的字体我曾经见过，只是一时记不起是谁的笔迹。字体又大又圆，笔下有力，但显然出自文化不高的人之手。但是字迹这么熟悉却又记不起来，我简直对自己有点恼火。本来一下子把它拆开，问题就解决了，可我偏偏要盯着那信去绞脑汁。来信给人的感情是很不同的，有一见面令人生畏的信，也有的信见了那么让人打不起劲，简直一个星期也不想去拆它。当我终于打开了这封信时，一读之下给我的感觉实在是不寻常的。信文也起得突兀。

我刚刚从报上得知你来了纽约，故很想再见你一面。我现在已经不再住在纽约，不过扬克斯市距离那里不远。乘汽车前去的话，半小时可达。估计你会很忙,因此见面时间,可由你定。虽然自我们最后一面如今已有多年,但我想你总不会忘记你的老友吧。

露西·依格尔登(前德律菲尔)

我看了看地址,是从阿尔伯马尔来的,显然是某家旅馆或公寓的名字,下面则是街道名和扬克斯市。顿时一阵颤抖流过我的全身,仿佛有人从我坟头走过似的。在过去那些岁月里,我也曾偶尔想起过露西,不过后来我渐渐觉得她恐怕早已不在人世。信上的署名也一时令我感到不解。为什么会是依格尔登而不是坎普?后来我才想起,这是他们逃离英国后另取的姓名,不过倒也是肯特人的姓名。我最初的反应是找个借口不见算了;我每次和久未见面的人再见面时总是有点窘迫,但又抵不住好奇心的驱使。我想耳闻目睹一下她目前的状况,也想了解一下这些年来她是怎么过的。当时我正准备到道伯斯渡去度周末,正好经过扬克斯市,于是我回信说本星期六下午四点左右去她那里。

阿尔伯马尔是一幢巨大的公寓大楼,外观仍比较新,里面住户大都是生活富裕的人家。一个身穿制服的黑人门房用电话把我的姓名通报上去,另一个把我送上电梯。我忽然意想不到地紧张起来。这时跑出来开门的是个黑人女用人。

"快请进来,"她说,"依格尔登太太正等着您。"

我被领进一间兼作餐厅的起居室里,这从房间里的布置就可以看出来:屋的一角摆着一张雕饰厚重的栎木方桌,一个橱柜和四把激流市①的制造商们肯定会说成是詹姆斯一世②时的椅子。屋子的另一端放着一套镀金、用淡蓝色绸缎装饰的路易十四时期式的家具;还有许多小巧、镀金细雕的桌子,上面摆着塞弗尔③产的花瓶,上有各式锡金装饰以及女性裸

① 激流市,美国密执安州西南部城镇名。
② 指英国十七世纪初期詹姆斯一世时所盛行的繁缛浓重的装饰风格。
③ 巴黎西市郊镇名,以盛产陶瓷著称。

体铜像，那仿佛迎风而起的裙衫恰巧遮掩住了某些不宜外露的部分；另外玉臂舒展处，各自手拿一个灯泡。留声机属于店铺橱窗里那种最昂贵的，金光灿灿，状若肩舆，上面绘有华托①式的廷臣贵妇之类。

大约五分钟后，门开了。这时只见露西轻快地跑了进来。她向我伸出了双手。

“天啊，真真地意想不到，”她高兴地说，“快别去想我们这一别有多少年了。对不起，请等一下。”她走到门边喊道：“杰西，茶点可以端上来了。水一定要滚开。”然后转过身道：“你简直想不到要教会她沏杯茶有多费劲。”

露西这时少说也有七十岁了。她穿着一件俊美的绿绸无袖上衣，方领浅口，遍饰珠宝，丰腴得几乎脱体欲出。从形体上看，我猜她内着紧身胸衣。她的指甲染得绯红，眉毛也细细描过。她已经发福了，下巴圆圆，胸上虽然敷粉不少，仍然盖不住那偏红的肤色，脸也发红。她看上去气色良好，身体健康，精力也很旺盛。她的头发依旧浓密，只是大半花白，现在烫作短发。她年轻时本来生得一头轻柔飘动的鬈发，而如今她那仿佛刚从理发店里走出来的僵硬波浪似乎比什么都更使得她变了原样。唯一没有改变的就是她的笑，从那里面你仍然可以看到那旧日的雅气、顽皮和甜蜜。她的牙齿过去本不大好，参差不齐，其状不美，但现在早已被一口晶光整齐的洁白假牙所替代；很明显这完全是高昂的费用给换来的。

黑女佣端进了一桌相当丰盛的茶点，馅饼三明治、各式甜饼和糖果，等等。刀叉餐巾也都样样雅洁精致。

“有一件东西我总去不掉——这就是我的茶点，”露西说道，一边吃着抹着黄油的热烤饼。“我最喜欢吃这个了。我也知道应当少吃这种东西，我的医生就常提醒我：‘依格尔登太太，要是每次喝茶都吃上六七块甜饼，你的体重就别想降下来了。’”说着她向我一笑，这一笑使我猛地感到，尽管是有了这些烫发、香粉和发胖的身体等等，露西还是那过去的露西，并

---

① 华托（1684—1721），法国风俗画画家。

没有变。“不过我的看法是：如果你想吃什么就来上点，这也是有好处的。”

我总是觉得和她容易谈到一块儿。所以一会儿工夫我们就畅谈开了，就像不久之前还见过面似的。

“你接到我的信感到意外吗？我补上德律菲尔的字样你就不会弄不清是谁的信了。依格尔登这个名字是我们为了来这里才取的。乔治从黑斯太堡走的时候发生过些不顺利的事，也许你早已听说过了。他认为既然到了一个新的国家，也就最好用个新的名字。我想你会理解我的意思。”

我惘然地点了点头。

“可怜的乔治，十年前他就去世了。”

“听到这个，我很难过。”

“哎，他也上了年纪，七十多岁了。可从外表一点也瞧不出来。这对我来说是个沉重的打击。再也找不到比他更好的丈夫了。自我们结婚那天到他去世为止，我们连一次口角也没有发生过。让我感到欣慰的是，他没少给我留下家产。”

“那太好了。”

“是啊，他在这儿干得相当不坏。他搞房产贸易，这一行他本来就有兴趣。另外他和坦慕尼协会[①]很熟。他常说他生平最大的错误就是没有早来这里二十年。他从踏上这片国土的第一天就爱上这儿啦。他这个人浑身都是劲头，而这里需要的正是这一点。他确实是个能够出人头地的人。”

“那你们后来就再没有回过英国？”

“没有，我从没有过想回去的念头。乔治倒念叨过这事，可也只是说去旅行，不过我们并没有认真对待。现在他已经撒手走了，我也就再没有这种打算。我认为在纽约住过以后，就会觉得伦敦没意思了。你知道，过

① 美国民主党的一派，1789 年在纽约的坦慕尼大厅建立，故名。

去我们一直住在纽约。只是他死了以后,我才搬到这里。”

“什么使你挑中了扬克斯市这个地方?”

“原因是,我一直就喜欢这里。过去我就常对乔治讲过,退休之后,我们就住到扬克斯市去吧。在我眼里,这地方是个小英国;诸如梅德斯通、吉尔福特一类的地方。”

我笑了,但我能理解她的意思。虽说这里到处都是电车、汽车、电影院和霓虹灯广告之类的东西,可在扬克斯市区,特别是那条弯弯曲曲的主要街道,的确有着几分英国小镇的风味,只不过是“爵士”化了。

“当然我有时候也想知道,黑斯太堡的乡亲们后来都怎么样了。估计他们中大部分人此刻已不在人世了,我想他们认为我也是这样。”

“我已经有三十年没去过那里了。”

回想当时我并不知道露西已死的说法已经到了黑斯太堡。我估计很可能是有人把乔治的死讯带了回去,以致造成误传。

“我想这里恐怕还没有人知道你就是爱德华·德律菲尔的前妻吧?”

“还没有,也亏着还没有;不然我这个房间早就会让新闻记者们给乱成马蜂窝了。有时候在牌桌上,人们也谈起过台德的东西,每逢这时候我简直忍不住想笑。美国人对他的崇拜似乎达到了狂热的程度,可是我从来看不出这些书有多大意思。”

“你平时不大看小说吧?”

“我过去倒是更爱看历史书,可是现在也就没有工夫多看书了。我特别喜欢过星期天。这里星期天的报纸最有趣了。在这方面英国无法与之相比。当然我也打桥牌;我对合约桥牌尤其着迷。”

这使我想起小时候我第一次见着露西打惠斯特牌的情景,她那神出鬼没的手法实在让我太佩服了。我对她的牌路是有所体会的:大胆、敏捷、准确,理想的搭档,危险的对手。

“台德去世的时候,美国新闻界大吹大捧的做法真是叫人不可思议。我知道他们很看重他,可我从来也没有认为他就像他们所吹嘘的那么伟大。各个报上登的全都是他的消息;全是他的照片和佛恩院的照片;过去他常说他总有一天要住到那里去的。他怎么会和那个医院护士结了婚?我倒以为他会娶下那个巴登·特莱福德。他们后来没生孩子吗?"

"没有。"

"台德是想多要几个孩子的。生下第一个孩子后,我就不能再生了。这对他是个沉重打击。"

"你也生过孩子?"我感到很突然。

"是的,我也生过。这样台德才娶了我。可孩子出世时,我的身体很不好;医生说我不能再生育了。可怜的小家伙,要是这小女儿还活着,我想我也就不会和乔治走了。她死的时候只有六岁。真是个可爱的小东西,美得像张画似的。"

"你从没有提起过她。"

"没有,我也不忍心来提她。她患的是脑膜炎,于是我们把她送进医院。医生把她安置在一个单间,允许我们陪她。我永远也忘不了她受的罪。她一直哭个不停,可谁也无能为力。"

露西的声音哽咽了。

"德律菲尔在《生命之杯》里写的就是这件事?"

"一点不错。我总觉得台德够好笑的。他向来不忍心提起这事;可是却把它详详细细地写了下来,连那些零星小事也没漏掉,甚至一些我当时没太注意到的地方,他也全都写了进去,我是在看后才又想起来的。你也许会认为他这个人一点儿没有心肝,其实也并非如此;他和我一样心全乱啦。每次夜晚我们走回家门的时候,他会像个孩子似的大哭起来。这人够好笑吧?"

正是《生命之杯》引起了那阵十分强烈的抗议风潮;其中孩子的死以及接下来的那段文字尤其给德律菲尔招致了恶毒的辱骂。那段描写我至今仍然完全记得。那的确是够悲惨的。但是笔调绝不脆弱,也丝毫没有想赚读者眼泪的意思,作者想要表达的实际上是他的一腔愤怒:这么残酷的折磨为什么竟要落在一个幼小的孩童身上。读后你会感到上帝在最后的审判日也不能不对这类情形做番解释。这是一段气势非凡的精彩文字。现在我们想要知道的是，如果幼儿之死这段取自真实生活，紧接着的那段是否也是这样？要知道，正是这件事触怒了九十年代的英国社会，另外也正是这件事使得批评家们不仅痛骂这是冒犯，而且还斥之为诞妄。在《生命之杯》里，那对夫妇（他们的名字我记不起了）在孩子死后从医院回到家里来——他们都是穷人，在这个破旧的住处生活够拮据的——喝了杯茶。这时天色已经不早，快七点了。一个星期的焦虑和劳累早已使得他们忧伤过度，精疲力竭。他们彼此一句话也没有了。他们只是痛苦地默默坐在那里。几个小时过去了。突然妻子站起身来，走进卧室去戴帽子。

"我出去一下。"

"好吧。"

他们住的地方离维多利亚车站不远。她顺着白金汉宫路走去，穿过公园，然后出了皮卡迪利，缓缓向着赛克斯广场走去。一个男的细看了她一眼，踌躇了片刻，然后转过身对她说：

"晚上好。"

"晚上好。"

她也停下脚步，微微一笑。

"你能和我一起去喝点什么吗？"他问她。

"我不反对。"

于是他们走进了皮卡迪利一条小街上的一家小酒馆，这里正是那种妓女拉人，嫖客常来的地方。他们坐下来喝了一些啤酒。然后她便和那陌生人有说有笑地聊了起来。她还信口开河地胡诌了一篇自己的身世。很快他便问她是否可以和他一起回家；不，她说道，那可不行，不过可以去旅馆开个房间。接着他们跳上了一辆马车，去了布卢姆斯伯里，要了个房间过夜。第二天一早，她乘公共汽车回到特拉法尔加广场，步行穿过公园；她到家时，她丈夫正准备吃早饭。早饭后，他们又返回医院去办理孩子埋葬的事。

"你能告诉我件事吗，露西？"我问道，"书里孩子死后发生的那些——

那些事是真的吗?”

她疑疑惑惑地望了我一阵,唇边又泛起了微笑,那依旧美丽的微笑。

“好吧,反正已经是多少年前的事了。说说又有什么打紧?我并不在乎对你实说。他写的那些并不全对。那只是他个人的猜测罢了。使我吃惊的是,他居然想象出了那么多的东西。真实的情形我并没有向他讲过。”

露西取出了一支烟,略带思索地把烟在桌子上轻轻弹着,但并没有点着。

“我们从医院回来的情形正像他写的那样。我们是走着回来的;我觉得我在马车里边坐不下去。我觉得我身体里的那颗心全死了。因为哭得太久,我已经再也哭不出来了。我太累了,台德安慰我,可我对他说:‘看在上帝的分上,闭上嘴吧。’以后他也就没有再说什么。那时候我们的住处在沃厅桥路,我们住在二层,只有一间起居室和一间卧室,这也是我们不得不把那可怜的小东西送进医院的原因;我们那种住处没法给她养病。再说房东太太也不让留在家里,最后台德说去了医院也许能照顾得好些。房东太太倒不是个坏心肠的人,嘴头上尖刻一点罢了。台德过去和她一聊就是一个钟头。听到我们回屋,她走了进来。

“‘孩子今晚怎么样了?’她询问道。

“‘已经死了,’台德回答她说。

“我当时一句话也说不出来了。随后她给我们端进茶来。我什么也不想吃,可台德还是硬让我吃了些火腿。然后我坐在窗前。房东太太进来收拾桌子的时候,我头也没回。我谁也不想答理。台德开始看起书来,至少是装着在看。其实他一页也没有翻;可泪水已经弄湿了书本。我的眼睛一直望着窗外。当时已经六月底了,六月二十八号,天还很长。我们的住处正好把着街角,所以我就只顾望着那旅店里进进出出的人,来来往往的电车。我觉得时间实在是长得没有尽头;可又像没过多久,我猛地一下发现外面已经黑了。街灯闪烁,行人熙熙攘攘。我忽然感到困乏极了,两条腿重得抬不起来。

“‘为什么不点上煤气灯？’我问台德。

“‘想要点吗？’

“‘这么黑乎乎地坐着干什么？’

“他点上了灯，又抽起他的烟来。我知道这样他会觉着好些。我还是一动不动地坐在那地方，望着下面的街道。我不知道当时我心里是怎么想的，我只觉得再这么坐下去，我会疯的。我必须得到什么地方去，到有人的地方去，我得从台德身边走开；不过，当然还不到那程度，我只是想从台德的思想和感情里摆脱出来。我们当时只有两间屋子。我走进卧室，孩子的摇床还在那里面，我简直不忍心看。我戴上帽子面纱，换了衣服，走到台德面前。

“‘我出去一下，’我说。

“台德看了下我。我敢肯定他注意到我换上了新衣服。或许是我说话的口气使他意识到我不想和他在一起。

“‘好吧，’他说。

“在作品里，他写的是我步行穿过公园，可实际上并不是这样。我去了维多利亚车站，然后坐双轮马车到了查令十字广场。车费只花了一个先令。接着我步行去了河滨路。其实出门以前，我已经想好了我要干什么了。你还记得哈理·赖特弗得吧？他当时正在阿道尔菲剧院演出，是那出喜剧的第二主角。我跑到后台门口，报进了我的名字。我一直喜欢哈理·赖特弗得。他虽说有些无赖劲，在钱的问题上也有些可笑，可他确实是够滑稽的。所以缺点归缺点，他还是个难得的好人。你没听说他后来在南非战争中被打死了？”

“没听说。我只是觉得他不露面了，戏报节目单上也再没有见着他的名字。我还以为他去经商了或是干了什么的。”

“不，战事刚一爆发他就去了。后来在一个叫莱提史密斯的地方死的。我没等多大工夫，他就下来了。我对他说：‘哈理，今晚我们去好好喝上一通吧，到罗曼诺去吃饭怎么样？’‘太好了，’他说，‘你在这儿等着，戏一结束，我卸了装就来。’见到了他，我觉得心情稍好了些。他正扮演一个马场卖秘密的人;看见他那格子服、宽边帽和红鼻子,也是够让人好笑的。我一直等到演出结束。散场后没多一会儿他就下来了,我们便步行向罗曼诺走去。

"'你饿了?'他问我。

"'简直饿坏了,'我说,我当时也确实是饿极了。

"'那就好酒好饭,拣好的来,'他说,'钱算什么! 我跟比尔·台利斯[①]说了,我这可是请漂亮女人去下馆子。我从他那里搞来了好几镑。'

"'来点香槟吧,'我提议道。

"'那就香槟万岁!'他回答。

"我不知道你去过罗曼诺没有。那里挺不错的。那地方你能碰见不少戏院和马场的人。欢乐舞厅的姑娘也常去那儿。那里真是个最让人开心的地方。还有那个意大利人。哈理跟他很熟,于是他也来到我们的餐桌上。他好用一种滑稽的蹩脚英语跟人谈话;我明白他是故意这样来逗人笑的。不过遇上他的熟人真的交了厄运,他倒也能帮你点忙。

"'小娃娃怎么样了?'哈理问我。

"'好些了,'我说。

"我不打算告诉他实情。你不知道男人有时候有多可笑;有些事情他们干脆就不懂得。哈理会觉得,孩子刚死在医院里,你就跑出来吃饭,也实在有点太不像话了。而且,他还会感伤一大通的。可我需要的并不是这个;我需要的是好好笑笑。"

露西点起了那支已经在手里头拨弄了半天的烟。

"你知道,一个女人如果怀上了孩子,有时候她丈夫会觉得受不了,于是就出去另找女人。一旦让她发现,她的做法也常常是可笑的。她会为了这件事没完没了地大吵大闹;她会讲,她正在死去活来地受这么大罪,她的男人居然好意思去干那种事。这也太过分了。我也常去劝劝她们别那么傻。这并不一定就是他已经不爱她了,或者他们心里就不着急,这不

---

① 显然是哈理在剧院的同行之类。

一定就是不得了的。这只是他心里太乱了；如果不乱，他也就不会去想那些事了。我能理解这一点，因为我有过亲身体验。

“吃完晚饭，哈理问了我一句：‘喂，怎么样？’

“‘什么怎么样？’我反问他。

“那个时候跳舞还不流行，我们没有地方好去。

“‘到我的住处，去看看我的相册怎么样？’哈理提议。

“‘我不反对，’我说。

“他在查令十字街有个栖身地方，不过两间房子，一个洗澡间和一个小厨房。我们坐车去了那里。当夜我就没回去。

“第二天一早我回到家里的时候，桌上已经摆好了早饭。台德已经开始吃了。我早已经打定了主意，他只要开口说三道四，我就跟他大闹一场。我才不管后果哪。以前我就是自己挣钱养活我自己的，以后我也准备就这么办。半句话不对劲，我就会箱子一拿，掉头就走。从此和他一刀两断。可我刚一进门，他就抬起头来。

“‘你回来得正好，’他说，‘不然你那份香肠我也给吃了。’

“我坐了下来，给他倒了杯茶。他继续看他的报纸。早饭后，我们一起去了医院。他一直没问过我那天夜里去哪儿啦。我也不知道他是怎么想的。那段时间他对我非常好。你知道我当时难受极了。我觉得恐怕这一辈子再也高兴不起来了。他可是处处想着法地来宽慰我。”

“你看了他那本书以后有过什么想法？”我问她。

“说实在，真是把我吓了一跳——那天晚上的事他简直猜出个差不离来。我不明白的是，他干吗要写那个？按说这种事他是绝不会愿意往书里去写的。你们全是怪物，你们当作家的。”

这时电话铃响了。露西拿起耳机，注意听着。

“是凡努齐先生！你又打电话来问，太客气了。谢谢，我挺好的。精神也好，气色也好。希望你到了我的岁数，人们也都这么说你。”

她同对方谈起来了。从她的口气来看，那谈话是带有几分滑稽甚至调情的味道的。我也没有多去注意他们的谈话，但由于话匣子一开，一时半会儿收不住了，这工夫我不免思考起作家的生涯来。那里面是充满着艰难困苦的。首先他必须准备受穷，准备受人冷遇；接着，在取得了几分成就之后，他又不得不心甘情愿地去接受各种意想不到的局面。他所赖以生存的广大读者也是捉摸不透的。他还不得不受到各种各样人的摆布：来访的记者；要给他拍照的摄影师；火急索稿的编辑；催交所得税的税收员；邀他赴宴的上流人士；请他做演讲的学会秘书，想要嫁给他与想和他离婚的女人；求他签名的青年；求他写戏以便能够上演的演员；向他厚颜提出借款的陌生人；恳请他对她们自己的婚姻问题发表高见的、喋喋不休的太太；征求他对他们的文章的看法的热情青年；以及代理人、出版商、剧院经理、啰嗦鬼、崇拜者、批评家，等等，甚至连他自己的良心也在不停地折磨着他。不过他至少在一点上能得到补偿，这即是，每当他心有所感，不管是烦恼的思索、对亡友的伤痛，还是不得回报的苦恋、受到挫折的自尊心以及对那些恩将仇报的人的一腔怒火，一句话，不管是多么复杂的情感或恼人的思绪，只要他一旦诉诸笔墨，将上述种种敷演成一个故事装点进某篇文章，这时他们的一切苦恼也就都将烟消云散，忘在脑后了。因此作家又是天底下唯一能享受到自由的人。

露西放下了听筒，转向我说。

"这是一个爱向我献殷勤的人。今天晚上我打算去打桥牌。他于是就打电话来说他要用车来接我。尽管他是移居在这里的南欧人，可人确实不错。过去他在纽约市区里经营过食品店，现在已经退休不干了。"

"你一直没有想过再结婚吗，露西？"

"没有，"她笑道，"这倒不是因为没有向我求婚的。我现在一个人过得挺快活的。在这个问题上，我是这么看的：我不想嫁给个岁数大的，可嫁给个年轻人，在我这个年纪就又可笑了。我已经是过来人了，当然也就不再有这念头。"

"请问是什么使你跟乔治·坎普走的？"

"这个嘛，我本来就喜欢他。你知道，我认识乔治要比我认识台德更早得多。当然，我从来没有想到过能有机会去嫁给他。别的不说，他至少已经是个有了家室的人；再说他也不能不考虑他自己的地位身份。后来有一天他找上了我，对我说他现在一切全都完了，他破产了，不出几天拘捕令就要发下来去逮他，所以他马上就去美国，又问我能不能也跟他一道走。好了，我又能怎么办！我不能看着他一个人走那么老远；说不定他身上没钱；再说他那个人也是多少年来一直排场讲究惯了，有宅院，有车马的。我是不怕走了以后要出去干活挣饭吃的。”

“有时候我也想过，是不是你这一辈子就只爱他，”我大胆问了一句。

“我觉着这话倒有几分道理。”

“我闹不清你到底看上了他什么？”

露西的目光移到了墙上挂的一幅像上。不知什么原因，这幅像我刚才一直没注意到。这是一张乔治的放大像；相框上镀金雕花，挺讲究的。看上去像是他初到美国以后照的；也许就是他们结婚时拍摄的。这是张半身像。相片上的他身穿长礼服，扣子系得紧紧的，一顶高高的绸帽歪着戴着；扣眼上别着一朵大玫瑰花；一只胳膊下夹着银头手杖，另一只手里的那支大雪茄上正冒着烟。他的须髭浓密，下端敷着凡士林油，眼神之间透着调皮味道，整个神情傲慢而又浮夸。他的领带上还别着一枚马蹄形的钻石饰物。一眼望去，他真是活像一名盛装待发、前去达比市赛马场的酒店老板。

“这我完全可以告诉你，”露西解释道，“他多少年来一直是个头等的好人。”

高健译事年表

1929 年

8 月,高健出生于天津静海的一个书香世家。

1947—1951 年

在北京辅仁大学(今合并至北京师范大学)学习。

1951—1956 年

于中央人民政府情报总署担任翻译工作,后改任军委联络部协理员。

1956 年

调任至山西大学外语系任教。

1983 年

8 月,散文译选集《英美散文六十家》(上)由山西人民出版社出版。

1984 年

11 月,散文译选集《英美散文六十家》(下)由山西人民出版社出版。

1985 年

发表《浅谈风格的可译性及其他——翻译英美散文的一点体会》,载

《翻译通讯》1985 年第 1 期。

1986 年

10 月，散文译选集《英美近代散文选读》由商务印书馆出版。

1988 年

5 月，诗歌译选集《圣安妮斯之夜》由北岳文艺出版社出版。

1989 年

5 月，散文译选集《美国散文选》由北岳文艺出版社出版。

1990 年

发表《译诗札记》，载《世界文学》1990 年第 2 期。

1991 年

长篇小说译著《笔花钗影录》在《名作欣赏》(1991 年第 1—6 期)上连载刊登。

发表《高健谈译诗》，载《外语教学与研究》1991 年第 4 期。

1992 年

6 月，诗歌译选集《英诗揽胜》由北岳文艺出版社出版。

发表《译诗八弊》，载《山西大学学报》1992 年第 3 期。

发表《再评李白〈送友人〉的几种英译——兼谈评论译诗的标准问题》，载《外国语》1992 年第 6 期。

1993 年

发表《论朱湘的译诗成就及其启示——为纪念诗人逝世六十周年而作》，载《外国语》1993 年第 5 期。

1994 年

发表《论翻译中一些因素的相对性》,载《外国语》1994 年第 2 期。

发表《我们在翻译上的分歧何在?》,载《外国语》1994 年第 5 期。

发表《近年来林语堂作品重刊本中的编选、文本、翻译及其他问题》,载《山西大学学报》1994 年第 4 期。

1995 年

发表《林语堂前期中文作品与其英文原本的关系》,载《外国语》1995 年第 5 期。

1996 年

6 月,短篇小说译选集《见闻札记》由花山文艺出版社出版。

8 月,散文译选集《英国散文精选》由北岳文艺出版社出版。

1999 年

3 月,散文译选集《伊利亚随笔》由花城出版社出版。

发表《语言个性与翻译》,载《外国语》1999 年第 4 期。

2001 年

1 月,散文译选集《英文散文一百篇》由中国对外翻译出版公司出版。

4 月,散文译选集《培根论说文集》由百花文艺出版社出版。

2004 年

10 月,短篇小说译选集《利考克幽默精华录》由中国社会出版社出版。

2005 年

获评中国翻译协会"资深翻译家"称号。

2006 年

4 月,文集《翻译与鉴赏》由外语教学与研究出版社出版。

2008 年

7 月,散文译选集《英美散文名篇精华》由华东师范大学出版社出版。

2010 年

1 月,散文译选集《美国散文精选》由上海译文出版社出版。

8 月,散文译选集《英国散文精选》由上海译文出版社出版。

2012 年

2 月,散文译选集《枕边书与床头灯:英美随笔译粹》由上海译文出版社出版。

2013 年

11 月,诗歌译选集《英诗揽胜》由北岳文艺出版社出版。

12 月,长篇小说译著《英国特工》由上海译文出版社出版。

2016 年

1 月,长篇小说译著《笔花钗影录》由上海译文出版社出版。

8 月,短篇小说译选集《圣诞老人的失误:利考克幽默精华录》由北岳文艺出版社出版。

中華譯學館·中华翻译家代表性译文库

许　钧　郭国良 / 总主编

第一辑

鸠摩罗什卷
玄　奘卷
林　纾卷
严　复卷
鲁　迅卷
胡　适卷
林语堂卷
梁宗岱卷
冯　至卷
傅　雷卷
卞之琳卷
朱生豪卷
叶君健卷
杨宪益　戴乃迭卷

第二辑

徐光启卷
李之藻卷
王　韬卷
伍光建卷
梁启超卷
王国维卷
马君武卷
冯承钧卷
刘半农卷
傅东华卷
郑振铎卷
瞿秋白卷
董秋斯卷

第三辑

李善兰卷
陈望道卷
赵元任卷
曹靖华卷
李健吾卷
季羡林卷
许渊冲卷
方　平卷
草　婴卷
飞　白卷

第四辑

蔡元培卷
朱光潜卷
丰子恺卷
伍蠡甫卷
方　重卷
戴望舒卷
穆　旦卷
董乐山卷
高　健卷
柳鸣九卷
罗新璋卷
郑克鲁卷
郭宏安卷

图书在版编目(CIP)数据

中华翻译家代表性译文库. 高健卷 / 赵莹，郭国良编. --杭州：浙江大学出版社，2024. 10. --ISBN 978-7-308-25473-1

Ⅰ. C53；I11

中国国家版本馆 CIP 数据核字第 2024773QQ6 号

中華譯學館

莫言題

中华翻译家代表性译文库·高健卷

赵　莹　郭国良 编

出 品 人	褚超孚
丛书策划	陈　洁　包灵灵
责任编辑	田　慧
责任校对	杨诗怡
封面设计	闰江文化
出版发行	浙江大学出版社 (杭州市天目山路 148 号　邮政编码 310007) (网址：http://www.zjupress.com)
排　　版	浙江大千时代文化传媒有限公司
印　　刷	杭州高腾印务有限公司
开　　本	710mm×1000mm　1/16
印　　张	31
字　　数	430 千
版 印 次	2024 年 10 月第 1 版　2024 年 10 月第 1 次印刷
书　　号	ISBN 978-7-308-25473-1
定　　价	98.00 元

浙江大学出版社市场运营中心联系方式：(0571)88925591；http://zjdxcbs.tmall.com